KRÖNERS TASCHENAUSGABE BAND 414

OSKAR WEGGEL

GESCHICHTE CHINAS IM 20. JAHRHUNDERT

Mit 9 Karten

ALFRED KRÖNER VERLAG STUTTGART

Dies ist eine Forschungsarbeit
des Instituts für Asienkunde, Hamburg

WEGGEL, OSKAR

Geschichte Chinas im 20. Jahrhundert
Stuttgart: Kröner 1989
(Kröners Taschenausgabe; Bd. 414)
ISBN 3-520-41401-5

Abkürzungen und Erläuterungen

BPW = Bruttoproduktionswert. Der BPW ist in China immer noch die wichtigste gesamtwirtschaftliche Kennziffer. Sie läßt sich definieren als die Gesamtheit der in einer bestimmten Periode (Planjahr oder Fünfjahresplan) produzierten Erzeugnisse und materiellen Leistungen. Die Kennziffer mißt das Ergebnis verausgabter produktiver Arbeit in den Bereichen der materiellen Produktion (Industrie, Handwerk, Bauwirtschaft, Landwirtschaft, Tranport und Nachrichtenwesen, Handel etc.), nicht jedoch des Tertiärsektors, der in China lange Zeit als "nicht produktiv" angesehen wurde. BPW + Bruttowert des Tertiärsektors ergeben das im Westen üblicherweise als volkswirtschaftliche Gesamtkennziffer verwendete BSP (Bruttosozialprodukt).

Danwei = Grundeinheit (gemeint ist die für China so typische und höchst kohärente Lebensgemeinschaft einer überschaubaren sozialen Gruppe, z.B. eines Dorfes, einer kleineren Fabrik, einer Werkhalle - bei Großfabriken, einer Nachbarschaft, eines Dorfes, einer Universitätsfakultät etc.), weitere Erläuterungen auf S.331.

GMD = Guomindang

GPKR = Große Proletarische Kulturrevolution

KPCh = Kommunistische Partei Chinas

KR = Kulturrevolution, s.auch GPKR

LPG = Landwirtschaftliche Produktionsgenossenschaft

NFZ = Nordfeldzug (1924/28)

NRA = Neue Revolutionäre Armee (Trägerin des Nordfeldzugs)

NVK = Nationaler Volkskongreß

PM = Produktionsmannschaft (unterste Ebene der ehemals dreistufigen Volkskommuneorganisation, die sich von oben nach unten in Volkskommune, Produktionsbrigade und Produktionsmannschaft auffächerte)

RG = Rotgardisten

RK = Revolutionskomitee

RMB = Renminbi, Bezeichnung für die chinesische Währung. "Yuan" und RMB verhalten sich zueinander wie "Pfund" und "Sterling".

SEB = Sozialistische Erziehungsbewegung

VBA = Volksbefreiungsarmee

VK = Volkskommune, s. auch "PM"

ZEK = Zentrales Exekutivkomitee (Spitzenorgan innerhalb der Guomindang); näheres S.42

ZK = Zentralkomitee (Spitzenorgan innerhalb der KPCh)

Hinweise auf Verschriftung und Aussprache

Wie bereits im Vorwort erwähnt, werden chinesische Namen und Bezeichnungen hier ausschließlich in der amtlichen Pinyin-Verschriftung wiedergegeben.

Daraus resultieren neue Schreibweisen, die von den alten - und zum Teil vertrauteren - Formen erheblich abweichen, an die sich der Leser aber gewöhnen sollte, da sie spätestens seit 1979 auch in volksrepublikanischen Publikationen kompromißlos verwendet werden und da ihnen deshalb die Zukunft gehört. Die wichtigsten Abweichungen seien hier einander gegenübergestellt.

Alte Schreibweise	Neue Schreibweise
Sun Yat-sen	Sun Yixian
Chiang Kai-shek	Jiang Jieshi
(oder Tschiang Kaischek u.a.)	
Mao Tse-tung	Mao Zedong
Liu Shao-ch'i	Liu Shaoqi
Teng Hsiao-p'ing	Deng Xiaoping
Peking	Beijing
Ch'ung-ch'ing	Chongqing
(oder Tschungtsching u.a.)	

Die chinesischen Vokale und Konsonanten werden - sieht man einmal von den in indogermanischen Sprachen nicht nachvollziehbaren Tonhöhen ab - ähnlich ausgesprochen wie im Deutschen; allerdings sind folgende Ausnahmen zu beachten:

j   =   jeep (engl.) (nur vor i- und ü-Lauten verwendet)
q   =   Tschüs (nur vor i- und ü-Lauten verwendet)
x   =   ch wie ich
zh =   dsch wie Dschungel
ch =   tsch wie deutsch
sh =   sch wie Schwert
r   =   ein Laut zwischen r (englisch ausgesprochen) und dem (französisch ausgesprochenen) j wie Journalist. Die Zunge krümmt sich nach oben, ohne den Gaumen zu berühren; dies ist einer der wenigen Laute,

bei denen das Chinesische entschieden von der deutschen Aussprache abweicht.

y = i wie ich
w = stark behauchtes w wie Wrack

Vokale:

o, e = wie offen und Ruder, nie wie Lohn oder Seele
i = wie im Deutschen "ich"; falls es aber unmittelbar
hinter z, c, s, zh, ch, sh oder r steht, wird der Vokal
zusammen mit dem vorangehenden Konsonanten
verschmolzen und dabei lang und weich ausgesprochen
ei = eight (engl.)
ao = Baum
en = Namen (dumpf ausgesprochen)
eng = die Silbe wird nasal ausgesprochen
ong = Lunge
ian = Jänner
iong = jung
ua = Wahrheit
ui = u + eh wie "weben"
u nach y = wie deutsch ü, also yuan = yüan

Inhalt

Vorwort

1980 durchbrach die Bevölkerung Chinas die Ein-Milliarden-Grenze. Reihten sich sämtliche Einwohner der Volksrepublik mit fünfzig Zentimeter Abstand hintereinander auf, so ergäbe dies einen "Drachen" von über 500.000 km Länge, der sich zwölfmal um den Erdball schlingen könnte.

Die Dimensionen, denen man hier auf Schritt und Tritt begegnet, sind atemberaubend, die Probleme deprimierend, die Perspektiven jedoch gleichzeitig auch beflügelnd.

Navigatorisch ausgedrückt ist China kein wendiges Boot, das sich den Strömungen rasch anpassen könnte, sondern ein Riesentanker, der, nachdem er 2000 Jahre lang eine ziemlich gerade Bahn gezogen hatte, zu Beginn des 20. Jh.s außer Kurs geriet, eine Zeitlang steuerlos dahintrieb und sich mehrere Male schwerfällig um die eigene Mitte drehte, ehe er nun, gegen Ende des Jahrhunderts, wieder Kurs und volle Fahrt aufzunehmen beginnt, um die schon fast am Horizont verschwundene Flotte der fortgeschrittenen Nationen doch noch einzuholen - und vielleicht sogar zu überholen.

Ziel der vorliegenden Darstellung ist es, die chinesische Geschichte des 20. Jh.s als Selbsterfahrungsprozeß des größten Volkes der Erde begreiflich werden zu lassen. So gesehen, erscheinen die einander ablösenden Etappen des Parlamentarismus, der Restauration, der Sanminzhuyi, der Neuen Demokratie und des Sozialismus lediglich als Durchgangs- und keineswegs als Endstadien eines z.T. schmerzhaft erlebten Selbsterneuerungs- und Selbstfindungsversuchs.

Spätestens seit 1978/79 ist deutlich geworden, daß der so häufig angepeilte Bruch mit der Vergangenheit Episode geblieben ist, ja daß die Vergangenheit ganz im Gegenteil wieder eine Zukunft zurückerhalten hat, da viele ihrer Elemente von der breiten Bevölkerung nach wie vor (oder schon wieder) als "normal" empfunden und als solche spon-

tan angenommen werden. Unter dem Stichwort "Metakonfuzianismus" sollen die Modalitäten einer möglichen Aussöhnung zwischen Tradition und Moderne angedeutet werden.

Zur Präsentation des Textes drei Anmerkungen: Die
vorliegende Darstellung ist erstens die Kurzfassung eines
Textes, den der Autor unter dem Obertitel "Geschichte und
Gegenwartsbezug" in der vom Hamburger Institut für
Asienkunde herausgegebenen Monatszeitschrift "CHINA
aktuell" im Zeitraum zwischen Dezember 1987 und Oktober
1988 veröffentlicht hat. Der dortige Text ist etwa doppelt so
umfangreich und mit 1.201 Fußnoten versehen. Der interes-
sierte Leser sei auf diese Langfassung verwiesen. Zweitens
wurde Wert auf aussagekräftige Landkarten gelegt, zumal
solche Illustrationen in fast allen einschlägigen Geschichts-
werken fehlen. Die Karten wurden vom Autor entworfen
und von Klaus Albrecht kartographiert. Drittens wurden
chinesische Namen und Begriffe ausnahmslos in Pinyin wiedergegeben, also jenem inzwischen regierungsamtlichen
Verschriftungssystem, das nicht nur von der UNO verwendet wird, sondern anhand dessen z.B. auch südchinesische
Kinder mittlerweile die korrekte Aussprache des Hochchi-
nesischen (des "Mandarin") zu erlernen haben. Man sollte
sich glücklich schätzen, daß es endlich ein Latinisierungs-
muster gibt, das an die Stelle mehrerer Dutzend ausländischer Umschriftungsschablonen getreten ist, und dem - trotz
einiger Mängel - die Zukunft gehört.

Der Autor dankt seinen Mitarbeiterinnen Frau Marian-
ne Köhne und Frau Grethe Meier-Gildemeister, die die
Textverarbeitung besorgt haben.

Hamburg, im Frühjahr 1989

I.
Die Weichen für das neue Jahrhundert werden gestellt
(1911-1918)

1. Das Ende des Kaiserreichs: keine Götterdämmerung, sondern eine Beerdigung dritter Klasse

Die Tradition des chinesischen Kaiserreichs war 221 v.Chr. durch Kaiser Qin Shi begründet worden und hatte 25 Dynastien hindurch in hehrer Majestät bestanden; periodisch unterbrochen zwar durch den Sturz von Herrscherhäusern und durch Gebietsabspaltungen, am Ende aber doch immer wieder wie ein Phönix aus der Asche sich erhebend; gleichsam für die Ewigkeit bestimmt. Nirgends in der Geschichte hat eine Zivilisation solche Zeiträume überdauern können; wurden doch z.B. die amtlichen und literarischen Texte am Ende des 19. Jh.s noch im gleichen Stil abgefaßt wie im 2. Jh.v.Chr.! Selbst die letzte, vom Fremdvolk der Mandschuren bestimmte Dynastie der Qing (1648-1911) hatte trotz der Finsternis, in der sie endete, die meiste Zeit Größe und Glanz ausgestrahlt, hatte drei der bedeutendsten Kaiser der chinesischen Geschichte hervorgebracht, hatte 268 Jahre überdauert, hatte die chinesischen Grenzen weiter als je zuvor ausgedehnt, hatte den Konfuzianismus hochgehalten und fast 200 Jahre lang für eine Pax Sinica gesorgt, um die viele Europäer das ferne Reich beneideten.

Dieses Jahrtausendphänomen nun erlebte zu Beginn des 20. Jh.s ein Ende von unfaßbarer Banalität, indem es über einen Eisenbahnskandal stolperte und sich keineswegs mit lautem Türenzuschlagen verabschiedete, sondern ähnlich altersschwach verschied wie 105 Jahre vorher das letzte universalistische Reich Europas.

2. Es brodelt im Reich: die "revolutionäre Situation" zu Beginn des 20. Jahrhunderts

a) Stimmungsumschlag

Als das neue Jahrhundert begann, erlebte China noch den Nachsommer einer 2000jährigen Kaiser- und Mandarinatstradition, dauerte eine Reise von Guangzhou nach Beijing fast drei Monate, kamen die Männer noch mit Zopf und die Frauen mit eingebundenen Füßen daher, kämpfte der Bauer wie eh und je um den täglichen Reisnapf und bestimmte die Patina der konfuzianischen Tradition das Denken und Handeln der Regierenden. Alles schien immer so gewesen zu sein und doch war nichts beim Alten geblieben: hatte sich doch z.b. die chinesische Bevölkerung im Zeichen der von den Qing-Kaisern ermöglichten Friedensjahre seit 1644 sage und schreibe versiebenfacht - von rund 60 Millionen auf 426 Millionen (1901) - mit der Folge, daß die Ackerparzelle immer kleiner und der Kampf ums Überleben immer härter geworden war. Außerdem standen die Provinzen wieder einmal im Begriff, sich zu verselbständigen. Obendrein hatten sich ausländische Mächte seit dem Opiumkrieg (1839/41) überall breitgemacht und schienen fest entschlossen, das Land unter sich aufzuteilen. Nicht zuletzt aber meldeten sich neue soziale Schichten zu Wort, vor allem wohlhabend gewordene Kaufleute, Offiziere der Neuen Armee und zurückgekehrte Auslandsstudenten, die Seite an Seite mit der zu frischem Selbstbewußtsein erwachten traditionellen Gentry ein Mehr an Mitbestimmung forderten. Hatte China noch 1880 wie ein ausgebrannter Stern gewirkt, so war nun plötzlich alles in Bewegung und Aufregung.

Äußerlich war dieser Wandel durch die militärische Niederlage des Reichs gegen den einstigen Eleven Japan (1894/95) und durch den Sieg Tokyos über eine europäische Großmacht, Rußland (1904/5), ausgelöst worden. Sollte die wunderbare Metamorphose, die Japan in den wenigen Jahren seit 1868 durchgemacht hatte, nicht auch dem alten Lehrmeister China möglich sein?

Was die inneren Ursachen anbelangt, so bestand die Chemie des revolutionären Sprengstoffs aus hauptsächlich drei Elementen, nämlich der so augenfällig gewordenen

Unvereinbarkeit zwischen anachronistischen Institutionen und "modernen" Anpassungszwängen, zweitens aus dem angestauten Unmut neuentstandener Gegeneliten über das Verbot, auf die Umgestaltung Chinas Einfluß zu nehmen, und drittens aus der Unfähigkeit des kaiserlichen Regimes, die Reformen schnell genug voranzutreiben und damit jener Ungeduld entgegenzuwirken, die überall hochzubrodeln begann.

An zwei Verankerungen des traditionellen Systems begann der Sturm besonders heftig zu zerren, nämlich der Legitimität und der Souveränität.

b) Verblassende Legitimität des Kaisertums und Hervortreten von Machtkonkurrenten

Was erstens die Legitimität anbelangt, so galt der Kaiser nach der am 27.8.1908 von der späten Qing-Dynastie verkündeten Verfassung als das "ursprüngliche, vollkommene, uneingeschränkte, heilige und nichtverfolgbare Haupt des Reiches". Der Herrscher wurde m.a.W. nicht durch Wahl, sondern durch Erbfolge berufen ("ursprünglich"), war nach wie vor vom Mantel priesterlicher Würde umkleidet ("vollkommen und heilig"), konnte weder staats- noch zivil- noch strafrechtlich zur Verantwortung gezogen werden ("nicht verantwortlich") und besaß uneingeschränkte Regierungsgewalt. Er war also qua definitione oberster Gesetzgeber, oberster Administrator, oberster Richter, oberster Herr der Beamtenschaft, oberster Zeremonienmeister für alle Staatsopfer (an Himmel, Erde, Konfuzius und Buddha), militärischer Oberbefehlshaber, Oberhaupt des kaiserlichen Clans und erhabenster Priester des Reiches, der die anderen geistlichen Führer, u.a. den Dalai Lama, den Daoistenpapst und Herzog Kong, den direkten Nachfolger des Konfuzius, in ihren Ämtern bestätigte. Nur durch wenige Schranken war diese abgotthafte Machtposition eingegrenzt, nämlich die öffentliche Meinung, die allerdings einstweilen noch weitgehend identisch war mit der Volonté générale der Beamtenschaft, ferner durch die "Belastbarkeit" der Bauern, denen im äußersten Fall ein "Recht zur Rebellion" zustand, des weiteren durch das Li (d.h. die traditionelle Sittenordnung) und nicht zuletzt durch die schiere

Größe des Landes, dessen dörfliche Zellen eigenen Gesetzen folgten.

Außenpolitisch besaß der Kaiser als "Himmelsohn" universale Macht. Wie es am Himmel nur einen Polarstern gibt, war auch auf Erden nur ein einziger Zentralherrscher und ein einziger Weltstaat denkbar. Die Vorstellung eines durch territoriale Grenzen eingeengten Nationalstaats oder gar einer Vorherrschaft ausländischer "Barbaren" wäre einem traditionellen Chinesen nicht im Traum gekommen, wenngleich das Reich einige Male Eroberungen durch Fremdvölker (wie die Xiongnu, die Türken und die Mongolen) hatte erleiden müssen.

Diese Grundvorstellungen wurden seit Mitte des 19. Jh.s durch zwei existentielle Herausforderungen in Frage gestellt, nämlich durch die im Reich selbst heranreifende Forderung nach Nationalismus und Volkssouveränität sowie durch den von außen kommenden Imperialismus.

Der chinesische Nationalist, wie er zu Beginn des 20. Jh.s in wachsender Zahl und mit immer ungeduldigeren Forderungen hervortrat, war nicht mehr, wie noch der traditionelle Beamtengelehrte, an einem tugendhaften, sondern vielmehr an einem starken Staat interessiert, der nie mehr Objekt der internationalen Politik sein sollte. Stärke in diesem Sinn aber ließ sich nach Meinung der neuen Meinungselite letztlich nur durch Mobilisierung eines Potentials erreichen, das in der bisherigen Geschichte Chinas so gut wie ungenutzt, ja unentdeckt geblieben war, nämlich durch Mitbeteiligung der Bürger oder aber, wie es später unter den Kommunisten hieß, durch "Mobilisierung der Volksmassen". Wenn aber die Volkssouveränität zum neuen Credo wurde, so war für den "Sohn des Himmels" als Quelle aller Legitimität kein Platz mehr! Parlamente, nicht kaiserliche Räte sollten fortan die Geschicke Chinas bestimmen!

Eine der Hauptschwächen der Bewegung von 1911 sollte es freilich bleiben, daß von dem Appell an die Mündigkeit des Volkes nur ein winziger Teil der Bevölkerung angesprochen war, der sich durch militärische Potentiale, durch Geld- und Bodenkapital, durch Verbindungen zum kapitalistischen Ausland oder aber durch bessere Einsichten in innovative Zusammenhänge als "Neues Volk" (xinmin) qua-

lifizierte, nämlich das neue Offizierskorps, das junge Bürgertum, die aus dem Ausland zurückgekehrte Studentenschaft, nicht zuletzt aber auch die zu neuem Selbstbewußtsein erwachte Gentry. Das Bauerntum andererseits, das den
mit Abstand größten Bevölkerungsanteil stellte, blieb bei
der Revolution von 1911 im Dunkeln und hatte auch kaum
Anteil an der neuen parlamentarischen Bewegung. Seine
Zeit sollte erst Jahrzehnte später kommen!

Am beunruhigendsten für das kaiserliche Mandarinat
war der politische Wandel der *Gentry* (shenshi), die jahrhundertelang zum archetypischen Dreiklang (Kaiser - Mandarinat - Gentry) der traditionellen Ordnung gehört hatte.
Die Gentry umfaßte sämtliche Personen, die eine der drei
hauptstädtischen Prüfungen bestanden, jedoch keine Regierungsaufgaben übernommen, sondern sich wieder in ihre
Heimatorte zurückgezogen hatten, wo sie als eine Art
Scharnier zwischen Regierung und Bevölkerung wirkten. Da
die unterste Regierungsstufe lediglich bis zur Kreisebene
reichte, oblagen sämtliche lokalen Angelegenheiten, die an
der Basis überfamiliärer Steuerung bedurften, der Gentrykontrolle, sei es nun das Bewässerungswesen, die lokale
Verteidigung, die Schiedsgerichtsbarkeit, die gegenseitige
Hilfe und zahlreiche religiöse Observanzen, die vom üblichen Konfuzius-Ritual bis hin zum gemeinsamen Tempelbau reichten. Gentry-Mitglieder und Regierungsbeamte
waren in subtiler Symbiose voneinander abhängig: Die
Gentry brauchte den Beamten als Fürsprecher bei der
Regierung, während die Beamtenschaft umgekehrt leichtes
Spiel hatte, solange sich die Gentry als kooperativ erwies.
Diese Interessenbalance war im Laufe des 19. Jh.s zuungunsten des Mandarinats aus dem Gleichgewicht geraten: Je
heftiger die damaligen Volksaufstände um sich griffen,
umso peinlicher war die Hilflosigkeit des kaiserlichen Regimes zutage getreten, und umso mehr hatte die Gentry
Lücken füllen müssen, indem sie für die Aufstellung lokaler
Selbstverteidigungskräfte sorgte. Bezeichnenderweise waren
denn auch die Taiping- und die Nian-Rebellen weniger
durch Regierungstruppen als vielmehr durch lokale Militärverbände niedergeworfen worden. Je mehr freilich die
Gentry zur Verteidigung der bestehenden Ordnung beitrug,

umso befremdeter reagierte sie auf die Verweigerung von
Mitbestimmungsrechten. Am Ende begab sie sich in eine
delikate Doppelrolle, insofern sie ordnungserhaltend, zunehmend aber auch ordnungshinterfragend wirkte. Schließlich gehörte sie mit zu den Hauptträgern der Revolution
von 1911 und sorgte dadurch für den Triumph der lokalen
Kräfte und des Regionalismus über die Zentrale.

Mindestens genauso bedeutsam wie die Gentry war um
die Jahrhundertwende das *neue Offizierskorps*. China stand
hier übrigens mitten im Strom einer panasiatischen Entwicklung, der moderne Armeen zu Hauptverkündern des
Nationalismus und zu Organisatoren innovativer Einrichtungen werden ließ - man denke an die kaiserliche Armee
Japans, die jahrelang auf eigene Faust Politik betrieb, an
die indonesische Armee mit ihrer Doppelfunktion (militärischer und polit-gestalterischer Natur), an die Vietname-
sische Volksarmee und an zahlreiche Militärregierungen
im nachkolonialen Asien. In China hatte der Einfluß des
Militärs, das in der Tradition stets eine zwielichtige Rolle
gespielt hatte ("Ein guter Mensch wird kein Soldat"), im
gleichen Maße zugenommen, wie die Fundamente der
Qing-Dynastie abzubröckeln begannen. Am Vorabend der
Abdankung des Hofes gab es neben den eher dekorativ
gewordenen Manzhou-Bannertruppen hauptsächlich zwei
Typen von Militäreinheiten, nämlich die Regional- und die
"Selbststärkungs"-Armeen: Die Regionalverbände waren
bereits Mitte des 19. Jh.s im Zuge der Niederwerfung des
Taiping-Aufstands entstanden - mit hauptsächlich lokaler
Finanzierung und homogener landsmannschaftlicher Zu-
sammensetzung -, darunter vor allem die "Hunan-Armee"
Zeng Guofans und die "Anhui-Armee" Li Hongzhangs.

Die "Selbststärkungsarmeen" (ziqiangjun) waren einige
Jahrzehnte später entstanden, und zwar als Antwort auf die
Schmach der gegen Japan 1894/95 erlittenen Kriegsnieder-
lage. Auch hier waren die Impulse wieder von den Provin-
zen ausgegangen, und auch jetzt hatten erneut zwei Einhei-
ten besondere Aufmerksamkeit auf sich gezogen, nämlich
Zhang Zhidongs "Neue Armee" (xinjun) in Nanjing sowie
Yuan Shikais "Neuerrichtete Armee" (xinjian lujun) in der
Provinz Zhili (heute Hebei). Yuans Streitmacht knüpfte an

das Erbe der früheren "Anhui-Armee" an und erhielt, da sie ihren Hauptsitz im nordchinesischen Tianjin hatte, schon bald den Namen "Beiyang"(jun) (Nordarmee). Nicht nur daß die "Neuen Armeen" sich dem Kommando der kaiserlichen Gouverneure verweigerten; sie forderten darüber hinaus die kaiserlichen Verbände auch noch zu wenig schmeichelhaften Vergleichen heraus: Ihre Rekruten waren handverlesen, wurden sorgfältig ausgebildet, erlaubten sich selten Übergriffe gegen die eigene Bevölkerung und waren zeitgemäß bewaffnet.

Zwei politische Druckwellen gingen von den "Selbststärkungsarmeen" aus:

Zunächst wurde das neue Offizierskorps - als Hauptadressat revolutionärer Propaganda - zum Stützpfeiler der Revolution, einige Jahre später aber bereits zum Hauptbetreiber der Restauration, hierbei angeführt von dem ebenso ehrgeizigen wie körperlich zwergenhaften Yuan Shikai (1859-1916), aus dessen "Beiyang"-Seilschaft nicht weniger als zehn spätere Provinzmilitärmachthaber und fünf Präsidenten oder Ministerpräsidenten der Beijinger Zentralregierung hervorgingen.

Neben der Gentry und dem "Neuen Offizierskorps" wirkten auch die *zurückgekehrten Studenten* als Sauerteig der Revolution. Ähnlich wie zwei Jahrzehnte vorher Japan hatte in der Zwischenzeit auch China immer mehr Studenten ins Ausland, u.a. nach Europa (England, Frankreich, Deutschland) und Amerika, vor allem aber nach Japan entsandt, wo sich nach der Jahrhundertwende jährlich zwischen 5.000 und 15.000 Jugendliche aufhielten. Kein Wunder, daß Tokyo sich schon bald zur heimlichen revolutionären Hauptstadt Chinas entwickelte und daß dort zahlreiche Parteien entstanden, die dem Qing-Regime Tod und Untergang verhießen, u.a. Sun Yixians (Sun Yat-sens) 1905 gegründeter "Schwurbund" (Tongmenghui).

Neben der nationalistischen Studentenschaft spielte als vierte Kerngruppe der "Neuen Politischen Elite" das *Unternehmertum* eine zwar nicht führende, wohl aber finanziell hilfreiche Rolle.

Das Handels- und Finanzbürgertum war in der Tradition nie ein Stand oder eine Klasse für sich gewesen und hatte auch nie eine eigene Bürgerkultur entwickelt, wie sie etwa für die selbstbewußten Gilden und Zünfte des europäischen Mittelalters so charakteristisch gewesen war. Vielmehr hatten sich die Kaufleute und Handwerker stets der mandarinären Bürokratie untergeordnet und versucht, sich mit dieser soweit wie möglich zu verflechten, sei es nun durch sorgfältige Vorbereitung der eigenen Kinder für die Beamtenlaufbahn oder aber durch Ämterkauf. Angesichts dieser Symbiose war manchmal von "shangguan" (Kaufmannsbeamten) die Rede gewesen.

Wenn die Kaufleute ihre Sympathien zu Beginn des 20. Jh.s von der Beamtenschaft abzogen und sich nun vorsichtig mit revolutionären Forderungen zu identifizieren begannen, so hing dies hauptsächlich mit vier Überlegungen zusammen: Man erhoffte sich Ruhe und Ordnung (bao'an), die von der Dynastie offensichtlich nicht mehr zu erwarten war; man wünschte sich ferner die Verwirklichung eines gesamtchinesischen Staates und vor allem eines gesamtchinesischen Marktes, wie er im republikanischen Programm des "Schwurbunds" gefordert wurde, und man kämpfte darüber hinaus für die Abschaffung des lästigen Lijin (Likin), einer Steuer (wörtl. Abgabe eines Tausendstels), die Mitte des 19. Jh.s eingeführt worden war, um damit die Feldzüge gegen die Taiping-Rebellen zu finanzieren. Wer immer Güter transportierte, mußte vor jedem Provinz- und manchmal sogar Kreis-Schlagbaum eine Transitsteuer entrichten. Das Lijin entwickelte sich m.a.W. zu einer wahren Geißel für den überlokalen Handelsaustausch und schränkte die Entfaltungsmöglichkeiten des jungen Unternehmertums ein. Kein Wunder, daß vor allem die (nach 1904) entstandenen Handelskammern empört über die Halsabschneider-Steuer herfielen und überdies die Schleifung der Stadtmauern und -tore forderten, die als Standort für Schlagbaum- und Einziehungsstellen besonders beliebt waren. Viertens aber erstrebte das Unternehmertum die Einschränkung der als unfair empfundenen ausländischen Wirtschaftsprivilegien.

Die hier beschriebenen vier gesellschaftlichen Gruppen (der Gentry, des Offizierskorps, der Intelligenz und des Unternehmertums) waren die tragenden Säulen einer Neuen Öffentlichkeit, die ihren Mißmut über das langsame Fortschreiten der Reformen und ihre Zweifel am Mandat der dahinkümmernden Dynastie besonders öffentlichkeitswirksam zu artikulieren wußte, und die aus objektiven Mißständen (militärischen Niederlagen des Qing-Reichs sowie Mängeln des Herrschaftssystems) eine Bewußtseinslage erstehen ließ, die für den weiteren Verlauf der Revolution entscheidend wurde.

c) Souveränitätsschwund und Halbkolonialismus
Eine zweite Ursache für die Entzauberung der Dynastie war ihre Unfähigkeit, das chinesische Reich vor den Übergriffen der imperialistischen Mächte zu schützen, also seine Souveränität zu wahren. Seit dem Opiumkrieg war China, wie Sun Yixian es einmal ausdrückte, zum Sklaven von zehn Herren und zu einer "halbkolonialen" Gesellschaft herabgesunken, die nur noch im Hinterland eigenständig geblieben, im Küsten- und Yangzi-Bereich aber zum Objekt erniedrigt worden war. Überall ging der ausländische Einfluß bis an die Schmerzgrenze. Sogar die Ideen der Reformer und Revolutionäre, die China ein neues Profil geben wollten, waren noch ausländischer Herkunft!

Seit der Mitte des 19. Jh.s hatte das Reich eine militärische Niederlage nach der anderen erleiden müssen; man denke an den Opiumkrieg, die Yili-Krise, den chinesisch-französischen Krieg, die verlustreichen Auseinandersetzungen mit dem zaristischen Rußland, die militärische Niederlage gegen den ehemaligen Schüler Japan und die Demütigung des Reichs im Gefolge des Boxeraufstands. Europäische Großmächte wie Großbritannien, Frankreich, Rußland und das Deutsche Reich, schließlich aber sogar Japan verlangten Hafenrechte, Konzessionen, Einflußsphären, Pachtgebiete und Kriegsentschädigungen, wollten nach der Meistbegünstigungsklausel behandelt werden und mischten sich, wo immer es ihnen paßte, wahllos in die chinesische Innenpolitik ein, indem sie die konservativen gegen die revolutionären Kräfte, das Kaiserhaus gegen einzelne Kriegsherren oder aber, wie bereits Mitte des 19. Jh.s, die aufständischen Taiping gegen den Hof ausspielten.

China war aber nicht nur zum Spielball der internatio-

nalen Politik, sondern mehr noch zur fünffachen Beute
fremder Wirtschaftsinteressen geworden: Da war erstens
die Dauerbelastung mit Zinszahlungen für ausländische
Darlehen, nicht zu vergessen auch der nie abreißende
Geldabfluß für Kriegsentschädigungen. Zumeist wurden
neue Kredite aufgenommen, um Altkredite zu begleichen.
Zweitens hatte China wachsende Außenhandelsdefizite zu
verkraften. Darüber hinaus beherrschte ausländisches Kapital vor allem vier moderne Schlüsselsektoren, nämlich das
Banken-, Reederei-, Eisenbahn- und Bergwerkswesen. Ausländische Geldinstitute wie die britische Oriental Bank Inc.
(gegr. 1845), die Hongkong & Shanghai Bank Inc. (1853),
die Deutsch-Asiatische Bank (1889) oder die japanische
Yokohama Bank (1892) übernahmen anfangs zwar nur die
Außenhandelsfinanzierung, rissen dann aber schon bald
auch Inlandsgeschäfte an sich, verwalteten Regierungsgel-
der und emittierten schließlich sogar eigene Banknoten.

Auch auf dem Reedereisektor blieben die Ausländer bis
1911 fast unter sich. Chinas Gewässer wurden von ausländischen Schiffen durchpflügt, ob auf dem Yangzi oder im
Küstenbereich - vom Überseetransport ganz zu schweigen.
Überall gaben britische Kapitäne, westliche Taipans und
Kanonenboote mehrerer Nationen den Ton an. Die Chinesen waren auf den Schiffen allenfalls als zahlende Fracht
geduldet. Die größten Flotten gehörten den beiden britischen Firmen Butterfield & Swire sowie Jardine, Matheson
& Co., nämlich die "China Navigation Co." bzw. die "China
Coast Steam Navigation Co.". Wo das kaiserliche China ja
einmal durch Gründung eigener Unternehmen der fremden
Übermacht zu trotzen suchte, hielten die Ausländer augenblicklich dagegen. Um die Jahrhundertwende war der chinesische Frachtanteil auf 19,3% zurückgegangen.

Auch im Eisenbahnwesen waren die Chinesen in Gefahr, zu Fremden im eigenen Land zu werden. Ausländische
Firmen bauten entweder aufgrund erpreßter Sondergeneh-
migungen ihre eigenen Linien (so z.B. die Franzosen von
der Provinz Yunnan nach Hanoi, die Russen durch die
Mandschurei nach Wladiwostok) oder ließen ihre Macht
durch Kreditierung chinesischer Linien verspüren. Mehrere imperialistische Mächte gingen dazu über, die Regionen

entlang ihrer Eisenbahnen zu sozioökonomischen Einfluß-
zonen auszubauen und so die Unterjochung küstenfernerer
Gebiete einzuleiten. Hierbei tat sich vor allem das Japanische Kaiserreich hervor, das z.b. die Südmandschurische
Eisenbahn, die 1906 aus der russischen Kriegsbeute übernommen worden war, zum Brückenkopf für die spätere
Eroberung der Mandschurei ausbaute.

Die Ausländer tummelten sich aber auch im Bergwerks-
und Schwerindustriebereich. Fast alle rentablen Objekte
hatten hier seit 1900 schnell einen ausländischen Besitzer
gefunden: Die Kohlegruben von Fushun und das Eisenerz-
lager von Anshan (Mandschurei) waren z.b. an Japan, die
Kohlegruben von Kailuan an Großbritannien und die Roh-
ölfelder in Shaanxi an die amerikanische Standard Oil Co.
übergegangen. China hatte hier überall das Nachsehen und
mußte seufzend auf die Entwicklung einer eigenen Schwerindustrie verzichten.

Sogar im Leichtindustriebereich kämpften die Chinesen
mit dem Rücken zur Wand. Hier drängelte sich besonders
der "Multi" Jardine & Matheson in den Vordergrund, der
nicht nur im Reedereiwesen zu Hause war, sondern auch
Tee, Seide und Baumwolle verarbeitete, Bier braute, Ver-
sicherungs- und Verpackungsfirmen unterhielt und neben-
bei auch noch Lagergeschäfte betrieb, Ingenieuraufträge
wahrnahm und Kredite vergab. Das chinesische Unternehmertum befand sich dem überlegenen ausländischen Kapi-
tal- und Technologieeinsatz gegenüber stets in einer Hase-
Igel-Situation - und machte dafür am Ende die Regierung
verantwortlich!

Sogar die Verwaltung der kaiserlichen Zölle lag in ausländischer Hand. Da Importgüter nur mit 5% ad valorem
besteuert wurden, konnten ausländische Firmen die chinesischen Städte und Dörfer mit ihren Erzeugnissen über-
schwemmen, vor allem mit Garnen, Zigaretten und schließlich sogar mit Petroleum, dessen Import die bis dahin für
den Lampenverbrauch verwendeten Pflanzenöle überflüssig
machte und gleichzeitig einen blühenden einheimischen
Brennmittelzweig vernichtete!

All dies war deprimierend: Vier Jahre vor dem Ende der
Dynastie, 1907, wurden 84% der Schiffstransporte, 34%

der Baumwollherstellung, 100% der Eisenverhüttung und
93% der Eisenbahnen von ausländischem Kapital kontrol-
liert!

Obendrein führte der "Halbkolonialismus" (ban zhimin-
di) auch noch zu sozioökonomischen Verzerrungen. Da
stellten sich beispielsweise Ungleichgewichte zwischen den
Regionen ein: Gegenden, in denen die Wirtschaft einst ge-
blüht hatte, wie Sichuan, Hunan, Henan, sowie Städte vom
Range Beijings, Xi'ans, Kaifengs oder Luoyangs gerieten ins
ökonomische Abseits, während gleichzeitig neue Zentren
emporwuchsen, die traditionell an der Peripherie gelegen
hatten, so z.b. Shanghai, Qingdao, Tianjin und Tangshan.
Dieses Absterben und Aufblühen wurde durch Eisenbahn
und Küstenschiffahrt verursacht, die im traditionellen China
entweder unbekannt oder aber unbedeutend gewesen
waren. Dem "halbkolonialen" China erging es hier ähnlich
wie anderen kolonial beherrschten Ländern: In Indien wurden z.b. die alten Königsstädte von ehemaligen Randsiedlungen wie Kalkutta oder Bombay abgedrängt, in Vietnam
Hanoi von Saigon, in Birma Mandalay von Rangun und in
Java die beiden Königsstädte Jogjakarta und Surakarta von
Batavia/Jakarta.

Verzerrungen stellten sich auch bei der Standortverteilung ein: Zu Beginn des 20. Jh.s war die Leichtindustrie
auf nur wenige Küstenenklaven (Shanghai, Tianjin, Guangzhou, Fuzhou, Hangzhou, Ningbo) und die (vor allem unter
japanischer Leitung entstandene) Schwerindustrie fast ausschließlich auf die rohstoffreiche Südmandschurei konzentriert. Das übrige China blieb bäuerliche Peripherie. Die
Hinorientierung dieser Industrien auf den Weltmarkt ging
so weit, daß z.B. Shanghai oder Tianjin einen Teil ihrer
Rohstoffe nicht vom chinesischen Hinterland, sondern über
See bezogen, und daß die einzelnen Industriestandorte auch
untereinander kaum Beziehungen pflegten, es sei denn, daß
ausländische Unternehmen hier zufällig für einen Brücken-
schlag sorgten. Angesichts dieser Entwicklung konnte sich
auch kein geschlossener chinesischer Binnenmarkt entwik-
keln. So führte beispielsweise Guangdong Reis aus, während Hunan hungerte. Der chinesische Unternehmer stand
angesichts dieser Situation stets vor zwei Extremen: Ent-

weder begnügte er sich mit einem begrenzten regionalen Markt oder aber er ordnete sich den Zwängen des allumgreifenden Weltmarkts unter. Kein Wunder, daß die junge Bourgeoisie eine Politik herbeizusehnen begann, die den Aufbau einer China-eigenen Volkswirtschaft und eines geschlossenen nationalen Marktes auf ihre Fahnen schrieb. Von der kaiserlichen Administration ließen sich Erfolge dieser Art wohl kaum noch erwarten. So richtete sich denn das Augenmerk schon bald auf die revolutionären Parteien!

Neben den regionalen kam es auch zu gesellschaftlichen Verzerrungen und "Widersprüchen" zwischen den neuaufgekommenen Schichten der "Bourgeoisie", der "Kleinbourgeoisie" (Intellektuelle, Militärs) und des "Arbeiterproletariats", die schon bald als "Klassen" bezeichnet und neben der verelendenden Bauernschaft zu den Triebkräften des weiteren Geschichtsverlaufs werden sollten.

Bei Zusammenfassung all dieser Ungleichgewichte und "Widersprüche" kommt man zu dem Schluß, daß die Imperialismustheorie, die darauf abstellt, daß Leid und Entfremdung in der Dritten Welt hauptsächlich exogen verursacht seien, für das damalige China sehr wohl zutraf. Die spätere Bauernrevolution, von der vor allem die Mao-Bewegung ausging, wurde allerdings eher von endogenen Ursachen gespeist, nämlich den Widersprüchen zwischen Grundbesitz und Bauernproletariat.

d) Konsequenzen des kaiserlichen Mandatsverlusts

Der Mandatsverlust der Dynastie, der im Entstehen einer politischen Gegenkultur (Volkssouveränität und Parlamentarismus) sowie im verhaßten "Halbkolonialismus" zutage trat, löste eine Reihe von Konsequenzen aus, die sich mit den Stichworten "Neue Politische Öffentlichkeit", "Regionalismus" und "Gegeneliten" wiedergeben lassen.

Neue Politische Öffentlichkeit

Die zahlreichen militärischen Niederlagen des Qing-Reichs, die Mängel des Herrschaftssystems oder die Bodenfrage hätten für sich allein kaum ausgereicht, um die Dynastie hinfällig werden zu lassen. Hinzukommen mußten vielmehr noch einige jener subjektiven Momente, die eine neue

Bewußtseinslage ("revolutionäres Erwachen"!) schaffen und denen von der modernen Revolutionsforschung nicht zu Unrecht eine so seismographische Bedeutung zugemessen wird! Artikuliert wurde die "neue Reizbarkeit" von den oben erwähnten vier Gruppen, deren Kernbestand sich nach anfänglichem Stocken im Schneeballsystem erweiterte. Waren noch bei den Wahlen zu den Provinzparlamenten von 1909 lediglich 1,6 Mio. Namen auf den Wählerlisten verzeichnet gewesen, bei einer Gesamtbevölkerung von 400 Millionen Menschen also nicht einmal ein halbes Prozent, so erschienen auf den Wählerlisten von 1912 bereits 40 Mio., also zehn Prozent der Gesamtbevölkerung! Diese Explosion hatte sich ereignen können, weil inzwischen nicht nur die Erziehungs- und Vermögenskriterien gelockert worden waren, sondern überdies die Funken nationaler Leidenschaften zu sprühen begonnen hatten. Neben einer engagierten Wählerschaft griffen jetzt auch neue Verbände mit in das Machtspiel ein, so z.B. die gerade entstandenen Handelskammern, ferner zahlreiche Reformvereinigungen und nicht zuletzt die wie Pilze aus dem Boden schießenden "Schutzbünde", die vor allem zum Kampf gegen ausländische Übergriffe aufriefen.

Auch der überall aufkommende "neue Ton" verhieß für Hof und Mandarinat wenig Gutes. Statt Demut vor dem Thron war jetzt Selbstbewußtsein gefragt. Der bis dahin vor den Behörden übliche Kotau wurde immer häufiger verweigert, und in einigen Städten gingen Polizei und Bürgerwehren dazu über, Passanten vor aller Öffentlichkeit die mandschurischen Zöpfe ("Schweineschwänze") abzuschneiden. Erste schüchterne Versuche der Frauenbefreiung waren zu beobachten, und sogar die in China sonst so hochgeschätzten Amtstitel verschwanden jetzt zugunsten "demokratischer" Benennungen. So ließen sich beispielsweise die Präsidenten der Provinzparlamente nur mehr schlicht mit "Xiansheng", also mit "Herr" Präsident ansprechen - Ausdruck eines neuen Zeitgeistes!

Die Neue Öffentlichkeit erhielt nicht zuletzt auch durch rasche Ausbreitung des Pressewesens Aufwind. Waren noch 1898 im ganzen Reich lediglich 60 Zeitungen und Magazine erschienen, so zählte man 1913 bereits 487!

Im neuen politischen Klima wurden Reformzugeständnisse der Dynastie, die noch 1898 als großzügig erschienen wären, allenfalls mit müdem Lächeln quittiert. Nun wollte man nicht mehr nur einen Finger - man wollte die ganze Hand: Hatte die Dynastie nicht eigentlich schon seit dem Opiumkrieg ausgedient? Wenn die zahlreichen antidynastischen Volksbewegungen (Taiping: 1850/64, Nian: 1851/61, mohammedanische Aufstände in Nordwest: 1863/78 und Südwestchina: 1855/73) am Ende immer wieder gescheitert waren, so nicht durch Eigenverdienste des Hofs, sondern durch die Abwehrerfolge der einzelnen Provinzen, vor allem aber der ausländischen Mächte! Die Dynastie hatte auf fremde Kosten weitervegetiert, sich in Zeremonien und Ritualen vergraben und das für die Modernisierung der chinesischen Flotte vorgesehene Geld in den Beijinger Sommerpalast verbaut; sie hatte fast jedem ausländischen Druck nachgegeben und verstieg sich nun, wo ihr Ende herannahte, sogar noch zu einer Politik der "Re-Mandschurisierung" und "Entsinisierung" führender Positionen im Staatsapparat. Überall verbreitete sich eine Stimmung des Hic et nunc: jetzt Revolution! Jetzt Abschaffung des Opiums und jetzt - in diesem Augenblick! - Einstellung des Füßeeinbindens bei Frauen. Es herrschte mit anderen Worten eine Ungeduld, wie sie beim Großen Sprung 47 Jahre später erneut zum Durchbruch kommen sollte.

Regionalismus:
Wenn sich zeitgemäße Reformen nicht im gesamtchinesischen Rahmen lösen ließen, so mußte man sie eben in den Regionen anpacken! Was die japanischen Meiji-Reformer auf zentralistischem Wege erreicht hatten, sollte hier, in China, wenigstens im Provinzrahmen verwirklicht werden! Die Provinzen, die damals ein noch höchst eigenständiges Profil besaßen und deren Magnetismus so stark war, daß sogar die chinesischen Auslandsstudenten sich nach provinziellen Landsmannschaften (huiguan) zu organisieren pflegten, hatten bereits im Kampf gegen die Taiping-Aufständischen die Hauptabwehrarbeit geleistet und wollten nun auch bei den Reformen ihren eigenen Weg gehen. Dieser "politische Provinzialismus" war übrigens eine Verfallser-

scheinung, die sich am Ende noch jeder großen Dynastie eingestellt hatte und die von der chinesischen Geschichtsschreibung nachträglich stets in den schwärzesten Farben gemalt wurde. Diesmal, am Ende der Qing-Dynastie, äußerte sich der Regionalismus in der Aufstellung eigener Provinzarmeen, in der Gründung von Provinzparlamenten, in der Einrichtung von provinzeigenen Reform- und Übersetzungsbüros für Yangwu("fremde Dinge")-Angelegenheiten, provinzeigenen Schulen und Wirtschaftssektoren, nicht zuletzt auch in Unabhängigkeitserklärungen, wie sie vor allem 1911 überall abgegeben wurden.

Gegeneliten
Immer wenn China im Verlaufe seiner 2000jährigen Kaisergeschichte eine Niederlage gegen "barbarische" Invasoren erlitten hatte, pflegte es die Schuld dafür nicht bei den anderen, sondern bei sich selbst zu suchen, da die Ursachen für die Niederlage nach konfuzianischer Auffassung ja nicht mit unzulänglicher Organisation oder gar mit Überlegenheit des Gegners zu tun hatten (Wer konnte dem Reich der Mitte schon das Wasser reichen!), sondern weil die Dynastie vom Pfad der Tugend, d.h. von den aus grauer Vergangenheit ererbten und vom Mandarinat über viele Jahrhunderte hin zurechtkorrigierten Sittengeboten abgewichen war. Dynastien kommen und gehen, das Kaisertum als solches aber bleibt bestehen - dies war ein Grundsatz, an dem bis zum Beginn des 20. Jh.s kaum jemand herumgedeutet hätte. Doch nun wurden all diese "Selbstverständlichkeiten" plötzlich hinterfragt - ein Stimmungswandel, der nicht zuletzt durch die um die Jahrhundertwende nach China gelangte westlich-sozialdarwinistische Lehre von der "natürlichen Auslese" und vom "Überleben des Stärkeren" ausgelöst worden war. Nun also hatte man plötzlich den wahren Schlüssel für den Niedergang Chinas in der Hand: Nicht etwa nur der innere Verfall der Qing, sondern die von außen kommende westliche Wirtschafts- und Waffenüberlegenheit war es, die China zum Schwächling degradiert hatte! Bei aller Verzweiflung gab es nun freilich auch wieder Hoffnung. Wenn es nämlich nicht nur auf die sittliche Selbstvervollkommnung im traditionellen Sinne, sondern

auf Schaffung eines starken Staates ankam, der sowohl die Konkurrenzkämpfe im Inneren als nach außen hin zu bestehen vermochte, so gab es sehr wohl Mittel und Wege der Selbststärkung, wie sie beispielsweise von Japan in exemplarischer Weise vorexerziert worden war. Ziel mußte also ein starker chinesischer Staat sein - darin waren sich alle Gruppierungen der neuen Eliten einig. Streit herrschte lediglich über die Modalitäten dieses Kräftigungsprozesses.

Am heftigsten entzündeten sich die Auseinandersetzungen an der Frage, ob und in welcher Form das Kaisertum fortbestehen sollte. Drei Vorstellungen schälten sich heraus: Umwandlung der absoluten in eine konstitutionelle Monarchie, Ersetzung des mandschurischen durch ein hanchinesisches Kaiserhaus oder aber Abschaffung der Monarchie bei gleichzeitiger Ausrufung einer Republik.

Alle drei Optionen hatten ihre Verfechter: Die "Konstitutionalisten" (lixian dangren), an deren Spitze zwei der berühmtesten - und noch traditionell ausgebildeten - Intellektuellen des damaligen China, Kang Youwei und Liang Qichao (1823-1929), standen, warnten vor einem radikalen Bruch mit der Vergangenheit und traten für eine Symbiose von Tradition und westlicher Moderne ein, die sie politisch am ehesten in einer konstitutionellen Monarchie nach britischem (und neuerdings auch japanischem) Muster gewährleistet sahen. Seit dem Sieg der "konstitutionellen Monarchie" Japan gegen das "autokratisch regierte" Rußland in den Jahren 1904/05 hatten sie ein weiteres glänzendes Argument für ihre Beweiskette. Die Güte ihres Plädoyers wurde freilich durch den erbärmlichen Zustand der chinesischen Monarchie getrübt. Außerdem hatten sie unter der allgemeinen Erfahrung zu leiden, daß schrittweise Lösungen in kritischen Situationen selten gefragt sind.

Für die zweite Option, nämlich die Ersetzung des mandschurischen durch ein hanchinesisches Kaiserhaus, traten vor allem Kreise um den späteren Präsidenten Yuan Shikai ein.

e) Sun Yixian: Person, Wirken und politische Philosophie
Die antimonarchistische und republikanische - damals auch "revolutionär" genannte - Variante wurde von Sun Yixian

(1866-1925) und seinen Anhängern verfochten, die sich mit den Konstitutionalisten jahrelang erbitterte Ideologiegefechte lieferten und die davon überzeugt waren, daß nur über die Leiche der Monarchie hinweg etwas Neues und Zukunftsträchtiges entstehen könne - eben die Republik! Diese Politik, aus China wieder ein "weißes Blatt zu machen, auf das sich die schönsten Schriftzeichen pinseln ließen", hat später Mao Zedong erneut aufgegriffen. Weit über 1911 hinaus blieb auch die Frage umstritten, ob die Revolution von oben oder aber von unten her - und ob sie überdies gewaltsam erfolgen solle. Die Konstitutionalisten, die das erneute Eingreifen der ausländischen Mächte zugunsten des Kaiserhauses befürchteten, warnten vor einer Massenmobilisierung, forderten den Verzicht auf Gewalt (die Millionen Opfer der Taiping-Revolution waren noch in frischer Erinnerung!), und plädierten nicht zuletzt für ein maßvolles Neuerungstempo.

Es waren aber vor allem die divergierenden Geschwindigkeitsvorstellungen, die am Ende den Hauptunterschied zwischen beiden Parteien ausmachten. Während die einen das Andante des (insgeheim zum Vorbild genommenen) Japan für ausreichend hielten, glaubten die anderen, alles im Prestissimo durchpeitschen zu müssen. Ungeduld regierte die Welt - wie auch später in den Jahren nach 1952 wieder, als der Streit um die Generallinie ("schreiten" oder "springen"?) zum Hauptgegenstand der Diatriben zwischen dem Mao-Flügel und seinen Widersachern wurde.

Sieger bei den Auseinandersetzungen blieb Sun Yixian, der ganz im Gegensatz zu seinem noch klassisch-konfuzianisch ausgebildeten Gegner Liang Qichao eine Karriere durchlaufen hatte, die durchwegs "peripher" in ihrem Charakter war. Geboren im äußersten Süden Chinas, war Sun schon mit 13 Jahren ins Ausland gegangen, hatte in Honolulu ein Gymnasium der Kirche von England besucht, war zum Christentum konvertiert, hatte in Guangzhou und Hongkong Medizin studiert und 1892 (erfolglos) versucht, sich in der portugiesischen Kolonie Macau als Arzt niederzulassen.

Auch seine Anhängerschaft trug die Signatur typischer Randgruppen sowohl im sozialen wie auch im geographischen Sinn: sozial stammte sie aus dem Reservoir potentieller Rebellen, geographisch aber aus dem schmalen modernisierten Küstenraum Chinas sowie aus den Emigrantensiedlungen rund um den Indischen und Pazifischen Ozean.

Als auslandsorientierter Chinese am Rande der Gesellschaft stehend, als Bürger mit dem herrschenden System unzufrieden und als Arzt gescheitert, schlug Sun schließlich eine Laufbahn ein, die im damaligen Asien einzigartig war, indem er nämlich zu einem der ersten Berufsrevolutionäre wurde und wahre Rekorde aufstellte: Rastlos inszenierte der "schnellfüßige Doktor" nicht weniger als zehn antimandschurische Aufstände, bei deren Scheitern er genauso häufig fliehen mußte, gründete vier Parteien, warb aus den Randzonengebieten Küstenchinas und des Pazifik riesige Finanzmittel ein, von denen er - selten genug in der politischen Kultur Chinas - nicht einen einzigen Yuan in die eigene Tasche wandern ließ, und war im übrigen sein ganzes Leben lang ein Homo viator. In einer Zeit, da es noch keinen Flugverkehr gab, legte er zu Schiff rd. 200.000 km zurück; viermal überquerte er den Pazifik, viermal den Indik und sechsmal den Atlantik; er war siebenmal in Vietnam, achtmal in Singapur und ein Dutzend Mal in Japan. Honolulu, Tokyo, Yokohama, Chicago, New York, Paris und Brüssel waren Hauptstationen seines Kreuzzugs, von denen aus er in die Kreise der Auslandsstudenten und -chinesengemeinden hineinwirkte und für seine Ideen warb.

Zwei der vier Parteien Suns wurden bezeichnenderweise im Ausland (Tokyo) aus der Taufe gehoben, nämlich der "Schwurbund" (Tongmenghui) i.J. 1905 und die "Chinesische Revolutionspartei" (Zhongguo gemingdang) 1914 - beides Vorläufer der späteren Guomindang.

Suns Hauptvermächtnis sind die "Drei Grundlehren vom Volk" (sanminzhuyi), deren einzelne Elemente sich in einem langen Erfahrungsprozeß sukzessive herauskristallisiert und die ihren letzten Schliff erst in jenen 16 Referaten erhalten hatten, die der inzwischen zum "Landesvater" (Guofu) geadelte Sun 1924 in Guangzhou vortrug. Die Drei Grundlehren sind unzählige Male dargelegt worden, so daß hier Stichworte genügen müssen.

Quintessenz der Nationalen Grundlehre (minzuzhuyi) ist die Wiedergewinnung der chinesischen Souveränität.

Die Politische Grundlehre (minquanzhuyi) zielt auf die Demokratisierung Chinas. Zur Feinabstimmung solle das Volk vier Rechte (Wahl, Absetzung, Gesetzesinitiative und Referendum), die Regierung aber fünf Rechte ausüben, nämlich Gesetzgebung, Verwaltung, Rechtsprechung, Prüfung und Kontrolle, wobei die ersteren drei Kategorien der westlichen Gewaltenteilungstradition entnommen wurden, während die beiden letzteren autochthon-chinesischen Ursprungs sind und an die Traditionen der Staatsprüfungen sowie des Zensorats anknüpfen. Die vier Bürgerrechte sollten institutionell von der Nationalversammlung (guomin dahui), die fünf Gewalten der Regierung dagegen von je einem sog. Yuan (Reichsamt) ausgeübt werden. Diese "Verfassungsregierung" (xianzheng) sei, wie unten noch auszuführen, in drei Entwicklungsstufen herbeizuführen.

Sun liebte den Vergleich der Republik mit einer Fabrik: Der Präsident fungiere als Direktor, die Regierung stelle die Arbeiterschaft, das Volk besitze die Aktien. Alle seien aufeinander angewiesen und sollten miteinander harmonieren, vor allem aber darauf verzichten, durch Klassenkämpfe oder durch Streiks sich das Leben schwer zu machen.

Das Ziel der "sozialen Grundlehre" (minshengzhuyi) schließlich bestehe darin, eine den chinesischen Gegebenheiten gemäße soziale Gerechtigkeit zu verwirklichen. Leidenschaftlich verwirft Sun den Klassenkampf, der nicht etwa die treibende Kraft der gesellschaftlichen Entwicklung, sondern ganz im Gegenteil deren Krankheit sei. Die Hauptaufgabe der Regierung müsse darin bestehen, die "Überlebenswünsche" der Menschen, d.h. ihre Suche nach Nahrung, Kleidung, Unterkunft und einem Mindestmaß an Infrastruktur zu unterstützen. In diesem Zusammenhang begeisterte sich Sun für das Sozialwerk Bismarcks, d.h. seine Politik der Sozialversicherung, des Pensionswesens, des Acht-Stunden-Tags, der progressiven Einkommensbesteuerung und seine Maßnahmen gegen Kinder- und Frauenarbeit.

Sun forderte nicht nur eine gerechtere Verteilung des Eigentums, sondern Hand in Hand damit auch eine Einschränkung des Kapitalismus, und zwar durch Verstaatlichung der Banken, Eisenbahnen, Reedereien und aller Schlüsselbetriebe, durch die Einführung einer direkten und progressiven Einkommens- und Erbschaftsbesteuerung, durch Vergenossenschaftlichung des Verteilungsapparats, durch Gründung privater und staatlicher Konsumvereine und durch Vergabe des Bodens an die Pflüger. Allerdings sollte diese Umverteilung nicht durch Enteignung, sondern mit Hilfe zweier Instrumente, nämlich der Besteuerung und des Aufkaufs, erfolgen.

Leitmotiv aller Modernisierungsüberlegungen Suns war mit anderen Worten die Verknüpfung von technologischer Innovation und sozialer Abfederung, Ziel die systemüberwindende Reform.

In Suns Werk reichen sich traditionelle und westliche Vorstellungen die Hand: Konfuzianisch an seinen "Drei Grundlehren" sind die Kultivierung der Persönlichkeit als A und O aller Politik, ferner der Wunsch nach sozialer Harmonie, der Vorrang der Gemeinschaft vor dem Individuum sowie der Pflichten vor den Rechten, das Mißtrauen gegen die "freie Entfaltung der Persönlichkeit", die Erziehungsbesessenheit und der Einbau der Kontroll- sowie der Prüfungsgewalten ins Regierungsinstrumentarium. "Westlich" inspiriert war andererseits der Wunsch nach Gleichheit vor dem Gesetz, vor allem aber die Mitbestimmungsforderung, der durch Einführung westlich-demokratischer Institutionen (Wahlen, Parlamente, unabhängige Justiz etc.) Vorschub zu leisten sei. Auch sollte China nicht als Reich der Mitte, sondern als einer von vielen Staaten im Konzert der Mächte mitwirken.

Die Urteile über Sun sind geteilt: Für die einen ist er der "Landesvater" (Guofu), für die anderen ein "zweifelhafter Demokrat, der einen guten Kaiser hätte abgeben können" (so Mao Zedong). Seine Drei Grundlehren sind für die einen der erste Modellfall einer nationalrevolutionären und sozialreformerischen Entwicklungsländer-Ideologie, für die anderen ein "ausgesprochenes Schreibtischprodukt". Da die Philosophie Suns für verschiedene Interpretationen offen war, konnte jedermann sich das herauspicken, was in sein Denkschema paßte. Der rechte Flügel der GMD nahm

sich vor allem die Nationale Grundlehre, die KPCh dagegen
die Soziale Grundlehre zum Leitfaden.

Auf alle Fälle war Sun Yixian einer der Hauptarchitek-
ten beim Abriß des kaiserlichen und beim Aufbau des republikanischen Gebäudes.

3. Chinas Oktoberrevolution: Der Wuchang-Aufstand von 1911

Die Revolution von 1911 war ein Schauspiel in vier Akten
- dem Eisenbahnskandal, dem Aufstand von Wuchang am
"Doppelzehnten", der Unabhängigkeitserklärung fast sämtlicher Provinzen und dem Rücktritt der Qing-Dynastie. All
diese Ereignisse schufen die Voraussetzungen für die Ausrufung einer Republik, die ihrerseits freilich von Anfang an
unter einem ungünstigen Stern stand. Im einzelnen:

Der Eisenbahnskandal als Vorspiel
Eisenbahnbau war im ersten Jahrzehnt des neuen Jahrhunderts nicht mehr nur eine Angelegenheit der Ingenieure und
der Banken, sondern ein Reizpunkt nationaler Allergien.
Gentry, Bürgertum, Intelligenz und "Neues Militär" wollten
nicht länger passive Zuschauer sein, während Russen und
Japaner in der Mandschurei, Deutsche in Shandong und
Franzosen in Yunnan Eisenbahnen bauten und damit
Schlagadern für die Beherrschung der neuentdeckten chinesischen Rohstoffgebiete schufen. Warum eigentlich sollten
die Chinesen ihre Eisenbahnen nicht selber bauen statt die
"Nebenregierung" am Shanghaier "Bund" mit ihren wie an
einer Perlenschnur aufgereihten Bankpalästen nach Belieben schalten und walten zu lassen?

Diese Frage wurde besonders akut, als gerade wieder
einmal ein US-Konsortium Rechte zum Bau einer Eisenbahnlinie erworben hatte, die durch die vier Provinzen
Hubei, Hunan, Guangdong und Sichuan führen sollte. Als
Antwort auf dieses als Einmischung der kaiserlichen Verwaltung und der ausländischen Gesellschaft in innerprovin-
zielle Angelegenheiten empfundene Vorgehen schossen
über Nacht in allen vier Provinzen patriotische Bewegungen

aus dem Boden, die den Selbstbau der Bahnlinie auf ihre
Fahnen schrieben. Mitten in diese emotionsgeladene
Atmosphäre hinein platzte wie aus heiterem Himmel am
9.5.1911 ein kaiserliches Edikt, das formell die Nationalisierung des Projekts anordnete, das aber, da der Hof keine
ausreichenden Finanzmittel besaß, praktisch auf eine Neu-
verpfändung an die ausländischen Geldgeber hinauslief.
Dies war ein Stich ins Wespennest. Es kam zur Gründung
von "Eisenbahn-Schutzclubs", zu Übergriffen gegen die
kaiserlichen Behörden und, am 24.8.1911, zu einer in dieser
Form bisher einzigartigen Kundgebung in der Provinz
Sichuan, an der zehntausend Demonstranten teilnahmen,
die den Sturz der Regierung forderten.

   Die nervös gewordene Qing-Regierung wußte sich nicht
anders zu helfen, als den im Ruf eines "Schlächters" stehenden Zhao Erfeng zum Generalgouverneur von Sichuan zu
ernennen und außerdem die in der Garnison von Wuchang
stationierten Elitetruppen nach Chengdu zu entsenden, wo
es dann in der Tat am 7.9. zu einem Massaker kam, das die
Bevölkerung freilich nicht einschüchterte, sondern sie im
Gegenteil zu heller Wut entflammte: Im Handumdrehen
begann sich die "Eisenbahn-Kontroverse" zu einer anti-
mandschurischen Revolution zu entfalten!

Der Aufstand vom "Doppelzehnten"
Für die Rebellen hatte die kaiserliche Strafexpedition nach
Sichuan den Vorteil, daß die wichtige Yangzi-Stadt Wuchang von Truppen entblößt wurde. In aller Eile bildeten
die Verschwörer dort ein "Provisorisches Hauptquartier"
und beschlossen, am 16.10. loszuschlagen. Da jedoch bereits
am 9.10. eine selbstgebastelte Bombe hochging, blieb nichts
anderes übrig, als die Flucht nach vorne anzutreten, den
örtlichen Gouverneurspalast zu besetzen und die lokalen
Waffenlager im Handstreich zu nehmen. Dies geschah am
"Doppelzehnten". Bereits einen Tag später war ganz Wuchang unter revolutionärer Kontrolle. Selbst die Aufständischen waren von diesem raschen Erfolg ihrer "Xinhai-Revolution" (Xinhai hieß das damals gerade laufende Jahr der
traditionellen chinesischen Zeitrechnung) so verblüfft, daß
sie noch nicht einmal eigenes Führungspersonal zur Verfü-

gung hatten und deshalb den in Wuchang zurückgebliebenen Brigadekommandeur der Neuen Armee, Li Yuanhong, zum Militärgouverneur ernannten - und dies, obwohl Li nie mit der Revolution fraternisiert und kurz vorher sogar noch den Befehl zur Hinrichtung einiger Aufständischer erteilt hatte. Die Ernennung Lis brachte zwar den Vorteil, daß Mitglieder der Führungsschichten in anderen Provinzen schneller Zutrauen zur neuen Bewegung faßten, sie bewirkte jedoch andererseits, daß die Revolution schon in ihren Anfängen vom Spaltpilz befallen war.

Die Provinzen erklären sich für unabhängig
Der Aufstand von Wuchang wirkte wie ein Fanal, zumal die ganze Provinz Hubei noch im Oktober in die Hände der Aufständischen fiel und sich auf dramaturgisch so wirkungsvolle Art für unabhängig erklärte, daß bis zum Jahresende siebzehn weitere Provinzen dem Beispiel folgten. Nur die Beijing-nahen Provinzen waren jetzt noch unter kaiserlicher Kontrolle. In ihrer Not beschloß die Dynastie, den von ihr erst wenige Jahre vorher abgehalfterten Yuan Shikai als militärischen Oberkommandierenden zurückzuberufen und ihn mit der Niederschlagung der Revolution zu betrauen. Da das Haus jedoch bereits lichterloh brannte, entschloß sich Yuan zu Verhandlungen mit den Aufständischen.

Überrascht von dem revolutionären Steppenbrand wurde nicht nur der Hof in Beijing, sondern sogar Sun Yixian, der die Nachricht vom Wuchanger Aufstand zufällig aus einer Zeitung im amerikanischen Seattle erfuhr, wo er gerade auf Vortragsreise war, um weitere Gelder für die Revolution zu sammeln. Augenblicklich machte er sich auf die Rückreise nach China und traf am 25.12.1911 in Shanghai ein, wo sich die Vertreter der achtzehn inzwischen "unabhängigen" Provinzen versammelt und in ein Patt verrannt hatten. Bereits am 29.12. wurde er mit 17:1 Stimmen zum "Provisorischen Präsidenten" gewählt, reiste sofort nach Nanjing weiter, das inzwischen zur neuen Hauptstadt erklärt worden war, und rief hier am 1.1.1912 die Republik aus.

Die Abdankung der Dynastie

Yuan Shikai, der inzwischen zu einer Art Nebenkaiser in Beijing aufgerückt war, drohte angesichts dieser Entwicklung mit der Wiederaufnahme der Kämpfe. Da er nicht nur über die besseren Bataillone verfügte, sondern auch das Wohlwollen der ausländischen Großmächte besaß, vollzogen die Revolutionäre eine Unterwerfungsgeste. Unter anderem bot Sun seinem Gegner sogar die Präsidentschaft an, falls dieser zwei Bedingungen erfülle, nämlich die Monarchie zur Abdankung zwinge und für die Republik eintrete. Yuan ließ sich dieses Angebot nicht zweimal unterbreiten, sondern setzte die kaiserliche Familie unter Druck. Am 12.2.1912 dankte daraufhin der in die Enge getriebene Pu Yi, seines Zeichens letzter Kaiser der Qing-Dynastie, ab und erhielt im Gegenzug das Versprechen, mit seinem Hofstaat im Beijinger Kaiserpalast verbleiben zu dürfen. Yuan Shikai wurde am 15.2. mit 18 Stimmen anstelle Sun Yixians zum Vorläufigen Präsidenten der Republik China gewählt - und die Hauptstadt, gegen den Willen Suns, von Nanjing nach Beijing zurückverlegt.

In den eineinhalb Monaten der Präsidentschaft Suns hatte die Regierung zahlreiche Bestimmungen gegen den Kulihandel, gegen das Opiumrauchen, das Einbinden der Füße und gegen grausame Strafen der traditionellen Rechtsordnung erlassen. Auch eine provisorische Verfassung war ausgearbeitet worden, die im März 1912 erging. Sun zog sich nach seinem Rücktritt vom Präsidentenamt melancholisch in die Nische eines regierungsoffiziellen Eisenbahnplaners zurück. Ein Teil der von ihm damals entworfenen Skizzen wurde bereits während der Republik, ein anderer während der Volksrepublik verwirklicht.

4. Die zerbrechliche Republik und ihre ersten Gehversuche

Die Zeit bis zum Ende des Ersten Weltkriegs war durch den Aufstieg des jungen chinesischen Bürgertums, vor allem aber durch drei politische Experimente - Parlamentarismus, Restauration und Warlordismus - bestimmt, die der jungen Republik harte Bewährungsproben aufbürdeten.

Parlamentarismus

Schon in den Jahren vor 1911 hatte das Abenteuer des *Parlamentarismus* in China begonnen - Abenteuer, weil es hierfür in den vorangegangenen 2000 Jahren des Kaiserreichs keinerlei Präzedenzfall gegeben hatte. Nicht *durch* das Volk, sondern *für* das Volk: dies war eine konfuzianische Maxime gewesen, die von der Vorstellung ausging, daß bei Einhaltung aller überkommenen Rituale durch Kaiser und Beamtenschaft das Gesetz des Himmels korrekt erfüllt und damit dem Volk automatisch in richtiger Weise gedient werde. Für "Vertretung" gab es nicht einmal einen offiziellen Begriff!

1906 war der erste Kreistag (in Tianjin) und 1909 die erste Provinzversammlung (in der Provinz Jiangsu) gewählt worden. 1912/13 folgte dann der erste Reichstag mit Sitz in Beijing.

Mit zu den eifrigsten Befürwortern des Parlamentarismus gehörte die Gentry, der seit Abschaffung des Prüfungswesens 1905 die Felle davonzuschwimmen drohten, und die nun im Volksvertretungs-Mandat eine Art Ersatz für den schnell an Bedeutung verlierenden Examenstitel sah. Kein Wunder, daß die Kriterien für das aktive und passive Wahlrecht ganz auf die Gentry zugeschnitten waren, insofern nämlich Bildungs- und Besitzkriterien im Vordergrund standen: Ein Wähler mußte mindestens Mittelschulabschluß oder aber ein Mindestvermögen von über 5.000 Yuan nachweisen! Beim Wahlkampf zum Reichstag standen ebenfalls typische Gentrythemen im Vordergrund, nämlich Provinzautonomie, lokale Selbstverwaltung und Wahl des Ministerpräsidenten durch die Parlamentsmehrheit.

Am Ende konnten die Gentryangehörigen nicht weniger als 89% der Sitze in den Provinzversammlungen und einen fast ebenso hohen Anteil im Reichstag erringen. Unter den 100 Parlamentariern des höchsten Gremiums befanden sich sogar 20 Inhaber höchster traditioneller Prüfungsgrade!

Was hier auftauchte, war nicht eine Massen-, sondern eine "Gentry-Demokratie"! Kein Wunder, daß dieses parlamentarische Honoratiorentum im Volk kaum Rückhalt fand, zumal die meisten "Volksvertreter" von Anfang an höchst partikularistische Interessen verfolgten und auch die Parteienlandschaft ein zerklüftetes Bild bot: Zwischen 1905 und 1911 waren ca. 300 "Parteien" gegründet worden, die fast alle daran litten, daß sie entweder die Eierschalen der alten Geheimbundtradition noch nicht abgestreift hatten oder daß sie zumeist rein landsmannschaftlich (d.h. nach Provinzen) orientiert und überdies nicht um Sachprogramme, sondern um Cliquenführer geschart waren. Erst 1911 traten die Minigruppen aus dem Halbdunkel hervor und schlossen sich zu größeren Parteien zusammen: Die "Republikanische Partei" (gonghe dang) rekrutierte sich im wesentlichen aus früheren Konstitutionalisten, die "Vereinte Republikanische Partei" (lian gonghe dang) scharte sich um den charismatischen südchinesischen General Cai E, die "Demokratische Partei" (minzhu dang) stand unter Führung Liang Qichaos. An die Wand gespielt wurden all diese Gruppierungen freilich durch den 1905 von Sun Yixian gegründeten "Schwurbund", der sich im August 1912, also am Vorabend der Reichstagswahlen, mit vier anderen Gruppierungen zur Guomindang ("Staatsvolkpartei") zusammenschloß und damit zwar für eine Vielzahl von Wählern attraktiv wurde, freilich auch eine Verwässerung seines Programms hinnehmen mußte. Sun Yixian geriet innerhalb der GMD gegenüber zwei anderen Führern, Huang Xing (1874-1916) und Song Jiaoren (1882-1913), ins Hintertreffen und wurde wegen seiner vollmundigen Politik sogar schon abschätzig als "Kanonen-Sun" (Sun dapao) verspottet.

Was dem Parlamentarismus besonders schadete, waren aber nicht so sehr die ständigen inneren Auseinandersetzungen, sondern vor allem die Gegnerschaft des inzwischen zum nationalen Heros aufgestiegenen Yuan Shikai, der den Parlamentariern einen wahrhaft tödlichen Kampf lieferte. So ließ er beispielsweise während des Wahlkampfs seinen Hauptgegner, den oben erwähnten Song Jiaoren, am 20.3. 1913 auf dem Hauptbahnhof von Shanghai ermorden, eine Cause célèbre der frühen Republik, die den Konflikt zwischen Yuan und der - mit ihm äußerlich verbündeten - GMD jäh ans Tageslicht brachte. Trotz dieses Verbrechens stimmte die Partei im Oktober 1913 für die Wahl Yuans zum Ständigen Präsidenten - eine Entscheidung, die ihr nicht gedankt wurde; kaum hatte sie ihm nämlich diesen Dienst erwiesen, ließ Yuan die GMD am 4.11.1913 für illegal erklären und ihre Abgeordneten in die Wüste schicken.

Die der GMD treu gebliebenen Militärmachthaber (dudu) der Provinzen Hunan, Anhui, Jiangsu und Guangdong wollten diesen Verrat nicht einfach hinnehmen und erhoben deshalb ihre Waffen gegen Yuan. Diese "Zweite Revolution" blieb jedoch nur eine Episode, da die Aufständischen von den Beiyang-Verbänden Yuans zwischen dem 12.7. und dem 13.8.1913 niedergekämpft wurden. Das gesamte für die Wirtschaft Chinas lebenswichtige Yangzi-Tal geriet damit unter die Kontrolle der Beiyang-Clique - und blieb es bis zum Nordfeldzug von 1926. Anschließend löste Yuan auch noch die Provinz-Versammlungen auf und erließ eine neue - parlamentarismusfeindliche - Verfassung.

Sun Yixian und die Reste des Parlaments fanden erst 1916/17 eine neue Bleibe, und zwar im fernen südchinesischen Guangzhou, wo sie am 25.8.1917 eine "Militärregierung zum Schutz der Verfassung" gründeten, die sich einer "Bewegung zum Schutz der Verfassung" (hu fa yundong) verschrieb. Wegen des militärischen Charakters dieses neuen Zentrums, das sich als Gegenregierung zu Beijing verstand, nahm Sun den Titel "Generalissimus" (zong siling) an, der später auch auf Jiang Jieshi überging.

Anfang 1925 wurde Sun als Chef der südlichen Regierung von der nördlichen Regierung zu Wiedervereinigungsgesprächen nach Beijing gebeten. Sun folgte, trotz angegriffener Gesundheit, der Einladung, erlag dort aber am 12. März 1925 einem Leberkrebsleiden. Vierzig Jahre lang hatte er für die chinesische Revolution gekämpft, doch nun hinterließ er ein zersplittertes Land: Sechs einander abwechselnde Zentralregierungen, zwei einander widersprechende Verfassungen (von 1912 und 1914) und ein nicht mehr arbeitsfähiges Parlament war alles, was zu diesem Zeitpunkt von seinen Träumen verwirklicht - oder genauer: nicht verwirklicht - worden war. Lebendig blieb seine Idee eines Nationalkonvents, der 1931 (unter Führung der GMD) und 1954 (unter KPCh-Mentorat) Auferstehung feierte - freilich jeweils nur als Galionsfigur! Am Ende blieben die Parlamente von 1909 und 1912/13 die einzigen in

der bisherigen chinesischen Geschichte, die, bei aller Eso-
terik der Wählerschaft, ihren Namen wirklich verdienten.
Aus chinesischer Sicht freilich erscheint diese "parlamentarische" Periode als eine der exotischsten bisherigen Zeitab-
schnitte.

Restaurationsexperimente
Es wäre kaum mit rechten Dingen zugegangen, hätten angesichts des parlamentarischen Disasters nicht vereinzelte
Kräfte versucht, dem Kaisertum wieder neues Leben einzu-
hauchen. Sogar englische und amerikanische Verfassungs-
theoretiker, die um ihren Rat gebeten worden waren, hatten
als Heilmittel für die Wiedergesundung und Wiedererstar-
kung Chinas die Doppelmedizin einer Rückkehr zum Kaisertum und zum Zentralismus empfohlen, da die Vorstellung von rechtstaatlicher Ordnung oder von individuellen
Rechten in China unbekannt seien, da es im überdörflichen
Bereich ferner an Bürgersinn fehle, und da der Parlamentarismus überdies die Gefahr des Regionalismus verstärke.
Sogar Sun Yixian hatte davon gesprochen, daß das chinesische Volk ein "Haufen losen Sandes" sei, der des Zements
einer straffen Lenkung, vor allem der Zentralisierung, bedürfe.

Lag es da nicht nahe, dem Kaisertum vielleicht doch
noch eine Chance zu geben? Nach dem Staatsstreich Yuans
von 1914 kam es in der Tat zu zwei Restaurationsversuchen,
die übrigens auch von den ausländischen Mächten wohl-
wollend registriert wurden: Am 11.Dezember 1915 trug die
Beijinger Regierung an Yuan Shikai die feierliche Bitte
heran, vom Posten des Präsidenten zurückzutreten und am
1.Januar 1916 den Thron zu besteigen. Yuan, der diese
Kampagne systematisch eingefädelt hatte, nahm "zögernd"
an, mußte allerdings schnell zur Kenntnis nehmen, daß er
die Zähigkeit der antimonarchistischen Bewegung unter-
schätzt hatte. Aus Protest nämlich erklärten sich einige südchinesische Provinzen im Dezember 1915 erneut für unabhängig und leiteten damit - nach 1911 und 1913 - die "Dritte
Revolution" gegen Beijing ein! Der von diesen Entwicklungen offensichtlich völlig überraschte Yuan sah sich zum

Verzicht gezwungen und erlag schon kurze Zeit später einem Herzleiden.

Noch ein zweiter, eher gespenstisch anmutender Reinthronisierungsversuch fand statt, als nämlich der monarchistische General Zhang Xun am 1.Juli 1917 zugunsten des Qing-Infanten Pu Yi einen Putsch in Beijing anzettelte. Schon nach wenigen Tagen freilich war auch dieser Spuk verflogen und damit der letzte Anlauf zu einer dynastischen Lösung gescheitert. Sieben Jahre später mußte Pu Yi für seine Ambitionen büßen, als er nämlich zusammen mit seinem Hof vom Warlord Feng Yuxiang aus dem Kaiserpalast vertrieben wurde. Unter Feng wurde der Palast in ein Museum umgestaltet und die einst "Verbotene Stadt" für die Öffentlichkeit zugänglich gemacht.

Warlordismus

Nach dem Tode Yuans begann ein *drittes* im Zeichen des Warlordismus stehendes Experiment, in dessen Verlauf die lokalen Kriegsherren (dujun) die Macht ergriffen und einen kaleidoskopartigen Polyzentrismus in die Wege leiteten (Näheres dazu unten II.3.).

5. Die Bedeutung der Revolution von 1911

Die Xinhai-Ereignisse von 1911 wiesen alle Merkmale einer echten Revolution auf: Sie führten zum Wechsel im Herrschaftssystem und nicht etwa nur zum Austausch einiger Führungspersönlichkeiten, sie waren Folge einer jahrzehntelangen Entwicklungskrise, sie überholten schüchterne Reformversuche des alten Regimes, sie erfolgten auf gewaltsame Weise, und sie lösten sogar eine Reihe von Gegenrevolutionen aus.

Der Erfolg blieb gleichwohl bescheiden. Von den vier Zielen der Anhänger Sun Yixians wurden nur zwei erreicht, nämlich die Vertreibung der Manzhous und die Gründung einer - allerdings von Anfang an auf unsicheren Beinen stehenden - Republik. Die dritte Aufgabe, nämlich die Wiederherstellung der chinesischen Souveränität, ließ sich erst nach einer Durststrecke von 32 Jahren, 1943, erreichen.

Das vierte Ziel, nämlich die Bewältigung der sozialen Frage, scheiterte an den Berührungsängsten und an der mangelnden Sensibilität der neuen Eliten gegenüber dem Volk.

Angesichts der Schwäche der vier revolutionstragenden Schichten, die von den Kommunisten später als z.T. "feudalistische", z.T. "bürgerliche Klassen" skelettiert wurden, nicht zuletzt aber auch wegen des nach wie vor beträchtlichen Machtpotentials der traditionellen Kräfte, die obendrein von den ausländischen Mächten unterstützt wurden, hat die Xinhai-Revolution wohl alle ihre Möglichkeiten ausgeschöpft. Vor allem aber hat sie, wie später auch die Kommunisten anerkennen mußten, Appetit auf weitere revolutionäre Prozesse geweckt. Auf Taiwan wird der "Doppelzehnte" auch heute noch als Nationalfeiertag begangen und außerdem als Startpunkt einer modernen Zeitrechnung betrachtet: Das Jahr 1988 z.B. schreibt sich dort als "77. Jahr der Republik"!

II.
Zwischen Warlordismus und Linkskurs
(1919-1927)

1. 1919 - ein Schlüsseljahr

Nur wenige Jahre gibt es in der asiatischen Geschichte des
20. Jh.s, die sich mit dem Meilenstein 1919 messen können.
Der Erste Weltkrieg war gerade zu Ende gegangen und
hatte auf dem "Gesicht" der bis dahin so überlegenen
Westmächte häßliche - und demütigende - Schrammen
hinterlassen. Der Ruf nach Befreiung ging durch ganz
Asien: Die Mongolei erklärte ihre Unabhängigkeit, in Korea kam es (am 1.März) zu einem antijapanischen Aufstand,
und in mehreren asiatischen Staaten tauchten die ersten
kommunistischen Gruppierungen auf, vor allem aber ereignete sich in China die seither unzählige Male beschworene
Wusi yundong (Bewegung vom 4. Mai), die manchem Zeitgenossen wie ein "zweites 1911" erschien und deren Auswirkungen sich wohl nur mit denen der Jahre 1949 und 1978
vergleichen lassen. Aus sinokommunistischer Sicht beginnt
damals die sog. "Neudemokratische Epoche".
Man muß bis ins 6. Jh.v.Chr. zurückgehen, um in der
chinesischen Geschichte auf ideologische Auseinandersetzungen ähnlichen Ausmaßes und ähnlichen Formats zu
stoßen, wie sie damals an der Tagesordnung waren.

Die Shandong-Frage
Ausgelöst wurde die Bewegung durch die "Shandong-
Frage", die in der Öffentlichkeit wie eine Bombe einschlug
und den chinesischen Nationalismus in Wallung brachte.
China hatte sich 1917 nach inneren Zerreißproben für eine
Kriegsallianz mit den Alliierten gewinnen lassen, weil es
hoffte, auf diese Weise die deutschen Vorrechte in der Provinz Shandong (Qingdao, Jiaozhou und Eisenbahnkonzes-
sionen in Shandong) als Kriegsbeute erhalten und damit

zugleich einen Präzedenzfall gegenüber den Vorrechten auch anderer Großmächte schaffen zu können. Statt dessen wurden die deutschen Rechte im Verlauf der Versailler Konferenz dem japanischen Kaiserreich zugespielt - also ausgerechnet jener Macht, die mit ihren "21 Forderungen" bereits 1915 einen Herrschaftsanspruch über China angemeldet hatte. Das Faß in China kam damit zum Überlaufen. An die Spitze der nationalen Empörung stellten sich die Beijinger Studenten, die am 4.Mai auf dem Tiananmen-Platz eine Massendemonstration veranstalteten und eine Welle nationaler Empörung auslösten, in deren Gefolge es zur Verweigerung der chinesischen Unterschrift unter das Versailler Vertragswerk kam.

Was als Aufschrei gegen den ausländischen Imperialismus begonnen hatte, wandte sich fast augenblicklich auch nach innen und löste ein Scherbengericht nicht nur über das gegenwärtige politische System Chinas, sondern über die nahezu gesamte kulturelle Tradition aus.

Die Universität Beijing als "Gewissen der Nation"

Obwohl auch andere Hochschulen des Landes, kaufmännische Kreise und sogar Teile der Arbeiterschaft die Bewegung mittrugen, blieb das Hauptgeschehen, wie durch einen Brennspiegel, auf die Universität Beijing konzentriert, die zwar erst 1898 gegründet, jedoch nach dem Wegfall des traditionellen Staatsprüfungswesens (1905) gleichsam über Nacht zur Hauptbühne der intellektuellen Auseinandersetzungen des Reiches geworden war. Alles was in der wissenschaftlichen Welt Chinas damals Rang und Namen hatte, fühlte sich von der Beida magnetisch angezogen. Vor allem 1919 wurde die Beida zum Sprachrohr der Nation, zum Gewissen Chinas und zum Pilgerort für alle neuerungsbedachten Patrioten - unter anderem auch den jungen Mao, der damals in einer untergeordneten Stellung an der Bibliothek tätig war. Wer im damaligen China Gehör finden wollte, mußte sich entweder in der *Neuen Jugend* (Xin qingnian), in der *Neuen Flut* (Xin chao) oder im *Jungen China* (Shaonian Zhongguo) äußern. Als Verfasser traten Autoren hervor, die fast ausnahmslos durch das persönliche Erlebnis eines mehrjährigen Auslandsstudiums für die Rückständig-

keit Chinas sensibilisiert worden waren. Zu den prominentesten Rückkehrern aus Frankreich gehörten der spätere
Gründer der KPCh, Chen Duxiu, sowie der liberale Direktor der Uni Beijing, Cai Yuanpei (1867-1940), der durch
seine Personalberufungspolitik Aufsehen erregte. Aus Japan meldeten sich die linken Schriftsteller Guo Moro und
Lu Xun, aus den USA Chinas Modell-"Liberaler", Hu Shi,
zurück.

Die junge intellektuelle Elite machte durch Übersetzun-
gen und durch eigene Entwürfe auf sich aufmerksam. "Car-
sun" Zhang übersetzte Bergson, Wang Guowei Schopen-
hauer und Nietzsche, Li Dazhao und Chen Duxiu Marx und
Engels, Li Da Werke von Lenin, Bucharin sowie Plechanow
und Li Shizeng Werke des Anarchisten Kropotkin. Von
überall her auch wurden ausländische Lehrkräfte eingeladen, z.B. der amerikanische Philosoph John Dewey, der
britische Philosoph und Mathematiker Bertrand Russell,
aber auch Vertreter der Dritten Welt, wie z.B. der benga-
lische Philosoph und Schriftsteller Rabindranat Tagore.

Was Eigenbeiträge der jungen Intelligenz anbelangte, so
verfolgten sie vier Hauptstoßrichtungen:

Absage an den "Konfuzius-Laden"

Mag es unter den Protagonisten auch schon bald zu heftigen
gegenseitigen Auseinandersetzungen gekommen sein - z.B.
über die Frage, ob das moderne chinesische Denken eher
liberal oder aber nach messerscharfen "Ismen" ausgerichtet
sein solle: In *einem* Punkt waren sich alle einig, nämlich daß
die Hauptursache für die Krankheit Chinas beim Konfuzianismus zu suchen sei, der mit seiner Hierarchieordnung,
seinem Kindesgehorsam, seinem Personalismus, seinem
Konservativismus und all den anderen Anachronismen
keine Gleichheit, keine Freiheit, keine Demokratie und vor
allem auch keine Wissenschaft aufkommen lasse. Der Konfuzianismus erscheine äußerlich zwar als humane Philosophie, trage insgeheim aber das Kainsmal eines "menschen-
fressenden Tigers" (chiren hu).

Aus der historischen Perspektive gesehen, war die Bewegung von 1919 der bis dahin dritte Großversuch Chinas,
mit der westlichen Herausforderung fertig zu werden:

Die erste Antwort hatte in der "Selbststärkungsbewegung" von 1861-1898 bestanden, in deren Verlauf sich vor allem Diplomatie und Militär Chinas modernisieren konnten. Die zweite Etappe umfaßte den Zeitabschnitt 1898-1912, in dem die sieche Qing-Dynastie parlamentarische, industrielle und pädagogische Reformen zuließ, um ihren Kopf im letzten Moment noch aus der Schlinge zu ziehen und dem republikanischen Unheil zuvorzukommen. Die 4.Mai-Bewegung sollte nun, als dritter Anlauf, von einer Hautoperation zur Herzverpflanzung werden; ging es doch jetzt um nicht weniger als um die Ausrottung der gesamten konfuzianischen Tradition mit Stumpf und Stiel. Niemals in der bisherigen Geschichte war die Lust am Hinterfragen des eigenen Wertesystems so elementar hervorgebrochen wie in dieser kurzen Epoche des Erwachens. Eine schier masochistische Lust an der Selbstzerstörung paarte sich mit einer zumeist kritiklosen Verherrlichung westlicher Demokratie- und Wissenschaftsleitbilder. Nie wieder auch hat China mit so gespannten Erwartungen nach Westen geblickt wie damals. Bertrand Russell, der 1921/22 Vorlesungen an der Beida gab, mahnte seine Hörer, das Kind nicht mit dem Bade auszuschütten, sondern gewisse Traditionen, wie den überlieferten Pazifismus, die Kindespietät und die dem Daoismus eigene Beschaulichkeit behutsam weiterzupflegen. Zu einer Zeit, da das Wort "Tradition" wie ein Schimpfwort klang, stieß er damit aber fast überall auf taube Ohren. Gefordert war eine "Umwertung aller Werte". Anstelle des Konfuzianismus sollten zwei neue Ideale treten, nämlich "Mr. Democracy" (Demokelaxi xiansheng) und "Mr. Science" (Saiyinsi xiansheng).

Neubewertung der Tradition

Während die "Kulturrevolutionäre" den Konfuzianismus demontierten, werteten sie gleichzeitig andere alte Denkschulen, die von der konfuzianischen Orthodoxie verdrängt worden waren, wieder auf. Im Daoismus entdeckten sie das Ideal der Gleichheit, im Mohismus die allgemeine (und nicht nur auf Bezugsgruppen eingeschränkte) Bürgergesinnung und im Legalismus die Rechtsstaatlichkeit. Was die westlichen Nationen erst seit wenigen Hundert Jahren besäßen, habe im Schatzhaus der chinesischen Tradition seit Jahrtausenden gelagert - verdunkelt allerdings vom Schatten des Konfuzianismus! Vor allem die Gruppe der "Zweifler am Altertum" (yi gu pai) arbeitete mit System - und höhnischen Seitenhieben - an der Entmythologisierung und kritischen Bewertung der chinesischen Vergangenheit. Sie propagierten die Trennung zwischen Geschichte und Mythologie, die Aufwertung des nichtkonfuzianischen Schrifttums und nicht zuletzt auch den Wert der Volksliteratur, vor allem des Romans und der Novelle.

Die Renaissance der Umgangssprache
Hu Shi war der Wortführer einer Aufwertung der Umgangssprache (baihua), die so schnell wie möglich an die Stelle des klassischen Wenyanwen treten sollte, also jenes mandarinären "Lateins", das nun schon seit 2000 Jahren tot sei. Seit 1918 wurden sämtliche Beiträge der Neuen Jugend - ja sogar lyrische Gedichte - nur noch in Umgangssprache verfaßt; kein Wunder, daß die publizistische Agitation, die nach dem 4.Mai einsetzte, gerade wegen ihrer umgangssprachlichen Einfärbung eine in dieser Dynamik bisher unbekannte Breitenwirkung und Durchschlagskraft entfaltete. 1920 wurde die Baihua offiziell in den Schulunterricht aufgenommen. Gleichzeitig begannen Versuche mit der Vereinfachung der Schriftzeichen, der phonetischen Verschriftung und der Verbreitung des Mandarin (Guoyu) als einheitlicher Standardsprache.

Stilbildend für die moderne Umgangssprache wurden die zahlreichen Novellen und Essays des wohl bedeutendsten modernen Schriftstellers, Lu Xun (1881-1926), der vor allem den anklägerischen Essay zu einer messerscharfen Waffe schliff, und der wegen seines linken Engagements nachträglich von den Kommunisten vereinnahmt wurde. Das stachlige alte Gelehrtenidiom wurde jetzt also durch die aromatische Umgangssprache ersetzt - ein Demokratisierungsprozeß von epochaler Tragweite!

Frauenemanzipation
Die Freiheit, den Ehemann selbst zu wählen, das Recht der

Witwe auf Wiederverheiratung, das Verbot der Vielweibe-
rei, das Postulat gleicher Bildungschancen für Jungen und
Mädchen und die Forderung nach Aufhebung der seit Jahrhunderten für Frauen verbindlichen konfuzianischen Ge-
horsams-, Unterwerfungs- und Keuschheitsgebote wurden
im Zeichen der 4.Mai-Bewegung zum ersten Mal vor einer
breiten Öffentlichkeit diskutiert und sind seitdem nie
wieder von der politischen Agenda-Liste verschwunden.

2. Die Entstehung eines linken Spektrums: Arbeiter-
bewegung und KP-Gründung

1919 meldete sich auch erstmals die Arbeiterschaft zu Wort.
Das junge Proletariat erwies sich als Korrelat zum aufstre-
benden einheimischen Bürgertum, das die goldene Gelegenheit des Ersten Weltkriegs genutzt und in Abwesenheit
der westlichen Konkurrenz solide Fundamente aufgebaut
hatte. Die Zahl der Spindeln in der von Chinesen geführten
Textilindustrie war beispielsweise von 600.000 (1913) auf
1,2 Mio. (1919), die Phalanx der einheimischen Dampfschif-
fe von 893 auf 2.027 angestiegen. Parallel zu diesen Erfolgen des Unternehmertums war die Mitgliederzahl der chinesischen Arbeiterklasse von 1 Mio. (1914) auf etwa 3 Mio.
(1919) gewachsen. Als westliche Industrielle, vor allem aber
Japan, nach 1919 ihre alten Positionen zurückerkämpfen
wollten, setzte sich nicht nur die Bourgeoisie, sondern auch
die Arbeiterschaft zur Wehr.
   Vor allem entstanden damals die Keime des späteren
sinokommunistischen Siegs. Drei Ereignisse waren kennzeichnend für das im Dunstkreis der 4. Mai-Bewegung entstandene "linke" Spektrum, nämlich die Gründung der
KPCh, der Schulterschluß zwischen GMD und KPCh und
das Erwachen der Arbeiter- sowie der Bauernschaft.

Die Geburt der Kommunistischen Partei Chinas
Drei Vorgänge waren es vor allem, die den Anstoß zur späteren KP-Gründung gaben, nämlich der Sieg der Oktoberrevolution in Rußland (1917), ferner die immer skeptischer

oder aber Sunyatsenismus am Ende nicht doch vielleicht
nur Holzwege für China seien, und, drittens, die 4.Mai-
Bewegung, in deren Gefolge der gesamte Vorrat westlicher
Gesellschaftswissenschaften und -modelle nach brauchbaren Elementen durchforstet wurde.

Die siegreiche Oktoberrevolution löste keineswegs einen sofortigen Erdrutsch in China aus; vielmehr mußten
Monate vergehen, ehe der Bibliotheksdirektor der Beijing-
Universität, Li Dazhao, auf die Wahlverwandtschaft zwischen russischen und chinesischen Revolutionären aufmerksam wurde und im Juli 1918 zu einer systematischen Beschäftigung mit der marxistischen Erfolgslehre aufrief. Freilich ließen sich auch jetzt die ersten "Marxisten", die im
Empfangsraum der Bibliothek zu tagen pflegten, unter
ihnen der junge Hilfsbibliothekar Mao Zedong, an zwei
Händen abzählen. Erst die 4. Mai-Bewegung brachte frischen Wind, vor allem nachdem der Herausgeber der *Neu-
en Jugend*, Chen Duxiu, auf den Marxismus aufmerksam
geworden war. Wahrscheinlich wäre die neue Lehre aber
auch jetzt nicht über den für viele Länder Asiens typischen
"Studierzimmer-Kommunismus" hinausgekommen, hätte
sich nicht die Kommunistische Internationale in der Gestalt
des 27jährigen G.N.Woitinski zu Wort gemeldet, der 1920
bei Li Dazhao in Beijing und kurze Zeit später bei Chen
Duxiu in Shanghai anklopfte, um Revolutionshilfe anzubieten. Bereits im Mai 1920 wurde die erste, aus sieben Mitgliedern bestehende kommunistische Zelle Chinas unter der
Leitung Chens in Shanghai gegründet. Nach dem Shanghai-
Muster entstanden in den folgenden Monaten auch anders-
wo Zellen, und zwar unter Führung Li Dazhaos in Beijing,
Mao Zedongs in Changsha, Dong Biwus in Hankou sowie in
Jinan und Guangzhou, aber auch im Ausland, so z.B. in
Paris (Zhou Enlai), Berlin (Zhu De) und in Tokyo.

Am 23. Juli 1921 versammelten sich die Repräsentanten
der neugegründeten Zellen in der Französischen Konzession von Shanghai zum I. Parteitag, bei dem 12 Delegierte
die rund 50 Mitglieder vertraten. Die spätere Parteige-
schichtsschreibung wählte nicht die Entstehung der Shanghaier Zelle (Mai 1920), sondern die Shanghaier Versammlung vom Juli 1921 als Geburtsstunde der KPCh, da man

ansonsten Mao Zedong nicht zu den Mitbegründern der Partei hätte zählen können!

Die Gründung der KPCh erfolgte in einem Milieu, wie es für Geheimgesellschaften seit Jahrhunderten typisch war. Schon Sun Yixian war Mitglied einer Triade gewesen und hatte seinen "Schwurbund" im Untergrund auf die Beine gestellt. Ohne das Geheimgesellschafts-Milieu lief auch Anfang der zwanziger Jahre nichts. Kein Wunder, daß die KPCh, die bei ihrer Gründung das Tageslicht gescheut hatte, auch nach 1949 voller Argwohn und Mißtrauen um sich blickte, ob nicht irgendwo Konkurrenz auftauchte.

Die Legalisierung der KPCh im Zeichen der Einheitsfront mit der GMD

In den zwanziger Jahren wirkte der Altrevolutionär Sun Yixian fast schon wie ein Anachronismus. Er begann sein Haus zu bestellen und beschloß, eine Doppelstrategie zu befolgen, nämlich innenpolitisch die so lange vernachlässigte soziale Frage wieder aufzugreifen und außenpolitisch ein antiimperialistisches Bündnis mit den Verliererstaaten des Ersten Weltkriegs, nämlich dem Deutschen Reich und der jungen Sowjetuntion, anzusteuern. Da die deutsche Regierung diesem Plan einer chinesisch-russisch-deutschen Dreierallianz jedoch die kalte Schulter zeigte, blieb nur die UdSSR als Ansprechpartner. Beide Seiten fanden schon bald lebhaftes Interesse aneinander. Die in einer Krise steckende GMD brauchte organisatorische, finanzielle und militärische Hilfe, während die Komintern nach vertrauenswürdigen Verbündeten für ihr KPCh-Mündel Ausschau hielt.

Sun hatte bereits seit 1920 lockere Gesprächs- und Briefkontakte mit Komintern-Beauftragten, zuerst mit Woitinski (1920), dann mit dessen Nachfolgern G. Maring (1921), S.A.Dalin (1922) und mit A.A. Joffe (1922/23) unterhalten. Die Komintern empfahl dabei immer wieder Direktgespräche mit der KPCh. Am 23.8.1922 reiste Li Dazhao nach Shanghai, diskutierte dort mit Sun Kooperationsfragen und trat wenige Tage später persönlich in die GMD ein. Damit das Grundmuster für die spätere GMD/KPCh-Koordination geschaffen. Von jetzt an hatten die

Kommunisten das Recht, auf dem von Sun Yixians Regierung beherrschten "Befreiten Territorium" der Provinz Guangdong legal aufzutreten.

Am 30. Januar 1924 fand dann in Guangzhou der epochale Erste Nationale GMD-Kongreß statt, der ein Doppelergebnis zeitigte, nämlich die Gründung einer formellen Einheitsfront zwischen GMD und KPCh, in deren Gefolge neun Kommunisten in das Zentrale Exekutivkomitee gewählt und darüber hinaus zwei ZEK-Ausschüsse von Kommunisten besetzt wurden (u.a. die Abteilung für Bauernfragen durch Mao Zedong), und der zweitens ein Gemeinsames Politisches Manifest absegnete, in dem Suns Sanminzhuyi streckenweise im Sinne der kommunistischen Programmatik neuformuliert wurde. Noch Jahrzehnte später erinnerte die KPCh an die drei Politischen Richtlinien Sun Yixians: Allianz mit Rußland, Bündnis mit der KP, Unterstützung der Arbeiter und Bauern.

Die unmittelbaren Ergebnisse des Bündnisses zwischen der "Südlichen Regierung" und Moskau waren dreifacher Art: Erstens wurde die GMD nach leninistischem Muster umgebaut, ein GMD-Netz über ganz China ausgespannt und die Sanminzhuyi "linker" interpretiert als bisher. Zweitens kam es am 31.5.1924 zur Unterzeichnung eines sowjetisch-chinesischen Abkommens, in dem die UdSSR auf sämtliche ehemaligen Privilegien des zaristischen Rußland in China verzichtete; dies war der erste gleichberechtigte Vertrag Chinas mit einer europäischen Großmacht. Drittens wurde mit Komintern-Hilfe die Huangpu ("Whampao")- Militärakademie aufgebaut, und zwar nach dem bewährten Vorbild der Roten Armee.

Die Arbeiterbewegung (Karte 2)

Die Revolution der zehner Jahre stand im Zeichen der Intelligenz, die der dreißiger und vierziger Jahre im Banne der Bauern; die zwanziger Jahre aber gehörten der Arbeiterschaft - eine Tatsache, die fast in Vergessenheit geraten ist. Wer heutzutage etwas über die chinesische Arbeiterbewegung erfahren will, muß erst eine dicke historische Staubschicht abtragen, die sich seit den Ereignissen von 1927 gebildet, und die sich sogar nach 1949 noch keineswegs verflüchtigt hat. Die Vergeßlichkeit der sinokommunistischen Geschichtsschreibung ist in diesem Zusammenhang alles andere als ein Zufall: Wer nämlich die seit 1927 unter der Führung Maos entstandene Bauernrevolution ins helle Licht rücken will, tut gut daran, die vorangegangene Arbeiterbewegung tunlichst im dunkeln zu lassen.

Bevor 1921 die ersten Gewerkschaften in Erscheinung traten, hatten sich die rund 3 Millionen Arbeiter, die im Meer der etwa 500 Millionen Bauern nur einen Tropfen ausmachten, und die sich hauptsächlich aus Seeleuten, Eisenbahnangestellten, Knappen und Kleinbetriebsangehörigen rekrutierten, in eher traditioneller Art organisiert.

Da waren einmal die Zünfte (gongsuo), also Handwerkerorganisationen, denen Gesellen, Lehrlinge und Meister gleichermaßen angehörten, und deren Hauptzweck es war, untereinander Vereinbarungen über Beschäftigungs-, Entlohnungs- und Produktionsmodalitäten zu treffen, Wettbewerbsregeln festzulegen und das Ritual für den jeweiligen Zunftgott zu besorgen. Ein Arbeitnehmer, der hier Mitglied wurde, agierte eher als traditioneller Handwerker denn als Arbeiter im modernen Sinn.

Eine zweite Möglichkeit der Selbstorganisation war die Zugehörigkeit zu einer Landsmannschaft (tongxianghui), wie sie sich in jeder größeren Stadt um eine Herberge zu gruppieren pflegte, die von Honoratioren und Handwerkern aus einer bestimmten Provinz oder Region gegründet worden war. Es gab also z.B. Anhui- oder Ningbo-Vereine, denen nicht nur Arbeiter im engeren Sinne, sondern auch Straßenhändler, Handwerker und subalterne Beamte beizutreten pflegten. Die Tongxianghui halfen bei der Arbeits- und Logisbeschaffung und bei der Schlichtung von Streitigkeiten. Klassendenken waren ihnen fremd.

Eine dritte traditionsreiche Variante waren die Geheimgesellschaften (yinjiao), die unter den verschiedensten Bezeichnungen auftraten und sich von den "Landsmannschaften" dadurch unterschieden, daß sie ein festes Oberhaupt, eine Satzung, geheime Erkennungszeichen und Rituale besaßen. Solchen Gesellschaften traten häufig städtische Randgruppen bei, die im Industrialisierungsprozeß gestrandet waren und in der Triade eine neue Rückbindung zu finden hofften.

Zu Beginn des 20. Jh.s ließ sich der soziale Protest kaum noch durch Organisationen traditionellen Zuschnitts artikulieren. Hier bedurfte es der moderneren Ausdrucksformen des Partei- und Gewerkschaftswesens. Vor allem die KPCh fühlte sich dabei aufgerufen. Waren die ersten Streiks der chinesischen Arbeiter (im Hanyang-Arsenal 1913 sowie in der Anyuan-Zeche 1915) noch von Geheimgesellschaften vorbereitet und eher spontan inszeniert worden, so nahmen sie in den zwanziger Jahren organisierte Formen an, die von Streiks bis hin zu bewaffneten Erhebungen reichten.

Drei "Streikwellen" waren es, die zwischen 1919 und 1927 über China hinwegrollten, nämlich 1919, 1923/25 und 1925/27. Das Ende dieses Zeitabschnitts ist gekennzeichnet durch blutige Gegenmaßnahmen der GMD-Regierung und durch die Flucht der Revolution von den Städten auf die Dörfer. Bezeichnenderweise waren es Bauern, nicht Arbeiter, die den Sieg der sinokommunistischen Bewegung von 1949 herbeiführten.

An der 4.Mai-Bewegung hatten die Arbeiter lediglich als Trittbrettfahrer teilgenommen, indem sie am Rande der Geschehnisse im Juni 1919 eine Reihe ausländischer Betriebe bestreikten. Dieses Erlebnis, vor allem aber die Gründung des "Chinesischen Arbeitersekretariats" im Juli 1921 durch die KPCh, waren die beiden Grundsteine, auf denen die chinesische Gewerkschaftsbewegung weiterbaute. Die Solidarisierung erfolgte vor allem in zwei Formen, nämlich durch Gründung von Arbeiterclubs (einer anderen Bezeichnung für Gewerkschaften) sowie durch die Einrichtung von Schulungsstätten in den einzelnen Danweis.

An der zweiten "Streikflut" (von Januar 1922 bis Februar 1923) beteiligten sich bereits 300.000 Arbeiter. Ausgangspunkt war der Matrosenstreik von Hongkong, bei dem eine soziale Eiterbeule platzte. Wie in Indien die "Sardar", in Vietnam die "Cai" und in Java die "Mandur", so gab es auch in China die "Baogongtou", also Arbeitskräfteverleihfirmen, die gegen eine Pauschalsumme "eigene" Arbeitskräfte an ausländische Firmen vermieteten. In Hongkong hatten sich in diesem Zusammenhang 31 Seemannsheime etabliert, in denen die Kulis auf ihren Einsatz warteten. Als Schlafstätten dienten zumeist Warenballen, Durchgänge oder Kohlehaufen. Die chinesischen Arbeiter erhielten für gleiche Arbeit zumeist nur einen Bruchteil des Einkommens ihrer weißen Kollegen. Kein Wunder, daß der am 12.1.1922 erfolgende Aufruf des lokalen Gewerkschaftssekretariats zum Streik wie der Funke am Pulverfaß wirkte. Im Nu brach auf allen Schiffen, die ins Landesinnere Guangdongs fahren wollten, sowie auf sämtlichen ausländischen Schiffen, die in den Hongkonger Hafen einliefen, der Streik los. Der Ausstand traf die Kronkolonie an ihrer empfindlichsten Stelle. Hongkong galt schon wenige Tage später als Seuchengebiet, das niemand mehr anzulaufen wagte. Nach 56 Tagen gab die Hongkonger Regierung den Forderungen der Streikleitung nach Lohnerhöhung, Arbeitsschutzmodalitäten und Wiederzulassung der lokalen Gewerkschaftsorganisationen in allen Punkten nach.

Es folgten weitere Erhebungen im Bergwerksgebiet von Kailuan sowie, im Februar 1922, entlang der Beijing-Hankou-Eisenbahnlinie. Als die 15 entlang der Schiene entstandenen Zweiggewerkschaften im Februar 1921 sich zu einer Zentralgewerkschaft zusammenschließen wollten, ließ der örtliche Warlord, Wu Peifu, unter den in der Stadt Zhengzhou zusammengekommenen Delegierten ein Blutbad anrichten. Dieses "Massaker vom 7.Februar" inspirierte die KPCh, vor allem den Mao-Flügel, zu der Idee, fortan eigene Truppen aufzustellen und Gewehrlauf gegen Gewehrlauf zu richten.

Die dritte Streikwelle rollte 1925 an. Ehe sie im tödlichen Inferno von 1927 endete, durchlief sie drei Höhepunkte, nämlich die "Bewegung des 30.Mai" (1925), den erneuten Streik von Hongkong und Guangzhou (1925/26) und die Aufstände der Shanghaier Arbeiterschaft im Frühjahr 1927. Ausgegangen war der offene Konflikt von einigen japanischen Spinnereien in Shanghai und Qingdao, von wo die Funken auf das ganze Land übersprangen. Die chinesischen Arbeiter hatten in den japanischen Betrieben pro Tag 12 Stunden abzuleisten, lebten in winzigen Wohnhöhlen zusammengepfercht, mußten Prügelstrafen hinnehmen und wurden entlassen, sobald sie "krankspielten". Als bei Protestveranstaltungen in Shanghai und Qingdao mehrere chinesische Arbeiter in japanischen Spinnereien erschossen wurden, kam das Faß zum Überlaufen. Am 30.Mai 1925 versammelten sich rund 2.000 Studenten in den belebtesten Straßen der Internationalen Konzession Shanghais, verteilten Flugblätter antiimperialistischen Inhalts und lösten Massendemonstrationen aus. Ein nervös gewordener britischer Polizeioffizier erteilte daraufhin seiner aus indischen Sikhs bestehenden Polizeitruppe den Befehl, in die Menge zu feuern. Dieses "Blutbad vom 30.Mai" führte zum Schulterschluß zwischen Kaufleuten, Studenten und Arbeitern. Obwohl die Proteste schon nach wenigen Tagen im Sand verliefen, waren immerhin eine halbe Million Menschen mobilisiert worden und hatten mehrere Arbeiterführer, unter ihnen Liu Shaoqi, Li Lisan, Qu Qiubai und Deng Zhongxia, die Feuertaufe erhalten. Außerdem wurde Shanghai zum Vorspiel des noch umfangreicheren Hongkong-Guangzhou-Streiks, dem längsten Ausstand in der chinesischen Arbeiterbewegung, der sich ebenfalls gegen ausländische Vorrechte wandte und deshalb nicht nur sozialen, sondern auch nationalen Charakter trug.

Die ersten Bauernorganisationen (Karte 2)
Das "befreite Territorium" der Provinz Guangdong wurde nicht nur zur Amme der Gewerkschaften (hier lag u.a. die Leitstelle für die Hongkong/Guangzhou-Streiks), sondern darüber hinaus auch zur Mutter der ersten modernen Bauernorganisationen, die ja für den weiteren Verlauf der chinesischen Revolution ungleich bedeutungsvoller werden sollten als die Arbeiterbünde. Die spätmaoistische Geschichtsschreibung hat versucht, die Gründerrolle dem jungen Mao Zedong vorzubehalten; in Wirklichkeit jedoch gebührt das Verdienst dem 1896 im Kreise Haifeng (Provinz Guangdong) geborenen Peng Pai, dessen Familienangehörige später bezeichnenderweise nicht nur von der Guomindang, sondern auch von den Kulturrevolutionären planmäßig verfolgt und ermordet wurden. Noch lange ehe Maos "Untersuchungsbericht über die Bauernbewegung in Hunan" (März 1927) erschienen war, hatte Peng die revolutionäre Bedeutung der Bauernschaft erkannt und bereits im

Mai 1921 in seinem Heimatkreis Haifeng einen Bauernverband gegründet, den ersten seiner Art im modernen China, der als Modelleinheit schnell Nachahmung fand. Nach seiner Rückkehr vom Studium an der Tokyoter Waseda-Universität trat der Grundbesitzerssohn bereits 1921 der KPCh bei und richtete in Fühlungnahme mit Sun Yixian 1924 das "Seminar der Bauernbewegung" in Guangzhou ein. Die ersten fünf Lehrgänge führte Peng persönlich durch. Als Mao Zedong 1926 den 6. Lehrgang übernahm, waren im Seminar bereits 300 Kader aus 20 Provinzen immatrikuliert. Stärker als Peng betonte Mao die Notwendigkeit des bewaffneten Kampfes. Ein Drittel des von Mao geleiteten Unterrichts bestand deshalb aus militärischem Training, das die Teilnehmer befähigen sollte, die Bauern auch auf den bewaffneten Widerstand vorzubereiten. Geübt wurden sogar Nachtgefechte. Im Stile der traditionellen Geheimgesellschaften kehrten die Absolventen nach Abschluß des Lehrgangs auf leisen Sohlen in ihre Heimatbezirke zurück und wurden dort zu Protagonisten der Bauernbewegung, indem sie örtliche Bauernverbände gründeten, Lehrgänge durchführten, bäuerliche Selbstschutzabteilungen aufstellten und zum Kampf gegen die Grundbesitzer aufriefen.

Welche praktischen Nachwirkungen diese Schulungsarbeit hatte, wurde am eindrucksvollsten in dem bereits erwähnten "Untersuchungsbericht" dargelegt, den der junge Mao Anfang 1927 nach 32tägigem Aufenthalt in seiner Heimatprovinz Hunan erstellt hatte - einem mit Herzblut geschriebenen Dokument, in dem Mao die orkanartige Entfaltung der Bauernrevolution voraussagt. Schon jetzt ließen sich "14 Errungenschaften" der Bauernverbände nachweisen, angefangen vom Verbot des Glücksspiels, des Opiumrauchens und der Völlerei über die Liquidierung des Banditenunwesens, die Beseitigung drückender Abgaben und die Aufstellung von "Lanzenabteilungen" bis hin zur politischen und ökonomischen "Bändigung" der Grundherren.

Die Agitatoren gingen bei ihrer Massenorganisationsarbeit von der Faustformel aus, daß 10% der Familien eines Durchschnittsdorfs rund 80% des jeweiligen Bodens besaßen (Näheres zur Pachtfrage S.148ff.). Schon bald wurde das Grundbesitzertum hellhörig und organisierte seinerseits

Wehren, die sog. "Mintuan", die den Mitgliedern der Bauernverbände blutige Kämpfe lieferten, und die vor allem
nach dem Umsturz von 1927 dafür sorgten, daß die "Verei-
ne" wieder mit Stumpf und Stiel ausgerottet wurden. Dies
gelang freilich nur in den weißen Regionen, nicht dagegen
in den nach 1927 neu gebildeten Stützpunktgebieten der
KPCh, in denen die Ansätze der Jahre 1924 weitergediehen.

3. Das Warlord-Experiment und die Generalskriege

All die oben beschriebenen Arbeiter- und Bauernbewegun-
gen entfalteten sich zu einer Zeit, da China unter der Herrschaft von lokalen Kriegsherren stand, die als "Warlords" in
die westliche Geschichtsschreibung eingegangen sind.

China als Flickenteppich
Man hat sich das China der zwanziger Jahre als ein Mosaik
von Quasi-Nationalstaaten vorzustellen. Statt einem geein-
ten Reich gab es nun einen Flickenteppich größerer und
kleinerer "Staaten", die jeweils ihr eigenes militärisches,
wirtschaftliches und schulisches System pflegten, manchmal
sogar eigene Währungen ausgaben und zumeist miteinander
in Fehde lagen. Träger dieser Entwicklungen waren die
Dujun (wörtlich Überwachungs-Militärs) oder Junfa
(Kriegsherren), deren Macht - in ganz unkonfuzianischer
Weise - nie weiter zu reichen pflegte als ihr militärischer
Arm, und die untereinander in ständigen Kämpfen um die
Hauptstadt (Beijing) sowie um einzelne Provinzen lagen.
    China befand sich in einem ähnlichen Zustand wie am
Ende der Östlichen Zhou-Dynastie (770-221 v.Chr), als im
Zeichen der "Kämpfenden Reiche" ebenfalls eine verwir-
rende Staatenvielfalt entstanden war, deren einzelne Teile
erst durch die Eroberungstat des Gründungs-Kaisers der
Qin-Dynastie (221 v.Chr.) wieder zu einem Einheitsstaat
zusammengefügt wurden, in dessen Fußstapfen bereits 206
v.Chr. die strahlende Han-Dynastie trat. Man wundert sich,
daß zwischen den damaligen drei Epochen und der modernen Dreierfolge von Warlord-, Guomindang- und volksre-
publikanischer Zeit nicht häufiger offizielle Vergleiche
angestellt werden!

Hauptgruppierungen

Bei allem Hin und Her der Auseinandersetzungen und Verschiebungen stellte sich jedoch bereits Mitte der zwanziger
Jahre auf der politischen Landkarte wieder ein verhältnismäßig stabiles Bild her: Drei Hauptgruppierungen schälten
sich unter den "Dujun" heraus, nämlich erstens die Generäle
des Südens, vor allem der Provinzen Yunnan, Guangxi,
Guizhou und Guangdong, die angesichts der Restaurations-
versuche Yuan Shikais ein lockeres Kampfbündnis gebildet
hatten, ohne allerdings darauf verzichten zu wollen, sich
auch gegenseitig zu bekriegen, zweitens die "südliche Regierung" Sun Yixians, die sich ebenfalls höchst "warlordistisch"
gab, indem sich ihr Führer den martialischen Titel Generalissimus (zong siling) zulegte, und drittens die Generäle des
Nordens mit drei großen und drei kleineren Warlords. Der
gesamte Nordosten einschließlich der Gegend um Beijing
und Tianjin sowie die Provinz Shandong gerieten unter die
Kontrolle der Fengtian-Clique (Fengtian ist die alte Bezeichnung für die heutige Provinz Liaoning) des Kriegsherrn Zhang Zuolin, während die mündungsnahen Yangzi-
Provinzen sowie Sichuan und Fujian dem Warlord Sun
Chuanfang von der Zhili-Clique zufielen (Zhili war die
alte Bezeichnung für das heutige Hebei). Die Anfu-Clique
unter Führung Wu Peifus schließlich konnte sich der Provinzen Hubei, Hunan sowie der einträglichen Beijing-Hankou-
Eisenbahnlinie bemächtigen.

Dies also waren die drei großen Bürgerkriegsgeneräle
des Nordens. In ihrem Schatten standen drei kleinere Warlords, die allerdings bei den nachfolgenden Einigungsfeld-
zügen kriegsentscheidend wurden, nämlich Yan Xishan, der
seit 1911 in der Provinz Shanxi wie ein König residierte,
sodann der "Christliche General" Feng Yuxiang, der weite
Teile des Nordwestens, vor allem die Provinzen Suiyuan
und Shaanxi, kontrollierte, sowie der Gouverneur von
Hunan, Tang Shengzhi. Als bedeutungsvoll sollte sich die
Bekehrung Feng Yuxiangs zum Kurs der GMD erweisen.
Feng, der des ewigen Wechselspiels in den Warlordkriegen
müde geworden war und sein Herz für China entdeckt
hatte, taufte 1925 seine Truppen in "Nationalarmee" (guomin jun) um und nahm sowohl Beziehungen zur Moskauer

Komintern als auch zur südlichen GMD-Regierung in Guangzhou auf. Damit entstand für die Planer des späteren "Nordfeldzugs" eine strategisch höchst verheißungsvolle Konstellation im Norden Chinas!

Einstweilen freilich triumphierten noch die drei großen Warlords, die nicht nur ganze Schlüsselprovinzen unter ihrer Kontrolle hatten, sondern wechselweise auch die Zentralregierung in der Hauptstadt Beijing mit Personen ihrer Wahl besetzen konnten. Sechs solcher "Zentralregierungen", deren Macht oft nicht einmal über den Stadtrand von Beijing hinausreichte, lösten sich im Stafettenwechsel bis 1927 ab - Symbole der Wirrnis, zugleich aber auch der Fiktion des in 2000 Jahren gewachsenen Gedankens der Zentralstaatlichkeit!

Erster Sieger in diesem Ringen war die Anfu-Clique, die Duan Qirui als Präsidenten ins Rennen schickte. Duan, ein Günstling Tokyos, nahm beim japanischen Kaiserreich sogleich eine Anleihe auf und erklärte im August 1917 an der Seite der Alliierten Deutschland den Krieg. Mit dieser "Nishihara"-Anleihe sowie mit der 1917 beginnenden Ausbildung des Anfu-Truppenkontingents durch japanische Militärinstruktoren hatte sich die Duan-Regierung de facto auf ein Militärbündnis mit Japan eingelassen.

Gegen dieses Vorgehen protestierte die (unter Leitung der Generäle Cao Kun und Wu Peifu stehende) Zhili-Clique, die sich mit der Fengtian-Gruppe zusammenschloß und die Anfu-Clique aus Beijing verjagte. Da sich die beiden Sieger jedoch nicht auf die Teilung der Beute einigen konnten, lagen sie sich schon bald wieder in den Haaren.

Teufelskreis der Generalskriege

An dieser Stelle trat das Hauptübel der Dujun-Herrschaft besonders kraß zutage: Keiner der Warlords hatte ein wirklich überregionales Anliegen, sondern war lediglich darauf bedacht, die Ellenbogen gegen seinen Nachbarn einzusetzen. Letztlich ging es den Kriegsherren um Vergrößerung ihres eigenen Territoriums, ihres wirtschaftlichen Einflusses und vor allem ihrer Armee, die gewaltige Summen verschlang, und die sich deshalb nur durch zusätzliche Beutezüge halten ließ. Die Armeen verlangten Erweiterungen des

Einflußbereichs, die Erweiterung des Einflußbereichs aber wiederum machte zusätzliche militärische Kräfte nötig - ein Teufelskreis, der Eigengesetzlichkeit entwickelte, und der in die Geschichtsschreibung zu Recht als junfa hunzhan (Durcheinander-Kampf der Kriegsherren) eingegangen ist.

Überhaupt hat es sich eingebürgert, die Warlords als eine Schar von Desperados zu verdammen, die nichts als persönliche Interessen im Auge hatten, und die mit ausschließlich "feudalistischen" Mitteln arbeiteten.

Und doch befanden sich unter ihnen Einzelpersönlichkeiten, die sogar kritisch eingestellten westlichen Beobachtern als höchst fortschrittlich erschienen. Der amerikanische General Stillwell beispielsweise, der an Jiang Jieshi später kein gutes Haar ließ, war vom "Christlichen General" Feng Yuxiang und seinen Modernisierungsplänen durchaus angetan. Auch Yan Xishan, der Warlord von Shanxi, legte ein höchst aufgeklärtes Verhalten an den Tag und erwies sich bei näherem Hinsehen als eine merkwürdige Mischung von Modernität und Tradition. Modern an ihm war beispielsweise sein Engagement gegen soziale Erbübel wie Analphabetismus, Frauenbenachteiligung, Glücksspiele und Opiumsucht. Er organisierte einen Gesundheitsdienst auf den Dörfern, wobei er sich an japanische Vorbilder hielt. Er errichtete ein Komitee für die Hungerbekämpfung, versuchte die allgemeine Schulbildung, ja sogar ein Berufsschulsystem einzuführen, bemühte sich um eine Justizreform, die für mehr Gleichheit vor dem Gesetz sorgen sollte, und initiierte Aufforstungs- und Bewässerungsprojekte. Gleichzeitig erwies sich Yan jedoch als ein höchst partizipationsfeindlicher Autokrat, der "sein" Shanxi wie ein Stück Familieneigentum betrachtete, den hauseigenen Herrschaftsapparat mit Attributen eines kleinen Königreichs umkleidete, bäuerliche Rebellionsversuche grausam unterdrückte und das überkommene Bodenregime unangetastet ließ. Kein Wunder, daß die sinokommunistischen Armeen 1947/48 auch in der "Modellprovinz Shanxi" leichtes Spiel hatten. Yans Versuche, Reformen von oben durchzusetzen, waren mit anderen Worten gescheitert.

So finster und brüchig sich die Warlordzeit im nachhinein auch ausnehmen mag, so trug sie doch bereits Keime der Erneuerung in sich. Vor allem haben die Warlordjahre jene tiefe Sehnsucht nach Wiedergeburt der staatlichen Einheit und nicht zuletzt auch nach Herstellung einer Wertegemeinschaft aufkommen lassen, die dem nachfolgenden "Nordfeldzug" seine Durchschlagskraft verlieh. Paradoxerweise waren es gerade die Absurditäten der "Generalskriege", die so entscheidend zur Logik der nationalen Wiedervereinigung beigesteuert haben. Aus einem Meer der Sinnlosigkeit war neuer Sinn aufgetaucht - diesmal im Zeichen des Nationalismus!

4. **Guangzhou - Wuhan - Nanjing:**
   Nationale Wiedervereinigung und gesellschaftliche
   Entzweiung im Zeichen des Nordfeldzugs

1926 begann der Nordfeldzug (beifa), der zur Wiedervereinigung Chinas im Zeichen der GMD führte und in dessen Verlauf drei Städte symbolhaft für den Wechsel der Ereignisse hervortraten: Guangzhou für die (zumindest äußerliche) revolutionäre Einheit von linken und rechten Kräften, Wuhan für das Vorpreschen der Linken und Nanjing für den immerhin zwei Jahrzehnte vorhaltenden Sieg des rechten GMD-Flügels.

a) Guangzhou - Wiege der nationalen Wiedervereinigung
Die unweit von Hongkong gelegene südchinesische Millionenstadt Guangzhou (Canton) versinnbildlichte Mitte der zwanziger Jahre eine doppelte Wiedervereinigung - die der revolutionären Kräfte und schließlich die der gesamten chinesischen Nation. Hier "auf befreitem Territorium" hatte, weitab von der Hauptstadt Beijing, die Republikanische Bewegung Sun Yixians seit 1923 wieder Fuß fassen können; hier war es zur Zusammenarbeit zwischen GMD und KPCh im Zeichen einer von der Komintern mitgestifteten Nationalen Einheitsfront gekommen, hier war am 1.Juli 1925 die Nationalregierung der Republik China errichtet und eine Streitmacht aufgebaut worden, die den nachfolgenden Nordfeldzug für sich entscheiden und den größten Teil Chinas wieder unter einheitliche Herrschaft bringen konnte.

Diese Nationalrevolutionäre Armee (NRA: guomin geming jun) war die Frucht der wohl zukunftsträchtigsten Institution, die von der südlichen Gegenregierung auf die Beine gestellt worden war, nämlich der Huangpu(Whampoa)-Militärakademie (Huangpu junguan xuexiao), die im Mai 1924 noch von Sun Yixian persönlich auf der etwa 20 km östlich der Stadt Guangzhou mitten in der Mündung des Perlflusses gelegenen 6 qkm großen Insel Huangpu eingeweiht worden war.

Bis dahin hatte sich die "Südliche Regierung" auf eine Soldateska verlassen müssen, deren dubiose Mitglieder tagsüber in der Stadt herumlungerten, nachts in Tempeln hausten, bei der Bevölkerung willkürliche Requirierungen durchführten, Frauen belästigten und überdies mit ihren Soldforderungen auch den Haushalt schröpften. Um diesem Mißstand ein für allemal ein Ende zu bereiten, sollte von nun an, in enger Zusammenarbeit zwischen GMD und KPCh, ein der revolutionären Sache ergebenes und nach dem Schema der sowjetischen Roten Armee modelliertes Offizierskorps herangebildet werden, das engagiert, politisch zuverlässig und sachlich kompetent war. Die Komintern hatte sich verpflichtet, die Finanzierung der Anstalt zu übernehmen, die Instruktoren zu stellen und die nötigen Waffen zu liefern.

Zum Leiter der Kadettenanstalt avancierte der damals 37jährige Jiang Jieshi (Chiang Kai-shek), der jedoch, und zwar auf Betreiben der örtlichen Komintern-Berater, von prominenten Linken, u.a. seinem GMD-Hauptrivalen Liao Zhongkai, sowie von Zhou Enlai "eingerahmt" wurde.

Für chinesische Verhältnisse waren die Mitglieder des Lehrerkorps atemberaubend jung. Die meisten Instruktoren befanden sich in den Zwanzigern. Durchaus traditionell andererseits war das Loyalitätsverhalten der Kadetten: Kaum hatten die Lehrgänge begonnen, bildeten sich auch schon die altvertrauten Lehrer/Schüler-Seilschaften heraus, eine Entwicklung, die sich vor allem für Jiang noch Jahrzehnte später auszahlen sollte, insofern nämlich die aus insgesamt sieben Offiziersjahrgängen bestehende "Huangpu-Clique" fortan mit zu seinen solidesten Machtstützen gehörte.

Gleichzeitig schälten sich während der drei Huangpu-Jahre auch die ersten Rivalitäten zwischen rechten GMD-Offizieren und ihren KPCh-Mitschülern heraus. Einstweilen blieb dieser interne Konflikt aber noch unter der Oberfläche, da es gemeinsame Feuerproben zu bestehen galt: Noch in Guangzhou nämlich hatten sich die Kadetten mit zwei äußeren Gegnern auseinanderzusetzen, nämlich im Oktober 1924 mit der von Cantoner Unternehmern getragenen Kaufleutemiliz (shangtuan), die unter dem Schlachtruf "Rettet Guangzhou vor den Bolschewiken!" gegen die GMD-Regierung angetreten war, sowie im Frühjahr 1925 mit Truppen der örtlichen Machthaber, denen das linke Regime in Guangzhou ebenfalls unheimlich geworden war. Beide Proben wurden mit glänzendem Erfolg bestanden, die erste noch unter persönlicher Leitung Sun Yixians, die zweite - in Form von zwei "Ostfeldzügen" - unter dem Kommando Jiang Jieshis.

Trotz dieser gemeinsamen Erfolge brodelte es aber unter der Oberfläche weiter, wobei nicht nur die Abneigung zwischen GMD und KPCh wuchs, sondern auch in der GMD selbst Spaltungen zutage traten. Kaum war Sun Yixian am 12.März 1925 gestorben, zeigten sich bereits Ansätze zur Herausbildung eines linken und eines rechten Flügels innerhalb der GMD. Dies wurde besonders deutlich im Kampf um die Nachfolge im Parteivorsitz, zu dem vier Kandidaten antraten, nämlich Hu Hanmin, Wang Jingwei, Jiang Jieshi und der von Sun persönlich bevorzugte linksorientierte Liao Zhongkai. Vorübergehend tauchte die Möglichkeit eines Triumvirats, bestehend aus Hu, Wang und Liao, also den Vertretern einer eher rechten, einer mittleren und einer linken Linie, auf. Als jedoch Liao am 20.8.1925 in Guangzhou ermordet wurde und Hu daraufhin die Flucht antrat, schien mit einem Male nur noch *ein* Kandidat in Frage zu kommen, Jiang Jieshi.

Die Hintergründe des Liao-Falls sind bis heute nicht geklärt worden; vermutlich handelte es sich um einen Anschlag von Vertretern der extremen Rechten, die mit der im Yangzital operierenden Geheimgesellschaft der "Grünen Bande" (qingbang) kooperierten und die den antikommunistischen Jiang auf ihren Schild gehoben hatten:

Dieser war im Auftrag Sun Yixians bereits 1923 für drei Monate nach Moskau gereist, um dort sowjetische Einrichtungen, u.a. Militärschulen, Parteiorganisationen und den Geheimdienst Tscheka sowie Einheiten der Roten Armee, zu studieren. Er hatte auch Gespräche mit führenden Repräsentanten der Revolution geführt und war überdies Augenzeuge des Machtkampfes zwischen Trotzki und Stalin geworden, der sich anbahnte, als Lenin noch im Sterben lag. Auch mochte er die traditionelle Abneigung der Moskowiter gegenüber Asiaten verspürt haben - kurzum ein angewiderter und desillusionierter Jiang verließ bereits Ende November wieder die UdSSR.

Die antikommunistischen Neigungen des jungen Offiziers waren auch jenen acht GMD-Mitgliedern bekannt, die sich im November 1925 heimlich am Katafalk Sun Yixians im "Tempel der azurblauen Wolken" hoch über Beijing trafen, um Maßnahmen gegen die "Bolschewisierung" der GMD zu beschließen. Obwohl ihre Beschlüsse formaljuristisch null und nichtig waren, kam der "Westberge-Konferenz" am Ende doch eine geschichtliche Doppelbedeutung zu: Zum einen hatten sich hier die Kernelemente des später so erfolgreichen Rechten Flügels der GMD zum Schwurbund getroffen, zum andern befanden sich unter den Teilnehmern die Hauptförderer Jiang Jieshis. Es war ein Lieblingsthema der trotzkistischen Geschichtsschreibung in den dreißiger und vierziger Jahren, die "Westberge-Konferenz" als eine Veranstaltung der "Grünen Bande" zu bezeichnen, bei der die Grundlagen der Zusammenarbeit zwischen Shanghaier Unterwelt und späterer GMD-Führung gelegt worden seien.

Der hier angedeutete Riß begann sich schnell auszuwirken: Am 19.3.1926 ließ Jiang in seiner Eigenschaft als Kommandant von Guangzhou das Kriegsrecht über die Hafenstadt verhängen und dabei nicht nur die Mitglieder des Guangzhou-Hongkong-Streikkomitees verhaften, sondern auch das Hauptquartier des "Kaisers von Guangzhou", des Komintern-Beraters Borodin, umzingeln. KPCh- und linke GMD-Mitglieder sowie Komintern-Berater hätten den Plan gehabt, ihn, Jiang, auf dem Kanonenboot "Zhongshan" zu entführen und hätten auch sonst überall Wühlarbeit und

Rufmordkampagnen gegen ihn betrieben.

Trotzkis immer schon waches Mißtrauen wurde angesichts dieses "März-Putsches" aufs äußerste entflammt, doch Stalin gab Borodin den Befehl, gegen Jiang nichts zu unternehmen. Jiang selbst wurde nicht müde zu behaupten, daß durch die Verhängung des Kriegsrechts der Plan der Kommunisten, sich Guangzhous zu bemächtigen, vereitelt und damit der Weg für den geplanten Nordfeldzug geebnet worden sei.

b) "Wuhan" und die erste Phase des Beifa (Nordfeldzugs)
Am 1.Juli 1926 begann der Beifa, der sich immerhin drei Jahre lang hinziehen sollte und der für sämtliche Parteien zu einem Offenbarungseid in innenpolitischer, ideologischer und außenpolitischer Hinsicht wurde. Die Militärmachthaber mußten Farbe bekennen, ob sie für die nationale Einigung *oder* weiterhin für den Regionalismus eintreten wollten; die Mitglieder der "Einheitsfront" hatten sich auf die linke *oder* auf die rechte Option festzulegen, und außerdem galt es schon nach wenigen Wochen, sich entweder zur Komintern *oder* aber zu den Westmächten zu bekennen. Das Entweder-Oder war gefragt, nicht mehr das Sowohl-Als auch. Dies bekam nicht zuletzt Jiangs politischer Hauptgegner, Wang Jingwei, zu spüren, der sich gerne aus den Extremen herausgehalten hätte, der dann aber (in Wuhan) nach links abdriftete, um am Ende doch reumütig wieder bei der inzwischen ganz nach rechts gewanderten GMD zu antichambrieren.

Ziel des NFZ war es, die Warlords zu unterwerfen und - im Geiste Sun Yixians - die nationale Einigung Chinas zu erneuern. Freilich sah sich die in der Festung Guangdong aufgebaute 100.000-Mann-Armee mit einer fast zehnfachen Übermacht konfrontiert. Gleichwohl rechnete sich David gegen Goliath Chancen aus, da die NRA erstens jugendlich beschwingt und mit unvergleichlicher Kampfmoral ans Werk gehen konnte, da zweitens die Aussicht bestand, daß die beiden Warlords Yan Xishan (mit 120.000 Mann in der Provinz Shanxi) und Feng Yuxiang (mit 100.000 Mann im Nordwesten) als Verbündete bereitstünden, da ferner die Rivalitäten zwischen den einzelnen Bürgerkriegsgeneralen fest ins Kalkül einbezogen werden konnten und da, viertens, das zu erobernde Terrain durch Bauernaufstände und durch Generalstreiks in den Großstädten aufgeweicht würde.

Die Augen zu und durch. So etwa ließe sich der Mut der Himmelsstürmer bezeichnen, die am 1.Juli 1926 unter Führung Jiang Jieshis aus der Provinzfestung Guangdong ausbrachen und nach Norden stürmten (Karte 3). Die sowjetischen Militärberater hatten einen Feldzugsplan entworfen, demzufolge die NRA zunächst die Truppen Wu Peifus in Zentralchina niederwerfen und sodann nach Nordwestchina abschwenken sollte, um sich dort mit den Verbänden Feng Yuxiangs zu vereinigen, die ihrerseits von Sowjetisch-Zentralasien her mit Waffen versorgt würden. Von Nordwestchina aus sollten die Vereinten Streitkräfte dann entlang der beiden Hauptverkehrsadern, nämlich der Longhai-Eisenbahn sowie des Yangzi-Flußlaufs, nach Osten vorstoßen und dort die Küstengebiete unter ihre Kontrolle bringen. Die erste Etappe verlief ganz nach Plan, obwohl sich die Gefechte gegen die Yangzi-Warlords zu den blutigsten Duellen des ganzen Feldzugs entwickelten. Bereits am "Doppelzehnten" des Jahres 1926, also genau 15 Jahre nach dem Sieg der Xinhai-Revolution von 1911, war Wuchang, die Keimzelle des damaligen Aufstandes, erneut in revolutionärer Hand.

Wuchang war ein Teil der "Dreierstadt" Wuhan. Dorthin nun siedelte die Revolutionsregierung von Guangzhou aus über. Da Borodin sich gleich der ersten Umzugswelle angeschlossen und in der neuen Hauptstadt die Weichen ganz auf links gestellt hatte, schien alles für einen Sieg des linken GMD-Flügels sowie der Kommunisten zu sprechen. Doch man hatte die Rechnung ohne Jiang Jieshi gemacht, der in diesem Augenblick zeigte, daß er keineswegs gewillt war, dem Komintern-Feldzugsplan zu folgen. Statt seine Truppen nach Nordwesten marschieren zu lassen, gab er, zum Entsetzen der sowjetischen Berater, den Befehl aus, nach Osten abzudrehen. Symbolisch gesprochen kehrte er damit dem revolutionären Nordwesten den Rücken zu und wandte sich hin zur Ostküste, wo finanzkräftige Städte und wohlgefüllte Waffenarsenale lockten, und wo es für den rechten GMD-Flügel eine Alternative zu "Wuhan" gab.

In Shanghai, das von den GMD-Flügelkämpfen kaum etwas wußte, kam angesichts dieser Ostwendung Panik auf. Um sich gegen die "Bolschewiken", zu denen damals auch Jiang noch gerechnet wurde, zu wappnen, zogen die ausländischen Mächte in aller Eile 30.000 Legionäre und 30 Kriegsschiffe zusammen. Wie wenig ratsam freilich ein direktes Eingreifen war, hatten eben gerade die Briten erfahren müssen, die nach dem Zwischenfall von Wanxian (d.h. der Bombardierung des Yangzihafens Wanxian am 5.September 1926 durch britische Kriegsschiffe) und nach den Zusammenstößen britischer Truppen mit Demonstranten in Hankou so hart attackiert worden waren, daß sie es am Ende für ratsam hielten, ihre Konzession in Hankou aufzugeben; der erste Einbruch des chinesischen Nationalismus in die Vorrechte einer westlichen Großmacht!

Angesichts dieser traumatischen Entwicklung blieb eigentlich nur noch die Möglichkeit eines indirekten Eingreifens, d.h. einer Spaltung der neuen Bewegung von innen her. Kaum hatte Shanghai den Riß zwischen linkem und rechtem GMD-Flügel entdeckt, begann es deshalb auch bereits mit der Umwerbung Jiangs, der in der Presse bis dahin stets als "roter Bandit" geführt worden war. Bei diesem Vorgehen bedienten sich Briten, Franzosen und Amerikaner des Einflusses der "Grünen Bande" Du Yueshengs, die in Shanghai und im Yangzital blühende Geschäfte betrieb und der seit vielen Jahren auch Jiang angehörte. Heimlich überließen sie der Verschwörergruppe 5.000 Gewehre, Munition und Lkw-Transportraum - also Hilfsmittel, die den Kommunisten im April 1927 zum Verhängnis werden sollten.

Damals, im April 1927 auch, wurde das Fundament für die spätere Außenpolitik der GMD-Regierung gelegt, die durch eine entschiedene Westbindung charakterisiert blieb. Jiang ergriff ohne Zögern die ihm aus Shanghai entgegengestreckte Hand und versprach noch vom Feldlager aus, "keinem Ausländer ein Haar zu krümmen" und auch die Bevölkerung Shanghais zu schonen. Beiden Seiten fiel ein Stein vom Herzen. Vor allem konnten sich Jiangs Einheiten nun ganz auf die Truppen des Warlords Sun Chuanfeng konzentrieren, die in der Schlacht von Nanchang am 9.No-

vember 1926 ausgeschaltet wurden, wobei ganze Ko͟.
te des Feindes zur NRA überliefen.

Obwohl der rechte GMD-Flügel sich von Wuhan n͟.
nur geographisch, sondern auch ideologisch immer weite͟
entfernte, blieb es bei dem Beschluß der Gewerkschaften,
die beiden Metropolen Nanjing und Shanghai "sturmreif zu
streiken". Im Zentrum dieser Aufweichungsaktionen stand
Shanghai, das durch drei große Arbeiteraufstände erschüt-
tert wurde, nämlich am 22.Februar 1927 (360.000 Beteilig-
te), am 21.März, als 800.000 Arbeiter die Polizeibüros
stürmten, Telefonzentralen, Elektrizitätswerke und sonstige
Knotenpunkte besetzten, sowie am 22.März, als Shanghai
völlig unter die Kontrolle der (von Zhou Enlai mitkom-
mandierten) linken Einheiten geriet. Nanjing fiel am 23.
und Shanghai am 26.März.

Als Jiang per Kanonenboot am 26.März in Shanghai
eintraf, wurde er sogleich mit der Nachricht konfrontiert,
daß am 24.März in Nanjing fünf westliche Ausländer von
NRA-Angehörigen getötet und daß außerdem in der Zwischenzeit sämtliche Hauptstraßen Shanghais von bewaffneten Streikposten besetzt worden seien. Jiangs Schlußfolgerungen waren schnell gezogen: Überall witterte er kommunistische Machenschaften und "roten Terror". Er beschloß,
mit weißem Terror zu antworten. Bereits am 11.April ließ
er 1.000 Streikteilnehmer exekutieren, die ihm von britischen und japanischen Sicherheitskräften überantwortet
worden waren. Dies war der Auftakt zu einer systematischen Vernichtung der Linken in Shanghai. Die eigentliche
Jagd nach Gewerkschaftlern und KP-Mitgliedern begann
am Morgen des 12.April mit einem Sirenensignal von Jiangs
Kanonenboot. Eliteeinheiten der GMD durchkämmten
daraufhin systematisch Gewerkschaftsbüros sowie Arbeiter-
quartiere und exekutierten ihre Opfer auf der Stelle. Die
genaue Zahl der Getöteten ist nie bekannt geworden - sie
schwankt zwischen 5.000 (KP-Angabe) und 90 Personen
(GMD-Feststellung). Am selben Tag fanden auch "Berei-
nigungsaktionen" in anderen Städten, vor allem in Guangzhou, statt, wo u.a. zahlreiche linke Huangpu-Kadetten hingerichtet wurden.

Zwei revolutionäre Hauptzentren, nämlich Shanghai und Guangzhou, waren von nun an also unter fester Kontrolle der rechten GMD. Der Linken blieb jetzt nur noch *eine* Hoffnung - Wuhan. Von Wuhan ging in der damaligen Welt ein merkwürdiger Glanz aus. Zehn Jahre nach der Oktoberrevolution war überall auf der Welt Ernüchterung unter den Marxisten eingekehrt. In den europäischen Industriestaaten hatten sich schon kurz nach dem Ersten Weltkrieg die Blütenträume der Revolutionäre verflüchtigt, der Kreml zerfleischte sich in Fraktionsstreitigkeiten und auch in den Kolonien, die von Lenin einst als "schwächste Kettenglieder des Imperialismus" - und damit als ideale Angriffspunkte - diagnostiziert worden waren, stagnierte die revolutionäre Bewegung. Übriggeblieben war am Ende nur das ferne Wuhan, das bei den Linken wie eine Hostie herumgereicht und das schon bald zum Mekka revolutionärer Pilger wurde.

Doch auch hier begann der Alltag einzukehren: Schon seit Anfang 1927 sah sich die Yangzi-Stadt von feindlichen Truppen umzingelt, und auch wirtschaftlich stand ihr das Wasser bis zum Hals. Angesichts dieser zunehmenden Einengung beschloß der V.Parteitag der KPCh im Mai 1927 eine Politik der doppelten Erweiterung, nämlich der sozialen Basis durch Agrarreformen und der territorialen Basis durch militärische Aktionen, wobei allerdings die Richtung umstritten blieb: Ein Teil der Generalität befürwortete einen Ostfeldzug gegen die Truppen Jiangs, ein anderer wollte an dem ursprünglichen Komintern-Plan festhalten und nach Nordwesten weitermarschieren, während eine dritte Fraktion, unter Führung des gerade in China eingetroffenen neuen Komintern-Vertreters M.N.Roy, für den Marsch zurück nach Süden plädierte, wo die Bauernrevolution einen Steppenbrand auslösen sollte.

Der Streit wurde durch ein äußeres Ereignis, den Angriff des nördlichen Kriegsherrn Zhang Zuolin auf Wuhan, entschieden: Die linken Truppen nahmen die Herausforderung spontan an und fielen in die Provinz Henan ein - ein Ereignis, das von der Wuhaner Regierung als Beginn des Zweiten Nordfeldzugs bezeichnet wurde. Während sich die Truppen an der Front achtbar schlugen, blutete das

Wuhaner Hinterland militärisch, wirtschaftlich und ideologisch aus. Vollends zur Katastrophe kam es am 15.7.1927, als Wang Jingwei, der bis dahin als Hauptrepräsentant Wuhans in Erscheinung getreten war, von den undurchsichtigen Machenschaften der Komintern irritiert, die Nerven verlor und sich, wie ein Vierteljahr früher Jiang Jieshi in Shanghai, nunmehr in Wuhan gegen die kommunistischen Verbündeten wandte. Er konnte bei der Rest-GMD den Beschluß durchsetzen, sämtliche KPCh-Mitglieder aus der GMD auszuschließen, und ließ zahlreiche Kommunisten füsilieren. Wer den Häschern Wangs entkam, verließ in Panik das bis dahin so linke Wuhan. Auch die Komintern-Vertreter zogen es vor, das Weite zu suchen und wählten dabei den Wüstenpfad durch die Gobi, wobei ihnen der Christliche General Feng Yuxiang Fluchthilfe leistete.

c) Nanjing und das Ende des Nordfeldzugs
Nanjing war bereits drei Wochen nach der Eroberung durch die Truppen Jiang Jieshis am 18.April 1927 "in Erfüllung der Wünsche Dr.Sun Yixians" zur neuen nationalen Hauptstadt ausgerufen worden. Damit gab es einstweilen drei politische Zentren in China, nämlich das linksrevolutionäre Wuhan, das "rechte" Nanjing und Mukden/Shenyang, also die Hauptstadt des bisher noch unbesiegten Kriegsherren Zhang Zuolin. Wuhan freilich fiel im Juli 1927, und auch die Tage Mukdens waren gezählt; denn am 7.April 1927 hatte die NRA mit der dritten Phase des Nordfeldzugs begonnen, deren Ziel es war, die rund 500.000 Mann starke Armee Zhangs niederzuwerfen. Für diesen Zweck hatte sich die NRA die Unterstützung der Armeen Feng Yuxiangs und Yan Xishans zusichern lassen. Von drei Seiten in die Zange genommen, mußte Zhang Zuolin die Provinz Zhili aufgeben und den Befehl zum Rückzug in die Mandschurei erteilen. Dabei kam es zu Zusammenstößen mit japanischen Einheiten, die bereits in der Gegend von Qingdao den NRA-Verbänden mehrere Scharmützel geliefert hatten und die ein weiteres unübersehbares Stoppsignal setzten, indem sie am 4.Juli 1927 den Sonderzug Zhang Zuolins in die Luft sprengten. Diese Zwischenfälle ließen für die Zukunft wenig Gutes ahnen!

Gleichwohl kam bei den GMD-Truppen Jubel auf, als sie am 8.Juli 1928 in Beijing, der Nördlichen Hauptstadt, einzogen, das freilich, weil inzwischen Nanjing zur neuen Metropole Chinas geworden war, jetzt in "Beiping" (Nördlicher Friede) umgetauft wurde. Am 29.12.1928 kapitulierte Zhang Xueliang, der Sohn und Nachfolger des ermordeten Zhang Zuolin, vor den Verbänden der Nationalrevolutionären Armee und unterstellte sich dem Kommando der GMD. Damit war der Nordfeldzug im wesentlichen zu Ende. Als strahlender Sieger ging Jiang aus dem Rennen hervor: Er hatte nicht nur seine militärischen Gegner besiegt, sondern durfte auch erleben, wie sich seine politischen Gegner gegenseitig zerfleischten.

Das Ausland zeigte sich vom Sieg Jiangs zunächst wenig beeindruckt. Dies ging so weit, daß die Gesandtschaften sich schlicht weigerten, dem Ruf in die neue Kapitale Nanjing Folge zu leisten. Erst einmal abwarten, ob der neue Warlord Jiang sich länger halten konnte als seine Gegner! Einstweilen wollte man noch in der alten Hauptstadt Beijing bleiben und frönte dort, fern aller Politik, einem heiteren und zwanglosen Leben, das nirgends treffender beschrieben ist als in den zahlreichen Romanen des italienischen Diplomaten Daniel Varé (Der lachende Diplomat, Der Schneider himmlischer Hosen) oder im "Peking-Picknick" von Ann Bridge. Nur *ein* Land gab sich einen Ruck und schickte sein Personal in die Südliche Hauptstadt - das Deutsche Reich, das nach der Niederlage im Ersten Weltkrieg seinen imperialistischen Dünkel aufgegeben hatte und den Chinesen Solidarität bezeigen wollte. Nanjing, das seit der Niederlage der Taiping-Aufständischen vor sechzig Jahren in einen Dornröschenschlaf verfallen war, befand sich Ende der zwanziger Jahre in einem rasanten Umbruch: Damals entstanden jene gewaltigen Straßenachsen, die der Metropole auch heute noch ihr weitläufig imposantes Gepräge geben, und damals auch wuchsen mächtige Gebäudekomplexe für Ministerien, Büros und Kasernen mitten aus dem vernestelten und staubigen Baumilieu der Altstadt hervor. Gleichzeitig entstand am nördlichen Purpurberg, neben dem Grabmal des ersten Ming-Kaisers, die gigantische Nekropole für Sun Yixian, die mit ihren endlosen Treppen-

fluchten auch heute noch ganze Touristenkarawanen auf-
saugt.

Nur 22 Jahre lang sollte Nanjing Regierungsmetropole
bleiben, um dann 1949 erneut von Beijing verdrängt zu
werden.

Die Bedeutung des Nordfeldzugs liegt darin, daß er die
Vorherrschaft der Militärmachthaber und damit die Periode des Regionalismus im wesentlichen beendete und die
Grundlagen für die Wiedervereinigung Chinas sowie für
eine neue Zentralstaatlichkeit legte. Zugleich sicherte er
die Herrschaft des rechten GMD-Flügels für die nächsten
zwei Jahrzehnte. Was für die KPCh später der Lange
Marsch, war für die GMD der Beifa.

Für die Kommunisten brachte der NFZ eine deprimierende Niederlage, die allerdings zum Grundbaustein des
späteren Sieges umgewandelt werden konnte; führte sie
doch zur Verlegung der Revolution von den Städten auf die
Dörfer, vom Industrieproletariat auf die Bauern, vom Streik
auf den Volkskrieg und von den leicht einnehmbaren urbanen Bastionen hin zu soliden "Befreiten Stützpunktgebieten
auf dem Land"! Was die KPCh im Zeitraum 1926/28 verlor,
konnte sie sich zwanzig Jahre später (1946/49) wieder zu-
rückholen. Zwischen beiden Jahresblöcken gibt es nicht
zufällig eine Reihe von Parallelen, so z.B. die annähernd
gleiche Zeitspanne der Auseinandersetzungen, des weiteren
die David-Goliath-Situation, nicht zuletzt aber auch einen
jeweils aufs äußerste zugespitzten Antagonismus, der nur
das Entweder-Oder zuließ. Auf der anderen Seite sind aber
auch die Unterschiede nicht zu übersehen: 1928 siegten die
Rechten, 1949 die Linken; 1928 wurde ein regional zerris-
senes China wiedervereinigt, während 1949 lediglich *ein*
Zentralstaat durch den anderen abgelöst wurde; 1928 ging
eine langjährige Politik der sozialen Revolution zu Ende,
während sie 1949 wiederaufgenommen wurde; 1928 kamen
die Sieger aus dem Süden, 1949 dagegen aus dem Norden;
1928 verlor die Sowjetunion, während der "Westen" gewann,
1949 war es gerade umgekehrt - zumindest eine geraume
Zeitlang.

**5. 1927 und die Folgen: Die Revolution springt aufs Dorf
über**

Niederlagen sind häufig der Beginn eines neuen Siegs. Dies
traf besonders für die sinokommunistische Bewegung zu,
die 1927 am Ende zu sein schien, und die doch gerade in
diesem Jahr wieder wie ein Phönix aus der Asche empor-
stieg - allerdings unter völlig neuen Bedingungen. Zuerst
allerdings galt es eine schmerzliche Diagnose zu ziehen, aus
der zwei höchst unterschiedliche Therapien abgeleitet wurden - eine "falsche" (Aufstände in den Städten) und eine
"richtige" (Errichtung von Stützpunktgebieten auf den Dörfern).

Das Versagen der Komintern
In den Jahren zwischen 1922 und 1927 hatte die kommunistische Internationale auf die chinesische Linke einen im
wahrsten Sinne des Wortes schicksalhaften Einfluß ausgeübt, indem sie nicht nur Organisations-, Finanz- und Aus-
bildungshilfe leistete, sondern sich - als Generalstab der
Weltrevolution - auch erfolgreich in die unmittelbare Ent-
scheidungsfindung der KPCh einschalten konnte. Unglücklicherweise war China damals zum Prüfstein für die Recht-
habereien der beiden Moskauer Hauptrivalen, Stalins und
Trotzkis, geworden. Beide gingen zwar davon aus, daß die
Revolution in China bürgerlich-demokratischen Charakters
sei, sie verfochten aber - mit haßerfüllten Blicken gegenein-
ander - verschiedene Strategien: Während Stalin die Zusammenarbeit mit der GMD befürwortete, weil nach der
klassischen marxistischen Etappentheorie (Feudalismus
- Bourgeoisie - Sozialismus - Kommunismus) in der bürgerlichen Phase das Bürgertum die Führung innehaben müsse,
forderte Trotzki, daß das revolutionäre Geschehen auch in
der bürgerlich-demokratischen Phase bereits vom Proletariat gelenkt werden müsse, also auf keinen Fall den unzu-
verlässigen Elementen des bürgerlichen Lagers überlassen
bleiben dürfe: In dieser Vorverlagerung des proletarischen
Zugriffs auf die Macht bestehe ja gerade das Wesen der
"permanenten Revolution"! Nur "Epigonen", wie Stalin,
kämen auf die Idee, zwischen demokratischer und sozialisti-

scher Diktatur sowie zwischen nationaler und internationaler Revolution einen "mechanischen Trennungsstrich" zu ziehen. Der von Stalin befürwortete Schulterschluß zwischen KPCh und GMD sei ein tödlicher Fehler und ein "Verrat am Marxismus".

Durchgesetzt hat sich bekanntlich am Ende die Linie Stalins, der den Zusammenschluß mit der bürgerlichen GMD forderte, dabei allerdings mehrere Rechenfehler beging, die 1927 zum Untergang der ursprünglichen KPCh führten. Der Mißerfolg hatte mehrere Väter:

Da war erstens die Fehleinschätzung des innerchinesischen Kräfteverhältnisses. Weit davon entfernt, sich von der KPCh wie eine Zitrone "ausquetschen" zu lassen, drehten die tonangebenden GMD-Führer vielmehr den Spieß um und vernichteten ihre kommunistischen Gegner. Zweitens aber erwies sich die Abhängigkeit der KPCh von Moskau nicht als Vorteil, sondern als Verhängnis: Erfolge pflegten der Komintern aufs Konto geschrieben, Niederlagen jedoch der nationalen KPCh-Führung in die Schuhe geschoben zu werden. Die Folge dieser Praxis war ein Verschleiß von nicht weniger als vier Parteiführern zwischen 1921 und 1934, nämlich Chen Duxius (1921/27), Qu Qiubais (1927), Li Lisans (1928/31) und Wang Mings (1931/34). Erst mit Mao Zedong, der 1934 für über vier Jahrzehnte die Macht antrat, kam es zu einem Stafettenwechsel, der mit einer Absage an die Komintern Hand in Hand ging.

Zwei konträre Therapien

Statt einen bedächtigen Aufbau der bis auf die Grundfesten zerschlagenen chinesischen Arbeiterbewegung zu empfehlen, verordnete die Komintern der verängstigten und geschundenen KPCh ganz im Gegenteil eine Aufstandsstrategie, die von Trotzki nicht zu Unrecht als "Putschismus" verurteilt wurde. Als ob die Flammen der Revolution in China nach wie vor zum Himmel loderten und der Gegner angstvoll vor der Hitze zurückwiche, befahl Stalin den bewaffneten Widerstand in den wichtigsten Yangzital-Städten, durch die sich die Schlagader der GMD-Herrschaft zog. Gleichzeitig sollte Guangzhou erneut, wie schon 1923 ff., zur revolutionären Basis ausgebaut und zum Sprungbrett für einen zweiten Nordfeldzug vorbereitet werden - so, als ob die Geschichte sich wie eine Schallplatte wieder von vorne abspielen ließe.

Nanchang, Changsha und Guangzhou wurden als Brennpunkte für die Stadtaufstände auserkoren.

Erstes Teilstück des neuen Aktionsplans war der Aufstand in der Yangzi-Stadt Nanchang am 1.8.1927, der von Komintern-Mitglied Besso Lominadse vorskizziert und von Zhou Enlai, Zhu De, He Long, Liu Bocheng, Chen Yi und Lin Biao durchgeführt wurde - also von Militärs, die zur Crème de la crème der späteren VRCh-Führung gehören sollten. Der 1.August gilt heute als Gründungsdatum der chinesischen Volksbefreiungsarmee.

Sechs Tage später, nämlich am 7.8.1927, begann der Herbsternteaufstand von Changsha, der von Mao Zedong geleitet war. Ähnliche Erhebungen erfolgten zwischen August 1927 und Frühjahr 1928 in den Provinzen Hunan, Jiangxi, Hubei und Guangdong. Die Bauern sollten die Herbsterntezahlungen verweigern und dann sogleich den bewaffneten Widerstand aufnehmen.

Alle drei Unternehmen brachen angesichts der Übermacht des Gegners schnell in sich zusammen. Von den 30.000 Nanchang-Rebellen entgingen nur 2.000 der Vernichtung. Nur wenige konnten sich ins Jinggang-Gebirge retten, das 300 km südwestlich von Nanchang lag.

Die Geburt der Roten Armee

Für die meisten chinesischen Kommunisten war es eine deprimierende Einsicht, daß sie von Moskau "verschaukelt" worden waren, weil Stalin bei seinen Auseinandersetzungen mit Trotzki hatte recht behalten wollen. Die Schlußfolgerung, die der junge Mao aus dem Scheitern des von ihm selbst geleiteten Changsha-Herbsternteaufstands zog, war von verblüffender Einfachheit: Es bestehe zwar - ganz im Sinne der Komintern - nach wie vor eine revolutionäre Situation in China, nicht jedoch in den Städten, sondern auf den Dörfern! "Revolutionäre Dörfer - konterrevolutionäre Städte" - dies etwa war die maoistische Analyseformel, aus der sich die Doppelkonsequenz ergab, die Revolution aufs Dorf zu verlegen und sodann von den Dörfern her die

Städte einzukreisen. Daß sich die Revolution in China auf die Praxis einer "Revolutionierung plus Bewaffnung der Bauern" reduzieren lassen könnte, war eine Erkenntnis, die offensichtlich über den Horizont der Komintern hinausging und sie zu ungläubigem Staunen veranlaßte. 22 Jahre später freilich mußte Stalin seinem siegreichen Gast Mao gegenüber selbstkritisch einräumen, daß die Komintern sich seinerzeit geirrt habe.

Fast gleichzeitig mit dem Ende der Shanghaier Parteizentrale - und der Kominternführung! - begann der "Jinggangshan-Weg", dem fünf Merkmale eigen waren: KP-Führung, Bildung von Stützpunktgebieten auf dem Lande, Aufbau einer hauptsächlich aus Bauern bestehenden Armee, Volkskriegsstrategie und revolutionäre Autonomie mit nur subsidiärer Unterstützung von außen her.

Nicht mehr der Arbeiter, sondern der Bauer, nicht mehr die "Ausbeutung des Proletariats durch die Bourgeoisie", sondern das Bauernelend, nicht mehr Shanghai, sondern Jinggangshan standen jetzt im Mittelpunkt eines den autochthonen Bedingungen Chinas offensichtlich organisch angepaßten Revolutionskurses.

Die Geburt der frühesten Roten Militärverbände läßt an Schilderungen Grimmelshausens denken: Die ersten Abteilungen zogen unter Führung Maos bereits im Oktober 1927 in das Gebiet der Jinggang-Berge ein - 400 zerlumpte Gestalten, die von rund 5.000 Aufständischen den Herbsternteaufstand von Changsha überlebt hatten. Mao schloß diese Resttruppen mit den Einheiten zweier bäuerlicher Geheimgesellschaften zusammen, die damals gerade einen Kleinkrieg gegen örtliche Grundbesitzer und dörfliche Wucherer aufgenommen hatten, und begann Anfang Oktober 1927 mit dem Ausbau des Gebiets zur "revolutionären Basis". Drei Vorgänge griffen damals spiralartig ineinander, nämlich der Truppenaufbau, die Schaffung politischer Lenkungsorgane und die Aufnahme der Bodenreform.

Im April 1928 trafen auch die Überlebenden des Nanchang-Aufstandes ein, und zwar unter der Führung von Zhu De, Chen Yi und Lin Biao. Sie hatten durch GMD-Zeitungen erfahren, daß die Überlebenden des Herbsternteaufstands ins Jinggang-Gebirge geflohen waren. Die 2.000

Mann vereinigten sich mit den etwa 500 Mao-Getreuen und nahmen die Bezeichnung "4. Armee" an - und zwar aus dem einfachen Grunde, weil es sich bei den Aufständischen von Nanchang fast ausschließlich um Verbände der ehemaligen 4. GMD-Armee gehandelt hatte. Auch spätere "Neuankömmlinge" hielten ihre ehemaligen GMD-Bezeichnungen bei, so z.B. die Überlebenden des Aufstands von Guangzhou (11.-13.12.1927) sowie Verbände der 5.GMD-Division, die im Juli 1928 unter Führung Peng Dehuais das rettende Stützpunktgebiet erreichten.

Schon bald war das magere Bergland zu klein geworden für die wachsenden Verbände, so daß die Mao/Zhu-Armee den Brückenkopf in Richtung Südjiangxi und Westfujian ausweitete. Aus der Vereinigung der 4. Armee mit einer Reihe weiterer neuhinzugekommener Verbände entstand im August 1930 die "Erste Armeegruppe der Roten Armee" (diyi fangmian jun) mit Zhu De als Kommandanten und Mao Zedong als "Parteivertreter", d.h. als Politkommissar.

Bereits 1932 umfaßte die - jetzt so genannte - "Zentrale Revolutionäre Basis" eine Fläche von rund 50.000 qkm und eine Bevölkerung von 4,5 Millionen Menschen sowie eine reguläre Streitmacht von 25.000 Mann mit 20.000 Gewehren, die ergänzt waren durch milizartige Rote Garden (zhi weidui) und bäuerliche Selbstschutzabteilungen (ziwei jun).

Um diese bunt zusammengewürfelten Einheiten zu einer schlagkräftigen Volksarmee umzuformen, bedurfte es gründlicher Umerziehungsmaßnahmen, die gegen die "Mentalität des Nur-Soldatentums", gegen "Ultra-Demokratismus" und die "Mentalität umherschweifender Rebellenhaufen", nicht zuletzt aber gegen den so verhängnisvollen "Putschismus" gerichtet waren. Diesem Zweck diente der Kongreß von Gutian vom Dezember 1929, der noch Jahrzehnte später als "Leuchtturm der VBA" gepriesen wurde und der jener Massenlinie zum Durchbruch verhalf, die zum eigentlichen Führungsinstrument der Kampfjahre wurde, und die von der Schubkraft der sozialen Bedürfnisse sowie vom freiwilligen Gehorsam der Revolutionäre lebte.

III.
Die Nanjing-Republik und das Zeitalter
Jiang Jieshis (1928-1937)

1. Die dreifach gefesselte Republik und ihre innere Verfassung

Während die sinokommunistische Bewegung auf einem Nebenschauplatz dahinzukümmern schien, begann die neue Hauptstadt, zumindest in der offiziellen GMD-Geschichtsschreibung, Glanz zu entfalten. Mit dem Ende des Nordfeldzugs sei das Land geeint, der Staat wieder zu Ansehen erhoben und China kulturell erneuert sowie moralisch rehabilitiert worden, hieß es. Vor dem Hintergrund der Tradition chinesischer Historiographie, die noch allemal als Legitimationsinstrument eingesetzt worden war, und die stets mit moralischen Argumenten gearbeitet hatte (die neue Regierung ist besser als die alte!), war eine solche apologetische Beschreibung durchaus nicht anomal. Die politische Wirklichkeit freilich blieb weit hinter diesem Idealbild zurück - und dies vor allem deshalb, weil die Jiang-Regierung von Anfang an einen Drei-Fronten-Krieg zu bestehen hatte, weil sie darüber hinaus z.T. in ihrer Willensbildung gelähmt war und weil ihr nicht zuletzt die regionale und soziale Durchschlagskraft versagt blieb.

a) Einschränkung durch einen Drei-Fronten-Krieg
Der "Juckreiz" der noch immer nicht beendeten Warlord-Aufstände, die "Hautkrankheit" des japanischen Imperialismus und die immer mehr zum "Herzleiden" werdende Subversion der Kommunisten bereiteten der Nanjing-Regierung von Anfang an Kopfzerbrechen.

Zwischen 1928 und 1930 kam es zu nicht weniger als fünf größeren "Generalskriegen", in deren Verlauf die Militärverbände Nanjings an immer neuen Fronten zu kämpfen hatten. Die Vorherrschaft der neuen Metropole hing damals an einem seidenen Faden. Wenn sich Jiang am Ende dann doch durchsetzen konnte, so lag dies weniger an seinen militärischen Erfolgen, die mit dem Preis von einer halben Million Toten und der Verwüstung ganzer Regionen erkauft waren, als vielmehr daran, daß der "junge Marschall" Zhang Xueliang, der Sohn des von den Japanern ermordeten Zhang Zuolin und Warlord der Mandschurei, sich auf die Seite Jiangs geschlagen und damit bewirkt hatte, daß die Waagschale sich zugunsten Nanjings neige.

Kaum hatte die neue Regierung mit ihrem Kriegsglück und ihrem Allianzgeschick den Kopf aus der Schlinge gezogen, tauchte eine neue Gefahr auf, nämlich der japanische Imperialismus, der diesmal mit besonderer Dreistigkeit hervortrat.

Seit Japan mit seinem Sieg über das chinesische Kaiserreich von 1894/95 in die Weltpolitik eingetreten war, hatte es eine systematische Politik der Eroberung des ostasiatischen Festlands betrieben, die sich in folgenden Stationen äußerte: Übernahme Taiwans (1895), Vertreibung Rußlands aus Korea sowie aus der Südmandschurei und Übernahme der Südmandschurischen Eisenbahn (1905), Annexion Koreas (1910), Eroberung des früheren deutschen Pachtgebiets von Jiaozhou (Kiautschau, 1914), Präsentation der 21 Forderungen (1915) und Intervention gegen den Nordfeldzug der NRA (1928). Anfang der dreißiger Jahre sollte dieses Vorgehen, wie unten näher zu beschreiben, an Vehemenz noch zunehmen und schließlich in einen regelrechten Krieg gegen China übergehen.

Die Ende der zwanziger Jahre so merklich gesteigerte Aggressivität Japans hing nicht nur mit der Weltwirtschaftskrise und ihren Auswirkungen (1929 ff.) zusammen, sondern auch mit der Nervosität Japans, das angesichts der allmählichen Konsolidierung der Nanjing-Republik seine Felle davonschwimmen sah. Mußte man jetzt nicht alle Anstrengungen unternehmen, um das neue Zentrum so schnell wie möglich wieder zu destabilisieren?

So zog sich denn Anfang der dreißiger Jahre eine schwarze Wolke am nördlichen Chinas zusammen. Als noch unheilvoller freilich erschien die kommunistische Bewegung im Süden.

Die Frage, ob die japanische oder aber die kommunistische Gefahr mit Vorrang bekämpft werden solle, wurde
nicht von ungefähr zum Hauptgegenstand der innenpolitischen Debatten Anfang der dreißiger Jahre. Jiang konnte
sich hier mit seiner Forderung durchsetzen, zuerst die
Kommunisten zu vernichten und erst dann die Japaner zu
bekämpfen. Bei seiner Politik standen vor allem zwei Überlegungen im Vordergrund, nämlich die Überzeugung, daß
China mit dem mächtigen japanischen Gegner alleine nie
und nimmer fertig werden könne, und daß deshalb auf län-
gere Sicht die eine oder andere Großmacht ohnehin gezwungen sei, dem japanischen Expansionsdrang Einhalt zu
gebieten, so daß China dann die Last der Verteidigung auf
die Schultern eines mächtigen Verbündeten fallenlassen
konnte - vielleicht der angelsächsischen Mächte, vielleicht
aber sogar auch der UdSSR: eine realistische Rechnung, die
in den vierziger Jahren dann ja auch in der Tat aufging!

Während also Nanjing dem inneren Feind die Zähne
zeigte, steuerte es gegenüber dem äußeren Gegner einen
Kurs der Besänftigung, des Hinhaltens, des "Nichtwider-
stands" und des behutsamen Zurückweichens - eine Politik,
die höchst unpopulär war und die der kommunistischen
Propaganda ideale Angriffsflächen lieferte. Am 9.12.1935
demonstrierten die Studenten Beipings gegen Japans Politik
- ein Signal, das aus sinokommunistischer Sicht die "Kampagne des Widerstands gegen Japan zur Rettung der Nation" einleitete und das den Kommunisten erste Sympathien
bei der städtischen Bevölkerung eintrug.

b) *Lähmungserscheinungen im Verfassungsleben*
Nachdem die Nationalregierung in Nanjing am Doppelzehnten 1928 ausgerufen worden war, begann sich das Ver-
fassungsleben theoretisch nach zwei Grundmustern zu entfalten, die sich mit den Stichworten "Vormundschaftsregierung" und "Fünf-Gewalten-Verfassung" wiedergeben
lassen und die zum politischen Erbe Sun Yixians gehörten.

Bereits am 3.10.1928 waren die "Grundsätze über die
Vormundschaftsregierung" (xunzheng kangling) ergangen,
die in ihrem Kern bestimmten, daß die Erziehungsdiktatur
der nächsten Jahre nicht durch Staatsorgane, sondern durch

die Parteigliederungen der GMD wahrgenommen werden
sollte. Bekanntlich hatte Sun die Abfolge "Militärregierung"
(junzheng, drei Jahre) - "Vormundschaftsregierung" (sechs
Jahre) - "Verfassungsregierung" (xianzheng) gefordert,
gleichzeitig aber verlangt, daß bereits vom ersten Tag der
Vormundschaftszeit (hier 1927 ff.) an mit dem Aufbau demokratischer Organe von unten her begonnen werden
müsse - ein Anspruch, der in der Praxis auf dem Papier stehenblieb, ja in sein Gegenteil verkehrt wurde, als nämlich
das seit der Ming-Dynastie bekannte Baojia-System zu neuem Leben erwachte. Kleinste Einheit dieses Kontrollsy-
stems, das nicht die Selbstbestimmung von unten nach oben,
sondern die Kontrolle von oben nach unten ermöglichen
sollte, und das vor allem im Kampf gegen kommunistische
Subversionsversuche eingesetzt wurde, war ein Block (pai)
von je zehn Haushalten und einem Blockwart. Zehn dieser
Einheiten wiederum bildeten einen Oberblock (jia) mit
einem Oberblockwart. Schließlich wurden zehn Oberblöcke
zu einem Hauptblock (bao) zusammengefaßt, dessen Vor-
stand für die Kontrolle von tausend Haushalten verantwortlich war.

Gleichfalls am 3.10.1928 erging das "Organstatut der
Nationalregierung der Republik China", das die in Kapitel I
bereits erwähnte Fünf-Gewalten-Verfassung dekretierte,
ohne die für die jeweilige Gewalt zuständigen fünf Reichsämter (Yuan) freilich mit entsprechenden Befugnissen aus-
zustatten: Alle Macht lag ja bei der GMD! Während der
Exekutivyuan wenigstens administrativ zur Geltung kam,
blieben die anderen Reichsämter ohne Bedeutung. Vor
allem der Kontroll-Yuan, der gegen Korruption, Nepotis-
mus und "Beziehungs"-Wirtschaft einschreiten sollte, kam
kaum zum Zug - ein Ärgernis, das bei der bevormundeten
Bevölkerung Groll hinterließ.

Auch das Grundgesetz von 1931 ließ die Ein-Parteien-
Herrschaft unangetastet. Die GMD, die den fünf Reichs-
ämtern so gar keine Entfaltungsmöglichkeiten ließ, war
1923 von Komintern-Beratern nach leninistischem Schema
(Parteikongreß - ZK - Politbüro, demokratischer Zentralismus, Zellenprinzip und Massenorganisationen) aufgebaut
worden und unterschied sich von der KPCh, ihrem nachma-

ligen Todfeind, nicht etwa durch ihren Aufbau, sondern lediglich durch die grundverschiedene Zielsetzung. Beide waren, wie gesagt, leninistische Parteien, doch die eine verfolgte pro-, die andere antikommunistische Ziele! Die Zellen und Gliederungen der Partei wurden hauptsächlich als Kontroll- und Beherrschungs-, nicht jedoch als Mobilisierungsinstrumente eingesetzt; ein Verstoß gegen Suns Testament!

Der Willenbildungsprozeß - ein Drahtseilakt

Obwohl die GMD eine Ein-Parteien-Herrschaft ausübte, kamen Entscheidungen zumeist nur auf informellem Wege zustande, wie sie in keinem Statut vorgesehen waren. Hinter den Kulissen kämpften fünf Hauptgruppierungen um Durchsetzung ihrer divergierenden Interessen und sorgten für ein meist unentwirrbares Knäuel von Intrigen:

Die *Finanzclique*, die sich aus einflußreichen Vertretern des Handels- und Industrie-Bürgertums mehrerer Küstenstädte zusammensetzte, wollte vor allem günstigere Rahmenbedingungen für die Wirtschaft sowie Regierungssubventionen erkämpfen. Graue Eminenz dieser Gruppe war der berüchtigte "Soong-Clan", der mit sieben seiner Mitglieder Geschichte zu machen wußte. "Charlie Soong" hatte mit dem Vertrieb von Bibeln ein Vermögen gemacht und später die Finanzen der Partei Sun Yixians verwaltet. Seine drei Töchter Ailing, Meiling und Qingling waren in den USA erzogen worden und hatten sich später mit den einflußreichsten zeitgenössischen Politikern verbunden: Ailing heiratete den Bankier Kong Xiangxi (H.H. Kung), den Erben der größten Pfandleihhäuserkette Chinas und späteren Finanzminister, Meiling den Sieger des Nordfeldzugs, Jiang Jieshi, und Qingling den um 26 Jahre älteren Sun Yixian. Die drei Söhne, die bei den Ausländern als "T.V.", "T.L." und "T.A." bekannt waren, übernahmen Schlüsselpositionen in Finanz und Industrie. Der berühmteste unter ihnen, der Harvard-Zögling Song Ziwen ("T.V."), finanzierte den Aufstieg Jiangs und war später abwechselnd Finanzminister und Präsident der Bank of China - Posten, auf denen er sich mit seinem Schwager Kong abwechselte.

Ziwen verstand sein Geschäft so meisterhaft, daß er während des Zweiten Weltkriegs einen Teil der von den USA in Höhe von 3,5 Mrd.US $ eingeräumten "Lend and Lease"-Gelder auf private Konten abzuzweigen vermochte und dadurch zu einem der reichsten Männer der Welt wurde. Die amerikanische Erziehung der Song-Kinder, ihr glänzender Kontakt zum Herausgeber der Zeitschriften *Time* und *Life*, Henry Luce, sowie die durch amerikanische Finanzkreise vermittelten Beziehungen zum Weißen Haus, vor allem zu Präsident Roosevelt, dessen Familie im Chinahandel groß geworden war, sorgten dafür, daß die Song-Familie weltumspannende Kontakte besaß und, wie es damals hieß, zur eigentlichen Herrscherin Chinas wurde - ein Urteil, das ganz gewiß übertrieben ist, da ja auch noch andere Gruppierungen am Entscheidungsprozeß in China mitwirkten.

Diese Verquickung von Privatinteressen und öffentlichen Funktionen wurde unter der Bezeichnung "bürokratischer Kapitalismus" oder "Beamtenkapitalismus" zum Lieblingsthema der kommunistischen Agitprop-Arbeit - ebenso übrigens wie der Angriff auf die "Vier Familien" (Jiang, Song, Kong und Chen).

Aus ehemaligen Kadetten der Whampoa-Akademie rekrutierte sich die *Huangpu-Clique*. Diese Anfang der zwanziger Jahre entstandene "Schwurbrüder-Gemeinschaft" war eine der verläßlichsten Säulen des Generalissimus, dessen Macht ja hauptsächlich auf den Bajonetten beruhte und der daher von der Ergebenheit seiner Armee- und Divisionskommandeure besonders abhängig war.

Auch die Geheimdienste, die den äußersten rechten Flügel der GMD bildeten, schalteten sich systematisch in den Willensbildungsprozeß Nanjings ein. Die "Organisations"- oder *"C.C.-Clique"* wurde von den beiden Brüdern Chen Guofu und Chen Lifu geleitet, die für die Ausbildung linientreuen Personals sowie für die Überwachung der GMD-Mitglieder zu sorgen hatten. Ein weiterer Geheimdienst, der seine Augen hauptsächlich auf die kommunistischen Untergrund gerichtet hielt, war das *Militärbüro für Untersuchungen und Statistik*, das über einen Apparat von 100.000 Agenten verfügte und von Dai Li geleitet wurde, dem zu seiner Zeit wohl gefürchtetsten Mann Chinas.

Einen dritten Geheimdienst stellten die *Blauhemden* (lanyishe), deren Gliederung dem Modell der damals im faschistischen Europa notorischen Braun- und Schwarzhemden nachempfunden war, und die mit ihren rund 10.000 Mann eine Art Leibstandarte Jiang Jieshis bildeten.

Als Gegengewicht zu all diesen Verwandtschafts-, Militär- und Geheimdienst-Klüngeln trat, in einer Art institutionalisierten Protests, die *Wissenschaftsgruppe* hervor, unter deren Dach sich der Sachverstand des damaligen China versammelte.

Daneben galt es, noch den Wünschen verschiedener Warlords und *Provinzgouverneure* Rechnung zu tragen, die fernab der Zentrale wie Könige regierten, und die es bei Laune zu halten galt. Zumeist wurden die provinziellen Spitzenpositionen weniger nach sachlichen als vielmehr nach Beziehungs(guanxi)-Gesichtspunkten besetzt. 1935 standen 20 der (damals) 22 Provinzen unter militärischer Verwaltung - zumeist unter der Leitung ehemaliger Huangpu-Kadetten. Nanjing wußte sich bei den Provinz-Potentaten vor allem dadurch einzuschmeicheln, daß es auf die seit 2000 Jahren für noch jede kaiserliche Regierung unentbehrliche Bodensteuer verzichtete und sich mit den Seezolleinnahmen sowie mit einigen indirekten Verbrauchssteuern (auf Reis, Tabak, Zigaretten, Salz etc.) zufriedengab, die freilich den Nachteil hatten, daß sie wohlhabende wie arme Staatsbürger gleichermaßen belasteten. Die Bodensteuern verblieben den Provinzregierungen, die Phantasie genug besaßen, auch noch zusätzliche Preßsteuern zu erfinden - ein weiterer Ansatzpunkt für die kommunistische Propaganda.

Das chinesische Erbübel, der Personalismus, erreichte damals wieder einmal einen neuen Höhepunkt. Jiang Jieshi, der sich nie von einer Gruppe ganz vereinnahmen ließ, sondern stets zwischen den verschiedenen Fronten pendelte, war zu permanenten Kompromissen, zu einem ständigen Divide et impera, zu Bestechungen, Gewaltanwendungen und versöhnlichen Handreichungen gezwungen.

*Ideologie im Rückwärtsgang: Sun Yixian-Kult, Konfuziusritual
und Bewegung Neues Leben*

Angetreten war die GMD mit dem Anspruch, das Erbe Sun
Yixians einzulösen. Was am Ende herauskam, war ein re-
gierungsoffizieller Sun-Kult, der schon wenige Monate nach
dem Tod des Guofu einsetzte. Sein - mit Kommentaren
Jiang Jieshis versehenes - Werk wurde in unzähligen Exemplaren gedruckt, sein Testament in jeder Amtsstube ausge-
hängt und das Gemälde, das ihn sitzend zusammen mit dem
hinter ihm stehenden straff-jugendlichen Jiang zeigte, als
Staatsikone verbreitet. Im Mai 1934 gesellte sich neben den
Sun- der erst wenige Jahre vorher (unter dem Hohn der
1919er Studenten) abgeschaffte Konfuzius-Kult, eine merkwürdige Mischung von revolutionärer und konservativer
Symbolik.

Ganz auf dieser Linie lag auch die Bewegung "Neues
Leben" (xin shenghuo), die von Jiang persönlich 1934 initiiert wurde. Offiziell sollte die Bewegung der Versittlichung
des Volkes durch Wiederbelebung des Konfuzianismus und
gleichzeitig als Schutzimpfung gegen kommunistische Einflüsse dienen. Latent wurde sie für Überwachungs- und Mi-
litarisierungsziele operationalisiert. Beamte, Lehrkräfte und
Schüler sollten sich z.B. regelmäßig militärischen Übungen
unterziehen, und außerdem wurde nach NS-deutschem
Vorbild am 1.November 1935 die allgemeine Arbeitsdienst-
pflicht eingeführt. Ein viertes Anliegen war die Erziehung
des chinesischen Volkes zu zivilen Tugenden. Ganze Kata-
loge von Anstandsregeln, wie sie heute noch in Singapur
gepflegt werden, machten damals Schule: Nicht spucken,
nicht schmatzen, nicht rauchen, beim Essen gerade sitzen,
jeden Morgen die Zähne putzen, Küche und Toilette sauber
halten, reinliche Kleidung tragen, früh aufstehen und früh
schlafen gehen, häufig die Hände waschen, die Nägel pflegen, Mücken, Moskitos und Ratten bekämpfen, keine
Tanzhallen besuchen und auf der Straße nicht lärmen,
pünktlich sein, sein Temperament zügeln - all dies waren
Vorschriften, die die Ausländer entzückten, die Masse des
chinesischen Volkes gleichgültig ließen und die Intellektuellen empörten: statt sozialpolitischer Taten im Sinne Sun

Yixians militärische Disziplinierungsmaßnahmen, statt einer Landreform Anstandsregeln!

Das Militär: Die Trumpfkarte Jiangs im Machtspiel
Die Regierungskunst des Generalissimus bestand aus zwei Hauptingredienzien, nämlich seiner Fähigkeit, meisterhaft zwischen den Fraktionen zu balancieren, und aus seinem Fingerspitzengefühl im Umgang mit den Streitkräften.

1887 als Sohn eines kleinen Grundbesitzers in der Küstenprovinz Zhejiang geboren, hatte er sich schon früh für die damals noch durchaus anrüchige soldatische Laufbahn entschieden, war u.a. an der Tokyoter Militärakademie ausgebildet worden und hatte es verstanden, sich dem Zivilisten Sun Yixian als militärischer Berater zu empfehlen; kein Wunder, daß er nie zu einem modernen Condottiere wurde, sondern die Armee stets als politisches Instrument begriff. Jiang verblieb hier ganz in der Tradition des Mandarinats, das der Politik stets den Vorrang eingeräumt und nie ein Eigenleben der Truppen geduldet hatte. Jiang war auch ganz Politiker, als er die sowjetischen Komintern-Fachleute schon gleich nach 1927 durch deutsche Militärberater ersetzte, die sich nicht um politische Entscheidungen kümmerten, sondern sich von Anfang an mit aller Energie auf die Ausbildung von zehn erstklassigen, mit einheitlichen Waffen ausgerüsteten Divisionen konzentrierten. Zu ihnen gehörten vor allem Generaloberst von Seeckt (1934/35) und der spätere Oberbefehlshaber des besetzten Belgien, General von Falkenhausen (1935/38).

Jiang stellte sicher, daß die neuen Eliteverbände zur Verteidigung der GMD-Stammgebiete von Jiangsu und Sichuan sowie des Yangzi-Deltas eingesetzt wurden, und daß niemand ihm das Kommando über diese Kerngruppen streitig machen konnte.

Die unterschiedliche Qualität der GMD-Truppen sollte vor allem 1937 während des japanischen Angriffs deutlich zutage treten: Während die Provinzverbände aus Hebei, Shanxi und Shandong von der japanischen Angriffswalze schlicht überrollt wurden, lieferten die mit deutscher Beratungshilfe ausgebildeten Eliteverbände in der Schlacht von Shanghai (August bis November 1937) dem japanischen

Angreifer blutige Kämpfe. Auch moderne Armeen sind freilich vom sozialen Klima abhängig. Fehlt es der Führung an
Glaubhaftigkeit, überträgt sich dies auf die Kampfmoral
der Truppen - ein Mechanismus, der vor allem im Bürgerkrieg von 1947-1949 auf erschreckende Weise zutage treten
sollte.

*c) Mangelnde regionale und soziale Durchschlagskraft der
   Nanjing-Regierung*

Regional blieb die neue Zentralregierung zunächst hauptsächlich auf das Yangzital, also auf die Provinzen Jiangsu,
Zhejiang, Fujian und Anhui, sowie auf die Küstenstädte
beschränkt. Je weiter die einzelnen Provinzen und Regionen von diesen Kerngebieten des neuen Herzlands entfernt
lagen, um so weniger kümmerten sie sich um die Anordnungen aus Nanjing.

   Dies galt ganz besonders für Minoritätengebiete vom
Zuschnitt Tibets, Xinjiangs, der Mongolei oder des mandschurischen Nordostens. Vor allem die beiden lamaisti-
schen Randregionen Tibet und Äußere Mongolei hatten
sich bereits im Gefolge der Xinhai-Revolution vom Reich
losgesagt, da sie lediglich in einem personaldynastischen
Verhältnis zu den Qing gestanden hätten, mit einer ihnen
unverständlichen "Republik" China aber nichts mehr zu tun
haben wollten. Im fernwestlichen Xinjiang residierten Gouverneure, die mehr nach der sowjetischen als nach der
GMD-Pfeife tanzten, und in der nordöstlichen Mandschurei
herrschten zuerst die Zhang-Warlords und später die Japaner.

   Aber auch in einer Reihe klassischer Han-Provinzen,
vor allem im Westen und Süden des Landes behaupteten
sich nach wie vor machtvolle lokale Warlords - gar nicht zu
reden vom südchinesischen Provinzdreieck Hunan-Jiangxi-
Guangdong, wo ein der breiten Öffentlichkeit damals noch
weitgehend unbekannter Guerillaführer namens Mao
Zedong die Herrschaft übernommen hatte.

   Angesichts dieser zahlreichen Einschnürungen umfaßte
das tatsächliche Herrschaftsgebiet der Zentralregierung
Anfang der dreißiger Jahre allenfalls ein Viertel des offiziell
ausgewiesenen Staatsterritoriums der Republik. Erst Mitte

der dreißiger Jahre begann sich der Einflußbereich Nanjings langsam auszudehnen, um dann allerdings mit Beginn des japanischen Angriffs ruckartig zusammenzustürzen.

Die Zentralregierung stieß aber nicht nur auf regionale, sondern auch auf soziale Schranken. Unterstützung hatte Nanjing anfangs bei Teilen der Intelligenz, beim Handels- und Finanzbürgertum, bei der Bürokratie und nicht zuletzt bei den Grundbesitzern gefunden, während gegenüber der Arbeiterschaft in den Städten, vor allem aber gegenüber dem Bauerntum spätestens seit 1927 Berührungsängste aufkamen. Zum Kummer Nanjings ließen die Sympathien der ursprünglichen Anhängerschaft im Laufe der folgenden Jahre schnell nach:

Bei den *Intellektuellen* löste die "Vormundschaftspraxis" der Regierung, die Bewegung "Neues Leben" und die argwöhnische Überwachung des Wissenschafts- und Literaturbetriebs durch GMD-Beauftragte Befremden aus. Angesichts der Indizierung ganzer Literaturströmungen, der auch die Bücher angeblich linker Schriftsteller vom Range Upton Sinclairs, Strindbergs oder Gorkis zum Opfer fielen, entstand 1930 die "Liga der linksgerichteten Schriftsteller", in der sich alles versammelte, was damals Rang und Namen hatte, von Lu Xun über Mao Dun (Shanghai im Zwielicht), Ba Jin (Familie, Frühling, Herbst) und Lao She (Rikschakuli, Das Teehaus) bis hin zur Schriftstellerin Ding Ling und zu Guo Moro, dem späteren Freund Maos und langjährigen Vorsitzenden der Akademie der Wissenschaften.

Auch die Sympathien des chinesischen *Unternehmertums*, die nach der Niederschlagung der KPCh durch die GMD erwacht waren, begannen sich seit Mitte der dreißiger Jahre abzukühlen. Zwar betrug der Anteil von Politikern aus dem Großbürgertum beim IV. ZEK (1932/35) 21% und beim V. ZEK (1935/37) sogar 25%, doch am Ende wurden all diese Verbindungen wieder mit einem scharfen Schnitt durchgetrennt: Während nämlich Regierung, Armee und Intelligenz 1937/38 vor dem japanischen Angriff ins südwestliche Hinterland auswichen, blieb das Unternehmertum in den Städten. Als die GMD 1945 wieder zurückkehrte, erwies sie sich als unfähig, die an allen Ecken und Enden ausbrechende Inflation einzudämmen. Zahl-

reiche Unternehmer begannen daraufhin mit den Kommu-
nisten zu sympathisieren, von denen sie sich eher Ruhe und
Ordnung versprachen als von der unglaubhaft gewordenen
Regierung.

Shanghai und Nanjing
Zwischen 1927 und 1937 freilich hatten die GMD und das
Unternehmertum noch Flitterwochen miteinander feiern
können. Zwei nur wenige Zugstunden voneinander entfernt
liegende Städte bildeten damals das urbane Doppelgestirn
des GMD-Herrschaftsbereichs: das grell-weltstädtische
Shanghai und das zwar in atemlosen Tempo modernisierte,
aber stets puritanisch gebliebene Nanjing mit seinen kalten
Büroneubauten und dem altersgrauen Mauerring, mit dem
verglichen die Wallanlagen der meisten europäischen Städte sich wie Spielzeug ausnehmen.

Shanghai, das 1935 bereits 3,7 Millionen Menschen be-
herbergte, blühte in diesen Jahren, den letzten vor dem
Großen Krieg, wie nie zuvor in seiner Geschichte. Es war
allerdings nicht die alte Chinesenstadt mit ihrem Gewirr
von Gassen, ihren Tempeln und Teehäusern, die das Wirtschaftswunder hervorbrachte, sondern das europäisierte
Shanghai, das seit Mitte des 19.Jh.s aus einer gepachteten
Sumpflandschaft herausgewachsen, und das in seinem Kern
jetzt von mächtigen Bankenzentralen, Hotelhochbauten,
Großkaufhäusern, Wohnquartieren im Tudorstil, Vergnü-
gungsvierteln, dem Bund und der glitzernden Nanking Road
geprägt war.

Das Yangzital bildete die Schlagader, und Shanghai war,
wie Seagrave es drastisch ausdrückt, "das Hirn, der Mund,
die Brieftasche, das Bordell und der Abort". Hier existierten
märchenhafter Reichtum und bedrückende Armut auf
Hautnähe nebeneinander. Die überbordende Vitalität und
das urbane Fluidum Shanghais war das Resultat einer ei-
gentümlichen Bevölkerungsmischung, die in mehreren
historischen Schichten gewachsen war: Am Anfang hatten
sich hier britische Kaufleute niedergelassen, die es in vor-
nehmer Apartheid für unter ihrer Würde hielten, mit Chinesen direkt in Kontakt zu treten, und die sich deshalb einer
Zwischenhändlerschicht bedienten, deren Mitglieder als

"Kompradoren" schon bald Reichtümer sammeln konnten. Meist handelte es sich bei ihnen um mehrsprachige Chinesen, aber auch um Perser und vor allem irakische Juden wie die "Sassoons", die "Hardoons" und die "Kadoories", die viele jener Großkaufhäuser und Luxushotels errichteten, mit denen noch heute der Touristenstrom bewältigt wird.

An der Spitze der plutokratischen Gesellschaft Shanghais standen in den dreißiger Jahren die Taipans, d.h. die "Großen Herren" etwa von der "Hongkong and Shanghai Banking Corp.", von "Jardine & Mattheson" oder die Inhaber von Großhandelsfirmen. Daneben blühten zahlreiche französische, holländische, dänische, amerikanische und deutsche Firmen. Die Briten sorgten für zusätzliche koloniale Atmosphäre, indem sie beispielsweise Sikh-Polizei oder Gurkha-Soldaten einsetzten, die den Verkehr regelten oder martialisch vor Banken und Kaufhäusern Wache standen. Im handels- und gläubigerfreundlichen Klima Shanghais gediehen nicht nur ausländische Firmen, sondern auch chinesische Unternehmen, die sich auf leichtindustrielle Gewerbezweige spezialisierten oder mit Reis, Mehl, Sojasauce, Seide und Zigaretten Handel trieben, daneben aber auch den Verkauf von Opium oder aber die Vermietung von Arbeitskräften keineswegs verschmähten.

Im 20. Jh. kamen dann noch zwei neue Schichten hinzu: Nach der russischen Revolution strömten Zehntausende von Russen und Weißrussen in die Yangzi-Metropole - mit ihnen übrigens zum ersten Mal auch ein Element, das im Shanghai der Junggesellen bisher rar gewesen war, nämlich europäische Frauen, die neue Akzente ins Stadtleben brachten. In den dreißiger Jahren folgten dann als letzte Zuwanderer noch Flüchtlinge aus Europa, vor allem europäische Juden, die den nationalsozialistischen Verfolgungen entkommen waren.

Diese unvergleichliche Internationalität schuf das sprichwörtliche Shanghai-Kolorit. Zwar lebten 1935 nur 58.000 Ausländer in der Stadt; sie hatten aber das Sagen in zwei der drei Stadtteile Shanghais, nämlich der Internationalen Niederlassung (2.259 ha) und der Französischen Konzession (1022 ha). Obwohl die Chinesenstadt mit 828 qkm zwanzigmal so groß war, pochte das eigentliche Herz

Shanghais in den beiden Konzessionen, die nicht nur Bank, Ladentisch und Reederei in einem waren, sondern in denen sich auch eine einzigartige Vermischung von europäischen und chinesischen Elementen vollzogen hatte, sei es das Kompradorentum oder der Mixed Court.

Dieses Shanghai war *eine* mögliche, aber ganz gewiß nicht *die* Existenzform eines sich modernisierenden China. Solche Differenzierungen freilich mußten für die nur wenige Jahre später aus dem Hinterland einmarschierenden sinokommunistischen Truppen, deren Soldaten fast ausnahmslos zum erstenmal in ihrem Leben eine westliche Stadt zu Gesicht bekamen, unverständlich bleiben. Sie reagierten auf die Herausforderungen Shanghais zuerst mit Verwunderung, dann mit Abscheu und schließlich mit Vernichtung. Weitere 30 Jahre später, als die Modernisierungsbewegung einsetzte, begann man über die damalige Auslöschungspolitik bittere Reue zu empfinden. Jetzt, da die Türen nach außen wieder geöffnet wurden, machte sich das Fehlen des kosmopolitischen Zwischenfutters, das damals ausgerissen worden war, schmerzhaft bemerkbar! Das alte Shanghai überlebte allerdings zum Teil in Hongkong, wohin zahlreiche Unternehmer geflohen waren, und das diesen Zuwanderern letztlich sein Wirtschaftswunder verdankt.

Auch die *Beamtenschaft* ging zur GMD auf Distanz, freilich erst Mitte der vierziger Jahre. Unmittelbar nach 1927, als zahllose neue Beamtenstellen in Partei, Regierung, Massenorganisationen und im öffentlichen Dienstleistungswesen - von der Bahn über die Post bis hin zu zahlreichen öffentlichen Wirtschaftsunternehmen - zu besetzen waren, hatten sich Angestellte und Beamte begeistert gezeigt. Als die Gehälter der Bediensteten freilich mit den galoppierenden Preisen nicht mehr Schritt halten konnten, begannen auch für die subalternen Beamten und Lehrer die Kommunisten zu einer Alternative zu werden.

Einzig das *Grundbesitzertum* hielt der GMD bis zuletzt die Treue. Im IV. ZEK war es mit 45%, im V. ZEK mit 38% vertreten. Diese Überrepräsentanz erklärt gleichzeitig auch, warum die schwerste Herausforderung der Neuzeit, nämlich die Landreform, unbeantwortet blieb. 1928 belief

sich die chinesische Bevölkerung auf 475 Millionen Men.
schen, von denen 400 Millionen bäuerlichen Berufen nach-
gingen. Bereits während der Qing-Dynastie war die Bevölkerung von 21 Mio. (1644) über 426 Mio. (1901) auf nunmehr fast 500 Mio. explodiert - eine Entwicklung, die erneut die uralte Frage aufkommen ließ, wie das Landwirt-
schafts- mit dem Bevölkerungswachstum Schritt halten sollte.

Bauernelend
Drei Möglichkeiten standen zur Diskussion, nämlich Auswanderung, Produktionszuwachs oder aber Geburtenbe-
schränkung.

Für die Auswanderung hatte es seit drei Jahrzehnten ein
mächtiges Ventil gegeben, nämlich die nordöstliche Mandschurei, die auf Anordnung des mandschurischen Herr-
scherhauses der Qing bis zum Jahre 1905 für Han-Zuwan-
derer verschlossen gewesen war. Kaum aber hatten sich die
Tore zum rd. 1,3 Mio. qkm großen Gebiet mit seinen her-
vorragenden Möglichkeiten für Soja-, Weizen- und Hirse-
anbau einmal geöffnet, implodierte das chinesische Bauerntum in dieses Vakuum hinein, und zwar mit solcher Wucht,
daß sich die dortige Bevölkerung von 5 Mio. (1905) auf sage
und schreibe 33 Mio. (1934) vergrößerte. Ab 1931 verhängten die Japaner allerdings Einwanderungssperren. Verblieben also nur die beiden anderen Lösungsmöglichkeiten:
Familienplanerische Maßnahmen auf den Dörfern freilich
waren für die GMD, deren Kontrolle im wesentlichen auf
urbane Bereiche beschränkt blieb, nicht realisierbar. So
verengte sich alles auf die Einbahnstraße der Produktionssteigerung, die freilich auch nur dann gangbar war, wenn die
Stagnationsbremsen gelockert werden konnten, die in das
traditionelle Landwirtschaftssystem eingebaut waren:

Zwerggröße, Getreidemonokultur und Subsistenzgrund-
lage: Dies waren die drei Strukturmerkmale der überkommenen Landwirtschaft, die sich lähmend auf jeden Produk-
tionsfortschritt auswirkten.

Hauptmerkmal war die Winzigkeit der Parzellen, die
wie Gärten bewirtschaftet wurden, deren Ertrag aber trotzdem häufig nicht zum Leben reichte. Nach Ermittlungen,

die der amerikanische Berater des Landwirtschaftsministe-
riums, J.L. Buck, am Vorabend des Zweiten Weltkriegs an
Hand von 17.000 Bauernhöfen in 22 Provinzen anstellte,
lagen die - nach sieben Kategorien erfaßten -Hofgrößen
zwischen 0,5 und 9,5 ha. Der Normalbauernhof, ob er nun
mit eigenem oder mit gepachtetem Boden wirtschaftete,
verfügte also lediglich über 1,7 ha. Selbst der von den
Kommunisten in so grelles Licht gesetzte Grundbesitzer
mußte sich im besten Fall mit 9,5 ha zufriedengeben - verglichen mit einem lateinamerikanischen Haziendero wäre
er ein Kätner gewesen! Neben der oben erwähnten Bevölkerungsexplosion war für diese katastrophale Zersplitterung
des Bodenbesitzes vor allem das überkommene Erbrecht
ursächlich, das mangels einer Primogenitur-Bestimmung die
gleichmäßige Aufteilung des Bodennachlasses zwischen den
Söhnen bewirkte, so daß die Parzellen immer taschentuch-
artiger wurden. In einem chinesischen Witz findet ein Bauer
plötzlich sein Grundstück nicht mehr; doch kann er erleich-
tert aufatmen, als er seinen zu Boden gefallenen Strohhut
aufhebt und darunter dann glücklicherweise doch noch sein
"Grundstück" wiederentdeckt!

Ein zweites Merkmal war die Getreidemonokultur; gab
es doch im alten China weder Viehzucht noch eine nen-
nenswerte Forstwirtschaft. Drittens produzierte der Durch-
schnittsbetrieb nie für den Markt, sondern nur für den
Eigenbedarf. Dreifach war diese Subsistenzweise bedingt:
Zum einen gab es selten Überschüsse. Der Durchschnitts-
bauer arbeitete hauptsächlich zu dem Zweck, überhaupt
einmal satt zu werden - an Gewinne oder an vorausschau-
endes Wirtschaften war also selten zu denken, von Ver-
marktung ganz zu schweigen. Zweitens stellte der Durch-
schnittsbauer die von ihm benötigten Textilien oder Geräte
in Eigenproduktion her - eine Gepflogenheit, die das Entstehen eines Markts für Industriegüter verhinderte. Drittens
fand eine Selbstversiegelung der Subsistenzwirtschaft durch
die Institution der Marktgemeinde statt. Nach den Untersuchungen Skinners gab es im vorkommunistischen China
70.000 solcher Marktgemeinden, die sich im Einzugsbereich
von durchschnittlich je 18 Dörfern befanden, und die höchstens 4-5 km von einander entfernt lagen. Hier tauschten

die Bauern ihre agrarischen und hausindustriellen Produkte. Mangels überregionaler Verkehrsverbindungen wurde diese Zellularwirtschaft selten aufgebrochen.

Erschwerend kamen noch Pachtverhältnisse hinzu, über die unten, im Zusammenhang mit der Bodenreform, noch Näheres auszuführen ist.

Zur Therapie all dieser sozioökonomischen Defizite gehörte ganz gewiß eine Bodenreform ("das Land dem Pflüger"), doch konnte sie nur *eine* von mehreren Maßnahmen sein, nämlich der Schaffung bewirtschaftungswürdiger Mittel- und Großbetriebe, der Diversifizierung und der Einbindung des Dorfs sowie des Einzelhaushalts in ein dorfübergreifendes Vermarktungsnetz. Für diese Vierfachtherapie freilich fehlten in den dreißiger Jahren die Voraussetzungen: Eine Bodenumverteilung scheiterte daran, daß fast die Hälfte aller Spitzenpolitiker des republikanischen China aus Grundbesitzerfamilien stammte. Was die Betriebsvergrößerung anbelangt, so hätte sie sich nur durch eine breit angelegte Genossenschaftsbewegung oder aber durch Sozialisierungsmaßnahmen bewerkstelligen lassen - ein Weg, der damals als "kommunistisch" verschrien war. Diversifizierung und Marktanbindung schließlich wären das Ergebnis großangelegter Infrastrukturbauten und eines generellen volkswirtschaftlichen Aufschwungs gewesen, der auch die Dörfer hätte erfassen müssen. Doch hier standen die Warlord-Wirren und die japanischen Angriffe im Wege.

Zwar erging 1930 ein Bodengesetz, das den Kommunisten in der Räterepublik von Jiangxi das Wasser abgraben sollte; doch blieben die Bestimmungen ein Feigenblatt, da die Angehörigen der Revolutionsarmee, d.h. also auch die meisten GMD-Mitglieder, die in aller Regel einen formalen Militärrang besaßen, von ihnen verschont blieben.

Ob die Revolution nun vertagt oder vergessen wurde - in jedem Fall blieb das Feld de facto den Kommunisten überlassen, die ihre Chancen aufs geschickteste zu nutzen wußten und mit einer Doppelpolitik operierten: Strategisch hielten sie sich an Sun Yixians Parole "Das Land dem Pflüger", taktisch, d.h. während der Kriegsjahre, als es galt, auch Großbauern für den gemeinsamen antijapanischen Widerstand zu gewinnen, verkündeten sie dagegen das Programm der "doppelten Herabsetzung", nämlich der Reduzierung des Pachtzinses und der Kreditzinsen auf ein Maximum von 10%. Kaum freilich war der Krieg vorbei, kehrten sie jedoch wieder zur Enteignung im Sinne Suns zurück - um dann später, nach der Machtübernahme, sogar zur Enteignung auch der Unteren Mittelbauern und Armen Bauern zu schreiten (dazu unten, S.185 ff., S.214 ff.).

2. Zwei Skorpione in der Flasche: GMD und KPCh als Todfeinde - und als Verbündete

Jinggangshan, Ruijin und die Revolution auf den Dörfern
1927 schien die sinokommunistische Bewegung den Todesstoß erhalten zu haben - und doch begann sie jetzt erst so richtig aufzuleben, wofür hauptsächlich zwei Gründe maßgebend waren: zum einen hatte sie die ihr gemäße Form gefunden, zum anderen bekam ihr Todfeind, Nanjing, die sozialen Probleme nicht in den Griff.

Der Weizen der Kommunisten begann vor allem auf den südchinesischen Dörfern zu reifen, wo es um die Bodenpachtverhältnisse besonders kraß bestellt war. Dort lag der soziale Hauptzündstoff, und dort auch waren die Regierungstruppen schwach. Indem sie die Stadtlinie durch die Dorflinie ersetzte - und damit Marx auf den Kopf stellte - begann sich die Revolution als "entwicklungsrichtig" zu erweisen. Alles, was die Bauernrevolutionäre damals anfaßten, wurde unterderhand zu Gold. Sie hatten die Hand am Puls der Zeit, handelten traumwandlerisch sicher und hatten offensichtlich die Bedürfnislage des weitaus größten Teils der Bevölkerung, nämlich der Bauern, richtig eingeschätzt. Frühere Gegner des Hauptbauernführers, Mao Zedongs, mußten schon bald das Rennen entweder aufgeben oder aber sich ihm unterordnen. Damals kam es auch zum folgenreichen Bündnis zweier Führungspersönlichkeiten, wie sie verschiedener kaum hätten sein können, wie sie sich gleichzeitig aber auch aufs glücklichste ergänzten, nämlich Maos und Zhou Enlais. Mao, aus einer Bauernfamilie stammend, von gewaltiger Wirkung auf andere Menschen, übersprudelnd von Einfällen und Gedanken, stets nahe am

Chaos - und andererseits Zhou Enlai, Abkömmling einer bankrotten Mandarinenfamilie, aristokratisch, mit vollendeten Manieren und beharrlich ordnend. Wo Mao Schneisen schlug, wurden sie von Zhou abgesichert. Beide ergänzten sich in einzigartiger Weise, und es war ihre Synergie, die das Schicksal der Revolution seit Mitte der dreißiger Jahre entscheidend mit beeinflußte.

Daß der dem Kurs Maos feindliche städtische Zweig der KPCh so schnell ausdorrte, während die ländlichen Parteigremien grünten, hing aber auch damit zusammen, daß die GMD-Polizei den städtischen Kommunisten gewaltige Wunden schlug. Über die Zahl der getöteten KPCh-Anhänger gibt es nirgends zuverlässige Angaben, doch sind es zwischen 1927 und 1929 möglicherweise 450.000, in den Jahren von 1927 bis 1937 vielleicht sogar über eine Million gewesen.

Das zweite Erfolgsgeheimnis der Dorfrevolution war die Hilflosigkeit der Regierung im Umgang mit der sozialen Frage, wofür es allerdings handfeste Gründe gab. Kaum hatte Nanjing den Warlords die Flügel stutzen können, brach als nächstes Unglück die Weltwirtschaftskrise (1929-33) herein; gleichzeitig wurde die Existenzgrundlage von über 40 Millionen Bauern durch die Überschwemmungen des Yangzi und des Huai vernichtet. Vor allem aber begann Japan, das gleichfalls von der Weltwirtschaftskrise erfaßt worden war, mit einem verstärkten Expansionsdruck auf China, so daß dort immer mehr Haushaltsmittel für die Rüstungswirtschaft abgezweigt werden mußten.

Die Räterepublik von Jiangxi
1927 war das Jinggang-Gebirge als Urzelle der späteren revolutionären Stützpunktgebiete recht und schlecht konsolidiert worden. Zwei Maßnahmen vor allem sorgten dafür, daß die ortsansässigen Bauern Vertrauen zur KPCh-Führung gewannen, nämlich die oben erwähnte Bodenpolitik und darüber hinaus das alles andere als selbstverständliche Wohlverhalten der Rotarmisten, das sich an den "Drei Hauptregeln der Disziplin" (Kommandogehorsam, Ehrlichkeit gegenüber den Bauern, Ablieferung allen Beuteguts) und an den "Acht Merkpunkten" (Höflichkeit, Ehrlichkeit in

Geschäften, Rückgabe entliehener Gegenstände, Ersatz für Beschädigungen, keine Gewalttätigkeit gegen die Bevölkerung, keine Beschädigung der Ackerbaukulturen, keine Belästigung von Frauen, keine Mißhandlung von Gefangenen) orientierte.

Da die Nahrungsmittel für das schnell wachsende Heer im landwirtschaftlich unergiebigen Bergland schon bald nicht mehr ausreichten, blieb der noch ganz im Aufbau befindlichen Bewegung nichts anderes übrig, als ihre Truppen ausschwärmen und weitere Ackerbaugebiete besetzen zu lassen. Als idealer Zielbereich bot sich hierfür der südliche Teil der Provinz Jiangxi an, da dort nicht nur fruchtbare Äcker lagen, sondern auch die Einflußsphären mehrerer südlicher Warlords zusammenstießen, so daß Nanjing seine Truppen dort nicht nach Gutdünken operieren lassen konnte.

Zwischen Herbst 1927 und Mitte 1930 breiteten sich die Einheiten der Roten Armee wie Ölflecken über die südliche Landkarte aus. Es entstanden 15 revolutionäre Stützpunktgebiete, vor allem in Südjiangxi und Westfujian, darüber hinaus aber vor allem das "Zentrale Revolutionäre Stützpunktgebiet" um die Kleinstadt Ruijin (Provinz Jiangxi). Im Jinggang-Gebirge wurde Wolfram geschürft und gegen Versorgungsgüter sowie Waffen eingetauscht. Ende 1931 schien es für die junge Räterepublik, die inzwischen zweieinhalb Millionen Menschen umfaßte, an der Zeit, sich selbst zu feiern. So fand vom 7. bis 24.11.1931 in Ruijin der Erste Nationale Arbeiter-, Bauern- und Soldatenkongreß statt, der die Chinesische Räterepublik ausrief, eine Arbeiter- und Bauernregierung einsetzte und Ruijin zur Hauptstadt des Roten China erklärte. Der Kongreß, an dem über 600 Bauern- und Soldatenvertreter aus allen Sowjetgebieten teilnahmen, erließ ein Bündel von Gesetzen, mit denen das revolutionäre China fortan regiert werden sollte.

In einem Verfassungsentwurf wurde den Werktätigen Rede-, Presse-, Versammlungs- und Eheschließungsfreiheit, Frauenbefreiung sowie das Recht auf Bildung, Erziehung, Religionsausübung und nationale Selbstbestimmung eingeräumt. Ziel der neuen demokratischen Diktatur sei die Vernichtung des Feudalismus und des Imperialismus, die

Einschränkung des Kapitalismus und die Einigung des ganzen Landes.

Im "Arbeitsgesetz" wurden Garantien für Fabriken und Arbeiter proklamiert, wie es sie im Sowjetgebiet gar nicht gab. Das "Wirtschaftsgesetz" regelte Industrie-, Handels-, Steuer- und kommunalpolitische Fragen. Größere Betriebe sollten nationalisiert, die Spekulation bekämpft und die Entwicklung von Konsumgenossenschaften gefördert werden. Ferner sollte es nur noch eine einheitliche Progressivsteuer geben, deren ganze Last "von der Bourgeoisie zu tragen" sei. Der kommunalpolitische Teil befaßte sich im wesentlichen mit der Enteignung und Umverteilung von Haus- und Grundbesitz.

Im Militärgesetz wurde die Rote Armee als "wichtigster Hort der Rätebewegung" und als "Klassenarmee" bezeichnet, die nach dem Prinzip des Doppelkommandos (Befehlshaber/Politkommissar) geführt werde. Freiwillige sollten besondere Wirtschaftsprivilegien erhalten - ein attraktives Angebot, das die Reihen der Roten Armee explosionsartig anwachsen ließ. Im Ergebnis wurden die Mängel an Bewaffnung durch Disziplin, Ergebenheit und nicht zuletzt durch die Entschlossenheit ausgeglichen, den neugewonnenen Besitzstand mit Klauen und Zähnen zu verteidigen.

Daneben erging noch ein Bodengesetz, ein Ehegesetz, eine außenpolitische Agendaliste und ein Thesenentwurf über den Räteaufbau. Entgegen den Erklärungen war das Rote China freilich keine "Räterepublik", sondern von Anfang an eine "Rotarmistenrepublik", da das tägliche Leben seit Beginn der GMD-Ausrottungsfeldzüge immer mehr vom Militär bestimmt wurde, und da der Abwehrkampf schließlich das gesamte Alltagsleben in seinen Bann zog.

Ausrottungsfeldzüge
Kaum hatten sich die ersten revolutionären Basen herauskristallisiert, begannen auch bereits die Vernichtungs- und Ausrottungsfeldzüge (jianmiexing zhanyi), die trotz gewaltiger Überlegenheit der GMD-Truppen (100.000 : 40.000 beim ersten Feldzug) verpufften, weil die Regierungsverbände sich durch die Partisanentaktik ihrer Gegner auseinanderdividieren und ins Hinterland hineinlocken ließen, wo

sie in den Jahren 1930, 1931 und 1933 einzeln vernichtet
werden konnten. Während sich die jungen Bauernverbände
fast mühelos behaupteten, verlor die städtische KP-Organisation den Boden unter den Füßen. Im Herbst 1932 mußten
die führenden Genossen aus Shanghai in der Räterepublik
um Zuflucht bitten. Symbolisch gesprochen hatte damit der
bewaffnete Bauer endgültig den streikenden Arbeiter abgelöst: Der Sinokommunismus begann nach Erde zu riechen.

Nanjing zog aus seinen bisherigen Fehlschlägen schon
bald die Konsequenzen und bereitete den vierten und fünften Feldzug nicht nur militärisch, sondern auch politisch
gründlicher vor, wobei auf Sympathiewerbung in der Bevölkerung und auf die Kampfmoral der eigenen Gruppen besonderer Wert gelegt wurde. Vor allem aber bediente sich
die GMD jetzt der Blockhausstrategie, die von den deutschen Militärberatern vorgeschlagen worden war, und die
sich als so einfach erwies, daß Jiang staunte, warum er eigentlich nicht selber daraufgekommen war. Von jetzt an
ließ sich kein GMD-Verband mehr einzeln in das Partisanengebiet hineinlocken. Vielmehr setzten die Regierungstruppen auf Zeit, bauten auf jedem neubesetzten Quadrat-
kilometer Blockhäuser und versiegelten auf diese Weise
jedes nur denkbare Schlupfloch. Der immer enger werdende Ring um das kommunistische Basengebiet verhinderte
nicht nur Guerillaaktionen, sondern legte auch den Nachschub für die Zentrale Revolutionäre Basis lahm - mit der
Folge, daß schon bald Nahrungsmittel- und Munitionseng-
pässe auftraten. Die eingeschnürten Kommunisten schienen
am Ende, doch da gelang ihnen im Juli 1934 das Wunder
des Ausbruchs aus dem Kessel, der euphemistisch als "tak-
tische Verlegung der Operationsbasis" bezeichnet, in Wirklichkeit aber zum Anfang jener Absetzbewegung wurde, die
als "Langer Marsch" in die Geschichte einging, eineinhalb
Jahre dauerte und nur noch ein Zehntel des Truppenbe-
standes am Leben ließ.

Der Lange Marsch (Karte 4)
Schon gleich zu Beginn der eineinhalbjährigen Strapazen
hatte sich die Rote Armee nicht nur mit 40 Divisionen Jiang
Jieshis, d.h. mit einer Million GMD-Soldaten, herumzu-

schlagen, sondern überdies in ihren eigenen Reihen fast permanente Führungskämpfe durchzustehen, die letztlich wiederum an die Substanz der Truppen gingen, da zeitweise mehrere Hauptquartiere gegensätzliche Befehle ausgaben.

Zu Beginn des Langen Marsches dominierte noch der Moskau-Flügel, dem beim 4.Plenum des VI.ZK der Einbruch in die Führungsriege gelungen war, und zwar nach einem überfallartigen Manöver in Anwesenheit des Komintern-Vertreters Pavel Mif. Damals waren Funktionäre an die Macht gekommen, die zwischen 1922 und 1930 ihr Leben ausschließlich in der Sowjetunion verbracht, also den Kontakt zur chinesischen Realität jahrelang verloren hatten. Aus dem Kreis der "Rückkehrer", die auch als "28 Bolschewiki" rubriziert wurden, machte vor allem Chen Shaoyu Karriere, der unter seinem nom de guerre Wang Ming vom einfachen Parteimitglied direkt zur Nummer eins im Politbüro aufrückte. Zu seinem militärischen Adlatus avancierte ein weiterer "Rückkehrer", Bo Gu, der, da er von Armeeführung nichts verstand, den Komintern-Berater Otto Braun als Assistenten berief. Braun, der sich während der Münchner Räterepublik (1919) profiliert und acht Jahre lang in bayerischen Gefängnissen eingesessen hatte, war wegen seiner Erfahrungen im Straßenkampf von der Komintern 1932 nach Shanghai entsandt worden, von wo er im Oktober 1933 auf abenteuerlichem Weg in die südliche Räterepublik gelangte. Hier wirkte er beim Aufbau der Roten Armee mit und hatte während der ersten Wochen des Langen Marsches neben Bo Gu de facto auch das militärische Oberkommando inne, während Mao Zedong, der Hauptarchitekt der Roten Armee, ins Abseits gedrängt wurde und zähneknirschend die Fehlentscheidungen seiner Konkurrenten registrieren mußte.

Aus Maos Perspektive führte Wang Mings Politik zur bisher schwersten aller drei "Linksabweichungen", deren Gemeinsamkeiten darin bestanden, daß die revolutionäre Vorreiterrolle der städtischen Arbeiterschaft, der Aufstand in den Städten, die Führungspriorität der Shanghaier Parteizentrale und der Moskauer Einfluß in den Vordergrund gestellt wurden. Die erste Abweichung hatte 1927 im Zusammenhang mit den Aufständen in Nanchang, Changsha und Guangzhou, die zweite Mitte 1930 im Kontext weiterer städtischer Erhebungen (unter der Führung Li Lisans) stattgefunden.

Um der dritten "Linksabweichung" möglichst schnell die Spitze abzubrechen und die "Rußlandheimkehrer" wieder aus ihrer Führungsposition zu verjagen, inszenierten Mao und Zhou Enlai sechs Monate nach Beginn des Langen Marsches in der südwestchinesischen Stadt Zunyi (Provinz Guizhou) eine von zwanzig Teilnehmern bestrittene Konferenz, bei der die Frage im Mittelpunkt stand, ob das Zentrale Sowjetgebiet aus objektiven Gründen (Überlegenheit der Feindtruppen, so Otto Braun) oder aber aus subjektiven Gründen (falsche Taktik, so Mao) habe aufgegeben werden müssen. Mao machte das - von Anfang an hoffnungslos isolierte - Gespann Bo Gu/Braun für die bisherigen Niederlagen verantwortlich. Er forderte, in Zukunft mit dem Florett statt mit der Keule zu kämpfen, d.h., die konventionelle Kriegsführung mit ihrem so lastend schweren Gerät aufzugeben und statt dessen die alten Tugenden der Roten Armee wiederzubeleben, nämlich Schnelligkeit im Marsch, Beweglichkeit in der Konzentration und in der Auflösung sowie das Eintauchen ins Meer der Bevölkerung.

Am Ende der Konferenz war das Schicksal Bo Gus und Brauns besiegelt. Sie wurden ihrer Führungsposten enthoben und durch Mao Zedong, Zhou Enlai und Zhu De ersetzt. In der Militärstrategie rückte der Bewegungs- an die Stelle des bisherigen Verteidigungskriegs, und außerdem wurde die Marschrichtung geändert - und zwar in Richtung Norden, also heraus aus den Minderheitenregionen und hinein in hanchinesische Gebiete, wo die Truppen wieder wie "Fische im Wasser des Volkes schwimmen" konnten.

Aus späterer Sicht wurde die Zunyi-Konferenz neben der Stützpunktbewegung im Jinggang-Gebirge (1927) sowie neben dem 3. Plenum des XI. ZK (Dezember 1978) als einer der "drei großen Wendepunkte in der Geschichte der KPCh" eingestuft. In der Tat hatte sich damals etwas in der Geschichte der Komintern Unerhörtes ereignet, nämlich die Lossagung der ersten asiatischen Revolutionsbewegung von der Moskauer Führung. Außerdem formierte sich in Zunyi eine politische Seilschaft, die bis in die fünfziger

Jahre hinein und länger hielt. Die Namen der Konferenz-teilnehmer lesen sich wie ein "Who's who" der späteren VRCh-Prominenz.

Nach der Konferenz begann der schwierigste Teil des Langen Marsches. Bei Schneetreiben mußten drei Flüsse, nämlich der Yangzi, der Wu sowie der Jinsha (Goldsand-fluß), und anschließend das Liang-Gebirge überquert wer-den, in dem die Rote Armee mit Steilhängen und mit dem Volksstamm der Yi zu kämpfen hatte. Nach Bezähmung des reißenden Dadu, die mit Hilfe der Luding-Kettenbrücke gelang, und der Überquerung der osttibetischen Schneeber-ge befand sich die Zentrale Armee Anfang Mai 1935 in einer offensichtlich hoffnungslosen Situation: Im Süden und Osten rückten starke GMD-Verbände heran, im Westen bildeten die unwirtlichen tibetischen Hochebenen einen abschreckenden Riegel, und im Norden erstreckten sich auf 500 km hin düstere Sumpflandschaften, die den Zugang zu der als neues Stützpunktgebiet angepeilten Provinz Shaanxi abriegelten. Welche Richtung die Truppen auch immer wählten - sie würde allemal falsch sein.

Zu diesem Zeitpunkt - im Juni 1935 - war Maos 1. Frontarmee mit Zhang Guotaos 4. Armee in Maoergai (Nr. 10 auf Karte 4) zusammengetroffen. Beide Armeeführ-ungen beschlossen, gemeinsam den Marsch nach Norden fortzusetzen, die vor ihnen liegenden Sumpfgebiete aber in getrennten Säulen zu durchqueren. Maos Armee hielt sich an den Plan, während Zhang aus heiterem Himmel be-schloß, nach Süden abzudrehen, wo er freilich auf starke GMD-Verbände stieß, die seine Truppen wochenlang wie Herbstlaub in Richtung Westen dahinwirbeln ließen.

Aber auch die Zentrale (1.) Armee hatte es nicht leicht: Der Marsch durch die Sumpföde kostete Tausende das Leben und wurde nachträglich übereinstimmend von allen Teilnehmern als Tiefpunkt der Leidensstrecke bezeichnet.

Führte die Route nicht gerade durch unwegsame Ge-birgs- oder Sumpflandschaften, so mußten Umzingelungs-, Verfolgungs-, Blockade- und Aufsplitterungsversuche der GMD-Truppen vereitelt und Kämpfe gegen feindlich ge-sonnene Minderheiten, vor allem gegen die Lolos, geführt werden. Endlich, im Sommer 1935, erreichte die Zentrale

Armee den Südteil der Provinz Gansu, wo die Truppen erstmals nach langer Zeit wieder eine Verschnaufpause einlegen konnten.

Nach Wiederaufnahme des Marsches folgte im September die Schlacht am Lazikou-Paß und anschließend die Übersteigung des Min-Gebirges. Anfang Oktober 1935 gelang es, das Liupan-Gebirge, die letzte Hürde auf dem Langen Marsch, zu überwinden. Ende des Monats erreichten 30.000 zu Skeletten abgemagerte Überlebende das Stützpunktgebiet von Nordshaanxi und errichteten dort zuerst in Bao'an, später im etwa 100 km entfernten Yan'an ihre neue Hauptstadt.

Eine feierliche Stimmung kam auf: Die Revolution war an die Wiege der chinesischen Kultur, ins Lößgebiet des Gelben Flusses, zurückgekehrt. Sollte dies nicht ein gutes Omen sein? Die Hoffnung wurde zur Gewißheit, als im Oktober 1936 auch noch die Reste der 2. und der 4. Frontarmee eintrafen. Von nun an wurde Yan'an das Zentrum und Mekka der chinesischen Revolution. Bereits in Bao'an hatte der amerikanische Journalist Edgar Snow im Sommer 1936 seine Interviews mit den Protagonisten der Bewegung geführt und dann sein Buch mit dem Titel "Roter Stern über China" geschrieben, das zu einer einzigen Hymne auf die neue Bewegung geriet, und das in der westlichen Welt zum Kultbuch wurde, während es in der Republik China auf dem Index landete.

Rückblickend wurde der Lange Marsch zu einem verklärten Ereignis und zu einem Heldenepos, in dem sich die Teilnehmer noch Jahrzehnte später sonnten. Die 30.000 Überlebenden - ein Zehntel der Kämpfer, die in Jiangxi aufgebrochen waren - hatten in eineinhalb Jahren elf Provinzen durchquert, 18 Gebirge überstiegen, 24 Flüsse bezähmt, alles in allem 12.500 km zurückgelegt und damit eine gemeinsame Bewährungsprobe bestanden, die den Kaderapparat zur Einheit zusammenschweißte und zum Unterpfand unvergleichlicher Siegeszuversicht wurde. Der Lange Marsch galt schon damals als "Manifest, Propagandaunternehmen und revolutionäre Sämaschine". Später wurde er zum Symbol der maoistischen Revolution schlechthin.

Angesichts dieser Entwicklungen stand Nanjing Mitte

1936 vor der gleichen Situation wie bereits drei Jahre früher. Wie schon im Süden, begannen die Roten Einheiten nun im Norden revolutionäre Stützpunkte zu errichten. Sollte dort jene Räterepublik wiedererstehen, die im südlichen Jiangxi gerade ausradiert worden war? Die Führung um Jiang Jieshi wollte eine solche Entwicklung auf keinen Fall ein zweites Mal hinnehmen und befahl deshalb, einen sechsten Ausrottungsfeldzug vorzubereiten.

Für die Kommunisten, die gerade das rettende Ufer erreicht hatten und sich nun erneut einer tödlichen Gefahr ausgesetzt sahen, mußte es wie eine Schickung des Himmels erscheinen, daß gerade in diesem Augenblick die Japaner mit einem neuen Angriff auf Nordchina einsetzten. Sie hatten, wie unten noch näher auszuführen, bereits 1931 den ganzen Nordosten (die Mandschurei) besetzt, 1932 Shanghai überfallen, 1933 das Kaiserreich Manzhouguo ausrufen lassen und waren nun, zwischen 1933 und 1936, im Begriff, auch Nordchina unter ihre Kontrolle zu bekommen. Zu diesem Zweck ging die Guandong-Armee (Näheres dazu unten S. 102 f.) mit Infiltrationsmitteln vor, die knapp unter der Schwelle des militärischen Einschreitens lagen. Sie erpreßte oder bestach lokale Militärmachthaber und zog sie damit auf ihre Seite; sie organisierte großangelegte Schmuggelaktionen und trug damit zum Ruin der nordchinesischen Wirtschaft bei; sie sorgte für umfangreiche Opiumimporte und schlachtete nicht zuletzt eine Klausel des "Boxerprotokolls" von 1901 aus, derzufolge es den damaligen Entsatzmächten gestattet war, zum Schutz ihrer Gesandtschaften und Staatsangehörigen Truppenkontingente zu unterhalten. Solche "Schutzeinheiten" Japans waren inzwischen zu einer veritablen Macht in Nordchina geworden.

Für die Kommunisten erwies sich der zu erwartende Großangriff der Japaner als einzigartige historische Chance, um der GMD ein erneutes Bündnis auf antijapanischer Grundlage anzubieten und damit vielleicht auch schon die Voraussetzungen für eine spätere Machtergreifung auf dem Umweg über die "Nationale Einheitsfront" zu schaffen. Der Plan zu einer solchen Front war vom Politbüro bereits am 25.12.1935, also kurz vor Beendigung des Langen Marsches, abgesegnet worden. Am 5.Mai 1936 forderte die KPCh in einem Brief an Jiang Jieshi zum erstenmal offiziell, den Bürgerkrieg einzustellen und die vereinte nationale Schlagkraft gegen Japan zu richten. Die alte Parole "Widerstand gegen Japan und Opposition gegen Jiang Jieshi" wurde nun umgewandelt in "Jiang Jieshi zwingen, gegen Japan Widerstand zu leisten und auf Kapitulationismus zu verzichten"; gefragt sei in diesem historischen Augenblick ein gemeinsames Handeln aller Patrioten.

Jiang blieb jedoch bei seinem alten Fahrplan, dem Bürgerkrieg Priorität vor dem nationalen Abwehrkrieg einzuräumen, und bezeichnete die "innere Befriedung als Vorbedingung für den Widerstand gegen die Aggression von außen".

Dieser unpopuläre Standpunkt stieß nicht nur bei den Studenten auf verbitterten Widerstand, die mit ihren Demonstrationen die "Bewegung vom 9.Dezember" (1935) auslösten, sondern auch bei jenen Truppenteilen, die 1931 aus ihrer mandschurischen Heimat vertrieben worden waren, und die allzu gern gegen die japanischen Okkupanten angetreten wären, die nun aber von Nanjing den Befehl zur "Ausrottung" der Kommunisten erhielten. Zu diesen Streitkräften gehörten vor allem die Nordostarmee des "jungen" Marschalls Zhang Xueliang sowie die Nordwestarmee unter General Yang Hucheng.

Beide Offiziere waren zwar ebenfalls Kommunistenhasser, sahen nun aber plötzlich antijapanische Gemeinsamkeiten zwischen ihren eigenen politischen Vorstellungen und denjenigen der KPCh. Sie führten mit der KPCh Geheimgespräche und schlossen mehrere Seperatabkommen, u.a. über gegenseitigen Nichtangriff, so daß schon bald ein geheimes Kooperationsdreieck zwischen Roter, Nordost- und Nordwest-Armee bestand.

In dieser Situation erfolgte jener "Zwischenfall" vom Doppelzwölften 1936, der wie eine Bombe einschlug und dem Geschichtsverlauf in China eine andere Wendung gab.

Im Oktober 1936 war Jiang persönlich in die alte Hauptstadt Xi'an gekommen, um dort mit Zhang und Yang die Ausrottungsstrategie abzustimmen und sie erneut an ihre Pflichten zu gemahnen. Angesichts der Unbeugsamkeit Jiangs sahen die beiden Verschwörer-Generäle nur noch die Möglichkeit einer Faustrechtslösung. In der Morgendämmerung des 12.Dezember ließen sie Jiang in seinem Hauptquartier bei den heißen Quellen von Huaqing nahe Xi'an festnehmen - und zwar unter Umständen, die den Generalissimus auch noch Gesicht kosteten, da er über eine Mauer geflohen und sich auf einem Hügel hinter dem Badegelände versteckt hatte, wo er, halbbekleidet und ohne sein künstliches Gebiß, von den Soldaten aufgefunden und geschultert ins Hauptquartier zurückgetragen wurde.

Die Kommunisten in Yan'an waren von dieser Entwicklung der Dinge ebenso überrascht wie die übrige Weltöffentlichkeit. Doch wurden sie schnell mit in die Diskussion eingeschaltet: Sollte man Jiang erschießen oder aber (gegen das Versprechen einer Einheitsfront) freilassen? Der Streit ging quer durch die Fronten. In Xi'an trat General Zhang für die Freilassung, General Yang dagegen für ein Strafgericht ein. In Yan'an gehörte Mao zu den Falken, Zhou Enlai zu den Tauben. Selbst in Nanjing prallten die Meinungen aufeinander. Ein Teil der GMD-Führung plädierte für einen Großangriff gegen die beiden ungehorsamen Armeen, wobei der Tod Jiangs mit in Kauf genommen werden sollte, während eine andere Gruppe für Freilassungsgespräche eintrat.

Die KPCh-Führung hatte schnell begriffen, welch ungeheuren Trumpf sie hier in die Hand bekommen hatte. Selbst in der Gefangenschaft war der Generalissimus noch eine politische Größe. Nach hitzig geführten Diskussionen wurde beschlossen, das Eisen zu schmieden, solange es heiß war, und eine Delegation unter Führung Zhou Enlais nach Xi'an zu entsenden. Am 23.12.1936 kam es zwischen beiden Seiten zu einer Sechs-Punkte-Vereinbarung, die im wesentlichen auf eine Beendigung des Bürgerkriegs, auf die Herstellung einer antijapanischen Kampfgemeinschaft beider Streitkräfte, auf Entlassung der politischen Gefangenen und auf eine Demission aller projapanischen Politiker der Nanjing-Regierung hinauslief. Jiang, der fest mit seiner Hinrichtung gerechnet hatte, mußte die politische Weitsicht seiner kommunistischen Gegner grimmig anerkennen.

Die Auswirkungen dieses Zwischenfalls können gar nicht hoch genug veranschlagt werden: "Xi'an" beendete, erstens, den zehnjährigen Bürgerkrieg, sicherte, zweitens, das weitere Überleben der Kommunisten, die einen sechsten Ausrottungs- und Vernichtungsfeldzug wohl kaum überlebt hätten, und schuf, drittens, die Voraussetzungen für eine Zweite - diesmal antijapanische - Einheitsfront, in deren Schutz die KPCh trotz zahlreicher späterer GMD-Gegenschläge ihre Stützpunktgebiete und ihre Armee-Einheiten weiter ausbauen konnte. Der Zwischenfall bedeutete für Jiang den ersten Ab-, für Mao aber den Aufstieg und für die Japaner das Signal zum Losschlagen.

3. Die Außenpolitik der Republik

Die Außenpolitik Nanjings war durch scharfrandige Freund- und Feindbilder bestimmt. Zu den Feinden gehörte zuerst die Sowjetunion, dann in wachsendem Maße Japan. Nachdem die verhaßten Komintern-Vertreter 1927 vertrieben worden waren, kam es 1929 zu Kämpfen um die Ostmandschurische Eisenbahn und im gleichen Jahr auch zum Abbruch der diplomatischen Beziehungen mit Moskau.

Kaum jedoch hatten die japanischen Angriffe auf China an Vehemenz zugenommen, streckte die UdSSR auch schon wieder die Hände zur Versöhnung aus mit der Folge, daß die diplomatischen Beziehungen 1932 erneut aufgenommen wurden. 1937 schloß die UdSSR mit der Republik China einen Nichtangriffspakt und verpflichtete sich zur Lieferung von Waffen, Munition und Versorgungsgütern sowie zur Unterstützung durch die sowjetische Luftwaffe.

Je mehr sich die Beziehungen Nanjings zuerst gegenüber der UdSSR und dann gegenüber Japan verkrampften, umso freundlicher wurde sein Verhältnis zu den Westmächten, vor allem zu den USA. Dieser Westkurs machte sich schon bald in dreifacher Weise bezahlt: Zum einen verzichteten die Partner, wie unten noch auszuführen, auf ihre Vorrechte und Konzessionen, zweitens erfolgte mit Hilfe westlicher Technologie- und Bildungseinrichtungen ein gewaltiger Wissenstransfer, mit dem freilich auch eine Verwestlichung Chinas Hand in Hand ging - man denke an die zahlreichen christlichen Colleges und Missionsschulen, wie Yanjing (Beiping), St.John's (Shanghai), an die von französischen Jesuiten geleitete "Aurora" in Shanghai oder aber an die vom deutschen Missionsorden der SVP (Societas Verbi Divini) betriebene Furen-Universität in Beiping, nicht zu vergessen auch die Forschungsbeiträge zahlreicher Ausländer oder aber US-Gründungen vom Zuschnitt der YMCA, der YWCA und der Pfadfinderbewegung. Drittens aber erhielt GMD-China vor allem während des Zweiten Weltkriegs von den USA militärische und wirtschaftliche Unterstützung.

4. Die Bilanz der Nanjing-Ära

In den zehn Jahren ihres wahrhaft nur intermediären Wirkens hat die Nanjing-Regierung eine Leistung vollbracht, die sich trotz ihres Versagens auf sozialreformerischem Gebiet immer noch höchst eindrucksvoll ausnimmt, vor allem im Finanz-, Erziehungs-, Infrastruktur- und Industriebereich, im Armeeaufbau, bei der Rechtsrezeption und nicht zuletzt auch in der Außenpolitik.

Hauptergebnis der Finanzreform war eine einheitliche chinesische Währung, die anstelle des monetären Flickenteppichs der frühen dreißiger Jahre trat, als die Warlordgebiete eigene Währungen eingeführt hatten und auch der alte, offiziell bereits 1914 abgeschaffte Tael (chin.: Liang) immer noch als alternatives Zahlungsmittel angenommen wurde. Der neue, seit 1933 geltende Yuan war noch in Silber geprägt, sein Nachfolger, nämlich der Fabi (wörtl.: gesetzliches Zahlungsmittel) vom November 1935, bestand dagegen nur noch aus Papier.

Im Erziehungsbereich entstanden 13 nationale Universitäten, 5 Technische Hochschulen und 9 Provinzuniversitäten, flankiert von 20 Privatuniversitäten und 33 Privathochschulen. Die Zahl der Sekundarschüler verfünffachte sich in den zehn Jahren bis 1937. Bei der Erwachsenenbildung erwies sich das "Buch der 1000 Schriftzeichen" als besonders hilfreich. Auch die chinesische Hochsprache verbreitete sich überraschend schnell. Außer in den notorischen Dialektgegenden von Fujian und Guangdong beherrschten bis 1937 fast alle Chinesen, die je eine Schule besucht hatten, das Mandarin.

Im Infrastrukturbereich, der dem Guofu so sehr am Herzen gelegen hatte, erweiterte sich das Bahnnetz zwischen 1928 und 1937 von 8.000 auf 13.000 km. Hatte ferner China 1921 nur rund 1.000 km befestigte Landstraßen, so waren es 1936 bereits 116.000 km! Desgleichen vollzog das Luftverkehrswesen unter aktiver Mitwirkung dreier Gesellschaften einen großen Sprung nach vorn. Auch Armee, Dienstleistungsbereich und Gesundheitswesen gehörten zu den Gewinnern der GMD-Reformen.

Mit der Modernisierung des Rechtswesens wollte Nanjing den Westmächten Privilegienverzichte schmackhaft machen. Übernommen wurden vor allem kontinentaleuropäische Normen. Im Zivil- und Handelsrecht überwog der Einfluß des deutschen Rechts - allerdings zumeist auf dem Umweg über das terminologisch bereits "vorverdaute" japanische Recht.

Die neuen Normen, die größtenteils in den sog. "Sechs Gesetzen" (liufa) kompiliert waren, litten unter drei Webfehlern: Sie waren auf die Bedürfnisse des Küstenbürgertums zugeschnitten, vernachlässigten also die Bauernschaft, hatten zweitens die Tradition weitgehend "vergessen" und litten drittens, wie sich schon bald zeigen sollte, unter einem Durchführungsdefizit, da sich die Mehrheit der Bevölkerung nach wie vor von dem alten Grundsatz leiten ließ, Konfliktfälle nicht juristisch, sondern anständig zu lösen.

Auch im außenpolitischen Bereich konnte Nanjing Pluspunkte sammeln, nämlich durch Rückgewinnung der Zollautonomie sowie durch Liquidation der ausländischen Privilegien. Allerdings dauerte es noch bis 1943, ehe die USA und Großbritannien auch ihre letzten Vorrechte aus den "Ungleichen Verträgen" fallengelassen hatten.

Auf der Negativliste der GMD standen vor allem drei Punkte, nämlich das Reformdefizit, die Dauerfinanzkrise und ein Komplex von Fehlgriffen, die in ihrem ganzen Ausmaß erst während des Kriegs voll zum Tragen kamen, dann aber mit um so verheerenderer Wucht durchschlugen, nämlich die wachsende Abhängigkeit vom westlichen Ausland, die mangelnde Übereinstimmung mit dem Zeitgeist und vor allem der von der kommunistischen Propaganda mit zunehmendem Erfolg angegriffene "bürokratische Kapitalismus". Die Auswirkungen dieser Fehlleistungen waren verheerend. Sie führten zum Verlust der sozialen Basis sowie des politischen Gesichts und am Ende auch zur Auszehrung der militärischen Kampfkraft der GMD.

Besonders heftigen Schwankungen unterliegt bisher die Einschätzung des führenden Politikers der damaligen Zeit, Jiang Jieshis. Jahrelang galt er als Held und Retter der Nation, nach der GMD-Niederlage dagegen wurde er mancherorts zu einer Art Mafioso umfrisiert.

Ein differenzierteres Urteil, wie es etwa vom deutschen Diplomaten G.Mohr abgegeben wird, der die Ereignisse aus eigener Anschauung erlebt hat, verteidigt Jiang gegen drei Vorwürfe, weist auf seine drei Hauptfehler hin und hebt im übrigen seine Verdienste hervor. Die drei Vorwürfe (Diktatur, Korruption, Amputation der Landreform) würden den Zeitumständen und dem politischen Ambiente des damaligen China nicht gerecht. Eingekreist von den Japanern, die Wirtschaft zerrüttet, die Bevölkerung am Hungertuche nagend, eine mögliche Niederlage vor Augen, wer hätte in einer solchen Situation ohne Notstandsmaßnahmen auskommen können? Und wann eigentlich wäre Zeit für eine Landreform gewesen? "Korruption" schließlich war von jeher ein Bestandteil des öffentlichen Lebens: "Bu dian you bu hualiu" (Ohne Schmieröl flutscht es nicht).

Jiang erscheint als verkörperter Widerspruch: Revolutionär, jedoch mit einer Milliardärstochter verheiratet, Demokrat, jedoch als Diktator herrschend, Puritaner, jedoch Korruption in seiner Umgebung duldend. Man vergesse andererseits nicht, daß er die meisten Warlords stürzte, die Einheit Chinas wiederherstellte, eine moderne Republik gründete, den Japanern im Krieg die Kapitulation verweigerte, mit Erfolg gegen die Ungleichen Verträge kämpfte, zum Mitbegründer der Vereinten Nationen wurde und durch die Modernisierung des Verkehrswesens, der Wirtschaft und Finanzen sowie des Rechts- und Erziehungswesens Fundamente für eine soziale Umgestaltung Chinas legte.

IV.
Der Widerstandskrieg gegen Japan (1937-1945)

1. Gewitterwolken am nördlichen Himmel

Der japanische Großangriff auf China kam keineswegs aus heiterem Himmel, sondern hatte sich schon Jahre vorher grollend angekündigt.

Immer noch umstritten ist die Frage, ob Japan damals nach einem Pauschalplan vorging oder aber schrittweise in den Chinakrieg hineinstolperte - ständig geplagt von der Angst, seine Fronten zu überdehnen. Doch scheint weder das eine noch das andere zuzutreffen. Angeblich gab es einen Mehrphasenplan für die Eroberung des ostasiatischen Festlands, der noch auf Kaiser Meiji zurückging und vom früheren Ministerpräsidenten Baron Tanaka am 27.Juli 1927 erneut zur Diskussion gestellt wurde. Danach sollte zuerst Formosa, dann Korea und, als Voraussetzung für die letztendliche Zerstörung des chinesischen Reiches, die Mandschurei und die Mongolei besetzt werden.

Doch wurden Pläne dieser Art keineswegs von der Zentrale in Tokyo, sondern - gegen den Willen der dortigen Regierung - von einem Heeresverband verfolgt, der sog. Guandong(Kwantung)-Armee, die mit extrem nationalistischen Kreisen des Mutterlandes in Verbindung stand und die auf eigene Faust Außenpolitik betrieb, Kriege führte und die Regierung zu Hause immer wieder vor vollendete Tatsachen stellte.

Die Geschichte dieses einzigartigen Armeeverbands, der zum eigentlichen Festlandsdegen wurde, begann 1906. Damals hatte das zaristische Rußland im Gefolge seines gegen Japan verlorenen Kriegs (1904/05) gerade seine Pachtrechte an den nordostchinesischen Häfen Port Arthur und Dairen sowie an der Südmandschurischen Eisenbahn (Nanman tielu) abtreten müssen. Schon wenige Wochen später gründete Japan die Südmandschurische Eisenbahngesellschaft, die von Anfang an alles andere als ein harmloses Dienstleistungsunternehmen war. Mit den von ihr betriebenen Kohlezechen, Stahlkochereien, Elektrizitätswerken, Straßen, Werften und Hafenanlagen wurde sie zu einem veritablen Brückenkopf und zum Sprungbrett für die Eroberung Chinas, zumal sie ihre Einrichtungen von militärischen Einheiten "schützen" ließ, deren Zahl schon bald Armeestärke annahm. Da das Basengebiet auf der Halbinsel Liaodong 1906 in "Pachtterritorium Guandong" umbenannt wurde, hießen auch die dort stationierten Truppen schon bald "Guandong-Armee". Ursprünglich nur als eine Art Eisenbahngarnison gegründet, entfaltete sie schnell Eigendynamik und wurde zur Brutstätte imperialistischer Eroberungspläne. Als Drahtzieher sorgte sie schließlich dafür, daß zwischen 1930 und 1936 nicht weniger als acht Politiker der japanischen Zentralregierung ermordet wurden, die zu außenpolitischer Zurückhaltung gemahnt hatten.

Lange vor 1937 hatte die Guandong-Armee bereits eine Reihe von Militäraktionen vom Zaun gebrochen, die sie als "Zwischenfälle" zu verharmlosen pflegte, und die für die Zukunft nichts Gutes ahnen ließen:

Der *Mukden-Zwischenfall* war das Resultat ständiger Reibereien zwischen chinesischen Behörden und der Südmandschurischen Eisenbahngesellschaft, die sich in ihrem Einflußbereich immer breiter machte. Die Guandong-Armee war es leid, hier ewig Kompromisse eingehen zu müssen und beschloß, ein für allemal reinen Tisch zu machen. Am 18.September 1931 inszenierte sie einen "chinesischen" Bombenanschlag auf die Eisenbahn, der, obwohl er nicht einmal den planmäßigen Verkehrsbetrieb zum Stillstand brachte, zum Anlaß für einen viermonatigen Feldzug wurde, in dessen Verlauf die gesamte Mandschurei besetzt wurde. Die GMD-Truppen leisteten keinen Widerstand, sondern zogen sich praktisch kampflos hinter die Große Mauer zurück. Im Handumdrehen hatte die Republik China damit 11% ihres Territoriums mit 40% der chinesischen Waldfläche, 35% der damals bekannten Kohle-, 50% der Erdöl- und 80% der Eisenvorräte verloren.

Der *Shanghai-Zwischenfall*: Während die breite Bevöl-

kerung in Japan von der Dreistigkeit der Guandong-Armee
begeistert war, brach in China ein Sturm der Entrüstung
aus. Zum Zentrum eines systematischen antijapanischen
Boykotts wurde Shanghai, wo japanische Schiffe nicht mehr
gelöscht, japanische Rechnungen nicht mehr beglichen,
Speicher mit japanischen Waren abgeschottet und die
30.000 in der Stadt lebenden Japaner von der chinesischen
Bevölkerung beschimpft und physisch bedroht wurden. Als
am 18.1.1932 ein Japaner ums Leben kam, setzte die Kaiserliche Marine im Mündungsgebiet des Yangzi Truppen in
einer Stärke von rund 100.000 Mann ab und ließ die Stadt,
vor allem das Arbeiterviertel Zhabei unter Feuer nehmen.
Die Kämpfe mit den chinesischen Truppen dauerten
wochenlang und wurden erst durch einen Waffenstillstands-
vertrag vom 5.Mai 1932 beigelegt.

Die *Proklamation "Manzhouguos"*: Das Gesicht, das
Japan in Shanghai verloren hatte, suchte es im Nordosten
wiederherzustellen, indem es, wiederum auf Initiative der
Guandong-Armee, am 9.März 1932 auf "Bitte Tausender
von Demonstranten hin" den Staat Manzhouguo mit der
Hauptstadt Changchun proklamierte und 1934 den Qing-
Infanten Pu Yi, der bis dahin in bescheidenen Verhältnissen
in Tianjin gelebt hatte, zum "Kaiser von Manzhouguo" krö-
nen ließ. Eine Flut von japanischen "Beratern" über-
schwemmte von nun an das Land und gleichzeitig begannen
japanisch-mandschurische Militäraktionen zur "Befreiung
des Landes vom Banditenwesen" - in Wahrheit von chinesischen Freischärlern, deren Zahl damals schnell im Wachsen
begriffen war.

1933 sorgte die Guandong-Armee für die Entmilitari-
sierung der Provinz Rehe (Jehol), 1934/35 erweiterte sie
ihren Nordostbesitz durch Übernahme der bis dahin von
der Sowjetunion betriebenen Ostmandschurischen Eisenbahn, die vorher auffallend "störanfällig" geworden war.
1936 begann der oben bereits geschilderte systematische
Zugriff auf Nordchina. Offensichtlich war die Armeeführung angesichts der Konsolidierung der Nanjing-Herrschaft
nervös geworden und fühlte sich zu immer hastigerem Vorgehen veranlaßt. Der Schulterschluß zwischen GMD und
KPCh von Xi'an, der die bisherigen Divide-et-impera-

Machenschaften durchkreuzte, brachte dann die Peripetie des Dramas - hin zum offenen Krieg.

2. Krieg

Der "Widerstandskrieg gegen Japan" (kangri zhanzheng), der zwei Jahre früher begann als das Geschehen auf dem europäischen Kriegsschauplatz, verlief nach einem 2:4:2-Schema - d.h., die beiden ersten und letzten Jahre waren durch japanische Großangriffe gekennzeichnet, während die Zwischenperiode im Zeichen eines strategischen Patts stand, in dessen Verlauf sich das Hauptkriegsgeschehen weg vom chinesischen Festland und hin zum Pazifik verlagerte (Karte 5).

Phase 1 (Juli 1937 - Oktober 1938): Blitzkrieg der Japaner
Die ersten Monate standen im Zeichen eines japanischen Blitzkriegs, in dessen Verlauf die zahlenmäßig zwar überlegenen, militärisch aber in keiner Hinsicht gleichwertigen chinesischen Verteidigungstruppen zunächst schlicht überrollt wurden. Ziel des japanischen Angriffs war es, China militärisch innerhalb weniger Monate in die Knie zu zwingen und das Land dann nach dem Manzhouguo-Schema zu kolonisieren.

Startschuß für die Offensive war der von japanischen Truppen am 7.Juli 1937 am Rande von Beiping inszenierte "Zwischenfall an der Marco-Polo-Brücke" (Lugouqiao). Anders als nach dem "Zwischenfall vom 18.September" (1931) blieb China diesmal allerdings nicht passiv, sondern setzte sich zur Wehr, versuchte freilich gleichzeitig auch - und zwar mit Hilfe des deutschen Botschafters Trautmann - mit dem Gegner im Gespräch zu bleiben.

Die 300.000 Mann starke Kaiserliche Armee hatte anfangs leichtes Spiel mit ihrem Gegner und konnte bereits am 28.Juli Beiping und am 29.Juli Tianjin einnehmen. Als sie freilich mit ihrem Angriff auf Zentralchina, das Herzgebiet der GMD-Herrschaft, begannen, stießen die Japaner auf unerwarteten Widerstand, vor allem während der Schlacht von Shanghai, in die Jiang Jieshi seine Elitetruppen, die von deutschen Militärberatern ausgebildeten Divisionen Nr. 87 und 88, geworfen hatte, und die erst nach dreimonatigen, mit äußerster Erbitterung geführten Kämpfen (12.11.1937) gewonnen werden konnte. Genau einen Monat später, nämlich am Doppelzwölften, erstürmten die japanischen Truppen die damalige Hauptstadt Nanjing und schrieben dabei eines der finstersten Kapitel ihrer neueren Geschichte, indem sie ein Massaker veranstalteten, dem etwa ein Drittel der damaligen Millioneneinwohnerschaft Nanjings zum Opfer fiel. Sechs Wochen lang herrschten Willkür und Terror. An dreizehn Plätzen, die hauptsächlich entlang dem Yangziufer lagen, wurden 190.000 Menschen, teils Zivilisten, teils Soldaten, die sich bereits ergeben hatten, zusammengetrieben und kollektiv niedergemacht. Weitere 150.000 Personen fielen individuellen Mordaktionen zum Opfer. Ca. 20.000 Frauen und Mädchen wurden vergewaltigt, und außerdem ging etwa ein Drittel des Wohnhausbestandes der Hauptstadt in Rauch und Flammen auf. Zwischen einzelnen Soldaten kam es zu regelrechten Tötungswettbewerben. Der Fall zweier Unteroffiziere ging damals durch die Armeepresse: Als der eine pro Tag auf eine Tötungsrate von 106, der andere aber auf "nur" 105 kam, beschlossen sie lachend, die Wette zu wiederholen.

Im Frühsommer 1938 konzentrierten sich die Angriffe vor allem auf Zentralchina. Am 19.Mai fiel der strategisch wichtige Eisenbahnknotenpunkt Xuzhou (Provinz Jiangsu) in japanische Hand. In Panikstimmung ließ sich das GMD-Oberkommando kurze Zeit später zu einer außerordentlich unpopulären Maßnahme hinreißen und sprengte die Dämme des Huanghe, wodurch ganze Ackerregionen verlorengingen. Aber auch diese Verzweiflungstat brachte die japanische Angriffswalze nicht zum Stehen. Bereits im August nämlich begann die Schlacht um das Industrierevier von Wuhan am mittleren Yangzi, die sich, wie schon die Kämpfe um Shanghai, ebenfalls drei Monate hinzog, bis auch diese Metropole am 27.Oktober kapitulieren mußte. Mit Wuhan fiel zugleich die einzige Eisenbahnlinie, die damals in einem Zug Nord- und Südchina miteinander verband, in die Hand des Feindes (Karte 5). Fünf Tage vorher, nämlich am 22.Oktober, hatte sich das südchinesische Guangzhou fast kampflos ergeben.

Fast an keiner Stelle hatten die chinesischen Verteidiger also während der ersten Phase des Kriegs die Initiative übernehmen können. Nur zweimal gab es Erfolge, die freilich eher von psychologischem als von strategischem Wert waren, nämlich am 23.9.1937 einen Sieg der von Lin Biao geführten 115.Division am Pingxing-Paß (Provinz Shanxi) und im Mai 1938 einen Sieg der GMD-Truppen bei Taierzhuang (Provinz Shandong), durch den der Fall von Xuzhou einige Tage hinausgezögert wurde. Zahlreiche GMD-Einheiten hatten manchmal bis zum letzten Mann ausgehalten. Der so häufig kritisierte Verfall jeglicher Kampfmoral trat erst in der zweiten und dritten Phase des Widerstandskriegs zutage.

Mit der Besetzung Wuhans und Guangzhous war die erste Phase des Kriegs beendet. Vom militärischen und wirtschaftlichen Standpunkt aus schien China in den letzten Atemzügen zu liegen. Was sollte da sonst eigentlich noch zu holen sein? Sämtliche Wirtschaftszentren in Nord-, Zentral- und Südchina, alle Eisenbahn- und Schiffsverkehrsnetze an der Küste und am Yangzi waren, in nur 15 Monaten, unter japanische Kontrolle geraten. Alles hatte Tokyo erreicht, bis auf eines: die chinesische Kapitulation, die offensichtlich nicht zu haben war, obwohl Japan nicht nur militärisch, sondern auch politisch all seine Möglichkeiten ausgeschöpft hatte. U.a. war es ihm gelungen, keinen Geringeren als den ehemaligen Stellvertretenden GMD-Vorsitzenden, Wang Jingwei, für den Posten des Ministerpräsidenten im besetzten China zu gewinnen (30.3.1940). Wang hatte sich damit auf ein ähnliches Spiel eingelassen wie "Kaiser" Pu Yi in Manzhouguo. Noch heute ist umstritten, ob der einstige Lieblingsschüler Sun Yixians ein Vaterlandsverräter oder ein chinesischer Marschall Pétain war. Wang starb kurz vor Kriegsende. Seine Mitarbeiter wurden nach 1945 wegen Landesverrats hingerichtet.

Schon 1938 gab es also drei verschiedene Chinas, nämlich die unter Herrschaft der GMD verbliebene Restfläche im Westen, ferner die von der KPCh kontrollierten "Stützpunktgebiete" und schließlich das von japanischen Truppen besetzte und (ab 1940) von der Wang Jingwei-Regierung kontrollierte Hauptgebiet.

Was zunächst die GMD-Regierung anbelangt, so war sie bereits am 30.11.1937 von Nanjing nach Hankou und dann, nach dem Fall Wuhans, im Oktober 1938 von Hankou in das ebenfalls am Yangzi gelegene fernwestliche Chongqing ausgewichen, das jenseits der berüchtigten, 200 km langen "Yangzi-Stromschnellen" liegt, und das daher weder von der japanischen Marine noch vom Heer genommen, sondern nur von der Luftwaffe regelmäßig bombardiert werden konnte. Hatte das Zentrum Chinas seit Jahrtausenden stets im Norden oder in Zentralchina gelegen, so wanderte es nun zum erstenmal mit Regierung, Universität und Fabrik in den Fernen Westen! Vom Steuereinkommen im Yangzi-tal abgeschnitten, geriet die Regierung hier allerdings schnell in Finanzsorgen. Korruption machte sich breit, und die patriotische Widerstandsbegeisterung endete in Ernüchterung.

Ganz anders bei den Kommunisten, die sich nach Beendigung des Langen Marsches in der Gegend um Yan'an niedergelassen hatten, und denen es gelungen war, der GMD ein Einheitsbündnis abzutrotzen und auf diese Weise gegenüber dem früheren Todfeind den Rücken freizubekommen, ja mit ihm offiziell sogar zu kooperieren. Zu diesem Zweck wurde die Rote Armee am 22.8.1937 als Achte Marscharmee (abgekürzt: Balu) offiziell unter die GMD-Truppen eingeordnet, ohne allerdings ihre Selbständigkeit aufzugeben. Die Balu blieb unter dem Befehl Zhu Des und Peng Dehuais, gliederte sich in drei Divisionen (Nr.115 unter Lin Biao, Nr.120 unter He Long und Nr.129 unter Liu Bocheng, Politkommissar: Deng Xiaoping) und wurde dem Zweiten Kampfabschnitt der GMD im nördlichen Shanxi zugeteilt. Im November 1937 überquerte die damals 45.000 Mann starke Einheit den Huanghe und richtete im Taihang-Gebirge ihr Hauptquartier ein. Nach dem militärischen Fall Nordchinas wurde Shanxi zum Zentrum des Partisanenkriegs in dieser Region.

Trotz des nach außen gewahrten Scheins rumorte es von Anfang an in der "Einheitsfront". Jiang Jieshi wollte von einer 70:20:10-Direktive Maos erfahren haben, derzufolge die KPCh 70% ihrer Anstrengungen darauf verwenden sollte, ihr Einflußgebiet zu erweitern, 20% dazu, die Regierungstruppen in Schach zu halten und nur 10%, um die Japaner zu bekämpfen. Zeitlich gesehen, seien drei Stadien zu durchlaufen: Zusammenarbeit mit der GMD, Gleichziehen mit der GMD und Schaffung günstiger Ausgangsbedingungen für die Vernichtung der GMD. Angesichts solcher Befürchtungen legten GMD-Einheiten bereits im Frühjahr 1940 einen dichten Riegel südlich des Revolutionären Grenzgebiets Shaanxi-Gansu-Ningxia an, der verhindern sollte, daß kommunistische Einheiten nach Süden durchsickerten. Diese Maßnahme gilt in der sinokommunistischen Geschichtsschreibung als der "erste antikommunistische Angriff", dem im Januar 1941 die zweite Attacke in Form einer Teilvernichtung der Neuen Vierten Armee folgte.

Die GMD-Ängste waren in der Tat nicht unbegründet, da sich die antijapanischen Stützpunktgebiete (genjudi) schon innerhalb kurzer Zeit wie ein "Steppenbrand" (Mao Zedong) über die chinesische Landschaft auszubreiten begannen. Zwischen November 1937 und 1940 errichtete die Achte Armee - zusätzlich zu dem bereits bestehenden "Grenzgebiet Shaanxi-Gansu-Ningxia" (Nr.1 auf Karte 6) - vier "Befreite Gebiete" in Nordchina (Nr.2, Nr.3, Nr.4 und Nr.7 auf Karte 6).

Noch schneller entwickelten sich die Stützpunktzonen in Zentralchina, wo Überreste der 1934 während des Langen Marsches "verlorengegangenen" Einheiten zu neuem Leben erwachten und zur Neuen Vierten Armee mit insgesamt 10.000 Mann reorganisiert worden waren. Oberkommandierender war hier Ye Ting, später Chen Yi. Zähneknirschend mußte die GMD auch diesen Armeeverband anerkennen und unterstellte ihn dem Dritten Frontabschnitt in Ostchina.

Außerdem entstanden noch Basen in Südchina (Nr.18 und 19 auf Karte 6) und in der Mandschurei (Nr.6).

Phase 2: Entwicklungen im Zeichen des "strategischen Gleichgewichts"
Vier neue Entwicklungen
Vier neue Entwicklungen zeichneten sich während der zweiten Kriegsphase ab, nämlich die Verlagerung des Hauptge-

schehens in den Pazifik, die Änderung der japanischen Militärstrategie auf dem Festland, der Ausbau der kommunistischen Macht und die Verschärfung der Auseinandersetzungen zwischen GMD und KPCh.

1939 brach in Europa der Zweite Weltkrieg aus. Gleichzeitig nahmen die Spannungen zwischen Japan und den USA zu, die mit dem Angriff auf Pearl Harbor im Dezember 1941 in offenen Konflikt übergingen. Das nun einsetzende amerikanische Engagement kam den Chinesen nicht nur strategisch, sondern auch materiell zugute. Die GMD-Truppen erhielten militärischen Nachschub, und nicht zuletzt auch wurden chinesische Verbände durch Amerikaner ausgebildet. Vor allem aber nahmen die USA den Chinesen die japanische Hauptlast von der Schulter. Nachdem das Kaiserreich bis Mitte 1942 die Philippinen, Indonesien, Malaya, Birma und zahlreiche südwestpazifische Gebiete besetzt hatte, erlitt es am 5.Juni 1942 in der Seeschlacht nahe den Midways durch Verlust der vier Hauptflugzeugträger sein Stalingrad. Damit waren die Voraussetzungen für jenes amerikanische Inselspringen gegeben, in dessen Verlauf die Japaner eine Eroberung nach der anderen wieder aufgeben mußten.

Die Verlagerung des Hauptkriegsgeschehens in den Pazifik machte sich in China wohltuend bemerkbar. Nach dem Urteil Maos war die strategische Offensive Japans damit am Ende, und es begann eine Phase des strategischen Patts, in dessen Verlauf sich die Stützpunktgebiete konsolidierten und systematische Guerilla-Aktionen entfacht werden konnten.

Trotz des Patts ließen die japanischen Verbände ihre Gegner immer wieder spüren, wer Herr im Hause war. Dies machte sich in dreifacher Hinsicht bemerkbar:

Seit Februar 1939 flogen sie Luftangriffe gegen die GMD-Städte Chongqing, Chengdu, Kunming sowie Guiyang und richteten auch begrenzte Offensiven gegen GMD-Gebiete, die allerdings im Gebirgsgelände hängenblieben.

Verbissene Kämpfe gab es zweitens um die letzten der GMD noch verbliebenen Zufahrts- und Versorgungsrouten von Indochina und Birma her. Im September 1940 besetzten japanische Einheiten Vietnam und schnitten sogleich die dortigen logistischen Adern nach Südwest- und Westchina ab. Außerdem stießen zwischen März und Mai 1942 Infanterieverbände des Tenno nach Birma vor, besiegten die dort zur Verteidigung bereitgestellten britischen und GMD-chinesischen Truppen und kappten damit die letzte, bis dahin noch offene Versorgungsroute. Von jetzt an konnte GMD-China nur noch über eine Luftbrücke aus Indien via Kunming versorgt werden, wobei der sog. "Hump", die von unberechenbaren Luftturbulenzen heimgesuchte Gebirgsgegend im birmanisch-südchinesischen Grenzgebiet, überflogen werden mußte.

Hingen die GMD-Truppen wenigstens noch am logistischen "Tropf", so waren die KPCh-Stützpunktgebiete vollends abgeschottet. Um sich Luft zu verschaffen, startete die Achte Armee am 20.August 1940 unter dem Kommando Peng Dehuais den sog. "Hundert-Regimenter-Feldzug", den einzigen Großangriff der Volksstreitkräfte während des ganzen Kriegs. Sie sollten ihn schon bald bereuen; denn was nun im Gegenzug einsetzte, war ein Inferno von japanischen Anti-Guerilla-Maßnahmen. Allein 1941/42 setzte das kaiserliche Oberkommando 830.000 Soldaten zur Partisanenbekämpfung gegen die Stützpunktgebiete ein, wobei die "Säuberungstruppen" eine Politik des "Sanguang" (Alles niederbrennen, alles niedermetzeln, alles ausplündern) befolgten. Bereits im November 1940 waren die "100 Regimenter" wieder in ihre Ausgangspositionen zurückgeworfen worden und sahen sich von jetzt an fast nur noch mit Defensivaufgaben eingedeckt. Trotz raffiniert eingefädelter Abwehraktionen verloren die Volksstreitkräfte gegen die brutal vorgehenden japanischen Säuberungseinheiten immer mehr an Boden und Mannschaften. Allein zwischen Mitte 1941 und Sommer 1942 ging etwa die Hälfte des Stützpunktareals verloren - und damit unentbehrlicher Nahrungsspielraum. Die Bevölkerung ganzer Landstriche mußte sich von Baumrinde und Wurzelgemüse ernähren. Die Achte Armee ging von 400.000 Mann (1940) auf weniger als 300.000 (1942) zurück, und die Bevölkerung der Stützpunktgebiete schmolz in der gleichen Zeit von rund 100 Millionen auf die Hälfte zusammen.

Die Ausrichtungsbewegung
Die schreiende Notlage führte zu erhitzten Debatten innerhalb der Parteiführung und zu moralischen Abnutzungser-
scheinungen. Zu allem Überfluß nervten die "Internationalisten" um Wang Ming den Generalstab mit dem Vorschlag
einer aktiveren Kriegsführung gegen die Japaner, um auf
diese Weise mehr japanische Kräfte zu binden und die Führung in Tokyo davon abzubringen, der von deutschen Truppen bedrängten UdSSR in den Rücken zu fallen.

In dieser Krisensituation begann eine Kampagne, die
zum Muster fast aller nachfolgenden Groß-Bewegungen
werden sollte, nämlich die "Zhengfeng yundong" (Bewegung
zur Ausrichtung des Arbeitsstils), die sich bereits im Sommer 1941 angedeutet hatte, formell 1942 anlief und sich
praktisch bis zum VII. Parteitag (1945) hinzog. Drei "Abweichungen" sollten vor allem bekämpft werden, nämlich
der "Subjektivismus" (mit seinen zwei Spielarten: Dogmatismus = Überbetonung der Theorie, und Empirismus
= Überbetonung der Praxis), des weiteren das "Sektierertum", das vor allem den von auswärts gekommenen Kadern
angelastet wurde, und nicht zuletzt der leidige "Schematismus", der die chinesischen Besonderheiten unberücksichtigt
lasse.

Zwar waren die Komintern-Vertreter, denen diese drei
Plaketten angeheftet wurden, schon bei der Zunyi-Konferenz, spätestens aber bei der Politbüro-Sitzung im September 1941 politisch kaltgestellt worden; doch ihr Erbe lebte
in den Köpfen vieler Parteiführer weiter. Insofern "deutete
man zwar auf den Maulbeerbaum, beschimpfte aber die
Akazie". Der Grundtenor der Bewegung lief darauf hinaus,
daß Fehler "Krankheiten" seien, die man heilen könne.
Krankheits-Ursache sei nicht so sehr mangelnde Intelligenz
als vielmehr mangelnde Bereitschaft, sich mit dem Mao-
Zedong-Denken zu identifizieren. In der sinokommunistischen Geschichte nimmt die Zhengfeng-Bewegung einen
überragenden Stellenwert ein. Sie hat der Sinisierung des
Marxismus endgültig zum Durchbruch verholfen, war Ausgangspunkt für den späteren Personenkult um Mao Zedong
und hat nicht zuletzt auch das Schema für die "Handha-
bung" fast aller nachfolgenden innerparteilichen Auseinan-

dersetzungen geliefert. Vor allem hat sich damals jene typisch maoistische Methode herausentwickelt, innerpartei-liche Gegner nicht, wie unter Stalin, physisch, sondern psychisch zu liquidieren, d.h. sie einer großen Gehirnwäsche (xi'naojin) zu unterziehen.

Roter Stern über China: Yan'an
In den frühen vierziger Jahren entstand im kommunisti-schen Hinterland ein neuer Mythos, dessen Façetten schon bald in einem einzigen Prisma zusammenfanden - Yan'an. Bei Nennung dieses Namens tauchten noch Jahrzehnte spä-ter Bilder von unvergleichlichem Pathos auf. Dabei war das im nördlichen Shaanxi gelegene und von einer hochragen-den Pagode gekrönte Yan'an lediglich eine jener vielen trostlosen Randsiedlungen, an denen die Geschichte immer stiefmütterlich vorbeigegangen war, und die auch im refor-merischen China wieder in den Schatten der Ereignisse zurückgesunken sind. Für einige wenige Jahre aber - von 1937 bis 1947 - war Yan'an zur Hauptstadt, zur Kommando-zentrale und zum Mekka der sinokommunistischen Revolu-tion geworden. Hier lebten die späteren Herrscher Chinas jahrelang in Lößhöhlen, und hier verfaßte Mao nicht weni-ger als 92 der 158 Aufsätze, die in den ersten vier Bänden seiner Ausgewählten Werke abgedruckt sind. Hier auch hungerten sich Zhu De, Peng Dehuai und all die anderen Heroen des Volkskriegs gemeinsam mit der Bauernbevöl-kerung durch die Katastrophenjahre 1941/42, und hier kam es tagtäglich zur Materialisierung eines neuen Wunders, das in der KP-Terminologie als "Schöpferkraft der Massen" (qunzhong chuangzaoli) bezeichnet wurde: Mitte der drei-ßiger Jahre gab es in Nordshaanxi keine moderne Maschi-ne, keine Techniker und keine brauchbaren Waffen; die wenigsten Bauern konnten lesen und schreiben; es herrschte Elend und Hoffnungslosigkeit. Es war die historische Lei-stung der Überlebenden des Langen Marsches, daß sie in dieser Stunde Null die Flinte nicht ins Korn warfen, sondern beschlossen, wo doch keine physische Munition vorhanden war, sich der "sozialen Munition" zu bedienen.

Wenn sich die dortigen Bauern wirklich an den eigenen Haaren aus dem Sumpf ziehen sollten, so mußten sie überkommene Gewohnheiten aufbrechen, das innovationsfeindliche Grundbesitzertum aus den Angeln heben und den überkommenen Aberglauben (an die naturgegebene Vormacht der Grundbesitzer, an Götter, an alte Sitten und Brauchtümer) ablegen, aus der Vereinzelung des individuellen Wirtschaftens heraustreten und zu neuen Synergien in Landwirtschaft, Kleinindustrie, Handel und Militärwesen finden.

Ganz Yan'an verwandelte sich damals in ein riesiges soziales Experimentierfeld und eine "Große Schule", in deren Rahmenwerk die Bauern neben ihrer täglichen Feldarbeit noch das Lesen und Schreiben, das Arbeiten in den neugegründeten Fabriken und das Operieren in militärischen Verbänden lernten. Es gab keine formale Trennung von Arbeitern, Bauern, Soldaten, Lehrern oder Führungskadern. Alle zusammen bildeten eine Kampf-, Produktions- und Erziehungsgemeinschaft. "Klassenkampf" wurde zum Gebot der Stunde und revolutionäre Praxis zum Lehrmeister der sich selbst befreienden Bauern - es handelt sich hier, wie gesagt, um ein verklärtes Yan'an - um einen Mythos. Trotzdem: Mao hatte, als er 1927 die ersten kommunistischen Einheiten aufbaute, mit nichts begonnen als dem verbissenen Willen zur Änderung der unhaltbar gewordenen Zustände auf dem Land. Am Ende war er zu einem der mächtigsten Politiker der Weltgeschichte geworden. Sein Erfolgsgeheimnis hatte in der Fähigkeit bestanden, die verelendeten bäuerlichen Massen genau in *die* Richtung zu führen, die damals ihren offensichtlich objektiven Interessen entsprach. Die "Schöpferkraft der Massen", die aus der Perspektive späterer Jahre nur noch als Nachlese romantischer Vokabeln erscheint, war, historisch gesehen, keine leere Prämisse, sondern die Quintessenz der Yan'an-Erfahrungen.

Im Bereich der Wirtschaft entwickelten sich damals ortsangepaßte "mittlere Technologien", im Erziehungswesen die "Halb Studium-, halb Arbeit-Praxis" und im Administrativ-Bereich das sog. "Drei-Drittel-System", das dem Grundsatz der Nationalen Einheitsfront wenigstens äußerlich Rechnung trug, insofern nämlich jede Verwaltung drittelparitätisch besetzt wurde, nämlich von KP-Angehörigen (als den Vertretern der Arbeiter und Kleinbauern), von "fortschrittlichen Elementen" (als Repräsentanten des Kleinbürgertums, vor allem der Intelligenz) und von "Zwischenelementen" (als den Sprechern der Nationalen Bourgeoisie und der fortgeschrittenen Grundbesitzer).

Volkskrieg
Auf militärischem Gebiet schließlich entstanden jene einzigartigen "Volksstreitkräfte", die sich aus den drei Elementen der Regulären Verbände (Achte und Neue Vierte Armee), den Territorialtruppen und den Milizen/Volkswehren (minbing) zusammensetzten, und deren Aufgabe nicht nur kämpferischer, sondern auch produktiver und erzieherischer Art war.

Morgens den Acker bestellen, mittags einen Vorstoß japanischer Verbände abwehren und abends einen Leseoder Schreibkurs absolvieren - dies war ein Aufgabenkatalog, der für so manchen Stützpunktbewohner allen Ernstes zum Alltag wurde. Aus diesem Milieu hat sich auch der Volkskrieg herausentwickelt, mit dem sich nach damaligem Verständnis sechs Kriterien verbanden, die sich stichwortartig folgendermaßen wiedergeben lassen: Vernichtung des Gegners (qua Klassenfeind), nicht nur Bezwingung; "lange hingezogener Krieg" statt Blitzkrieg; der Gegner ertrinkt "im Meer des Volkes", wird also nicht im Ausland bekämpft; "Jedermann ein Soldat": Der Krieg ist eine Sache des ganzen Volkes und nicht nur des Militärs (Fisch-Wasser-Gleichnis!); der Krieg ist die "höchste Form des Klassenkampfes" und auch keine Sekunde lang unpolitisch (Gegensatz: "Kabinettskriege" des europäischen 18. Jh.s); der Volkskrieg ist stets ein "gerechter Verteidigungskrieg".

Seit aus dem anfänglichen Blitzkrieg ein lange andauernder Partisanenkrieg geworden war, sah sich die gesamte Bevölkerung der Stützpunktgebiete mitten ins Kampfgeschehen hineingezogen. Angesichts dieser Situation bildete sich schon bald ein wahres Filigran von Volkskriegsmethoden heraus, angefangen vom Spatzen-, Blockade-, Minen- und Tunnel- bis hin zum Zerstörungs- und zum amphibischen Krieg.

Im "Spatzenkrieg" (maquezhan) sollten Minikampftruppen "wie Spatzen auf der Suche nach Futter" ausschwärmen und sich wieder sammeln, den Feind psychisch terrorisieren und ihn physisch dezimieren. Der "Blockadekrieg" zielte darauf ab, den Nachschub des Feindes abzuschneiden und ihn dadurch aus seiner Igelhaltung heraus zum ungeordneten Rückzug zu zwingen. Beim "Sabotage- und Zerstörungskrieg" stand die Vernichtung von Eisenbahnlinien, Verkehrs- und Nachrichtenübertragungsmitteln sowie von Infrastruktureinrichtungen im Mittelpunkt. Im Herbst 1940 waren in der Provinz Hebei nicht weniger als 350.000 Bauern damit beschäftigt, Telefonleitungen zu zerschneiden, Stacheldrahtwehren zu beseitigen, Straßendecken aufzureißen, Brücken zu sprengen und ganze Schienenkörper mit purer Muskelkraft auszuheben. Im "Minenkrieg" (dileizhan) sollte der Feind, dem die Minen buchstäblich "hinterherwanderten", jeden Augenblick terrorisiert und verunsichert werden.

Die wohl bekannteste Kampfform aus der Yan'an-Zeit war der "Tunnelkrieg" (didaozhan). Ganze Dörfer in der von japanischen Säuberungsaktionen besonders heimgesuchten Provinz Hebei hatten damals unterirdische Netzwerke angelegt, die wiederum mit den Stollen der Nachbardörfer verbunden wurden. Der längste auf diese Weise entstandene Tunnel in Hebei erstreckte sich auf eine Gesamtlänge von 12.500 km. Der Durchschnittsstollen war rd. 1,5 m hoch und rd. 1 m breit. Vereinzelt brachten die Bauern Ausstiegsöffnungen an, von denen aus Scharfschützen den Feind verunsichern konnten, um dann, sobald der Gegner seine Suchaktionen aufnahm, blitzschnell wieder zu verschwinden. Solche "Tauchstationen" fanden sich häufig unter Stapeln von Feuerholz, unter aufgeschichtetem Reisig oder zwischen den Unebenheiten einer Hügellandschaft. Wagte es ein Feind, in den Tunnel einzusteigen, so verirrte er sich augenblicklich in "Sackgassen" oder stürzte in Fallgruben, die mit Bambusdolchen bewehrt waren. Gegen "Ausräucherungs- und Gasangriffe" stand Verschlußmaterial bereit, mit dessen Hilfe der gasbefallene Stollen abgeschottet werden konnte.

Die "Fisch-Wasser-Verbundenheit" von Dorfbevölkerung und Achter Armee kam auch in gegenseitigen Dienstleistungen zum Ausdruck. Die Milizen beispielsweise leisteten für die reguläre Armee Transportdienste, pflegten Verwundete, gingen auf Patrouille, faßten Spione und nahmen überhaupt der Armee die Sorge für das Hinterland ab, während die Regulärverbände den Bauern im Gegenzug bei der Ernte halfen und darüber hinaus Unterricht erteilten.

Die mit Abstand beeindruckendsten "Handreichungen" für den Guerillakrieg waren einige Schriften von Mao Zedong, so z.B. die "Strategischen Probleme des Partisanenkriegs gegen die japanische Aggression", "Der langwierige Krieg" und "Probleme des Kriegs und der Strategie" - allesamt 1938 entstanden. Ohne Zweifel gehören die militärischen Schriften mit zu den elegantesten Darlegungen, die je aus der Feder des "Vorsitzenden" gekommen sind. Sie zu lesen, bereitet auch nach 50 Jahren noch Vergnügen. Von ihnen geht strahlende Siegeszuversicht aus; man kann sich vorstellen, wie elektrisierend sie seinerzeit auf Offiziere und Mannschaften gewirkt haben müssen. Glaubt man der Schilderung eines Augenzeugen, so "glühten die Kader vor Selbstvertrauen, und in ihrer Rede war immer eine Spur von Selbstbeweihräucherung. Manchmal erinnerte einen die Atmosphäre an ein Pfadfinderlager, wo die Teilnehmer herumgehen und sich vor frommer Kameradschaft gegenseitig auf den Rücken klopfen. Sie zeigten einen eigensinnigen, durch nichts zu erschütternden Realismus ... und waren von der absoluten Richtigkeit ihres Wegs so völlig überzeugt, daß es ihnen schwerfiel, den Beamten und Soldaten von Chongqing auch nur die geringste Kompetenz zuzutrauen".

Kein Wunder, daß Yan'an schon bald wie ein Magnet auf die intellektuelle Jugend Chinas wirkte, und daß ausländische Besucher, wie der amerikanische Korrespondent Edgar Snow oder der kanadische Arzt Norman Bethune, hingerissen waren von der Kraft, die sich hier zusammenballte. Snows Beschreibung der "Roten Hauptstadt", ihrer Führer und ihrer politisch-militärischen Atmosphäre ist unter dem Titel "Roter Stern über China" erschienen und, inzwischen weltberühmt, zu einer Art Kultbuch geworden.

Gewaltig auch das Erbe Yan'ans, das noch bis in die Jahre der Kulturrevolution hinein nachwirkte und sich u.a.

in wahren Selbstreinigungs-Orgien, ja sogar in außenpolitischen Theorien wie dem Städteeinkreisungskonzept Lin Biaos von 1965, niederschlug.

Am Ende freilich wirkten unzeitgemäße Analogisierungen als Bumerang und ließen den Geist von Yan'an in den späten siebziger Jahren wohl ein für allemal ins Grab sinken.

Phase 3: Das Ende des Antijapanischen Kriegs als Fanal des Bürgerkriegs
Jalta - Potsdam
Die Jahre 1944/45 standen im Zeichen erneuter japanischer Großangriffe, deren Ziel es war, einen in sich geschlossenen Korridor von der Mandschurei bis hinunter zum Südchinesischen Meer herzustellen und - angesichts herber Niederlagen im Pazifik - wenigstens China zu einer soliden Basis für einen noch lange andauernden Krieg auszubauen. Der Feldzug entwickelte sich abermals zu einem Blitzkrieg und führte in der Zeit zwischen März und Dezember 1944 erneut zu einer verheerenden Niederlage der GMD-Streitkräfte, die jetzt ihre ganze Schwäche offenbarten, indem sie innerhalb von nur zehn Monaten etwa eine Million Soldaten und 2 Mio.qkm Territorium (Henan, Hubei, Hunan, Guangxi, Guangdong und Guizhou) mit zusammen 60 Millionen Einwohnern verloren (Karte 5).

Schon wenige Monate nach diesem militärischen Triumph in Südchina begann sich für die Japaner freilich das Blatt zu wenden: Am 8.Mai 1945 endete der Krieg in Europa mit der deutschen Kapitulation, am 26.Juli stellten die USA, Großbritannien und GMD-China gemeinsam ein Ultimatum an Japan, vom 17.7. bis 2.8.1945 tagte, in Fortsetzung der Jalta-Konferenz vom Februar, die Potsdamer Konferenz, bei der die Sowjetunion sich verpflichtete, drei Monate nach dem Sieg auf dem europäischen Kriegsschauplatz nun auch in den Fernostkrieg einzugreifen; am 6.August fiel die erste Atombombe auf Hiroshima, am 8.August erklärte die Sowjetunion Japan den Krieg, am 9.August begann der Mandschurei-Feldzug der sowjetischen Roten Armee und gleichzeitig detonierte die zweite Atombombe über Nagasaki. All diese Ereignisse gaben Japan den Rest. Es kapitulierte am 15.August 1945.

Im Juni 1945 begannen Verhandlungen zwischen der UdSSR und China - allerdings nicht mit den chinesischen Kommunisten, sondern, für alle Welt überraschend, mit dem China Jiang Jieshis. Ursächlich für dieses Vorgehen Moskaus waren Versprechungen, die Churchill und Roosevelt bei der Konferenz von Jalta ihrem Gesprächspartner Stalin gemacht hatten, und deren Kerngehalt kurz gesagt darin bestand, daß die UdSSR die alten zaristischen Positionen in Nordostchina, die 1904/05 an Tokyo verlorengegangen waren, wiederbeziehen könne, falls sie sich am Krieg gegen Japan beteilige. Die auf US-Hilfe angewiesene GMD-Regierung war über diese zu Lasten Chinas erfolgte Zusage empört, mußte sich aber in ihr Schicksal fügen und den Sowjets die Nutzungsrechte an der Ostmandschurischen Eisenbahn wieder einräumen, die Marinebasen Lüshun (Port Arthur) und Dalian an sie verpachten und außerdem die Unabhängigkeit der Äußeren Mongolei anerkennen. Ironischerweise wurde dieser Expansionsgewinn Moskaus durch einen "Vertrag über Freundschaft und Zusammenarbeit" feierlich besiegelt.

Vermutlich hätte die UdSSR mittelfristig ihre alte Mandschurei-Politik wiederaufgenommen, wäre nicht am Ende - entgegen ihren Erwartungen und Hoffnungen - die Mao-Bewegung siegreich geblieben.

Der VII. Parteitag der KPCh: Heerschau, Geburtsstunde der "Neuen Demokratie" und Durchbruch der "Mao-Zedong-Ideen"

Beim VII. Parteikongreß (23.4.-11.6.1945 in Yan'an) kam das Kriegsgeschehen kaum noch zur Sprache. Für die KPCh gab es jetzt nur noch die eine Frage, wie man die Gunst der Stunde nutzen und dem innenpolitischen Gegner soviel an territorialem, militärischem und politischem Gelände abjagen konnte wie möglich.

Was die territoriale und militärische Stärke der KP-Bewegung anbelangte, so konnte sie eine stolze Bilanz vorweisen: Unter KPCh-Kontrolle standen inzwischen 19 "Befreite Stützpunktgebiete", davon 7 in Nord-, 10 in Zentral- und 2 in Südchina. In diesen 19 Bereichen lebten 95,5 Millionen Menschen. Die Reguläre Armee belief sich auf 910.000

Mann, die Zahl der Milizionäre sogar auf 2,2 Millionen. Wichtiger noch: Die "Volksstreitkräfte" hielten bereits große Teile des Hinterlands unter Kontrolle und warteten ungeduldig auf den Befehl zur Besetzung der von den Japanern wohl schon bald freizugebenden Gebiete. Überdies zählte die Partei inzwischen 1,21 Mio. Mitglieder - eine Verdreißigfachung gegenüber 1937. Auch außenpolitisch verliefen die Entwicklungen nach Wunsch: In Europa war der Krieg gerade zu Ende gegangen, im Pazifik befand sich Japan seit geraumer Zeit auf dem Rückzug und im Norden bereitete die Sowjetunion gerade ihren Mandschurei-Feldzug gegen Japan vor. Sorge bereitete die Frage, wie man mit den Landsleuten in den einstweilen noch von Japan besetzten Küstengebieten verfahren sollte. Eine "Diktatur des Proletariats" wäre wohl das letzte gewesen, was man dieser Bevölkerung als Alternative zur Rückkehr der GMD hätte anbieten können. Auf der Suche nach einem attraktiven politischen Angebot entschied sich der VII. Parteikongreß für die von Mao Zedong vorgeschlagene Formel der "Neuen Demokratie" (xinminzhuzhuyi), die im Nachkriegschina "über Jahrzehnte hinweg existieren" müsse (sic!), und bei der es sich um ein breitangelegtes Bündnis von nicht weniger als vier "Klassen" handle - Bauernschaft, Arbeiterschaft, Kleinbürgertum und Nationale Bourgeoisie. Nicht "proletarische Diktatur", sondern "Vier-Klassen-Diktatur" über die noch verbliebenen Feinde des Volkes hieß also die Formel. Kampf um nationale Unabhängigkeit, Beseitigung der feudalen Ausbeutungsverhältnisse auf den Dörfern, Übergabe des Bodens an die Bauern, Überführung der Banken, Eisenbahnen und Luftverkehrsgesellschaften in Staatseigentum und Beschränkung des privaten Großkapitals wurden als klassenspezifische Kampfziele der Neuen Demokratie herausgestellt. Genau genommen gehe es hier um die gleichen Grundanliegen, wie sie auch den "Drei Volksprinzipien" Sun Yixians eigen seien. Der einzige Unterschied bestehe lediglich darin, daß die Verwirklichung der Sanminzhuyi nicht mehr von der GMD, sondern von dem neuen Vier-Klassen-Bündnis erkämpft werden solle. Auf gar keinen Fall komme "im gegenwärtigen Stadium Chinas eine sozialistische Ordnung" in Frage! Auch die

Monopolstellung einer einzigen Partei sei "zur Zeit" indiskutabel (schon acht Jahre später waren diese Grundsätze
vergessen!).

Am Ende des Parteitags wurden im neuen Statut die
"Mao-Zedong-Ideen" zur Leitlinie der KPCh erklärt. Die
jahrelange Zhengfeng-Indoktrination zeigte nun also ihre
ganze Durchschlagskraft! Auch die vom Parteitag gewählten
44 Vollmitglieder und 33 Kandidaten des ZK waren zum
größten Teil Mao-Anhänger. Damit hatte der "Vorsitzende"
eine solide Ausgangsbasis für die bevorstehenden Auseinandersetzungen mit der GMD.

3. Die Bedeutung des Kriegs für die nachfolgende Geschichte

Im Juli 1964 gab Mao Zedong einem japanischen Regie-
rungsvertreter gegenüber zu verstehen, daß ohne den Ein-
griff der Kaiserlichen Armee das "Volk" nicht hätte siegen
können. In der Tat wurde der achtjährige japanische Großangriff, der die GMD das militärisch-politische "Gesicht"
kostete, zum Geburtshelfer der chinesischen Revolution
und zur Conditio sine qua non für die Weiterexistenz der
Mao-Bewegung.

Eine zweite Auswirkung von epochaler Bedeutung war
die Entstehung des "Bauernnationalismus". Für den Durchschnittsbauern wurde ein nationales Wir-Gefühl, das bis
dahin lediglich auf eine schmale politische Elite beschränkt
gewesen war, in *dem* Augenblick nachvollziehbar, als eine
fremde Macht in Gestalt rabiater Truppen in die Dörfer
eindrang und eine Politik des "Drei Alles" exekutierte. Seit
es diesen Bauernnationalismus gibt, erscheint eine Wieder-
holung des "Warlordismus" so gut wie ausgeschlossen. Der
Krieg 1937/45 war also auch die Geburtsstunde eines Nationalismus der kleinen Leute, der für das Wiedererstarken
Chinas gar nicht hoch genug eingeschätzt werden kann.

Drittens aber hat sich die Idee einer Vereinten Nationalen Front als Formel für die Zusammenarbeit von Bürgerkriegsparteien tief in die Herzen eingegraben - und war
seither ein Kernelement der Wiedervereinigungsdiskussion
geblieben.

V.
Bürgerkrieg (1945-1949):
Nemesis über der Guomindang

1. Das Wettrennen um vorteilhafte Ausgangspositionen nach der japanischen Kapitulation

Fünf Parteien als Mitgestalter
Fünf Parteien waren es, die Mitte 1945 an der Neugestaltung Chinas Anteil hatten, nämlich die immer noch gefechtsfähigen japanischen Truppen, die - über das ganze Land verteilt - nicht so recht wußten, welcher chinesischen Partei sie sich nun eigentlich ergeben sollten, zweitens die GMD-Seite, die von der Schnelligkeit der japanischen Kapitulation überrascht worden war, und die nun vor der Frage stand, wie sie ihre Truppen möglichst schnell nach Nord- und Nordostchina werfen konnte, drittens die KP-Einheiten, die den ganzen achtjährigen Krieg über in Nordchina ausgeharrt hatten und nun die Ernte in ihre Scheuern fahren wollten, nicht zuletzt aber auch noch die beiden frischgebackenen militärischen Supermächte, USA und Sowjetunion, von denen die eine unzweideutig die GMD favorisierte, während die andere sich momentan nicht so recht schlüssig werden konnte, ob sie um die Gunst der vermutlich siegreichen GMD werben oder ob sie nicht doch eher den Geboten des "proletarischen Internationalismus" gehorchen und sich mit der KPCh solidarisieren sollte. (Karte 7)

Die USA hätten die beiden Bürgerkriegsparteien am liebsten Arm in Arm gesehen. Sollte freilich die Wahl zwischen beiden nicht zu umgehen sein, so würde man sich am Ende lieber für die "Demokraten" und Vertreter eines "freien China" entscheiden - die GMD.

Im Gegensatz zum amerikanischen GMD-Engagement zeigte sich die UdSSR gegenüber den chinesischen Genossen, die Stalin gern als "Radieschen-Kommunisten" (außen rot, innen weiß) bezeichnete, durchaus halbherzig.

Vor allem beim Wettrennen um die Entwaffnung der Japaner und die Besetzung der von den Tenno-Truppen zu räumenden Gebiete in Nord- und Nordostchina konnte diese so unterschiedlich ausgeprägte Hilfsbereitschaft nicht ohne Einfluß auf das weitere Geschehen bleiben.

Die etwa 1,25 Mio. starken japanischen Verbände auf dem chinesischen Festland hätten, wie man heute weiß, im Geiste des Bushido (Ritterwegs) am liebsten bis zum bitteren Ende weitergekämpft, sahen sich darin aber durch die persönliche Intervention ihres Kaisers gehindert. Also blieben sie in ihren Stellungen und warteten dort, in gewohnter Disziplin, auf ihre Entwaffnung durch die Chinesen; fragte sich nur, durch welche chinesische Seite. Waren doch am 10.8.1945 zwei einander widersprechende Tagesbefehle ergangen: Einerseits hatte Jiang die Achte (kommunistische) Armee angewiesen, in ihren Stellungen zu verbleiben, andererseits jedoch hatte das Oberkommando der Balu den Befehl ausgegeben, gerade das Gegenteil zu tun, nämlich eine Reihe von strategischen Schlüsselstellungen zu besetzen, die japanischen sowie die Manzhouguo-Truppen entlang den Hauptverkehrslinien zu entwaffnen und nicht zuletzt auch den aus der Mandschurei und der Äußeren Mongolei anrückenden UdSSR-Armeen entgegenzumarschieren. (Karte 7)

Die Unterschriften unter diese Tagesbefehle waren noch nicht trocken, da begann bereits ein atemloses Wettrennen der KP- und der GMD-Streitkräfte um eine möglichst schnelle Besetzung der einstweilen noch von japanischen Truppen okkupierten Gebiete, die sich auf eine Mammutfläche von rund 3 Mio.qkm erstreckten und zu den Schlüsselregionen des Landes gehörten.

In Südchina gab es für die GMD kaum ernsthafte Konkurrenz; anders dagegen im Norden, wo die KPCh ihre solidesten Stützpunkte aufgebaut hatte, vor allem aber im Nordosten, wo die von den Japanern entwickelten Hauptindustriezentren lagen und wohin inzwischen auch die Sowjetarmeen vorstießen.

Kein Wunder, daß sich alle Augen Mitte 1945 auf die Mandschurei richteten. Da es hier oft nur um Tage, ja manchmal Stunden ging, konnte die GMD von Glück reden, daß sie auf die Hilfe der USA zurückgreifen und aus dem vollen schöpfen konnte, nicht nur was Waffenlieferungen, sondern auch was Transportraum anbelangte. In nur wenigen Wochen beförderten die USA eine Million Regierungssoldaten nach Nord- und Nordostchina, wobei die nordchinesischen Städte in der Regel aus der Luft, die nordöstlichen Stellungen aber über See angegangen wurden. Daneben ließen sich 80.000 US-Soldaten in fünf Schlüsselstädten entlang der Bohai-Bucht nieder.

Die erste Runde des Wettrennens ging unter diesen Umständen eindeutig an die GMD. Der nach dem plötzlichen Tod Roosevelts inzwischen an die Macht gelangte neue Präsident Truman begründete die Hilfsaktion seines Landes damit, daß "uns völlig klar war, daß ganz Nordchina von Kommunisten überrannt worden wäre, hätten wir den Japanern befohlen, ihre Waffen sofort niederzulegen und zur Küste zu marschieren. Wir mußten deshalb eine Zwischenlösung wählen und den Feind als Besatzer benutzen, bis wir die chinesischen Nationaltruppen nach Nordchina eingeflogen und Marineinfanteristen zur Bewachung der Küstenhäfen entsandt hatten. So wurde den Japanern befohlen, in ihren Stellungen auszuharren und die Ordnung aufrechtzuerhalten. Zur gegebenen Zeit würden Truppen unter Jiang Jieshi erscheinen, die Japaner könnten sich ihnen dann ergeben, zu den Häfen marschieren, und wir würden sie zurück nach Japan befördern."

Und die UdSSR? Nachdem Moskau am 8.8.1945 dem japanischen Kaiserreich den Krieg erklärt und Manzhouguo angegriffen hatte, war die sinokommunistische Achte Armee am 10.August von Yan'an aus in Richtung Beijing aufgebrochen und bei Zhangjiakou (dem innermongolischen Kalgan) auf die Sowjetstreitkräfte gestoßen, von denen sie den Waffen- und Fahrzeugbestand der dort besiegten und entwaffneten Japaner erhielten, eine einzigartige Gelegenheit zur qualitativen Aufbesserung der bisher mit modernen Waffen nur spärlich ausgerüsteten Volksstreitkräfte (Karte 7). Außerdem verhinderten die Sowjetverbände die Anlandung der GMD-Truppen in Dalian.

Mit diesen beiden Hilfsdiensten, die von Nanjing als Verstoß gegen den Freundschafts- und Kooperationsvertrag vom Juni 1945 rubriziert wurden, war die Unterstützung der Mao-Einheiten durch die Rote Armee aber auch schon zu Ende. Im übrigen hielten sich die Verbände Marschall Malinowskis an den Fabrikhallen und Verkehrseinrichtungen der Mandschurei schadlos und betrieben, ähnlich wie gleichzeitig in Deutschland, eine Politik der systematischen Demontage.

Amerikanische Vermittlungsversuche - und ihr Scheitern
Ende 1945 schien es, als könne für die Guomindang kaum noch etwas schiefgehen. Ihre Truppen besaßen vierfache Überlegenheit, wurden von den USA mit Waffen und Transportraum unterstützt und hatten außerdem das Besetzungswettrennen weitgehend für sich entscheiden können; befanden sie sich doch schon drei Monate nach Kriegsende im Besitz fast des gesamten Küstenstreifens von Guangzhou bis Beiping. Wer in aller Welt sollte sie jetzt noch gefährden können?

Den Amerikanern freilich war nicht ganz wohl zumute, da sich riesige ländliche Gebiete, nicht zuletzt auch in der Mandschurei, fest unter KP-Kontrolle befanden. Um hier allen Eventualitäten vorzubauen, beschloß Washington, Kommunisten und Nationalisten an den Verhandlungstisch zu bringen. Mit drei Namen ist diese Politik aufs engste verbunden: Hurley, Wedemeyer und Marshall. Nachdem die beiden ersteren mit ihren Vermittlungsbemühungen gescheitert waren, spielte Washington seine bis dahin stärkste Karte aus und entsandte General George Marshall, der später zwar bei dem nach ihm benannten Marshall-Plan in Europa reüssieren konnte, dem aber in China, wie sich bald herausstellte, kein Erfolg beschieden sein sollte. Er war mit dem dreifachen Auftrag gekommen, Kommunisten und Nationalisten zu einer Koalition zu bewegen, den drohenden Bürgerkrieg abzuwenden und beiden Seiten amerikanische Hilfe für den nationalen Aufbau anzubieten.

Anfangs schienen seine Bemühungen zwar erfolgreich zu sein, als nämlich bereits am 10.1.1946 ein Waffenstillstand zustande kam, der allerdings beim Ausbruch des zweiten Wettrennens sogleich wieder gebrochen wurde. Anlaß war diesmal der Abzug der sowjetischen Truppen, die im

März und April 1946, bis auf wenige Ausnahmen wie die Hafenstädte Lüshun und Dalian, Nordostchina räumten und damit abermals "weiße Flecken" auf der Landkarte hinterließen, die es zu besetzen galt.

Damit wurde die Mandschurei, vor allem die Region entlang der Südmandschurischen Eisenbahn erneut zum Brennpunkt zahlreicher Scharmützel. Auch diesmal behielten die GMD-Truppen die Oberhand, indem sie zwischen März und Mai 1946 die gesamte Bahnlinie von Beiping bis Changchun unter Kontrolle bekamen. Im Gegenzug setzten sich die kommunistischen Verbände auf den Dörfern fest und organisierten dort die Bevölkerung zum Widerstand. (Karte 5 und 8)

2. Der Ausbruch des Bürgerkriegs

Waren die Auseinandersetzungen bisher lokal begrenzt gewesen, so nahmen sie im Juni 1946 landesweite Dimensionen an. Die Initiative hierfür lag, zumindest äußerlich gesehen, bei der GMD, deren Armeen systematische Operationen gegen die nordchinesischen Stützpunktgebiete einleiteten, und deren Luftwaffe Yan'an zu bombardieren begann. Entnervt verhängten die USA daraufhin im Oktober 1946 gegen die GMD ein Waffen- und Munitionsembargo und beriefen George Marshall von seinem Posten ab.

Der Bürgerkrieg verlief in *drei Phasen*. Während des ersten Zeitabschnitts (Juni 1946 bis Juni 1947) befanden sich die Regierungstruppen auf breiter Front im Vormarsch.

Die GMD verfügte zu dieser Zeit über eine Streitmacht von 4,3 Millionen Mann, die z.T. mit amerikanischen Waffen ausgerüstet waren, und kontrollierte Gebiete, in denen rd. 70% der chinesischen Bevölkerung lebten und durch die die meisten Eisenbahnen verliefen. Die kommunistischen Streitkräfte andererseits zählten rund 1,2 Millionen Mann und führten größtenteils japanische Beutewaffen. Die Bevölkerung der von ihnen beherrschten Stützpunktgebiete umfaßte annähernd 30% der Gesamteinwohnerschaft Chinas.

Die überlegenen GMD-Verbände griffen zwischen November 1946 und Februar 1947 vor allem Stützpunktgebiete in Ost- und Zentralchina an (Nr.7, 8 und 15 auf Karte 6). Am 19.März 1947 eroberten sie Yan'an, ohne zu ahnen, daß dieses Ereignis zu einer Art chinesischem Stalingrad führen sollte. Rein quantitativ war die GMD zwar weit überlegen, qualitativ andererseits ließ, wie sich bald herausstellte, die Kampfmoral ihrer Truppen und die Führungsfähigkeit ihres Offizierskorps zu wünschen übrig. Vor allem ließen sich die GMD-Verbände dazu hinreißen, ihre Fronten hoffnungslos zu überdehnen.

Damit eröffnete sich den Volksstreitkräften die Möglichkeit zur strategischen Offensive, die im Juli 1947 begann und unter der Parole stand: "Die Städte von den Dörfern her einkreisen". Bei Beginn dieser zweiten Phase, die vom Sommer 1947 bis Ende 1947 dauerte, hatten sich die Stärkeverhältnisse bereits erheblich verschoben. Waren die GMD-Truppen von 4,3 Mio. Mitte 1946 auf 3,7 Mio. zurückgegangen, so hatten sich die Mao-Verbände von damals 1,2 auf inzwischen 1,95 Mio. vermehrt. Das Kampfgeschehen konzentrierte sich in diesen Monaten auf die großen Ebenen zwischen Huanghe und Yangzi. Dabei gelang es den Kommunisten, die für die Logistik lebenswichtigen Eisenbahnlinien zwischen Süd- und Nordostchina zu unterbrechen. Bereits Ende 1947 war die Initiative nördlich des Yangzi auf die Volksstreitkräfte übergegangen. Die im Norden kämpfenden GMD-Truppen mußten sich auf die Verteidigung von Schlüsselstellungen sowie von Städten wie Beiping, Tianjin, Shenyang und Changchun beschränken.

Gleichzeitig mit Beginn der strategischen Offensive war zum erstenmal der Ausdruck "Befreiungskrieg" aufgetaucht, und die Achte sowie die Neue Vierte Armee nannten sich jetzt "Volksbefreiungsarmee" (VBA).

Die "Drei großen Schlachten"
Um die Jahreswende 1947/48 begann die dritte und letzte Phase des Bürgerkriegs, in deren Verlauf die Regierung ihre Kerngebiete und Eliteeinheiten verlor.

Das ländliche Nordost-, Nord- und Zentralchina stand inzwischen längst unter VBA-Kontrolle. Lediglich entlang der großen Eisenbahnlinien waren noch GMD-Truppen zu einem in der Regel nur 100 km dünnen und fast 3.000 km langen "Schlauch" zusammengeballt (Karte 8). Die VBA-Verbände konnten hier jederzeit und an jeder beliebigen Stelle einbrechen - von der kritischen Versorgungslage der Regierungsstreitkräfte ganz zu schweigen! Allerdings hatte Nanjing noch unbeschränkte Kontrolle über die Gebiete südlich des Yangzi.

Damit ergab sich für die weiteren Operationen der VBA eine klare Reihenfolge, nämlich das sukzessive "Abräumen" des Gegners von Nord nach Süd. Innerhalb weniger Monate kam es zu jenen Drei großen Schlachten (san da zhanyi), die der GMD das Rückgrat brachen. (Karte 8)

- Vom 12.9.1947 bis 12.1.1948 wurden, unter dem Kommando Lin Biaos, die GMD-Verbände im Nordosten in mehreren Kesselschlachten vernichtet.

- Vom 7.11.1948 bis 20.1.1949 fand die Huai-Hai-Schlacht statt, deren Ziel es war, die Pforte nach Südchina aufzustoßen. Im Mittelpunkt des Geschehens stand, wieder einmal, das schlachtenumwitterte Xuzhou, das bereits im Antijapanischen Krieg eine Schicksalsrolle im Kampf um Zentralchina gespielt hatte, weil es an der Kreuzung zweier strategischer Eisenbahnlinien liegt. Wie der Name schon sagt, lag der auf rund 300 km sich erstreckende Kriegsschauplatz hauptsächlich zwischen dem Huai-Fluß und dem Meer (hai). In der Ebene um Xuzhou hatten sich 51 mit Panzern und Artillerie ausgerüstete GMD-Divisionen mit dem Ziel verschanzt, das weitere Vordringen der VBA nach Süden zu verhindern und vor allem die Hauptstadt Nanjing zu schützen. Statt sich auf Bewegung einzurichten, wollte das GMD-Kommando lieber von der überlegenen Feuerkraft seiner Artillerie profitieren und gab deshalb den Befehl aus, starre Defensivpositionen zu beziehen und jeden Angreifer in Grund und Boden zu schießen. In der Tat hüteten sich die leichtbewaffneten VBA-Verbände, die Artilleriestellungen direkt anzugreifen. Statt dessen verlegten sie sich darauf, die von ständigem Nachschub abhängigen Schwerverbände von ihrem Hinterland abzuschneiden und den Gegner dadurch auszutrocknen. Diese Unterminierung der Logistik wurde zum Hauptcharakteristikum der Huai-Hai-Schlacht. Als die Lebensmittel- und Munitionsvorräte der Artillerie-

Einheiten knapp wurden, entschloß sich ihr Oberkommando zum Ausbruch; doch es war zu spät: Bei Kälte und regenschwerem Boden versanken Panzer und Geschützlafetten im Morast; außerdem hatten die organisatorisch und ideologisch von Politkommissar Deng Xiaoping betreuten "Maulwürfe" der VBA inzwischen Panzergräben um das Kampfgelände ausgehoben, die von den schwerfälligen "Schildkröten" nicht überwunden werden konnten. Als in dieser verzweifelten Situation auch noch das Gerücht die Runde machte, daß Jiang Jieshi die unglücklichen Truppen mit der eigenen GMD-Luftwaffe bombardieren lassen wolle, um zu verhindern, daß das kostbare Gerät in die Hände des Feindes fiel, kapitulierten die Verbände am 10.1.1949.

- Während die Huai-Hai-Kampagne noch voll im Gange war, begann am 5.12.1948 die Schlacht um Beiping und Tianjin, bei der bis zum 5.12.1948 520.000 Regierungssoldaten ausgeschaltet wurden, wodurch ganz Nordchina unter die Kontrolle der VBA geriet.

Alles in allem hatten die Drei großen Schlachten nur 4 Monate und 19 Tage gedauert; in ihrem Verlauf wurden 1,54 Mio. Regierungssoldaten außer Gefecht gesetzt und das gesamte China nördlich des Yangzi "befreit".

Was jetzt noch folgte, war nur noch ein Auskämmen letzter Positionen. Am 21.April 1949 folgte der Befehl zum Angriff auf Südchina. Innerhalb nur weniger Wochen fielen die Großstädte in Süd- und Westchina jetzt wie reifes Obst. Bis auf Taiwan, wohin die Restverbände der GMD geflohen waren, Tibet und einige Außenregionen stand im Herbst 1949 das gesamte Land unter KPCh-Kontrolle.

*Politische Maßnahmen der KPCh für die Zeit nach
dem Endsieg*

Nicht nur militärisch, sondern auch politisch ging die KPCh aufs Ganze. Am Doppelzehnten d.J. 1947 erschienen zwei Dokumente, die das politische und wirtschaftliche Programm der Partei für die nächsten Jahre entrollten, und die unter den Überschriften "Deklaration der VBA" sowie "Grundzüge eines Bodengesetzes" standen. Die "Deklaration" enthielt acht Forderungen: Sturz der Jiang-Regierung, Verurteilung der "Bürgerkriegsverbrecher", Einführung der

"Volksdemokratie", Kampf gegen die Korruption, Beschlagnahme des "bürokratischen Kapitals der Vier großen Familien", Bodenreform (Das Feld dem Pflüger), Autonomie der nationalen Minderheiten und Neugestaltung der Außenpolitik. Daß dieses Programm im Namen der Armee verkündet wurde, wirft ein bezeichnendes Licht auf die damalige Situation.

Beim "Bodengesetz" stand die gleichmäßige Verteilung des Bodens (pingfen tudi) im Vordergrund. Damit erfolgte der Umschwung von der bloßen Pachtsenkung zur Enteignung der Grundherren: ein sicheres Mittel, um die Herzen der bisherigen Pachtbauern höherschlagen zu lassen und ihre Sympathien zu gewinnen. Die Partei mahnte allerdings, nichts zu überstürzen. Vor allem in den neubefreiten Gebieten dürfe die "Angriffsbreite" auf keinen Fall 8% der Höfe und 10% der Bevölkerung überschreiten. Da freilich zur Zeit der Verkündung des neuen Gesetzes gerade die Drei großen Schlachten begannen, die Parteiführung also ihre gesamte Aufmerksamkeit auf militärstrategische Fragen konzentrierte, mußte die Bodenreform einstweilen in den Hintergrund treten. (Erst 1950 wurde der hier abgerissene Faden wiederaufgenommen - und zwar mit verstärktem Elan.) Noch zurückhaltender gab sich die KP in den Städten. Die dort lebende "Nationale Bourgeoisie" sollte - als Teil des Vier-Klassen-Bündnisses - ihr Produktionseigentum behalten dürfen. Nicht Enteignung, sondern "Regulierung des Kapitals" durch "Hebel" (wie Steuerpolitik, Arbeitsgesetzgebung u.dgl.) war die Losung, die übrigens auf Sun Yixian zurückging. Nur "bürokratisches Monopolkapital" unterliege der Verstaatlichung.

Noch während der Drei großen Schlachten siedelte das ZK am 26.5.1948 in das Dorf Xibaipo in Südwesthebei über, um dem Kampfgeschehen näher zu sein. Hier, in der letzten ländlichen Kommandostelle der KPCh, liefen auch die politischen Siegesvorbereitungen auf Hochtouren. Hier entstanden 20 der im IV. Band der Ausgewählten Werke abgedruckten Schriften Maos, hier kalligraphierte der Vorsitzende den Titelkopf der *Renmin Ribao* (Volkszeitung), wie er heute noch in Gebrauch ist, hier wurde die Staatsflagge und das Staatswappen des neuen China entworfen, und hier

auch fand das 2.Plenum des VII. ZK (März 1949) statt, das
die Leitlinien für den Kurs nach Ausrufung der Volksrepublik festlegte. Wie Jahrzehnte vorher Lenin, so schrieb jetzt
Mao sein "Was tun?", das unter dem Titel "Über die demokratische Diktatur des Volkes" herauskam. Zahlreiche, später auswendig zu lernende Textstellen finden sich hier, so
der Hinweis auf die Verlagerung des Arbeitsschwerpunkts
der KPCh vom Dorf in die Stadt, auf die geplante Umwandlung Chinas aus einem Agrar- in ein Industrieland, die Nennung der "drei Hauptwaffen, mit denen wir die Feinde besiegt haben" (Partei, Armee, Einheitsfront), und die Mah-
nung, daß "unser gegenwärtiger Sieg nur der erste Schritt
auf einem langen Marsch von 10.000 Meilen ist".

Die Koffer standen bereit. Eigentlich hatte die KPCh
mit einem Sieg erst 1952 gerechnet, doch nun fiel er ihr drei
Jahre früher in den Schoß. Nachdem die VBA bereits am
31.Januar 1949 Beiping erobert hatte, zog das ZK mit Mao
Zedong an der Spitze am 25.März von Xibaipo in die neue
- und alte - Hauptstadt um.

Schon drei Monate später, im Juni 1949, trat die Politische Konsultativkonferenz zu ihrer ersten Beipinger Tagung
zusammen. Damit wurden die Fäden zur "Konsultativkonferenz" von Chongqing wiederaufgenommen, die sich drei
Jahre vorher - am Tage des Waffenstillstands vom 10.1.
1946 - konstituiert hatte und die seinerzeit zu fünf Vereinbarungen gelangt war (u.a. Festlegung auf die Drei Volksprinzipien Sun Yixians als Regierungsprogramm, Verein-
heitlichung der Streitkräfte, Ausarbeitung eines Verfas-
sungsentwurfs und Übergang zur "Verfassungsregierung" im
Sinne von Suns Aufbauplan). Angesichts des bereits Ende
Juni 1946 landesweit ausbrechenden Bürgerkriegs waren die
damaligen Vereinbarungen jedoch zu Makulatur geworden.
Während die GMD die Konsultativkonferenz so schnell wie
möglich "vergessen" wollte, hielt die KPCh aus legitimisti-
schen Gründen umso stärker an ihr fest und richtete jetzt,
nach dreieinhalb Jahren Pause, die 2.Konsultativkonferenz
aus, und zwar diesmal in Beiping (15.-19.6.1949). Hatte in
Chongqing noch Jiang Jieshi die Eröffnungsrede gehalten,
so nahm diesmal Mao seinen Platz ein. Vertreten waren 23
Organisationen, unter ihnen auch einige linke GMD-Split-

tergruppen. Die Politische Konsultativkonferenz des Chinesischen Volkes (Zhongguo renmin zhengzhi xieshang huiyi), wie sie sich jetzt nannte, war also eine typische Dachorganisation, unter der die verschiedensten Gliederungen der Vereinten Front, einschließlich der KPCh, Platz fanden. Ihre zusätzliche Bedeutung als eine Art "Vorparlament" stellte die Konferenz am 21.9.1949 unter Beweis, als sie in Zhongnanhai, einem Teilbezirk des alten Kaiserpalasts, zusammentrat und die Statuten für das organisatorische Rahmenwerk des neuen Staates verabschiedete. Beschlossen wurde u.a. ein Organisationsstatut der Konsultativkonferenz, ein Gesetz über die Bildung der Zentralen Volksregierung, die Wiedereinsetzung Beipings als Hauptstadt und die damit verbundene Rückbenennung in Beijing (Nördliche Hauptstadt), die Festlegung der Nationalhymne und der neuen Flagge, vor allem aber das "Gemeinsame Programm" - eine Art vorläufige Verfassung.

Während die letzten Einheiten der GMD hastig auf die Insel Taiwan flohen, rief Mao Zedong am 1.Oktober auf der Plattform des "Tors zum Himmlischen Frieden" vor einer begeisterten Volksmenge von 300.000 Menschen die Gründung der Volksrepublik aus: "Die Chinesen, ein Viertel der Menschheit, haben sich erhoben!" Schon einen Tag später wurde die neue Volksrepublik von der UdSSR anerkannt.

3. Die Ursachen für den Untergang der GMD und den Sieg der KPCh

Wenige Ereignisse der Nachkriegszeit haben Politik, Wissenschaft und Medien so intensiv beschäftigt wie die Niederlage der GMD. Wie konnte es geschehen, daß eine quantitativ so unendlich überlegene Macht wie das China Jiang Jieshis gegen die nur "mit Hirse und Gewehr" ausgerüsteten Bauernstreitkräfte Mao Zedongs am Ende den kürzeren zog?

a) Ursachenanalyse durch die Hauptbeteiligten
Aus KP-Sicht waren es schlicht die "drei Wunderwaffen" KP-Führung, Armee und Einheitsfront, die den Sieg herbei-

führten. Nicht der Himmel oder aber Waffenüberlegenheit, sondern die Weisheit der Massen habe sich durchgesetzt.

Jiang Jieshi andererseits macht vier Ursachen verantwortlich, nämlich die Wiederaufnahme diplomatischer Beziehungen Chinas zur UdSSR (1932), die Eingliederung der kommunistischen Truppen in die Nationalarmee, die Vernachlässigung der (mandschurischen) Nordostprovinzen und die Unterzeichnung des Waffenstillstandsabkommens mit den Kommunisten im Januar 1946. Daneben habe das Geheimnis des Erfolgs der KPCh in ihrer Meisterschaft zum Defaitismus, zur Infiltration und zur Zersetzung gelegen. Jiang, der sich jahrelang einem eminenten Selbstrechtfertigungsdruck ausgesetzt sah, geht hier also nur auf eigene Schwächen ein, vermeidet es aber, die Stärken seiner Gegner beim Namen zu nennen.

Der Vertreter einer Drittpartei, nämlich der Demokratischen Liga, Zhou Jingwen, nennt vier Hauptfaktoren für den Sieg der Kommunisten, nämlich die Unterstützung der KPCh durch die Sowjetunion, die japanische Invasion in China, die der GMD das Rückgrat gebrochen habe, die meisterhafte Instrumentalisierung der sozialen Frage durch die Kommunisten und die Korruption und Ineffizienz der GMD-Regierung.

b) Antworten aus der Sicht westlicher Historiker
Das westliche Schrifttum zur Ursachenanalyse ist Legion. Stellvertretend sei hier die Meinung John K.Fairbanks, des Altmeisters der westlichen China-Geschichtsschreibung, zitiert, der die These aufstellt, daß die "Guomindang durch die Kräfte des sozialen Wandels" überrollt worden sei. Sie habe einen gleich dreifachen Vertrauensverlust erlitten, nämlich durch ihre ökonomische Mißwirtschaft (Inflation, Arbeitslosigkeit und Veruntreuung der aus japanischer Hand übernommenen Kapitalien), ferner durch die Entfremdung jener Bevölkerungsschichten, die die GMD ursprünglich getragen hatten, und nicht zuletzt auch durch die Mißachtung der allgemeinen Friedenssehnsucht. In der Tat herrschte nach zehn Jahren Bürgerkrieg (1927-1937) und acht Jahren Widerstandskrieg gegen Japan (1937-1945) überall tiefe Abneigung gegen jegliche Fortsetzung der Poli-

tik mit militärischen Mitteln, zumal China während des
Kriegs gegen Japan 21,8 Millionen Menschen verloren und
die für das arme Land märchenhafte Summe von 1,46 Bil-
lionen Fabi aufgebracht hatte. Wer jetzt Wind säte, mußte
Sturm ernten, wer dagegen seinen Friedenswillen glaubhaft
zu machen verstand, würde zum Sympathieträger der Nation.

Andere Autoren führen die GMD-Niederlage auf Muni-
tionsmangel oder aber auf systematische Desinformations-
kampagnen der US-Regierung durch selbsternannte Experten amerikanischer Provenienz zurück - als ob ein bißchen
Subversion, Verrat und Propaganda ein Jahrhundertphä-
nomen wie den Sieg des Sinokommunismus erklären könnten!

Monokausale Deutungen erweisen sich hier als höchst
unzulänglich. Vielmehr kamen hier mindestens vier Hauptursachen zusammen:

Führungsschwächen
Da waren erstens die militärischen Schwächen der GMD,
nämlich katastrophale Führungsfehler beim Offizierskorps
und abnehmende Kampfmoral bei den Mannschaften. Nach
übereinstimmender Meinung ausländischer Militärberater
ist keine einzige Schlacht der GMD aus Mangel an Munition oder Ausrüstung verlorengegangen, vielmehr war es
Kommandoschwäche, die durch dauernde Stafettenwechsel,
durch Hineinreden Nanjings in lokale Entscheidungen und
nicht zuletzt auch durch jene Vetternwirtschaft der
Huangpu-Clique verursacht war, die mehr auf politische
Loyalität zu Jiang als auf militärisches Können setzte. Als
verhängnisvoll erwies sich auch die Vorliebe für Stellungs-
kriege, wofür die Huai-Hai-Schlacht ein Beispiel ist.

Diesen Schwächen stand Punkt für Punkt jeweils eine
Stärke der VBA gegenüber, nämlich Kontinuität des Ober-
kommandos, äußerste Beweglichkeit im Angriff und Ver-
meidung von starren Verteidigungspositionen durch Schaffung jeweils drückender örtlicher Überlegenheit, nicht zuletzt aber auch Kampfmoral und Siegeszuversicht, die im
Einklang standen mit einer (zumindest damals so empfundenen) zeitgemäßen Gesellschafts- und Bodenreformpoli-
tik.

Im Gegensatz zu den GMD-Truppen stimmte bei der VBA auch die Kampfmoral. Schon der jahrelange Hauptberater Jiangs, General Stillwell, hatte feststellen können, daß der gutmotivierte chinesische Soldat, wenn er in der für ihn typischen Überzahl auftritt, praktisch unschlagbar ist. 1938 konnte Stillwell einen sich schneckenhaft durch eine Ebene bewegenden "Tausendfüßlerzug" beobachten, der, weil es an Lokomotiven fehlte, kurzerhand von einigen Kompanien geschoben wurde. In diesem Augenblick wußte Stillwell, daß die Japaner ihren Krieg in China nie und nimmer würden gewinnen können.

Während die Kommunisten mit ihrer Bodenreform und ihrer Fisch-Wasser-Politik ("Einheit zwischen Offizieren und Mannschaften sowie zwischen Armee und Volk") die Herzen der Bauern zu gewinnen wußten, leistete sich die GMD-Führung umgekehrt katastrophale Fehler. Nach den Beobachtungen Stillwells wurden die Rekruten zumeist von Aushebungstrupps gewaltsam aus den Dörfern und von den Höfen geholt. Wer 100 Yuan Ablöse zahlen oder sich zur Ablieferung höherer Reismengen verpflichten konnte, blieb von der Rekrutierung in aller Regel verschont. Während des Marsches zum Ausbildungslager wurden die Rekruten nicht selten mit Stricken zusammengebunden. Die Grundausbildung dauerte drei Wochen; viel zu kurz, um den frischgebackenen Soldaten das nötige Kriegshandwerk und die unverzichtbare Überlebenstechnik beizubringen. Selten stimmten bei den Truppen Soll- und Ist-Stärke überein; je höher die Soll- gegenüber der Ist-Stärke, desto üppiger flossen ja die Zugewinne aus dem Soldbudget in die Taschen des betreffenden Kommandanten oder Zahlmeisters. Stillwell mußte auch voll Zorn mit zusehen, wie Soldaten einzig aus dem Grund erschossen wurden, weil sie mit Handgranaten gefischt hatten, oder wie sie halbtot geprügelt wurden, weil sie beispielsweise eine Decke verloren hatten.

Um den Gehorsam der Verbände sicherzustellen, vertraute das GMD-Oberkommando im allgemeinen weniger auf die innere Kampfmoral als auf äußere Methoden. Eine davon war das seit dem 16. Jh. übliche "lian zuo fa" ("Gesetz des gemeinsamen Aussitzens"), das besagte, daß sämtliche Offiziere einer Befehlskette mit dem Tode bestraft würden, wenn auch nur eine einzige Einheit sich ohne Befehl zurückzog. Ein zweites Mittel waren finanzielle Belohnungen für Kommandanten, die ihre Stellungen hielten - auch nicht gerade ein Königsweg zur Erhöhung der Kampfmoral! Eine dritte, noch am ehesten mit der konfuzianischen Tradition im Einklang stehende Methode war der Appell des Vorgesetzten an die Loyalität seiner Untergebenen. Vor allem die Seilschaftsverhältnisse aus der Huangpu-Zeit dienten hier als Bindemittel - häufig allerdings auf Kosten des militärischen Sachverstands.

Vertrauensverlust
Ein zweiter Grund war das Zerbröckeln der sozialen Basis, das in den vierziger Jahren begann. Beim Großbürgertum verlor die GMD an Vertrauen, als sie es zuließ, daß Militär, Bürokratie und Jiang-Verwandtschaft unter Ausnutzung ihrer administrativen Befugnisse dazu übergingen, die von den Japanern in Nord- und Nordostchina zurückgelassenen Fabriken, Warenhäuser und Schiffe keineswegs nur für die Republik China zu requirieren, sondern vielmehr Unsummen davon in die eigene Tasche fließen zu lassen, ohne daß nur einen Augenblick lang auf die Ansprüche jener früheren chinesischen Besitzer Rücksicht genommen worden wäre, die von den Japanern einst enteignet worden waren und die eine Zeitlang allen Ernstes geglaubt hatten, sie könnten ihr Vermögen wieder zurückerhalten. Ein früherer Verbündeter der GMD, US-Präsident Harry S.Truman, stellte in einem Rückblick fest, daß "Jiang Jieshi und Madame sowie ihre Familien, die Songs und die Kongs, alle Diebe waren. Von den 3,5 Mrd.US $, die wir Jiang schickten, stahlen sie 150 Mio. Sie stahlen sie und investierten sie unten in Sao Paolo und hier, vor unserer Nase, in New York." Nach Behauptungen der sinokommunistischen Propaganda soll das persönliche Vermögen der "Vier großen Familien" in den zwanzig Jahren zwischen 1927 und 1947 auf 10-20 Mrd.US $ angewachsen sein - eine Ziffer, die ganz gewiß übertrieben ist, die aber seinerzeit in der Mundpropaganda eine außerordentliche Rolle gespielt und dem Ansehen der GMD bei der städtischen Bevölkerung schwer geschadet hat.

Wo die GMD-Truppen auch immer hinkamen, pflegte es schon kurze Zeit später empörte Aufschreie und Abwehrreaktionen zu geben, die jedoch mit eiserner Faust niedergeschlagen wurden - sogar auf der nach fünfzig Jahren aus japanischem Besitz wieder in den Schoß des Mutterlands zurückgekehrten Insel Taiwan. Dort hatte der neue GMD-Provinzgouverneur bereits bis Oktober 1945 sämtliches japanisches Eigentum konfisziert und die von Japanern geräumten Stellen im Handumdrehen mit festländischen "Beratern" besetzt, deren Habgier die Bevölkerung zur Weißglut trieb und deren Unfähigkeit u.a. das bis dahin wohlorganisierte Eisenbahnwesen zusammenbrechen ließ. Als auch noch die vom Festland eingeführte Inflation die Inselwährung ruinierte und als es schließlich gar zu Nahrungsmittelengpässen kam, revoltierte die einheimische Bevölkerung im Februar und März 1947. Der Gouverneur beantwortete diese Insubordination mit Massenerschießungen. Zwar wurde er dafür wenige Monate später zur Rechenschaft gezogen und selbst hingerichtet, doch hatte die GMD noch lange vor der Übersiedlung der Zentralregierung auf die Insel alle Sympathien verloren.

Auch bei der seit 1919 so wichtigen Studentenschaft und bei den Intellektuellen, die in der GMD einst ein Fanal der Hoffnung gesehen hatten, konnte die Partei seit 1945 keinen Punkt mehr sammeln. Mit ihrer Praxis, jedes Reformverlangen als "kommunistisch" abzustempeln, trieb sie die Intellektuellen geradezu in die Arme der KPCh.

Was schließlich gar die Bauern anbelangt, so hatten sie längst alle Hoffnungen auf die Verwirklichung der von Sun Yixian geforderten Neuregelung der Bodenverhältnisse durch die GMD verloren.

Die Folge: Obwohl nur wenige Chinesen den Kommunismus wirklich herbeisehnten, blieb letztlich nur die KPCh als Hoffnungsträger übrig. Sie konnte für sich in Anspruch nehmen, als einzige politische Kraft "entwicklungsrichtig" zu liegen und fähig zu sein, die überfälligen Reformen mit Aussicht auf Erfolg durchzuziehen. Was die GMD an sozialer Zustimmung verlor, ging, wie bei einem Null-Summen-Spiel, sofort auf das Konto der Kommunisten; denn einen "dritten Weg" konnte damals niemand erkennen. Letztlich fiel die Entscheidung im Bürgerkrieg nicht auf dem Schlacht-, sondern auf dem Reisfeld, in den Betrieben, in den Amtsstuben und im Hörsaal.

Gesichtsverlust
Eine dritte Ursache war der Gesichtsverlust, den die GMD erlitt, als sie in den Ruf kam, ein "Lakai der USA" zu sein. Zwar konnte Jiang verhindern, daß ein Amerikaner formell das Oberkommando über die GMD-Truppen erhielt, doch bekamen die amerikanischen Berater - zuerst General Stillwell und später General Albert C.Wedemeyer - um so mehr militärische Entscheidungsfäden in die Hand, je deutlicher sich die Niederlage der GMD abzuzeichnen begann. Ausländer als graue Eminenzen im Hauptquartier - dies muß man sich einmal vorstellen! Die KPCh-Propaganda deutete mit pathetischer Gebärde auf diese nationale Schmach und betonte, daß Washington "das Geld und die Gewehre liefert, während Jiang die Menschen stellt, um für die USA Krieg zu führen, das chinesische Volk abzuschlachten und China in eine amerikanische Kolonie zu verwandeln". Schlimm für die GMD, daß all diese Anwürfe, so übertrieben sie auch waren, bei der breiten Bevölkerung zunehmend Gehör fanden.

GMD und Zeitgeist
Viertens aber widersprach die GMD-Politik dem damaligen Zeitgeist. Erwartungen lagen in der Luft, daß endlich etwas geschehen müsse, daß es so nicht weitergehen könne wie bisher und daß China eine Renaissance brauche, auch wenn sie mit Opfern verbunden sei. Die KPCh lag mit ihrer ganzen Reformpolitik genau in diesem Stimmungstrend, während umgekehrt die GMD, zusätzlich angeschwärzt von der geschickten KP-Propaganda, immer mehr in den Ruf der Reaktion, der Korruption und der totalen Unfähigkeit geriet. Die GMD erwies sich auch dadurch einen Bärendienst, daß sie über die Vorgänge in den kommunistisch beherrschten Gebieten eine dichte Nachrichtensperre verhängt hatte, so daß niemand der in Chongqing, Nanjing oder Shanghai lebenden Landsleute genau wußte, was es mit dem Maoismus eigentlich auf sich hatte. Unter diesen

Umständen wurden die überschwenglichen und schwärmerischen Berichte einiger westlicher Journalisten, Schriftsteller und sogar US-Diplomaten zur einzigen Informationsquelle. Die Genügsamkeit, die Disziplin und die Entschlossenheit der kommunistischen Führer, von denen in solchen Berichten permanent die Rede war, erschienen plötzlich als höchst attraktive Alternative zu der korrupten und ineffizienten Regierungspolitik. Niemand konnte damals ja ahnen, daß die Korruption eines Tages auch zum Alltag im sozialistischen China werden könnte.

Während einige wenige von der KPCh schwärmten, andere sie aber nur für das kleinere Übel hielten, konnten sich die meisten schon bald keine glaubhafte Alternative mehr zu ihr vorstellen. Zum Schluß geschah, was dem Durchschnittschinesen damals fast unausweichlich schien: Nicht die KPCh eroberte China, sondern China warf sich ihr in die Arme.

VI.
Die Jahre des Übergangs und
der gesellschaftlichen Umverwandlung
(1949-1952)

1. Reparationsversuche und Weichenstellungen

1949/50 kam jener kritische Augenblick, den jede siegreiche Aufstandsbewegung fürchten muß - die *Umschaltung
von der Guerilla- auf die Normalitätsphase* - und dies obendrein in urbanen Zentren, mit denen die Kommunisten seit
1927 kaum noch Berührung gehabt hatten.

Zwölf Jahre Krieg lagen hinter den Chinesen. Ihre
Landwirtschaft war ausgepowert, das Bewässerungswesen
durch wiederholte Sprengungen der Flußdeiche außer Kontrolle geraten, die Industrie weitgehend zerstört, die Infrastruktur ein Trümmerhaufen und das Geldwesen durch eine
galoppierende Inflation ins Groteske aufgebläht. Was das
Land jetzt, in der Reparaturphase, am nötigsten hatte, war
entschlossenes Ärmelhochkrempeln und lautere Gesinnung.
Für beides brachten KPCh und VBA im Augenblick die
besten Voraussetzungen mit. Was sie innerhalb nur weniger
Wochen schafften, war imposant und nötigte den Städtern
Respekt, ja Bewunderung ab.

Es begann damit, daß die VBA-Truppen die Bevölkerung in Ruhe ließen, daß ihre Einheiten, wie etwa bei der
Eroberung Shanghais, keinen Wohnraum requirierten, sondern auf den Straßen kampierten, und daß, dank ihrem Zu-
greifen, schon nach wenigen Tagen kein Luan (Chaos) mehr
spürbar war. Die neuen Herren sorgten über Nacht für die
Beseitigung von Kriegsspuren, reparierten Straßen-, Brük-
ken- und Wasserleitungsschäden, ließen die Schornsteine
wieder rauchen, spürten Kriminelle und Straßenganoven
auf, sorgten für die Unterbringung der Bettler und steckten
die Prostituierten in Umerziehungsanstalten. Während sie
sich der eigenen Bevölkerung gegenüber zuvorkommend

verhielten, zeigten sie den Ausländern die Zähne; ein Verhalten, das vor allem den Patrioten unter den Bewohnern Shanghais oder Tianjins Bewunderung abnötigte.

Der einfache Chinese, dem "Ordnung" heilig ist, quittierte diese erstaunlichen Änderungen mit aufkeimendem Vertrauen: Sollte man sich von den Kommunisten falsche Vorstellungen gemacht haben, und hatte die GMD-Propaganda nicht wieder einmal das Kind mit dem Bade ausgeschüttet? Niemand mochte damals glauben, daß schon wenige Monate später ein ganz anderer Wind wehen würde, und daß eine rigorose Umkrempelung der Gesellschaft begänne, wie man sie bis dahin in China nicht erlebt hatte.

An allen Ecken und Enden waren in den ersten Wochen und Monaten nach der "Befreiung" militärisch organisierte "Übernahmekomitees" im Einsatz, um Banken, Fabriken, Warenhäuser, Universitäten, Verlage, Behörden und Kasernen zu besetzen. Schon Ende 1951 waren die meisten Großbetriebe, die sich vorher in ausländischer oder "Kompradoren"-Hand befunden hatten, in Volkseigentum übergeführt worden. Sie erhielten, wie es hieß, demokratische Führungsorgane in Form von Betriebsverwaltungskomitees (qiye guanli weiyuanhui), die aus dem Direktor, seinem Vertreter und einigen KP-Aufpassern zusammengesetzt waren. Die eigentliche Entscheidungsgewalt fiel damit dem Parteiausschuß der jeweiligen Danwei (Grundeinheit) zu.

1950 ergingen auch bereits die ersten Maßnahmen zur Monopolisierung des Großhandels. Binnen- und Außenhandel wurden den eigens dafür gegründeten Ministerien unterstellt, die sich im Alltagsgeschäft sog. "Sonderhandelsgesellschaften" bedienten, z.B. einer Nahrungsmittel-HG, einer Kohle-HG usw. Entsprechende Organe (Außenhandelsgesellschaften mit eigener juristischer Rechtspersönlichkeit) entstanden auch im Bereich der Außenwirtschaft.

Übernahme und Neuordnung fanden, wohlgemerkt, zu einer Zeit statt, als die Inflation immer noch schreckenerregende Rekorde feierte und an den Rändern Chinas der Krieg weiterloderte. Nach wie vor standen im Süden und Südwesten rund zwei Millionen GMD-Soldaten, die erst 1950 auf nichtchinesisches Gebiet abgedrängt werden konnten, so z.B. hinein in den Wetterwinkel zwischen Laos,

Birma und Thailand, der später als opiumträchtiges "Goldenes Dreieck" berühmt wurde.

Der Sieg über die Inflation
Durch die Kriegsereignisse und durch den Zusammenbruch der Wirtschaft in den Küstenstädten, nicht zuletzt auch durch mißbräuchliche Banknotenemission war es zu einer Hyperinflation gekommen, in deren Verlauf sich der 1935 eingeführte "Fabi"-Yuan 1949 im Vergleich zu 1937 um das 14.000.000fache aufgebläht und damit seine Funktion als Zahlungsmittel verloren hatte - mit der Folge, daß der gesamte Handel mehr oder weniger auf das Niveau einer Tauschwirtschaft herabgesunken war oder aber daß Zahlungen nur noch in Gold, Silber und in US-Währung erfolgten.

Die neue Regierung ließ die alte Währung zwar weiterbestehen (die Ausgabe einer "Volks"(RMB)-Währung erfolgte erst 1955), sie führte aber seit März 1950 eine Politik des sog. "dreifachen Gleichgewichts" (san pingheng) durch, die staunenerregende Auswirkungen hervorbrachte: Zuerst einmal wurden im Haushaltsbereich die Ausgaben drastisch eingeschränkt. Der zweite "Ausgleich" fand im Versorgungsbereich statt. Hierbei konnten die neuen Verteilungsstellen erstaunliche Reserven und übervolle Lager entdecken, die von der alten Regierung zurückgelassen worden waren. Ferner wurden aus der Mandschurei 1,03 Mio.t Getreide nach Ostchina transportiert: Versorgungsverbesserung und Inflationsbekämpfung in einem! Drittens aber wurde der Zahlungsverkehr reguliert, indem die neugegründeten "Volksbanken" riesige Bargeldmengen aus dem Verkehr saugten und überdies sicherstellten, daß Zahlungen fortan möglichst bargeldlos erfolgten, also kontrollierbar waren.

Während die städtische Bevölkerung angesichts der nachlassenden Inflation aufatmete, begrüßte die Bauernbevölkerung die Entschlossenheit, mit der die neue Regierung das Bewässerungswesen anpackte. Bereits am 14.10.1950 erging ein "Beschluß über die Regulierung des Huai-Flusses", und am 31.10. erließ Mao nach einer Inspektionsreise in das Einzugsgebiet des Gelben Flusses den Aufruf zur

Regulierung des Huanghe. Durch kriegsbedingte Sprengungen waren dort unzählige Hektar wertvollen Ackerbodens verlorengegangen und konnten nun den Bauern zurückgegeben werden.

Aufgabenfülle
In den Jahren 1949/50 befand sich die KPCh in einem Zustand nervöser Dauerspannung; waren doch die Probleme gleich knüppeldick auf sie zugekommen, sei es nun die Inflation, die Weiterführung des Bürgerkriegs, die Arbeitslosigkeit in den Städten, der Zusammenbruch des Verkehrswesens und die Ernährungsfrage - gar nicht zu reden vom Engagement am gerade ausbrechenden Koreakrieg, das die Gefahr eines Zusammenstoßes mit der Weltmacht USA in sich barg.

Erst als die ersten Schwierigkeiten bewältigt waren und die Probleme sich etwas gelichtet hatten, trat eine gewisse Entspannung ein. Nun konnte die neue Führung auch mit ihren Übergangsvorstellungen etwas deutlicher werden. Mitte 1950 nannte Mao als vorrangiges Klassenziel acht Aufgaben, nämlich die Durchführung der Bodenreform, die Installation einer einheitlichen Wirtschafts- und Finanzverwaltung, die Teildemobilisierung der Streitkräfte, die Umgestaltung des Schulwesens sowie der kulturellen Institutionen, Abbau der Arbeitslosigkeit, Hilfe für "demokratische Persönlichkeiten aus allen Gesellschaftskreisen", Kampf gegen "Banditen, Geheimagenten, örtliche Despoten und andere Konterrevolutionäre" und Neuausrichtung der Parteiorganisation, deren Mitgliederzahl seit dem VII. Parteikongreß (1945) von 1,2 Mio. auf 4,5 Mio. im Oktober 1949 angestiegen war, und die von jetzt an Jahr für Jahr um eine weitere Million "explodieren" sollte (1951: 5,7, 1955: 9,4 und 1957 sogar 12,7 Mio.).

Im Anschluß an diese Zielverkündigung ergingen einige Rechtsbestimmungen mit z.T. epochaler Wirkung, nämlich das Ehegesetz vom 1.Mai 1950, des weiteren das Gesetz über die Bodenreform vom 30.6.1950 mit zusätzlichen "Regelungen über die Klassendifferenzierung" sowie das Gewerkschaftsgesetz vom 28.6.1950.

Regionalpolitisch bedeutsam war die Entscheidung für

den Feldzug gegen Tibet, außenpolitisch brisant die Moskaureise Mao Zedongs sowie das Eingreifen in den Koreakrieg.

Außerdem mußte eine neue Regierungsorganisation aufgebaut werden. Bis zum Zusammentritt einer auf allgemeinen Wahlen beruhenden Nationalversammlung sollte das Plenum der Politischen Konsultativkonferenz die Befugnisse einer Allchinesischen Volksversammlung ausüben und in dieser Eigenschaft auch die Mitglieder des "Rats der Zentralen Volksregierung" bestellen, der als eine Art Ständiger Ausschuß der Konsultativkonferenz gedacht war. Der "Rat" erwies sich schon bald als prometheische Institution, insofern er die zentralen Staatsorgane aus der Taufe hob und sie mit Personal besetzte, u.a. den Staatsrat (d.h. die eigentliche Regierung mit einem Ministerpräsidenten, seinen Stellvertretern und den Ministern an der Spitze), einen Militärausschuß, einen Obersten Volksgerichtshof und eine Oberste Volksanwaltschaft. Zum Vorsitzenden des "Rats" sowie des Militärausschusses wurde Mao Zedong, zum Vorsitzenden des Staatsrats sowie zum Außenminister Zhou Enlai bestimmt. Da beide Politiker auch Spitzenämter im Parteiapparat innehatten, bedeutete dies von Anfang an eine enorme Machtkonzentration in nur wenigen Händen.

Unter den 21 Ressorts des Staatsrats gab es zu dieser Zeit noch kein Verteidigungsministerium. Die VBA wurde vielmehr von der Partei gesteuert, und zwar vom ZK-Militärausschuß, dessen Spitzenposition seit 1934 kontinuierlich von Mao Zedong besetzt war und es bis zu seinem Tod bleiben sollte!

Erhielt die Zentralmacht durch diese Neubildungspolitik einen weitgehend zivilen Anstrich, so blieb die Regionalverwaltung einstweilen noch ganz militärisch eingefärbt. Seit 1948 war China in fünf Kommandoregionen aufgeteilt worden, an deren Spitze jeweils militärische Verwaltungsausschüsse standen, die mit einer fast unbegrenzten Machtfülle ausgestattet waren. Nach der "Befreiung" des Südwestens kam noch eine sechste Region hinzu. Erst 1954 erhielten auch die Provinzen eine Zivilverwaltung. Bis dahin steuerte das lokale Militär den gesellschaftlichen Umwandlungsprozeß.

Die Justizorgane waren in diesen Aufbaujahren nicht mehr als bloße Anhängsel der Exekutive. Die Gewalten sollten ja nicht geteilt, sondern im Gegenteil konzentriert werden, da ja auch die Neue Demokratie als Ausdruck eines geschlossenen Volkswillens galt. Neben den allgemeinen Justizorganen kristallisierten sich damals noch vielfältige Sondertribunale heraus, die später vor allem im Rahmen der Bodenreform-, der "Drei-Anti-" und der "Fünf-Anti"-Kampagnen sowie des Kampfes gegen die "Konterrevolutionäre" alle Hände voll zu tun hatten und dabei de facto als Vollzugsinstrumente der jeweiligen Parteiausschüsse auftraten. In diesen Tribunalen entwickelte sich schon bald eine Art "Schnittlauch-Mentalität", obwohl das ZK offiziell immer wieder gefordert hatte, daß die Köpfe nicht einfach "wie Schnittlauch abgeschnitten" werden dürften.

Hand in Hand mit dem Aufbau der neuen Staatsorgane fielen auch die Grundentscheidungen in der Minderheitenpolitik. Obwohl die nationalen Minoritäten nur 6% der Bevölkerung ausmachten, bewohnten sie doch zwei Drittel des Gebiets der Volksrepublik, und zwar in Zonen, die reich an Rohstoffen und brisant unter strategischen Gesichtspunkten waren. Drei ordnungspolitische Möglichkeiten standen zur Debatte, nämlich die Assimilierung, der Separatismus oder der Schutzansatz. Während der Herrschaft Jiang Jieshis hatte die Assimilierungstendenz im Zeichen des Dahanzhuyi (Groß-Han'ismus) dominiert. Die Minoritäten galten als "Zongzu", die zur gesamtchinesischen "Nation" (minzu) gehörten, wobei man wissen muß, daß der Ausdruck Zongzu Verwandtschaftsassoziationen hervorruft. 1949 glaubte man, diese Politik nicht mehr fortsetzen zu dürfen. Aber auch dem entgegengesetzten Extrem des Separatismus mußte ein Riegel vorgeschoben werden. Tibet, Xinjiang und die "Ostturkestanische Republik" (1944/45) dienten als warnende Beispiele!

Unter diesen Umständen betonte das am 9.8.1952 veröffentlichte "Programm zur Nationalen Autonomie" den Schutzansatz. Anzustreben sei ein vom Gedanken der "Gegenseitigkeit" bestimmter Mittelweg zwischen Groß-Han-Chauvinismus und lokalem Nationalismus. Da die chinesischen Minderheiten ferner im allgemeinen nicht in Großblöcken zusammenlebten, sondern buntmarmoriert über die Landkarte verteilt waren, verzichtete man auf die Schaffung "Nationaler Republiken", wie sie etwa für die Sowjetunion charakteristisch sind, und entschied sich statt dessen für das Konzept der "Nationalen Gebietsautonomie", dessen Hauptvorteil darin besteht, daß eine bestimmte Nationalität ihre Selbstverwaltungsrechte nicht nur innerhalb einer einzigen Großregion, sondern vielmehr in all jenen Gebieten ausüben kann, in denen jeweils geschlossene Siedlungsverbände der betreffenden Volksgruppe vorhanden sind, so klein sie auch sein mögen! Man optierte für das Sprengelprinzip. Inmitten einer uigurischen Umgebung konnte also ein mongolischer Distrikt - und in diesem wiederum, wie das Insekt im Bernstein - ein Hui-Kreis eingeschlossen sein, der als solcher Autonomierechte erhielt.

Wirtschaftliche Bilanz der Übergangsphase
Die Erfolge der zwischen 1949 und 1952 wiederbelebten Wirtschaft konnten sich sehen lassen: Der kumulierte Bruttoproduktionswert von Industrie und Landwirtschaft war von 46,6 Mrd.Yuan (1949) auf 82,7 Mrd. (Ende 1952) angestiegen (Angaben in Preisen von 1952). Bestritten Industrie und Landwirtschaft an dieser Summe 1949 einen Anteil von 30,1 : 69,9%, so hatte sich dieses Verhältnis bis 1952 auf 41,5 : 58,5% verschoben. Ferner war der Anteil des staatlichen Sektors an der Industrie im gleichen Zeitraum von 28,3% auf 48,7% gestiegen. Gleichwohl hielt sich das öffentliche Eigentum einstweilen noch in bescheidenen Grenzen. So kamen 1952 beispielsweise nur 19,3% des BPW aus dem staatlichen Sektor.

Mao-Kult und Herausbildung einer Neuen Klasse
Schon beim VII. Parteitag (1945) waren die "Mao-Zedong-Ideen" formell in die Parteisatzung aufgenommen worden. Im Oktober 1951 erschien der I. Band der "Ausgewählten Werke" Maos, am 10.4.1952 Band II und am 10.4.1953 Band III. Dann allerdings dauerte es bis September 1960, ehe Band IV und bis April 1977, ehe Band V erschienen: Dieser Editionsrhythmus läßt deutliche Schwankungen der Mao-Konjunktur erkennen, die erst nach 1978 ganz zum

Stillstand kam. In den Anfangsjahren aber folgten die Schübe bezeichnenderweise schnell hintereinander. Neben der Kulturrevolution waren die Jahre 1949 ff. ein Höhepunkt des Mao-Kults.

In dieser Entwicklung deutete sich bereits ein neues Verhältnis zwischen Parteiführung und Volk an. Hatten die KPCh-Spitzen noch 1945 in den Lößhöhlen von Yan'an gehaust, so residierten sie jetzt in den Diensträumen der früheren kaiserlichen Bürokratie. Hatten sich ihre Portraits früher auf Miniaturformat beschränkt, so wuchsen sie nun zu Riesenikonen aus. Hatten sie auf dem Land noch massennah gelebt, ihr eigenes Gemüse- oder ihr Tabakfeld bestellt und die wenigen ausländischen Besucher ohne sonderliche Distanz empfangen, so waren sie nun hinter hohen Mauern verschwunden, zeigten Berührungsscheu gegenüber den "Massen" und empfingen auch ausländische Besucher, die auf dem Weg zur Audienz lange und ehrfurchtgebietende Korridore zu durchpilgern hatten, nach "kaiserlichem" Ritual. Obwohl sie immer noch die "Massenlinie" auf den Lippen führten, ließen sie sich in gardinenverhängten Limousinen chauffieren, umgaben ihr Privatleben mit einem dichten Schleier des Geheimnisses, monopolisierten sämtliche Machtpositionen und Kommandohöhen in Staat und Wirtschaft und bedienten sich im übrigen einer immer machtvoller auswuchernden Apparatur, um die "Feinde des Volkes" zum Schweigen zu bringen. Hier entstand offensichtlich eine Neue Klasse!

2. Finis Sinarum? Abrechnung mit der überkommenen Gesellschaftsordnung

Was Jahrzehnte, Jahrhunderte und - wie die feudalistische Bodenordnung - sogar Jahrtausende bestanden hatte, wurde jetzt durch orkanartige Massenbewegungen innerhalb von zwei bis drei Jahren hinweggefegt. Die neuen Herren begnügten sich nicht mit einem Wechsel der Dynastie, sie wollten die "Neue Gesellschaft" und den "Neuen Menschen"!

Kampagnen als Treibsatz des Veränderungsprozesses
Kaum waren die vordringlichsten Reparaturarbeiten erledigt, zeigte sich schon wieder die Handschrift Maos und zwar in Form der seit der Berichtigungskampagne von Yan'an üblich gewordenen Yundong (Massenkampagnen), mit deren Hilfe ein ruckweiser Bewußtseinsänderungsprozeß in Gang gehalten werden sollte. Kaum war eine Yundong vorbei, hatte bereits die nächste, mit jeweils präziser Zielsetzung (z.B. Boden-, Ehe-, Gedankenreform etc.), einzusetzen. Im Gegensatz zur offiziellen Sprachregelung liefen solche Kampagnen niemals spontan ab, sondern standen unter sorgfältiger Lenkung der KP, die nichts dem Zufall überließ, und die das prozessuale Vier-Takt-Schema (Vorbereitung, Mobilisierung des Umfelds, Durchführung, Ergebniszusammenfassung), den zu bewältigenden Studienstoff und die Quote der "auszugrabenden" (wachulai) und hinzurichtenden Personen genau festlegte.

Wehe dem Angriffsobjekt, das es wagte, bei einer solchen Kampagne nicht zerknirscht zu sein, ja sich vielleicht gar zu verteidigen. Es machte sich allein schon kraft dieser Aufsässigkeit des Widerstands gegen Partei und Staat schuldig und bekam augenblicklich den "Zorn der Volksmassen" zu spüren! Wehe aber auch dem Familienmitglied, Kollegen oder Freund, der es wagte, jetzt noch Solidarität zu üben!

Ein viertes Kampagnenkriterium war - neben präziser Zielsetzung, KP-Anleitung und zerknirschtem Geständnis - die durch genaue zeitliche Rahmendaten begrenzte Dauer einer Yundong.

Sechs große Kampagnen waren es, die im Zeitraum 1949/52 stattgefunden haben und der alten Gesellschaft den Todesstoß versetzten.

*Das Jahrhundertereignis Bodenreform und die Agonie
des Feudalismus*
Die mit Abstand einschneidendste Massenkampagne galt der Bodenreform, die aus vielerlei Gründen überfällig geworden war. Erstens forderten verschiedene Ideologien, von Marx bis hin zu Sun Yixian ("Das Feld dem Pflüger"), eine grundlegende Abkehr vom überkommenen Bodenregime;

zweitens mußte die neue Führung aus antikolonialen sowie aus "yan'anistischen" Überlegungen darauf bedacht sein, so wenig wie möglich von ausländischen Getreideimporten abhängig zu sein, vor allem aber reichten, drittens, die längst kontraproduktiv gewordenen traditionellen Produktionsverhältnisse nicht mehr aus, um die (gemäß Volkszählung vom 1.7.1953) auf inzwischen auf 602 Millionen Menschen angestiegene Bevölkerung zu ernähren. Die Bodenfläche pro Kopf hatte sich (wie oben S.38 f. ausgeführt) angesichts der Bevölkerungsexplosion ohnehin schon auf ein Minimum verringert. Zu allem Überfluß war der Ackerboden auch noch ungleichmäßig verteilt. Über das Ausmaß dieser Verteilung gibt es allerdings verschiedene Angaben:

Nach den Ermittlungen Bucks hatten Mitte der dreißiger Jahre 54,2% der Bauern ihr Land zu Eigentum, 39,9% waren Teileigentümer und nur 5,9% Pächter. Erhebungen des Landwirtschaftlichen Forschungsinstituts der GMD aus der gleichen Zeit kamen zum Ergebnis, daß sogar 70% aller Bauernfamilien zumindest einen Teil des von ihnen kultivierten Bodens besaßen, während 30% ohne Grundeigentum waren, also nolens volens ein Pachtverhältnis eingehen mußten. Allerdings existierte ein scharfes Nord-Süd-Gefälle: Während in den Weizenbaugebieten des Nordens nur 15% des Landes angepachtet waren, lag dieser Anteil in den ergiebigen Reisbauregionen des Südens manchmal bei bis zu 50%.

Nach sinokommunistischen Angaben gehörten demgegenüber den Grundbesitzern (dizhu), deren Zahl 1950 angeblich bei 4% der Landbevölkerung lag, etwa 70 - 80% des Ackerbodens.

Angesichts solch krasser "statistischer" Differenzen, die hier wie dort vermutlich von propagandistischen Intentionen beeinflußt waren, lohnt es sich, den Blick auf eine Feldstudie zu werfen, die C.K.Yang am Vorabend der Bodenreform (1948/50) in dem Guangdong-Dorf Nanjing durchgeführt hatte.

Von den 230 dortigen Familien gehörten 30 zu den Grundbesitzern und Reichen Bauern (13%), 70 zu den Mittelbauern (30,5%) und 100 zu den Armen Bauern (42,5%); 30 waren darüber hinaus nichtlandwirtschaftliche Gewerbetreibende. 6,2 % des gesamten Ackerbodens der Gemeinde Nanjing standen in Kollektiveigentum, nämlich als "Clanboden" (für die Unterhaltung des Ahnenkults), als "Erziehungsboden" (für die Deckung von Erziehungs- und Ausbildungskosten) sowie als "Tempelboden" (zur Unterstützung der Mönche und der Dorfkulte sowie zur Unterhaltung der religiösen Bauwerke). Die übrigen 93,8% waren privat. 5 Familienclans, die zusammen 2,18% der Dorfbevölkerung ausmachten, besaßen jeweils etwa 310 Mu (15 Mu = 1 ha), also zusammen nicht weniger als 23,8% des gesamten Ackerbodens der Gemeinde. Ganz am anderen Ende des Spektrums mußten 20 Familien (8,7% der Dorfbevölkerung) ohne jeglichen Bodenbesitz auskommen. Zwischen beiden Extremen lagen die Reichen, Mittleren und Armen Bauern, denen durchschnittlich 5 - 10 Mu bzw. 3 - 4 Mu bzw. 1 - 2 Mu gehörten. Da die meisten Mittleren und Armen Bauern ihre - statistisch 4,8 Personen umfassenden - Familien von den Erträgen des eigenen Bodens unmöglich ernähren konnten, blieb ihnen nichts anderes übrig, als seufzend Pachtverhältnisse einzugehen. Im Endeffekt wurden 70 % des gesamten Ackerlands in Nanjing (840 Mu) verpachtet und nur 30 % (360 Mu) von den Eigentümern selber bearbeitet. Pacht war freilich nicht gleichbedeutend mit Armut. Reiche Bauern, die nur kleinere Flächen hinzupachten mußten, erzielten in der Regel durchaus erfreuliche Ernteergebnisse. Wer freilich ganz oder überwiegend auf Zupacht angewiesen war, geriet schnell an den Rand des Existenzminimums.

Üblich war in Nanjing eine Pachtdauer von nur 3 Jahren - mit der Folge, daß günstige Ernten bei der Vertragserneuerung in aller Regel Pachterhöhungen nach sich zogen. Der Pachtzins war fast ausschließlich in Naturalien zu begleichen und bestimmte sich nach der Bodenqualität. Bei hochwertigem Boden (gute Bodenqualität + volle Bewässerung) waren 43-50% der Ernte, bei mittlerem Boden (schlechtere Bodenqualität und weniger gut bewässert) durchschnittlich 43% und bei niedriger Qualität (unbewässert) bis zu 25% der Ernte an den Verpächter abzuführen, und zwar zweimal jährlich unmittelbar nach den Ernten.

Charakteristisch für die Pachtverhältnisse in Nanjing

- wie auch für die meisten anderen Dörfer Chinas - war eine Garantierücklage, die der Pächter schon bei Beginn des Pachtverhältnisses zu leisten und die ebenfalls zumeist in Produkten zu erfolgen hatte. Trat der "Garantiefall", also z.B. schweres Unwetter, ein, so stand das Überleben der Pächterfamilie auf des Messers Schneide; denn schon die normalen Produktionskosten waren schwer zu verkraften. Bei Reisboden mittlerer Qualität waren als Steuer 7,1% der Erntemenge, als Pachtzins 43%, als Düngemittelanteil 5,7% und als Saatgutanteil 1,4% zu veranschlagen; alles in allem also 57,2 % !

Einige Bauern lebten vom Nettoertrag nicht schlecht. Familien beispielsweise, die 30 Mu besaßen und alles verpachteten, erhielten einen Jahreszins von rund 9.000 Catties (chin.: "jin" = 0,56 kg), von dem nach Abzug der Steuern noch 6.450 ungeschälter oder 4.192 Catties geschälter Reis blieben. Dies war das Dreifache der Menge (2.141 Catties), die eine Durchschnittsfamilie zum Leben benötigte. Auch Reiche Bauern konnten zufrieden sein. Wer beispielsweise bei einem eigenen Bodenanteil von 10 Mu 40% Eigenland und 60% Pachtland bearbeitete, hatte am Ende einen Bruttoerlös von fast 8.400 Catties ungeschältem Reis. Sogar Mittlere Bauern kamen noch zurecht und erzielten bei 70 % Pachtanteil durchschnittlich 2.600 Catties ungeschälten Reis, also eine immer noch knapp über dem Ernährungsminimum liegende Menge. Schlimm dagegen war es um die Armen Bauern bestellt.

Bei durchschnittlich 1,2 Mu Eigen- und 4,8 Mu Pachtanteil kam ein Nettoerlös von nur 1.507 Catties ungeschältem Reis heraus, eine Menge, die weit unter der Minimumgrenze lag. Kam es zu Naturkatastrophen, so bedeutete dies auf alle Fälle Hunger, wenn nicht Schlimmeres. Nun gab es zwar die Möglichkeit, Kredite aufzunehmen, doch brachten diese den Nehmer fast immer in noch bedrückendere Abhängigkeit; lag doch in den Jahren 1948 - 50 der normale Zinssatz in Nanjing bei 40 % p.a.

Geht man mit Yang davon aus, daß Nanjing repräsentativ für *das* chinesische Dorf schlechthin war, so wird die Schlußfolgerung unausweichlich, daß die Forderung nach einer Bodenreform nicht etwa nur die verschrobene Idee einiger Weltverbesserer war, sondern daß sie sich aus dem desolaten Zustand von fast 200 Millionen Bauern ergab. Der beklagenswert niedrige Lebensstandard reduzierte wiederum die Absatzmöglichkeiten einer modernen Industrie und verstetigte damit die wirtschaftliche Stagnation. Was den Grundbesitzern nützte, schadete der chinesischen Volkswirtschaft.

Die Untersuchungen Yangs werden durch Schilderungen des UNRRA-Beauftragten, William Hinton, bestätigt, der sich 1947 einige Monate lang in dem 1000-Seelen-Dorf Zhangzhuang (Südjiangxi) aufhielt. Vor allem im Winter mußten sich die meisten Familien dort mit einer einzigen Mahlzeit pro Tag begnügen und ihre mageren Mais- Hirse- oder Weizenbestände mit Kleie, Spreu, wilden Gräsern und Baumrinde strecken, vor allem wenn der notorische Chunhuang (Frühjahrshunger) einsetzte. Ständig waren die Bauern auf der Suche nach Düngemitteln-mit der Folge, daß die Straßen und Höfe im Durchschnittsdorf höchst aufgeräumt und proper wirkten. Angesichts der Düngemittelknappheit gingen manche Grundbesitzer dazu über, ihren Tagelöhnern oder Pächtern das Verrichten der Notdurft auf den Feldern zu untersagen und ihnen vertraglich den Gang zur Verpächter-Latrine aufzuerlegen.

Während des Krieges mußten bisweilen sogar die japanischen Besatzer Hunger leiden. Angesichts dieser unvorstellbaren Knappheit an Nahrungsmitteln und Kleidung war es kein Wunder, daß sich der Verteilungskampf in den Dörfern manchmal bis aufs Messer zuspitzte, wobei die wohlhabenden Schichten die Oberhand behielten, da sie nun einmal über das knappste aller Güter, nämlich den Boden, verfügten und vielleicht sogar noch über etwas Kapital, das sich zu Höchstzinsen ausleihen ließ. Zumeist verwendeten die Bauern die aufgenommenen Kredite nicht für produktive, sondern für konsumtive Zwecke, indem sie damit z.B. die durch die Tradition gebotenen Ausgaben für Beerdigungen oder Hochzeiten bestritten oder sich ganz einfach über den Frühjahrshunger hinwegretteten. Als Folge davon gerieten die Pächter so sehr in Schuldabhängigkeit, daß sie auch ihr letztes Gerät, ihr letztes Schwein und ihr letztes Huhn weggeben mußten und dann im wahrsten Sinne des

Wortes völlig mittellos dastanden. Der chinesische Standardgruß "Ni chiguo fanma?" (Hast du schon deinen Reis gehabt?) hatte also einen faustdicken Hintergrund. War der Überlebenskampf schon in friedlichen Zeiten hart genug, so wurde er in den Kriegswirren der dreißiger und vierziger Jahre zu einem Kampf aller gegen alle. Jede Obrigkeit oder soziale Bewegung, die in dieser trostlosen Situation Perspektiven für eine Änderung bot, mußte die Bauern spontan und fast magisch an sich ziehen. Die Guomindang sollte es gerade auf den Dörfern zu spüren bekommen, welche Chance sie vertan hatte, als sie es versäumte, dem Programm Sun Yixians zu folgen und das "Land dem Pflüger" zu übereignen. Es war eine der gewaltigsten kommunikativen Leistungen der KPCh, daß sie mit ihrer Propaganda - und ihrer Praxis - den Bauern das Gefühl vermittelte, "daß die Reichen ihre Götter, die Armen aber ihre Achte Armee haben".

Die Balu hatte es schon in den dreißiger und vierziger Jahren trefflich verstanden, Archetypen traditioneller Bauernerhebungen neu zu beleben und für ihre Zwecke nutzbar zu machen. Seit Jahrtausenden waren in dörflichen Grenzsituationen immer wieder "brüderliche Gemeinschaften" entstanden, die sich zunächst in Geheimgesellschaften organisierten, und deren angestaute Wut und Verzweiflung sich dann explosionsartig über das ganze Land auszubreiten und die Dynastie hinwegzusprengen pflegte. Eine solche Konstellation wiederholte sich in den dreißiger und vierziger Jahren des 20. Jh.s, als es der Balu gelang, angesichts abgrundtiefer Not und Verzweiflung bei den Bauern Hoffnung, Vertrauen und Brudersinn zu wecken - und dies in einer Gemeinschaft, die in normalen Zeiten hierarchischer aufgebaut ist als irgendeine andere Sozietät der Welt! Die Bauern waren in ihrem Elend ganz gewiß eine "Klasse an sich" und wurden im Laufe des Kampfes - vor allem gegen die Japaner - dann auch zu einer "Klasse für sich". Die These von Frantz Fanon, daß nämlich Klassen sich erst durch den gemeinsamen Befreiungskampf als solche begreifen lernen, hat in der damaligen chinesischen Praxis eine triumphale Bestätigung gefunden, hat diese These überhaupt vorweggenommen!

Während des Kriegs hatte die Bodenreform noch etwas warten müssen; nach Ausrufung der Volksrepublik setzte sie jedoch Mitte 1950 im ganzen Lande ein, nachdem das Bodenreformgesetz vom 30.6.1950 präzise Vorgaben geliefert hatte: Zu enteignen seien die "Grundbesitzer" sowie aller Boden, der zu Ahnenschreinen, Tempeln, Klöstern, Kirchen, Schulen und anderen nichtlandwirtschaftlichen Organisationen gehörte. Reiche Bauern und Mittelbauern, die ja der Vierklassen-Front der Neuen Demokratie zugerechnet wurden, sollten vorerst verschont bleiben. Das beschlagnahmte Bodeneigentum sei "einheitlich, gleich und rationell an die bisher landlosen Bauern zu verteilen".

Zuständig für Enteignung und Neuverteilung waren zwei Organe, nämlich die "Bodenreformkomitees" (tudi gaige weiyuanhui) und - zu ihrer Unterstützung - die sog. "Volkstribunale" (renmin fating), die notfalls nachhelfen sollten.

In einem Zusatzbeschluß "über die Ermittlung des Klassenstatus der Bauern" vom 4.8.1950 waren im übrigen auch die Kriterien für die Einteilung der Bauern (Grundbesitzer: dizhu, Reiche Bauern: funong, Mittelbauern: zhongnong, Arme Bauern: pinnong und "Arbeiter": gongren) festgelegt worden. Als "Grundbesitzer" hatten all jene Personen zu gelten, die ihren Boden nicht selbst bearbeiteten, sondern ihren Lebensunterhalt durch Ausbeutung anderer bestritten. "Reiche Bauern" arbeiteten zwar ebenfalls nicht, unterschieden sich von den Grundbesitzern aber dadurch, daß sie größere Bodenflächen pachteten.

"Grundbesitzer", die sich auf diese Weise definitorisch eingekesselt sahen, waren schon kurze Zeit später tödlichen Verfolgungen ausgesetzt. Allerdings blieben in den Netzen der Dorftribunale lediglich die kleineren Fische hängen. Die mächtigen Landlords waren schon während des Bürgerkriegs nach Beiping, Tianjin oder Shanghai, in manchen Fällen sogar nach New York oder San Francisco ausgewichen; auch die Angehörigen der zweiten Garnitur hatten zumindest in die Provinzhauptstädte entkommen können, und selbst die drittrangigen Grundherren waren wenigstens in die Kreisstädte geflohen. Was auf den Dörfern übrigblieb, war "vierte Wahl", die nie und nimmer zu den westlichen Vorstellungen von einem Grundbesitzer paßte.

Die Schauprozesse und Massenhinrichtungen der Bodenreformperiode gehören mit zu den düstersten Kapiteln der sinokommunistischen Frühgeschichte. In aller Regel wurden die "Kampfversammlungen" durch Arbeitsgruppen vorbereitet, die von den Kreisparteikomitees entsandt wurden. Sie nahmen die Klasseneinteilungen vor, veranlaßten die Bauern zur "Rückbesinnung auf erlittenes Unrecht" und stellten Fragen: Warum haben wir alle solange gelitten? Warum sollen wir uns eigentlich nicht an den Grundbesitzern rächen? Wovor haben wir Angst? Wer soll sich bei den Kampfversammlungen zu Wort melden? Und in welcher Reihenfolge? Wie sollen wir das Vermögen der Delinquenten verteilen? Sollte der Grundbesitzer am Ende nicht gar Vermögensgegenstände vergraben haben, so daß man entsprechende Informationen notfalls aus ihm herauszuprügeln hätte?

Der eigentliche Prozeß begann zumeist mit einer Anklageversammlung (kongsuhui), bei der der "Ortskaiser" von einer Milizeinheit vorgeführt und vor versammelter Dorfbauernschaft angeklagt zu werden pflegte, sei es nun wegen der Zusammenarbeit mit den japanischen Besatzern, wegen der Ausbeutung von Bauern oder aber wegen der Aufstellung von GMD-Milizen (Mintuan). Anschließend erging die Aufforderung an die Dorfbewohner, einzeln vorzutreten und ihm sein Verbrechen ins Gesicht zu schreien. Seit Jahrhunderten an Unterwürfigkeit gewöhnt, hatte es bisher kaum ein Armer Bauer gewagt, dem "Dorfkaiser" offen entgegenzutreten. Doch jetzt wurde alles anders. Als bei einer dieser Kampfversammlungen ein Bauer dem Grundbesitzer ins Gesicht schlug, ging, wie der Augenzeuge William Hinton beobachten konnte, ein "Beben durch die zerlumpte Menge, als ob ein elektrischer Funke die Muskeln hätte zucken lassen". Noch nie hatten sie bisher erleben können, daß ein Bauer einen Grundbesitzer schlug. Als der Mißhandelte ohne ein Zeichen von Aufbegehren in sich zusammensank und um Vergebung flehte, wurde den Anwesenden schlagartig bewußt, daß sie sich seit Jahren von einem Schwächling hatten ausbeuten lassen - und ihre Wut steigerte sich bis zur Raserei. Dies war der Augenblick, auf den die Tribunalrichter zu warten pflegten. Ihre Bitte an die "Massen" um einen "gerechten Spruch" konnte jetzt eigentlich nur noch mit einem Todesurteil enden.

Während der zweieinhalbjährigen Bodenreformkampagne (Juni 1950 bis Ende 1952) wurden mehrere Millionen Grundbesitzer hingerichtet. Die genaue Zahl läßt sich aus naheliegenden Gründen nicht ermitteln. Von der Grundbesitzerschaft, die nach offiziellen Angaben bei 4% der damaligen ländlichen Bevölkerung - also bei etwa 16 Millionen Personen - lag, blieb am Ende nur ein kümmerlicher Rest übrig. Aber auch die Überlebenden hatten nichts mehr zu lachen; dienten sie doch bis in die siebziger Jahre hinein als Fußabstreifer für jede neue Kampagne!

Nachdem die Grundbesitzerklasse Ende 1952 liquidiert worden war, kamen die Reichen Bauern an die Reihe, und zwar im Zuge der unten zu beschreibenden "Vergenossenschaftungsbewegung".

Insgesamt erhielten rund 300 Millionen ehemals landlose oder Arme Bauern 700 Mio. Mu Land zugeteilt, wobei sich drei Distributionskriterien einspielten, nämlich Bedürftigkeit, kämpferisches Engagement (es galt der Leitspruch "Shui dou shui fen": "Wer kämpft, bekommt einen Anteil") und Bereitschaft zum "Fanshen" - wörtlich: Körperumdrehen, d.h. also zum Wandel der inneren Einstellung.

Keiner der frischgebackenen Bodenbesitzer konnte allerdings ahnen, daß er schon wenige Monate später sein Eigentum wieder würde abliefern müssen - und zwar an die neu entstehenden Genossenschaften; die Umverteilung im Zuge der Bodenreform war ja nur ein allererster Schritt, dem der eigentliche Umwandlungsprozeß erst noch folgen sollte. In der Tat erging bereits im September 1951 eine ZK-Resolution über "gegenseitige Hilfe und genossenschaftlichen Zusammenschluß", in deren Gefolge bis Ende 1953 nicht weniger als 43% aller Bauernhaushalte zu "Gruppen der gegenseitigen Hilfe" (nongye huzhuzu) oder gar schon zu Genossenschaften verschnürt wurden. Der Beitritt wurde den Bauern mit verständlichen Argumenten schmackhaft gemacht: Ein Maulesel beispielsweise könne pro Tag 120 Mu bearbeiten; da aber die meisten Familien in der Regel bei weitem nicht einmal die Hälfte dieser Fläche besäßen, wäre die Investition in einen solchen Esel

- genauso wie in andere Hilfsmittel - unrentabel gewesen. Warum sich also nicht zusammentun? Der Kooperation ließen sich darüber hinaus sogar unterhaltsame Seiten abgewinnen, so z.B. für Frauen, die das Spinnen und Weben bisher in aller Regel allein zu Hause hatten erledigen müssen, die nun aber gemeinsam beschäftigt werden könnten.

Fanden viele Bauern solche Argumente, die unter der Parole "Sich organisieren" standen, anfangs noch einleuchtend, so muß ihr Mißtrauen spätestens 1952 jäh erwacht sein, als sie nämlich erneut dazu überredet wurden, die "Zusammenarbeit" noch ein weiteres Stück zu intensivieren und zu diesem Zweck ihr gesamtes gerade erst erworbenes Bodeneigentum wieder abzuliefern - diesmal an die neu entstehenden Genossenschaften.

Die gleichzeitige Bodenreform auf Taiwan
Die GMD, die ihr Zögern in der Reformfrage auf dem Festland so teuer hatte bezahlen müssen, wollte nun, da sie auf der Insel Taiwan eine neue Bleibe gefunden hatte, keine Zeit mehr verlieren und begann sogleich mit einem energischen Bodenreformprogramm, das in drei Stufen abgewickelt wurde. Noch 1949 wurde die Bodenpacht ermäßigt, und zwar auf maximal 37,5% des Normalertrags. Seit 1951 verkaufte die Regierung dann die großen Staatsländereien, die aus japanischem Nachlaß überkommen waren und die immerhin 20% der gesamten Ackerfläche ausmachten, an 156.000 Bauern, die bisher als Pächter gelebt hatten. Die Kaufraten wurden hierbei so bemessen, daß sie nicht höher lagen als der auf 37,5% des Normalertrags reduzierte Pachtzins. 1953 begannen dann, im dritten Anlauf, die härtesten chirurgischen Eingriffe; galt es doch den privaten Grundbesitzern allen Boden abzunehmen, der 3 ha überschritt, und ihn sodann an die "Pflüger" zu übereignen. Hierbei entwickelte die Regierung zwei Zahlungsmethoden, die ebenso genial wie zukunftsweisend waren: Sie zahlte nämlich den Grundbesitzern 70% des Grundstückswerts mit sog. "Landgutschriften" (eine Art Ratenzahlung, die vom Pächter teils in Bargeld, teils in Reis- und Süßkartoffellieferungen eingelöst werden mußte) und 30% mit Aktien der Staatsindustrie. Damit wurden zwei Fliegen mit einer Klap-

pe geschlagen: Der Staat sparte Kaufgeld und zugleich wurden Investitionsgelder in die damals gerade den Kinderschuhen entwachsene Industrie gepumpt. 195.000 bisherige Pachtbauern waren damit Bodeneigentümer geworden - ein Ergebnis, das augenblicklich fast rakentenartige Erfolge auslöste. (Indexzahlen: 1952: 100, 1960: 143, 1968: 226)

Auch in der übrigen Wirtschaftspolitik begann der Staat erheblichen Einfluß auszuüben, vor allem im Bereich der Entwicklungsplanung (Vierjahrespläne seit 1953), bei der Devisenkontrolle, beim Ausbau von Sonderwirtschaftszonen sowie bei der Zinspolitik. Vor allem aber behielt sich die Regierung das Monopol im Bereich der Energie-, Zucker- und Düngemittelwirtschaft vor.

Die Ehereform-Kampagne

Eng verzahnt mit der Landreformbewegung verlief in der Volksrepublik die Einführung des neuen Eherechts durch das am 1. Mai 1950 verkündete Ehegesetz.

Das archetypische chinesische Familienrecht war bestimmt gewesen von der Herrschaft des Mannes über die Frau und des Alters über die Jugend. Es war patrilinear, patriarchalisch, patrilokal und patronym; es verneinte die freie Partnerwahl, verbot die Wiederverheiratung von Witwen, legalisierte das Konkubinat, behandelte Eheschließungen als Kaufvertrag, durch den die Braut gegen Leistung eines ansehnlichen "Geschenks" an Familie und Clan des Bräutigams überging, und ermöglichte Kindesverlobungen. Sinokommunistischen Sprachgepflogenheiten zufolge waren es "Vier Stricke" (politische, Sippen-, religiöse und Gattengewalt), mit denen das chinesische Volk 2.000 Jahre lang "gefesselt" gewesen sei.

Das Ehegesetz der GMD von 1930 hatte den "Feudalismus" zwar in den Städten teilweise abschütteln helfen, nicht aber auf den Dörfern. Hier fanden die Kommunisten ihr klassisches Betätigungsfeld: Marksteine der Entwicklung waren die Ehegesetze von 1931, 1934 und 1950, die jeweils von Kampagnen kontrapunktiert waren. Das Ehegesetz von 1950 wurde manchmal auch "Frauengesetz" genannt, weil es, wie kein anderes Rechtswerk, die Frauenemanzipation gefördert hat, manchmal aber auch "Scheidungsgesetz". Im übrigen zeichnete es sich durch außerordentliche juristische Simplizität aus. Die in westlichen Rechtsordnungen so detailliert ausgestalteten Einzelbereiche wie Verlöbnis, "Nicht-Ehe", Aufhebbarkeit, Scheidung etc. wurden hier über nur zwei Leisten gezogen: Eheschließung/Eheschei-dung. Das neue Gesetz sollte auch den Familienrechtsjuristen überflüssig machen, auf den man in Yan'an ja ebenfalls hatte verzichten können!

Alles in allem war das Neudemokratische Eherecht, neben der Bodenreform, das zweite große antifeudalistische Reformwerk der frühkommunistischen Periode.

Die "Kampagne zum Widerstand gegen Amerika und zur Hilfe für Korea"
Verglichen mit der Bodenreform war die am 4.11.1950 ausgerufene "Kang Mei yuan Chao"-Kampagne geradezu ein Spaziergang, wenngleich auch sie epochale Wirkungen nach sich zog, nämlich die weitgehende Auslöschung westlichen Gedankenguts und westlicher Einrichtungen.

Vor allem die am Koreakrieg nun ganz gewiß nicht schuldigen Kirchen- und Religionsgemeinschaften, die im chinesischen Volk während der vergangenen Jahrzehnte tiefe Wurzeln hatten schlagen können, erlebten jetzt ihr Fiasko. 20.000 protestantische Priester, Diakone und YMCA-Vertreter wurden in den Jahren 1951/52 verfolgt, eingekerkert oder in Umerziehungslager geschickt und dann zumeist des Landes verwiesen.

Noch präziser waren die Schläge gegen die Katholische Kirche, deren (chinesische) Spitzenvertreter z.T. exekutiert oder ebenfalls jahrelang eingekerkert wurden. Die Nonnen des Waisenhauses Sacré Coeur in Nanjing wurden beschuldigt, jahrelang Kleinkinder massakriert zu haben.

Was von den einst blühenden Kirchengemeinden und Kircheneinrichtungen nach dieser Kampagne noch übrigblieb, wurde verstaatlicht (Universitäten, Schulen, Krankenhäuser, Waisenhäuser, Bibliotheken, Kirchengebäude etc.) oder in Massenorganisationen eingebracht, die der "Patriotischen Drei-Selbst-Bewegung" (san zi aiguo yundong) unterstellt wurden. Die christlichen Kirchen hatten von jetzt an in "dreifacher Hinsicht unabhängig" zu sein,

nämlich organisatorisch, finanziell und pastoral. Verboten
war jetzt vor allem die Mission und die Bischofsernennung
durch den Vatikan.

Die Kampagne gegen die "Konterrevolutionäre"
Was die Grundbesitzer auf den Dörfern, waren die "Konterrevolutionäre" (fan geming fenzi) in den Städten. Die Kampagne wurde am Doppelzehnten (dem Nationalfeiertag der
Republik China) von 1950 eingeleitet, hatte also etwas mit
der GMD und dem Ancien Régime zu tun und stand außerdem unter dem düsteren Vorzeichen des Koreakriegs, an
dem teilzunehmen zwei Tage vorher die chinesischen
"Volksfreiwilligen" aufgerufen worden waren. Erschwerend
kam hinzu, daß der Begriff des "Konterrevolutionärs" ver-
schwommen blieb. Selbst gesetzliche Bestimmungen über
die Bestrafung, Enteignung und Beaufsichtigung "konter-
revolutionärer Elemente" vom 20.2.1951, 22.6.1951 und
2.6.1952 brachten keine Klarheit. Betroffen war nach Lage
der Dinge also die gesamte politische und administrative
Elite des früheren GMD-Regimes, soweit sie sich der Verfolgung nicht durch Flucht hatte entziehen können. Daneben seien, wie es hieß, die "Konterrevolutionäre" aber auch
innerhalb der KPCh, in der VBA, in Erziehungs-, Industrie-
und Handelskreisen sowie in religiösen Zirkeln aufzuspü-
ren. Als "konterrevolutionäre" Straftatbestände wurden in
§ 2 der Bestimmungen vom 20.2.1951 solche "Verbrechen"
aufgezählt, die "darauf abzielen, die Volksdemokratie zu
unterminieren". Dazu gehörten "Kontakte zu Imperialisten",
"Vaterlandsverrat", "Anstiftung von Regierungsangestellten
oder Soldaten zum Widerstand", "Anstiftung zu bewaffneter
Erhebung", "Spionage", "Zerstörung von Volkseigentum",
"Erweckung von Unzufriedenheit", "Fluchtversuche und
Weitergabe von Geheimnissen". Unter Mißachtung des
Grundsatzes "Nulla poena sine lege" heißt es in § 18, daß
die Bestimmungen auch auf solche konterrevolutionäre
Verbrechen anzuwenden seien, die bereits vor Erlaß der
neuen Regelung begangen wurden.

Es liegt auf der Hand, daß mit so unpräzise abgefaßten
Tatbeständen nahezu jede mißliebige Person und jedes ab-
weichende Verhalten inkriminiert werden konnte. Bezeich-

nenderweise gab es auch keinerlei schützende Prozeßvor-
schriften; und dies, obwohl die meisten der "konterrevolutionären Verbrechen" mit Todesstrafe bedroht waren! Die
Sicherheitsbehörden und Militärtribunale hatten also freie
Hand und konnten jeden auch nur entfernt verdächtigen
Regimegegner zu "Kampfversammlungen" vorführen, die
häufig in randvoll besetzten Sportstadien vor einer revolutionär gestimmten Zuschauermenge stattfanden und fast
ausnahmslos mit Todesurteilen endeten. Bei einer "Kampfversammlung" im Fußballstadion von Shenyang am 25.4.
1951 beispielsweise wurden zwischen 10 Uhr vormittags und
3 Uhr nachmittags neunzehn "Konterrevolutionäre" zum
Tode verurteilt; jedes Verfahren dauerte also rund eine
Viertelstunde. Die von wochenlangen Verhören und Tor-
turen körperlich gezeichneten und seelisch gebrochenen
Delinquenten wurden von Milizionären und Volkspolizisten
gefesselt ins Stadionrund gebracht, dort von einem gut prä-
parierten Ankläger der grauenhaftesten und meist auch
unwahrscheinlichsten Verbrechen geziehen und dann von
den 70.000 "Richtern" mit dem Schrei "Schlagt das Biest
tot!" verurteilt. Am nächsten Tag fanden die Exekutionen
statt, denen diesmal allein in Shenyang 400 Menschen zum
Opfer fielen.

Der VIII. Parteitag mußte 1956 zwar einräumen, daß in
den Jahren 1951/52 leider viele Unschuldige hingerichtet
worden seien. Doch wo gehobelt wird, da fielen eben auch
Späne! Es gibt keine offiziellen Angaben über die Zahl der
"konterrevolutionären" Opfer - in westlichen Schätzungen
ist manchmal von 2 Millionen Hingerichteten die Rede.

Wer nicht vor den Erschießungskommandos endete,
hatte eine jahrelange "Hirnwäsche" (xi'naojin) zu durchlaufen - ein Erlebnis, das besonders eindrucksvoll vom belgi-
schen Missionar Dries van Coillie beschrieben wurde. Die
"Hirnwäsche" begann mit der Aufforderung zum "Bekenntnis". Coillie, etwas verwirrt: "Welche Verbrechen soll ich
denn bekennen? Morde etwa? Wieviele Morde müssen es
denn sein? Einer, zwei? Oder Spionage?" Diese Art von
Ironie brachte ihm körperliche Mißhandlungen, pausenlose
Beschimpfungen und Schlafverweigerung ein. Sobald ein
Gefangener nach Wochen der Sonderbehandlung "weichge-

kocht" war, veränderte sich die Behandlungsmethode, indem nun plötzlich ein freundlicher und wohlwollender Gesprächspartner auftauchte, der sich die Klagen des Opfers
verständnisvoll anhörte und ihm zu verstehen gab, daß es
doch einen ganz naheliegenden Ausweg gebe, nämlich einfach eine vollständige Niederschrift all jener "Verbrechen"
anzufertigen, die man als "Konterrevolutionär" nun einmal
begangen habe. Ob er, Coillie, nicht ab und zu einen Brief
ins Ausland geschrieben habe? Als die Frage bejaht wurde,
reagierte der Gesprächspartner mit einem erleichterten "Na
also" und konnte weiterhin befriedigt feststellen, daß das
Schreiben in ein "reaktionäres Land" gegangen, ja daß darin
gar noch von China die Rede gewesen sei. Nach vielen Korrekturen kam folgende "Endfassung" heraus: "Ich, van
Coillie, internationaler Spion habe militärische Geheimin-
formationen an reaktionäre und volksfeindliche Regierungen weitergeleitet."

Wer Pech hatte, konnte aufgrund eines solchen Ge-
ständnisses nun ohne weiteres zum Tode verurteilt werden.
Wer am Leben blieb, durfte seine Zellengenossen indok-
trinieren und examinieren. Der "Neue Mensch" war fertig,
wenn er auf "Knopfdruck" exakte Antworten hervorsprudeln
konnte. Man drückte auf die Taste "Sowjetunion" oder
"Wallstreet" und schon strömte es wie ein Sturzbach heraus.

Die "Drei- und Fünf-Anti"-Kampagnen

Die Bewegung gegen die "Drei Übel" (San fan: der Korruption, der Verschwendung und des Bürokratismus), die im
Dezember 1951 begann, richtete sich weniger gegen ehemalige GMD-Funktionäre, die ja zum größten Teil bereits als
"Konterrevolutionäre" zur Verantwortung gezogen worden
waren, als vielmehr gegen Kader aus den eigenen Reihen.
Die KPCh-Führung hatte die ernüchternde Feststellung
treffen müssen, daß Funktionäre, die noch vor wenigen Jahren wahre Muster an Selbstlosigkeit gewesen waren, sich
schon kurze Zeit nach der "Befreiung" zu "kleinen Königen"
aufgeschwungen hatten, die sich in ihrer Macht sonnten,
überall herumkommandierten, verschwenderisch mit dem
ihnen anvertrauten Vermögen umgingen und manchmal
schon bis zum Hals in Korruption versunken waren - eine

Fehlentwicklung, die Mao auf den "zersetzenden Einfluß der Bourgeoisie" zurückführte.

Die Veruntreuungs-Obergrenze, von der ab gemäß dem einschlägigen ZK-Beschluß Todesurteile gefällt werden sollten, lag damals bei 15 Mio.Yuan. Freilich mußte das Politbüro schnell einsehen, daß, wenn man bei diesem Kriterium blieb, nahezu sämtliche Kader der mittleren Ebene hätten exekutiert werden müssen. So blieb nichts anderes übrig als einzulenken. Am Ende waren es dann nur rd. 4,5% aller Verwaltungskader, die während der San-fan-Kampagne aus ihren Ämtern "hinausgesäubert" wurden.

Im März 1952 lief, parallel zur Drei-Anti- eine sogenannte "Fünf-Anti-Bewegung" (Wu fan: gegen Bestechung, Steuerhinterziehung, Veruntreuung von Staatseigentum, Betrug und Verrat von Staatsgeheimnissen) an, die wegen der plakativen und ähnlich klingenden Wortwahl mit der Drei-Anti-Bewegung häufig in einen Topf geworfen wird, in Wirklichkeit aber auf ganz andere "Kampfobjekte" gerichtet war, nämlich auf "Kapitalisten sowie auf die nichtkapitalistischen Handwerker und Kaufleute mit Familienbetrieben". Hauptziel der Kampagne war es, den Privathandel und die Privatindustrie soweit wie möglich zu sozialisieren und die bisherigen Unternehmer an die Kandare zu nehmen. In Shanghai wurden bis September 1952 160.000 Kaufleute auf die "Fünf Verbrechen" hin überprüft und durch tagelange Dauerverhöre zu "Geständnissen" genötigt. 500 wurden exekutiert, 4.000 zu langjährigen Freiheitsstrafen und 30.000 zu Gefängnisstrafen von bis zu zehn Jahren verurteilt. Außerdem hatten sie Bargeld in Höhe von 1,25 Mrd.US $ abzuliefern. Die Zahl der Selbstmorde stieg während der beiden Kampagnen in ganz China auf fast 200.000.

Mit der Fünf-Anti-Kampagne begann übrigens auch die Demontage der "Viererkoalition" und damit der "Neuen Demokratie". Die "Nationale Bourgeoisie" war das erste Opfer, dem während der Vergenossenschaftungsbewegung die Reichen und Oberen Mittelbauern und dann, beginnend mit dem Jahr 1956, auch die Angehörigen der "Kleinbourgeoisie", vor allem die Intellektuellen, folgen sollten. Die Salami-Taktik zur Liquidierung der Viererkoalition setzte also bereits 1952 ein, obwohl der "Neuen Demokratie" ursprünglich ein jahrzehntelanges Überleben zugesagt worden war.

Die "Gedankenreform"-Kampagne

Am 17.November 1951 erging ein Beschluß über die "Reform des Denkens" (sixiang gaizao), der die Intellektuellen (zhishi fenzi) zum erstenmal ins Visier rückte. Unter einem "Intellektuellen" verstand man hierbei nicht den skeptisch Hinterfragenden, der bereits als "Konterrevolutionär" rubriziert worden wäre, sondern vielmehr den Kopfarbeiter, der eine bestimmte Ausbildung durchlaufen hatte.

Im Unterschied zu den Grundbesitzern und "Konterrevolutionären" wurden die Intellektuellen in dieser ersten Phase noch mit Samthandschuhen angefaßt. Ziel der Kampagne war es, aus den Köpfen folgende Rückstände "hinauszusäubern": (1) politisch: Mißtrauen gegen die KPCh, Nostalgie gegenüber der GMD, Verehrung für Amerika, Gleichgültigkeit gegenüber den "Massen", Reformismus, Konservativismus und Bürokratismus; (2) sozial: Mangel an Pflichtgefühl, rein technische Ausrichtung, Opportunismus, Verachtung der körperlichen Arbeit; (3) ideologisch: "freischwebendes" Sektierertum, Dogmatismus, Formalismus, Liberalismus und "rein berufliches" Interesse; (4) persönlich: Geltungsbedürfnis, Ich-Bezogenheit, Anmaßung und Verschwendungssucht.

Die Umerziehung verlief in Standardlehrgängen, denen zumeist sechs bis zehn Personen angehörten und die in drei Phasen abrollten: (1) "Zusammenfinden in der großen neuen Gemeinschaft" durch Identifikations-Gespräche. Sodann folgte (2) der "Milieueinbruch" - die Periode der emotionellen Konflikte, in deren Verlauf ein Umschwung vom Ideologischen zum Persönlich-Emotionalen erfolgte, wobei umfassende "Bekenntnisse" als das probateste Mittel galten. Schließlich folgte (3) die Phase der "Unterwerfung und Wiedergeburt", in deren Verlauf das Erlernte noch einmal zusammenzufassen und ein endgültiges Bekenntnis zur neuen gemeinsamen Sache zu formulieren war.

Ausgelöst wurde die Gedankenreform-Kampagne durch die Diskussion über den Film "Das Leben des Wu Xun", in dem nur die Sonnenseite der Qing-Dynastie herausmodelliert, der Kampf des Volkes gegen die ausländischen Aggressoren und gegen die einheimischen Feudalherren jedoch ausgespart worden war. Dem "Machwerk" Wu Xun wurden einige Romane und Bühnenstücke entgegengestellt, die als vorbildhaft galten und deshalb 1951 den Stalin-Preis erhielten, nämlich Ding Lings "Die Sonne strahlt über dem Sanggan-Fluß", Zhou Libos "Der Orkan" und das bis heute wohl berühmteste Werk der modernen Bühnenliteratur, nämlich die Oper "Das weißhaarige Mädchen". Das letztgenannte Stück erzählt die Geschichte einer jungen Frau, die den Nachstellungen eines Grundbesitzers dadurch entgeht, daß sie sich jahrelang im dorfnahen Wald versteckt. Abergläubische Bauern, die sie manchmal bei Nacht zu Gesicht bekommen, halten sie für ein Gespenst, doch werden sie am Ende von der Achten Armee über den wahren Sachverhalt aufgeklärt. Der Grundbesitzer wird hingerichtet, das Mädchen kehrt ins Dorf zurück, und das Leben geht unter glücklichen Umständen in einer neuen Gesellschaft weiter: eine typische, dem damaligen Kampf gegen den Aberglauben nützliche Geschichte, die später umgeschrieben und für Zwecke der Kulturrevolution zurechtgerückt wurde.

3. Die militärischen Unternehmungen der frühen fünfziger Jahre

Nachdem die VBA bis Ende 1949 das Festland im wesentlichen militärisch unter Kontrolle gebracht hatte, blieben ihr noch drei Aufgaben, nämlich die Besetzung der dem Festland vorgelagerten kleineren Inseln, ferner die "Heimholung" Tibets ins Reich und die "Befreiung" Taiwans. Als vierte, aus heiterem Himmel hervorbrechende Herausforderung tauchte dann noch der Koreakrieg auf.

Die Bereinigung der Inselfront
Im April 1950 war die VBA soweit, daß sie sich auch an maritime Unternehmen heranwagen konnte. Innerhalb kurzer Zeit gelang es ihr, im April 1950 die tropische Insel Hainan sowie im Mai 1950 die zwischen Ningbo und Shanghai liegende Zhoushan-Inselgruppe zu besetzen.

Nach diesen, eher im Übungsstil verlaufenden Operationen glaubte man auch bereits den Schlüssel zu Taiwan zu besitzen. Mit dem Ausbruch des Koreakriegs jedoch rückte dieses Ziel in weite Ferne; denn nun begann die amerikanische 7. Flotte in der Formosa-Straße zu patrouillieren.

Die "friedliche Befreiung" Tibets

Daß Tibet ein unablöslicher Bestandteil des chinesischen Mutterlandes sei, der sich erdreistet hatte, die Krise von 1911 zur Aufkündigung der Reichseinheit auszunutzen, und der daher so bald wie möglich wieder heim ins Reich geholt werden mußte, erschien allen chinesischen Parteien, ob KPCh oder GMD, so selbstverständlich, daß die Führung in Beijing nicht die geringsten Skrupel hatte, bereits im Juli 1950 an die Erste und Zweite Feldarmee den Befehl auszugeben, Tibet zu "befreien". Der 1.Feldarmee (unter Peng Dehuai) standen für dieses Unternehmen zwei, der 2.Feldarmee (unter Liu Bocheng) sieben Divisionen zur Verfügung. Beide Verbände rückten bis September 1950 in die etwa 800 km voneinander entfernt liegenden Bereitstellungsräume ein und begannen an einem der noch sonnigen, aber schon beißend kalten Oktobertage den Aufstieg ins Hochland. Bei ihrem Vormarsch hatten die Soldaten mehr mit den Widrigkeiten der Natur und der unzureichenden Infrastruktur als mit dem tibetischen Gegner zu kämpfen. Der Feldzug wurde unterderhand zu einem Straßen- und Brückenbauunternehmen. Erst im Vorfeld der Stadt Chamdo kam es zu ersten flüchtigen Gefechtsberührungen. Nachdem der Winter hereingebrochen war, verschanzten sich die chinesischen Truppen und überließen der Diplomatie das Wort. Vor die Wahl zwischen freiwilliger Kapitulation und militärischer Eroberung gestellt, entsandte die tibetische Regierung im April 1951 eine Delegation nach Beijing, die am 23.Mai 1951 jene berühmte "17-Punkte-Vereinbarung über die friedliche Befreiung" unterzeichnete, derzufolge Tibet die "Rückkehr" unter der Bedingung akzeptierte, daß China das "gegenwärtige politische System in Tibet unverändert ließ". Aufgrund dieser Abmachungen marschierte die VBA am 9.9.1951 in Lhasa ein.

Mit dem Tibetunternehmen setzte sich das junge volks-

republikanische China in völkerrechtliche Nesseln. Mit seinen Geschichts-, Befreiungs- und Leistungsargumenten fand
es in der außerchinesischen Welt nur wenig Zuspruch, vor
allem nicht nach den tibetischen Aufständen von 1959 und
1987.

Der Koreakrieg
Mit zu den traumatischsten Erfahrungen der jungen Volksrepublik gehörte aber vor allem die Verwicklung der "chinesischen Volksfreiwilligen" in das Korea-Unternehmen, zu
dem Mao Zedong am 8.10.1950 den Interventionsbefehl
gab. China schaltete sich zu einem Zeitpunkt in den Krieg
ein, als das Geschehen bereits seine dritte Phase erreicht
hatte. Vorausgegangen war der nordkoreanische Überraschungsangriff auf Südkorea, der am 25.6.1950 begonnen
hatte, und in dessen Verlauf ganz Südkorea bis auf eine
Restfläche von 80 x 80 km im Umfeld der Hafenstadt Pusan
aufgerollt worden war. Die zweite Phase hatte mit dem
Landungsmanöver der von MacArthur befehligten UNO-
Truppen im Rücken der nordkoreanischen Verbände eingesetzt, in dessen weiterer Entfaltung die hauptsächlich aus
US-Soldaten zusammengesetzten Verbände den 38.Brei-
tengrad überschritten und auf den Yalu, also den Grenzfluß
zwischen Nordkorea und China, zumarschierten. China ließ
die Amerikaner durch Vermittlung des indischen Botschafters wissen, daß es dieses Vorgehen als potentiellen Angriff
auf sein eigenes Staatsgebiet betrachte und sich deshalb
notfalls zur Gegenwehr gezwungen sehe. Die dritte Phase
begann mit dem Angriff der rund einviertel Million Chinesen, die sich fast unbemerkt an die vorrückenden UNO-
Truppen herangearbeitet hatten, wobei ihnen ihre jahrelange Ausbildung im Nachtmarsch, im Verschanzen sowie in
der Ausnutzung von Geländebesonderheiten zugute gekommen war. Die bis dahin siegreiche 8. US-Armee wurde
am 25.11.1950 mit solcher Wucht getroffen, daß sie regel-
recht zurückprallte und ihr Heil in panikartiger Flucht suchte. Erst auf der Höhe des 38.Breitengrads konnte die Front
wieder stabilisiert werden, um allerdings bereits am 1.Janu-
ar 1951 einem erneuten Schlag der VBA ausgesetzt zu sein.
    Drei Stärken hatten die chinesischen "Volksfreiwilligen"

in dieser Anfangsphase ausspielen können, nämlich ihre zahlenmäßige Überlegenheit, ihre Kampfmoral und das Moment der Überraschung. Beim zweiten Großangriff am Neujahrstag 1951 waren davon nur noch Quantität und Kampfmoral übriggeblieben. Zwar überrollte die chinesische Welle die Hauptstadt Seoul, die nun bereits zum drittenmal von der Geißel des Krieges getroffen wurde, doch bekam die VBA jetzt erstmals die konzentrierte Feuerkraft eines waffentechnisch weit überlegenen Gegners zu spüren, gegen die mit der "Menschenwellentaktik" auf die Dauer nicht anzukommen war.

In diesem kritischen Augenblick gab Lin Biao das Oberkommando an General Peng Dehuai ab, möglicherweise aus Krankheitsgründen. Kaum hatte Peng sein Amt übernommen, als im Februar 1951 die Gegenoffensive der Alliierten einsetzte, der die VBA-Verbände Meter um Meter weichen mußten. Am 16.Mai 1951 versuchte es Peng seinerseits mit einer Gegenoffensive, diesmal mit einer Verbissenheit, wie sie auch im Koreakrieg einmalig blieb. Manche chinesische Divisionen verloren bei den aufeinanderfolgenden Infanteriewellen über die Hälfte ihres Bestandes und dies, obwohl im allgemeinen kaum mehr als ein Geländegewinn von 20 km Tiefe erzielt werden konnte. Ausgeblutet und erschöpft kam die Front zum Stillstand.

Damit begann der vierte Abschnitt der Korea-Kampagne, nämlich die Phase des Stellungskriegs, die bis zu den Waffenstillstandsverhandlungen (Beginn: 10.7.1951) fortdauerte. Als am 28.7.1953 in Panmunjom das Waffenstillstandsabkommen unterzeichnet wurde, erklärte China, sein Ziel erreicht zu haben, nämlich den präsumtiven Angriff des "US-Imperialismus" auf die Volksrepublik abzuwehren. Dieser Erfolg war freilich teuer erkauft worden: 1 Million Chinesen hatten, neben 800.000 Nordkoreanern, 142.000 Amerikanern und 17.000 Angehörigen der UNO-Streitkräfte aus 13 Ländern, ihr Leben lassen müssen - gar nicht zu reden von den Millionen toter Zivilisten.

Die Auswertung der Erfahrungen aus dem Koreakrieg fiel höchst ambivalent aus: Für Lin Biao hatte das Geschehen erneut bewiesen, daß das Konzept, "mit Hirse und Gewehr zu kämpfen", noch lange nicht veraltet sei. Demgegenüber war Peng Dehuai, der ja die weniger ruhmreiche Phase des Koreakriegs hatte erleben müssen, zu der Erkenntnis gekommen, daß ein moderner Gegner nicht nur mit hochmotivierten Soldaten, sondern vor allem auch mit modernen Waffen bekämpft werden müsse. Die Forderung nach Modernisierung der VBA verschwand seitdem nie mehr aus der innermilitärischen und politischen Diskussion. Kein Wunder, daß die beiden Korea-Helden und Protagonisten grundlegend verschiedener Militärkonzepte auch in den nachfolgenden Jahren zu den Hauptkontrahenten der "Strategie"-Debatte wurden. Peng stürzte 1959 und mußte dem neuen Verteidigungsminister Lin Biao Platz machen, nach dessen zwölfjähriger Herrschaft allerdings das Erbe Pengs eine Renaissance erlebte.

Der Schatten des Koreakriegs fiel auch auf die Heimatfront und führte dort zu einer Verschärfung der ohnehin schon hart geführten Kampagnen gegen die Grundbesitzer und die Konterrevolutionäre. Die durch den Krieg ausgelösten Emotionen setzten auch die klimatischen Rahmenbedingungen für die Kampagne "zum Widerstand gegen Amerika und zur Hilfe für Korea".

Die Fata Morgana Taiwan

Bei den Ansprachen zum 1.Mai 1950 war die "Befreiung" Taiwans und Tibets noch im gleichen Atemzug als eine der sechs "gegenwärtigen Hauptaufgaben" genannt worden. Wenn es dann doch nicht zur "Befreiung" kam, so hatten sich die auf die Insel geflohenen GMD-Verbände dafür hauptsächlich bei der 7. US-Flotte zu bedanken. Die Volksrepublik konnte Taiwan nicht nur nicht zurückerobern, sondern mußte im Gegenteil bis 1954 Blockaden der taiwanesischen Marine entlang der südostchinesischen Küste in einer Länge von fast 1.000 km über sich ergehen lassen - eine Situation, die erst durch Errichtung eines neuen Hafens in Südostchina, Zhanjiang, abgemildert werden konnte. Zu weiteren "Taiwan-Krisen" kam es im Vier-Jahresrhythmus 1954, 1958 und 1962.

4. Die ersten außenpolitischen Gehversuche

Der Ausgang des Bürgerkriegs und der rasche Aufstieg der Volksrepublik zu einer politischen und militärischen Großmacht veränderte schon Anfang der fünfziger Jahre die Landkarte Asiens. China löste damals Japan als regionale Vormacht ab. Damit hielt die Volksrepublik, was die Republik versprochen hatte, als sie 1945 einen der fünf Sitze im Ständigen Ausschuß des Sicherheitsrats eingenommen hatte. Doch weigerte sich Washington, diese unerwartete Entwicklung zur Kenntnis zu nehmen. Zwar hatte das KP-Mitglied Dong Biwu zusammen mit mehreren GMD-Vertretern an der Gründungsversammlung der UNO in San Francisco im April 1945 teilgenommen, doch war das Vertretungsrecht für China bei der inzwischen nach Taiwan geflohenen Regierung der "Republik China" verblieben.

Gleichwohl unternahm die junge Volksrepublik ausgerechnet hier, vor der UNO, im Herbst 1950 ihre ersten außenpolitischen Gehversuche und zwar im Zusammenhang mit dem leidigen Koreakrieg. Delegationsleiter Wu Xiuquan, der schon an der Zunyi-Konferenz teilgenommen hatte, hielt flammende Reden gegen den US-Imperialismus, der in die Fußstapfen der japanischen Militaristen getreten sei, der Taiwan zu einem "unversenkbaren Flugzeugträger" ausbauen wolle und der nun auch noch in Korea eingefallen sei. Während China einen Resolutionsentwurf gegen die amerikanische Aggression in Taiwan einbrachte, konterten die USA mit einem - schnell verabschiedeten - Gegenantrag, der die Chinesen als "Aggressoren" in Korea brandmarkte, woraufhin die Beijinger Delegation "wutentbrannt die Sitzungshalle verließ" und das "Schlachtfeld" auf Bereiche außerhalb der UNO verlegte. Auf Schritt und Tritt offenbarte sich außenpolitische Unerfahrenheit.

Aus der Sicht Chinas war damals überall auf der Welt Feindesland, sieht man einmal von den sozialistischen Bruderstaaten ab. Am liebsten hätte sich die Volksrepublik, die so unendlich viele Aufgaben zu Hause lösen mußte, in sich selbst verkrochen und der Außenpolitik gleich wieder Lebewohl gesagt, wenn es sich nur hätte machen lassen!

Trotz dieser Verweigerungshaltung aber wurde der junge Staat bis Ende 1952 nicht nur von sämtlichen sozialistischen Staaten, sondern auch von einer Reihe außersozialistischer Regierungen anerkannt, nämlich von Indien, Birma, Indonesien und Pakistan sowie von Schweden, Dänemark, der Schweiz und Finnland.

Der zweite Gehversuch war *Maos Visite in der Sowjetunion*. Am 16.Dezember 1949 traf er um 12 Uhr mittags mit einem Sonderzug in Moskau ein und war auf der Stelle Mittelpunkt zahlloser Gespräche, Feierlichkeiten und Verdächtigungen. Stalin argwöhnte, daß China sich bereits auf den Weg Jugoslawiens begeben habe, während umgekehrt Mao die langjährige Konspiration der Komintern-Vertreter gegen ihn und seine Politik nicht aus dem Gedächtnis verdrängen konnte. Das Eis begann erst zu schmelzen, als Stalin sich für die zahlreichen Fehler des Kremls gegenüber der chinesischen Revolution offiziell entschuldigte. Es schien fast unglaublich: Der Führer des Weltkommunismus hatte gegenüber seinen Gästen Selbstkritik geübt!

In dieser fast freundschaftlich gewordenen Atmosphäre gaben Mao und Zhou Enlai die Parole aus, daß die VR China sich künftig ganz "nach einer Seite" (nämlich zur UdSSR hin) lehnen werde und daß sie weder einen jugoslawischen noch einen probritischen Kurs einschlagen wolle, von einem proamerikanischen ganz zu schweigen. In einer Art Flitterwochenstimmung wurde am 14.Februar, in Anwesenheit Maos und Stalins, ein ganzes Bündel von Vereinbarungen unterzeichnet, darunter ein "Vertrag über Freundschaft, Bündnis und gegenseitigen Beistand", ferner ein Abkommen über die "Rückgabe der Südmandschurischen Eisenbahn, Lüshuns (Port Arthurs) und Dalians", ein Kreditabkommen und nicht zuletzt "zwei Deklarationen", in denen das im August 1945 zwischen Moskau und Nanjing zustande gekommene Vertragswerk für null und nichtig erklärt sowie die Unabhängigkeit der Mongolischen Volksrepublik anerkannt wurde.

Mit der Eisenbahn- und Hafenfrage war ein bilaterales Problem angesprochen, das bis ins zaristische Rußland zurückreichte. China hätte sämtliche Rechte gern sofort zurückerhalten, mußte aber schließlich dem Drängen der

Sowjetunion nach einer Übergangsperiode Rechnung tragen, die am Ende bis 1955 dauerte. Auch mit der Anerkennung der mongolischen Unabhängigkeit hatte China in den sauren Apfel beißen müssen.

Seit dem Moskau-Besuch Maos, der am 17.2.1950 zu Ende ging, malte die chinesische Propaganda das Verhältnis zur Sowjetunion in rosaroten Farben. Hinter den Kulissen freilich liefen die Beziehungen bei weitem nicht so reibungslos, wie es nach außen hin den Anschein hatte. Der Teufel lag vor allem im Detail. So kam es beispielsweise schon bald zu Feilschereien über die Festlegung des Tauschwerts zwischen chinesischem Yuan und sowjetischem Rubel. Auch versuchte Moskau, möglichst viele sino-sowjetische Joint Ventures auf die Beine zu stellen, um auf diese Weise, wie die Chinesen später maliziös kommentierten, die Hand auf chinesisches Eigentum zu legen. Immerhin kamen dann doch noch drei Gemeinschaftsunternehmen zustande, nämlich eine Zivilflug-, eine Erdöl- und eine Buntmetall-Gesellschaft. Andererseits stellte China sofort die Cui-bono-Frage, als die Sowjetunion versuchte, ihr zentralasiatisches Eisenbahnnetz von Alma Ata aus mit der chinesischen Xinjiang-Linie zu verbinden.

Nach dem Tode Stalins 1953 sollten sich noch weitere Schräglagen einstellen.

VII.
Auf den Spuren des Sowjetmodells (1953-1957): Zwischen Fortschrittsoptimismus und Entmündigungsängsten

1. "Von der Sowjetunion lernen": Königsweg oder Sackgasse?

Die wirtschaftliche Auszehrung Chinas durch zwölf Jahre Dauerkrieg und die fortdauernde Feindschaft zur Supermacht USA hatten einen Krisenaufschaukelungseffekt verursacht, der die junge Volksrepublik auf Gedeih und Verderb in die Arme Moskaus zwang - und dies, obwohl die Mao-Führung in den Kampfjahren wiederholte Male hatte erfahren müssen, wie leicht man hier in Abhängigkeiten geraten konnte. "Die Augen zu und durch" - dies etwa mag die Haltung gewesen sein, die das außenpolitisch unerfahrene Führungsteam damals einnahm und in deren Gefolge der Beschluß gefaßt wurde, beim "Aufbau des Sozialismus" dem sowjetischen Modell zu folgen.

Trotz dieser neuen Wahlverwandtschaft dürfte wohl kaum jemand in Beijing die enormen Unterschiede übersehen haben, die zwischen der UdSSR der Jahre 1917 ff. und der Volksrepublik von 1949 ff. bestanden: Rußland war z.B. 1917 nur relativ unterentwickelt gewesen, während China 1949 vor dem wirtschaftlichen Nichts zu stehen schien. Ferner hatte die Oktoberrevolution in einem aktiv imperialistischen Staat, dem zaristischen Rußland stattgefunden, der Umsturz in China dagegen in einer von ausländischen Mächten halbwegs beherrschten Gesellschaft. Deshalb mußte in China u.a. die vom Imperialismus mitbedrängte Nationale Bourgeoisie für die KPCh durchaus bündnisfähig erscheinen. Was die Macht im Staate anbelangt, so war sie der KPdSU schon nach wenigen Wochen in den Schoß gefallen, und zwar in den Städten, während die KPCh 28 Jahre lang auf den Dörfern darum hatte kämpfen müssen - ein Unterschied, der sich unweigerlich auf den "Arbeitsstil" beider Parteien niederschlagen mußte. Auch die aus der Vergangenheit tradierten Wertesysteme beider Völker hätten kaum verschiedener sein können. Andererseits wiesen beide Revolutionen aber dann doch wenigstens *eine* Affinität auf, die sie freilich für eine Entwicklung nach marxistischem Schema gleichermaßen ungeeignet erscheinen ließ, nämlich ein Höchstmaß an sozioökonomischer "Unreife". Die klassischen Voraussetzungen einer sozialistischen Revolution, nämlich ein hoher Stand der Produktivkräfte und ein starkes, klassenbewußtes Arbeiterproletariat, mußten also überhaupt erst geschaffen werden.

Trotz solch spärlicher Berührungspunkte war China aber fest entschlossen, "von der Sowjetunion zu lernen" und deren Schnittmuster zu übernehmen. In seiner anfänglichen Wirtschaftsplanung räumte Beijing deshalb, ganz nach stalinistischem Muster, der Schwerindustrie sowie der Zentralisierung den Vorrang ein, vergenossenschaftlichte die Landwirtschaft nach Kolchose- und errichtete Staatsfarmen nach Sowchose-Muster. Auch das Erziehungswesen, der Wissenschaftsbetrieb und die Armee erhielten ein sowjetisches Gesicht. Würde aber, das konnte man sich schon damals fragen, eine solche "Überfremdung" auf die Dauer ohne Widerspruch bleiben?

Die Generallinie für die Übergangsperiode

Dem ersten Fünfjahresplan wurde seit 1951 eine Diskussion über die "Generallinie für die Übergangsperiode" (guodu shiqi zongluxian) vorgeschaltet, bei der es um die nur auf den ersten Blick harmlos klingende Frage ging, ob sich der sozialistische Aufbau Chinas in Sprüngen oder aber in Schritten vollziehen solle. Die sowjetischen Berater, denen die eigensinnige Vorliebe der Maoisten für "stürmische Massenbewegungen" sehr wohl bekannt war, drängten von Anfang an auf eine Schritteoption, ohne deren Befolgung jede langfristige Wirtschaftsplanung im Handumdrehen zu Makulatur würde. Das ZK beugte sich diesem Argument, wenn auch erst nach mehrmonatiger Diskussion. Drei Botschaften enthielt die "Generallinie": Die Umgestaltung der Landwirtschaft, des Handels, der Industrie und des Handwerks sollte erstens eine "ziemlich lange Periode" dauern, zweitens schrittweise (und nicht etwa sprunghaft) vor sich gehen und, drittens, auf Tuchfühlung zur Entwicklung der Produktivkräfte bleiben. Nur ja nichts überstürzen, hieß die Losung! Insgesamt sollte die "Übergangsperiode" den Anlaufzeitraum 1949-1952 plus die Zeitspanne von drei Fünfjahresplänen umfassen, sich also bis 1967 erstrecken.

Mit dieser "Generallinie" war auf eineinhalb Jahrzehnte hinaus ein Kurs festgeschrieben, mit dem sich ein Guerilla-Führer vom Format Maos, der bis dahin all seine Erfolge durch Massenbewegungen hatte erzielen können, höchstwahrscheinlich auf die Dauer nicht würde abfinden können. Eine technokratische Schritt-für-Schritt-Strategie unter strenger Parteikontrolle mußte von ihm als Fesselung der Revolution auf ein Prokrustesbett empfunden werden. Drei bis vier Jahre Übergang mochten ja noch hingehen - aber eine Zeitspanne bis 1967!? Und dann noch das sklavische Kopieren eines fremden Modells, das bienenfleißige Russischlernen und überhaupt das "Hinterdreinkriechen im Schneckentempo"! Jahrzehntelang hatte Mao gegen die "Internationalisten" und gegen Bevormundungsversuche der Moskauer Komintern gekämpft. Sollte er jetzt, da seine Bewegung mit Hilfe einheimischer Rezepte gesiegt hatte, demütiger auftreten als zur Zeit, da ein solcher Sieg noch in weiter Ferne lag? Die Generallinie war das genaue Gegenteil dessen, was Mao in seiner bisherigen Karriere an Erfolgsrezepten erprobt und für wichtig befunden hatte. Sie mochte zwar als ein momentanes taktisches Zugeständnis, nicht aber als Dauerlösung durchgehen!

Der Erste Fünfjahresplan (1953-57): Ein Maßanzug nach stalinistischem Schnittmuster
Drei Entwicklungsstrategien kamen für die rückständige Wirtschaft der VR China zu Beginn der fünfziger Jahre in Betracht, nämlich Priorität der Landwirtschaft, Priorität der (Schwer-)Industrie oder aber Gleichrangigkeit von Landwirtschaft und Industrie.

Die chinesischen Planer entschieden sich für den zweiten Weg und räumten dabei - ganz nach stalinistischem Vorbild - der Schwerindustrie den Vorrang ein, obwohl das zutiefst bäuerliche China seinem ganzen Habitus nach für Schwerindustrielösungen alles andere als geeignet erscheinen mußte. Ganz oben stand der Aufbau von 694 Großindustrieprojekten, von denen 156 mit Hilfe der Sowjetunion errichtet oder aber modernisiert werden sollten, vor allem die Eisen- und Stahlkombinate von Anshan, Baotou und Wuhan, ein Kfz-Werk in Changchun und ein Traktorenwerk in Luoyang. Mehr als 80% der Gesamtinvestitionen des Industriesektors wurden für den Schwerbereich abgezweigt und davon wiederum 20% für den Maschinenbau und für die Metallindustrie. Das Verhältnis Schwerindustrie: Leichtindustrie sollte bei sage und schreibe 7 : 1 liegen!

Besonderes Augenmerk schenkten die Planer einer weiten Streuung der neuen Projekte - weg von der Küste und hinein ins Hinterland. Hauptgesichtspunkt für diese Regionalisierung der Standortverteilung war das Bemühen, die Produktionsorte möglichst nahe an die Rohstofflager heranzurücken und überall im Land Arbeitsplätze zu schaffen. Trotz dieser Streuung aber sollte die Lenkung streng zentralisiert, d.h. von den Beijinger Ministerien her erfolgen.

Für die Landwirtschaft wurden kaum Mittel bereitgestellt. Die Planer hofften, daß sich die Mechanisierung hier durch eine "yan'anistische" Mobilisierung ersetzen lasse. Die Landwirtschaft wurde zur Melkkuh der Industrie degradiert.

Dem Vorsitzenden war bei diesem Planungswerk nicht wohl zumute: Zuerst die Schritte-Option und nun auch noch dieser Fünfjahresplan! Wenn dies so weiterging, konnten er und mit ihm die meisten alten Guerilla-Führer sich gleich aufs Altenteil begeben! Alles was ihnen bisher heilig gewesen war, von den Massenbewegungen bis hin zum permanenten Kampf gegen die Bürokratie, wurde durch die neue Praxis auf den Kopf gestellt. Gefragt war jetzt ein neuer Typ von Funktionär - der Betriebsleiter, der Rechner, der Statistiker, der Ingenieur; der alte Partisanenadel würde vermutlich schon bald belächelt werden. Während ein ganzes Volk die Ärmel hochkrempelte, um die ehrgeizigen Pläne in die Tat umzusetzen, begann es am fernen Himmel zu grollen, und schwarze Gewitterwolken zogen herauf.

Neue Führungs- und Verwaltungsinstitutionen
Die Jahre zwischen 1953 und 1957 standen nicht nur wirtschaftlich, sondern auch juristisch und organisatorisch ganz im Sog des Sowjetmodells. Damals bewegte sich die Entwicklung weit von "Yan'an" hinweg. Neben der Verfassung wurden in diesen Jahren Organisationsstatuten für sämtliche Staatsorgane, "Modellregelungen" für landwirtschaftliche Genossenschaften, Wirtschaftsstrukturnormen, Polizeistatuten und eine Fülle weiterer Gesetze erlassen.

1954 erging die erste als solche bezeichnete "Verfassung", die allerdings 1975 durch eine zweite, 1978 eine dritte und 1982 bereits wieder durch eine vierte Konstitution abgelöst wurde, wobei der Text von 1982 wieder weitgehend an die Fassung von 1954 anknüpfte, die ihrerseits schon bald nach ihrem Erlaß zu Makulatur geworden war. U.a. war damals z.B. der Posten des Staatspräsidenten abgeschafft worden, ohne daß dies im Text korrigiert worden wäre, der Nationale Volkskongreß hatte durch zwölfjährige Abwesenheit geglänzt, die örtlichen Regierungen und Volksvertretungen hatten sich unterderhand in "Revolutionskomitees" verwandelt, und nicht zuletzt waren auch die Justizorgane zum Erliegen gekommen - von einer Befolgung der so detailliert aufgeführten Grundrechte ganz zu schweigen! Ganz im Gegensatz zum feierlichen Lippenbekenntnis der Präambel, daß das "Volk Herr des Staates" sei, entwickelten sich die neuen Staatsorgane auch nach 1982 nicht zu Glashäusern, sondern zu Dunkelkammern, in denen sich nur die Bürokratie auskannte, und statt zur Demokratisierung kam es zur "Yamen-isierung" (Yamen war einst das Amtshaus des kaiserlichen Mandarins). Formell gab es nach der Verfassung sechs staatliche Organe, nämlich den Nationalen Volkskongreß, den "Vorsitzenden" (Staatspräsident, Mao Zedong), den Staatsrat (bestehend aus dem Ministerpräsidenten, Zhou Enlai, und den einzelnen Ministerien), die örtlichen Organe (auf Provinz-, Sonderbezirks-, Kreis- und Gemeindeebenen), die "autonomen Organe" der einzelnen Minderheiten sowie die Justizorgane (d.h. eine jeweils in vier Stufen aufgebaute Volksgerichtsbarkeit und Staatsanwaltschaft).

Das Herz der Staatsmaschinerie schlug von Anfang an

im Staatsrat, der eigentlichen Regierung des Landes, die nach 1954 einen breiten Fächer von Ministerien entfaltete, deren im Laufe der Jahre ständig wechselnde Zahl zwischen zwei und drei Dutzend schwankte, ergänzt durch ein halbes bis zu einem Dutzend "Kommissionen", welch letztere den deutschen Ressortvorstellungen weitaus näherkommen als die - formell so bezeichneten - "Ministerien", die zumeist eher einer Großkonzernleitung ähneln: man denke etwa an die damals entstandenen verschiedenen Maschinenbauressorts. Von Anfang an war der Ministerpräsident (1954-1975 Zhou Enlai) eine Schlüsselfigur, die nicht nur den politischen und administrativen Aufgabenbereich eines Premierministers westlichen Zuschnitts zu bewältigen hatte, sondern daneben auch oberster Planungschef in Wirtschaftsangelegenheiten, oberster Direktor der volkseigenen Fabriken, Chef der staatlichen Landwirtschaftsfarmen, oberster Banker, höchste Instanz des Wissenschaftsmanagements, oberster Richtliniengeber für die staatlich gelenkte Presse und - da es de facto keine Unabhängigkeit der Gerichte gab - auch oberster Richter und oberster Staatsanwalt war.

"Lokale Volkskongresse und -regierungen" entstanden auf drei Ebenen (Provinzen, Kreise, Gemeinden). Die Nahtstelle zwischen Gemeinde- und Selbstverwaltungsebene blieb auch jetzt jene hochsensible Berührungszone zwischen staatlichem und autonomem Sektor, zwischen Interventions- und Abschottungssphäre, zwischen Transdanwei- und Danweibereich, die sie immer schon gewesen war. Vor allem die "Straßenbüros" und die "Sicherheitsaußenämter" in den Städten mußten mit besonderem Fingerspitzengefühl vorgehen, wenn sie vermeiden wollten, daß sich die Danweis (Grundeinheiten) vor ihrem Zugriff ständig einigelten. Von Anfang an stand die Polizei vor dem Dilemma zwischen Gefahrenabwehr und Sozialisationsauftrag. Der Sicherheitsapparat verstand sich dabei eher als Sozialisationsorgan, das Sicherheit im weitestgefaßten Sinne "gewährleisten", also die Bevölkerung *erziehen* sollte. Die "Kontrolle von oben" wurde dadurch nicht weniger strikt als es das vorangegangene Baojia-System der GMD-Zeit gewesen war.

Unabhängig von den verfassungsrechtlichen Neuerungen blieb das Gefüge der Doppelhierarchie von Partei und Regierung ganz im leninistischen Sinne weiterhin bestehen. Parallel zum territorialen Stufenaufbau der Regierungsorgane verliefen also - bis hinunter in die letzten Kapillaren - nach wie vor auch die Stränge des Parteiapparats. Bestehen blieben darüber hinaus die "Volks- oder Massenorganisationen", die nach wie vor als Zweig- und Hilfsstellen der KPCh fungierten, Auge, Ohr und Mund der Partei waren und sich außerdem hervorragend als Instrument der Mobilisierung und Kontrolle von Arbeitern (Gewerkschaften), Bauern (Bauernverbände), Schriftstellern und Künstlern (Schriftstellerverband usw.), Jugendlichen (KJL), Frauen (Frauenbund) und religiösen Gruppen eigneten. Den Charakter von Massenorganisationen nahmen übrigens auch die zumindest formell weiterbestehenden nichtkommunistischen (oder "Acht Demokratischen") Parteien an - zumeist linke Absplitterungen der alten GMD. Ihnen war die Aufgabe zugedacht, als "Transmissionsriemen" zwischen KPCh und ihrer jeweiligen (zumeist aus der Nationalen Bourgeoisie oder Kleinbourgeoisie stammenden) Klientel zu fungieren. Eigene Initiativ- oder gar formelle Oppositionsrechte standen ihnen dagegen nicht zu. Zusammen mit religiösen Gruppierungen und Minderheitenvertretungen fanden sie sich organisatorisch vereint unter dem gemeinsamen Dach der "Konsultativkonferenz des chinesischen Volkes" wieder, die, wie bereits ausgeführt, als Restbestand der einstigen Nationalen Front erhalten geblieben und zu einer Art Demonstrationsobjekt geworden war, das immer dann aus der Versenkung hervorgeholt wurde, wenn Anlaß dazu bestand, die Demokratiereserven der VRCh vorzuzeigen.

Die Militärdebatte

Sollte die VBA nach wie vor "mit Hirse und Gewehr kämpfen" oder aber der "Stahl- und Eisentheorie" folgen und sich "Schulter an Schulter mit der Sowjetunion modernisieren"?

Dies war die Kernfrage, die nach dem so traumatisch erlebten Koreakrieg auf Jahre hinaus nicht mehr verstummen wollte. Außerdem befand sich die VBA damals ohnehin in einem Umbauprozeß bisher ungekannten Ausmaßes.

War der Sieg über die GMD-Truppen noch mit rein infanteristischen Mitteln erkämpft worden, so galt es nun, neben dem Heer weitere Teilstreitkräfte auf die Beine zu stellen, vor allem eine Luftwaffe, eine Marine, eigene Pionierverbände, Sondereinheiten für den chemischen Krieg und Fallschirmjägertruppen.

Korea-Erfahrungen und Modernisierungsbedürfnisse bildeten ein Doppelgespann, das die chinesische Führung dazu bewog, sich nun auch militärisch ganz zur UdSSR "hinzuneigen".

Zunächst schien China damit in der Tat einen idealen Griff getan zu haben; leistete der "große Bruder" doch zwischen 1950 und 1957 Militärhilfe in einer Größenordnung von rd. 2 Mrd.US $, und zwar in Form von Panzern, Artillerie, MiG-Jagdflugzeugen, verschiedenen Bootstypen und nicht zuletzt auch ganzen Rüstungsindustrien. Nur auf atomarem Gebiet versagte Moskau den Chinesen die Mithilfe, obwohl es sich vorher dazu bereits vertraglich verpflichtet hatte.

Im organisatorischen Bereich wurde die Übernahme des Sowjetmodells vor allem an zwei Stellen sichtbar, nämlich bei der Truppengliederung und beim Erlaß des Wehrerfassungs- und des Offiziersgesetzes vom Februar 1955. Hatten sich in der alten Armee die Regelungen noch eher "spontan" eingestellt, so wurde nun jede Einzelheit des Soldatenberufs bis ins kleinste Detail hinein dekretiert, z.B. die Voraussetzungen für die Offizierslaufbahn, die Modalitäten der Ernennung und Beförderung, die Rechte und Pflichten im Dienst, in der Reserve und im Ruhestand und nicht zuletzt auch das Rangsystem, das vierzehnfach abgestuft war - vom Marschall bis hinunter zu zwei Leutnantsrängen. Mit Wirkung vom 27.September 1955 wurden die Dienstgrade festgelegt und am selben Tag zehn verdiente Bürgerkriegsgeneräle zu Marschällen ernannt.

Die Umstellung vom Freiwilligen- auf das Wehrpflichtprinzip, die "Regularisierung" (zhengguihua) der Offizierslaufbahn und die Zusammenarbeit mit der Sowjetunion ließen aus der "linken" Ecke des Politbüros kritische Stimmen aufkommen: das Offizierskorps entferne sich von der "Massenlinie" und werde immer "professionalistischer".

Mit voller Wucht setzte die "Militärdebatte" dann 1957 ein, also zu einer Zeit, da der maoistische Flügel am Sowjetmodell immer schwärzere Flecken entdecken zu können glaubte. Die "Debatte" sollte in den nachfolgenden Jahren zum Sturz von zwei Verteidigungsministern, sechs Generalstabschefs, zahreichen Kommandanten der Teilstreitkräfte und nicht zuletzt einer besonders hohen Zahl von Politkommissaren führen - ein Zeichen dafür, daß es sich hier um einen sorgfältig verkleideten Machtkampf handelte. Daneben tauchten aber auch echte militärisch-politische Sachfragen auf:

War der Feind (die USA) nur ein "Papiertiger", den man "taktisch zwar ernst nehmen, strategisch aber verachten" konnte, *oder* mußte man ihn auch strategisch ernst nehmen und sich entsprechend rüsten? Sollte sich China bei seiner militärischen Modernisierung eher auf die eigenen Kräfte verlassen *oder* sich weiterhin von der Sowjetunion abhängig machen? Sollte in Zukunft mehr *oder* aber weniger Politkontrolle geübt werden? Sollte die Massenlinie *oder* aber die Hierarchielinie im Verhältnis zwischen Offizieren und Mannschaften vorherrschen? Sollte die VBA auch Produktions- und Milizaufgaben übernehmen *oder* sich ganz auf den militärischen Bereich beschränken? Sollte die Miliz mit Priorität bedacht *oder* eher ins Abseits gestellt werden?

Während Mao Zedong, Lin Biao, Zhu De und andere Spitzenpolitiker mit zunehmendem Engagement jeweils die erstere Alternative verfochten, wobei sie auf die Erfolge in den dreißiger und vierziger Jahren verwiesen, neigten Korea-Veteranen vom Range Peng Dehuais (damals Verteidigungsminister), Su Yus (Generalstabschef) und Luo Ruijings (Sicherheitsminister) zur zweiten Option und sprachen sich für eine schlankere Qualitätsarmee, für intensives militärisches Training, für ein professionelles Offizierskorps und für enge Fühlungnahme mit der Sowjetunion aus.

Massenkultur: Alphabetisierungs- und Schriftreform-
kampagnen
Bedenkt man, daß noch bei der Volkszählung im Juli 1982 235 Millionen Analphabeten und Halbanalphabeten ermit-

telt wurden, so mag man die riesigen Herausforderungen ermessen, mit denen es der Erziehungsfeldzug in den frühen fünfziger Jahren zu tun hatte. China mußte dabei seinen ureigensten Weg finden, da die Sowjetunion hier keine Vorbilder bieten konnte. Im Oktober 1955 verabschiedete die damals neu gegründete "Kommission für Schriftreform" ein Programm, das in drei Phasen abzuwickeln war: Zunächst sollten rund 2.200 Schriftzeichen vereinfacht, sodann die Nationale Einheitssprache (putonghua) auf der Basis des Beijing-Dialekts standardisiert und schließlich, drittens, eine chinesische Lautumschrift auf der Grundlage des Lateinischen (die sogenannte Pinyin) eingeführt werden - alles Forderungen, die bereits bei der 4. Mai-Bewegung von 1919 angeklungen waren. Offiziell wurde das Pinyin für alle Publikationen der Volksrepublik freilich erst mit dem 1.Januar 1979 verbindlich; dieses Verschriftungssystem wird übrigens auch im vorliegenden Text verwendet.

2. Abkehr vom sowjetischen Weg: Auf der Suche nach einer eigenen revolutionären Identität

a) Die "Sinisierung" des Marxismus

Seit der Übernahme des Sowjetmodells begann "Yan'an" sich schnell zu verflüchtigen. Aus der Perspektive eines Mao Zedong war dies eine unerträgliche Vorstellung. Zwei Jahrzehnte lang hatte der Vorsitzende soziale Steppenbrände entfacht, Millionen von Bauern mobilisiert, unerwartete Entwicklungen mit der heißen Nadel genäht und erfolgreich gegen das in der chinesischen Gesellschaft so tief verwurzelte Bürokratentum angekämpft. Wie konnte ein Partisanenführer von seinem Zuschnitt über den vom Sowjetmodell begünstigten Vormarsch der Fachleute und Bürokraten glücklich sein, und wie eigentlich sollte der "Maoismus", dessen Kernelement ja bekanntlich die Massenselbstbewegung ist, mit der jetzt überall zutage tretenden Hierarchisierung, Funktionalisierung und Spezialisierung zurechtkommen!? Tauchten da nicht Analogien zu altchinesischen Bauernerhebungen auf, die noch allemal damit geendet haben, daß nach dem Sturm stets das Mandarinat wieder ans Ruder gekommen war? Sollte die sinokommunistische Revolution am Ende nur eine "metadaoistische" Bewegung gewesen sein, die schon bald durch einen Metakonfuzianismus abgelöst würde? Schlimmer noch: Bestand da nicht die Gefahr, daß der "Klassenfeind" vielleicht sogar Kommandohöhen innerhalb der Partei besetzen und die Revolution von innen her aushöhlen könnte?

Sorgen bereitete vor allem jener neue Typ von Funktionär, der alles vom Schreibtisch aus dirigierte und der vor allem "Beamter sein" wollte. Hatte man dafür jahrzehntelang gekämpft? Hatten die Chinesen es wirklich nötig, alles und jedes zu kolportieren und sich so ganz von der Technologie, vom Geld und vom Rat Moskaus abhängig zu machen - und dies, obwohl sie ja in einem 28jährigen Ringen um die Macht selbst eine Fülle von eigenen Erfahrungen hatten sammeln können und übrigens auch ihren innenpolitischen Gegner aus eigener Kraft niedergerungen hatten?

Erschwerend kamen noch wirtschaftliche Bedenken hinzu: mußten doch die hohen sowjetischen Maschinen-, Technologie- und Rüstungsimporte bereits Mitte der fünfziger Jahre mit chinesischen Agrarausfuhren bezahlt werden, die zu Hause Versorgungsengpässe hinterließen. Zeigten sich da nicht die ersten bitteren Früchte einer neuen Abhängigkeit?

Sollte also China letztlich nicht doch wieder seinen eigenen Weg gehen?

Schon während der "Ausrichtungsbewegung" in Yan'an hatte Mao betont, daß es keinen abstrakten, sondern nur einen konkreten Marxismus gebe, der sich an den jeweiligen Gegebenheiten zu orientieren habe. Mao, der China - außer zu zwei Besuchen in der Sowjetunion - nie verlassen hat, war stets von Mißtrauen gegen ausländische Berater und gegen Emissäre der Komintern, nicht zuletzt aber auch gegen jenen Typ des städtischen Intellektuellen erfüllt, der blind war für die konkreten Gegebenheiten Chinas.

Stets auf Tuchfühlung mit diesen Besonderheiten hatten denn auch die "Mao-Zedong-Ideen" einen Prozeß der zunehmenden Sinisierung des Marxismus durchgemacht, der nur einmal, nämlich in der ersten Hälfte der fünfziger Jahre, unterbrochen wurde. Der chinesischen Erde waren z.B.

die Forderungen nach einer Bauern-Armee, nach dem Aufbau von ländlichen "Stützpunktgebieten", nach einem lange hingezogenen "Volkskrieg" u.dgl. entwachsen - kurzum nach Institutionen, über die in den marxistischen Klassikern nichts nachzulesen war, und die übrigens auch den Kominternvertretern exotisch vorkamen, weshalb sie die Maoisten immer wieder als "linkssektiererisch", "kleinbürgerlich", "nationalistisch" und "voluntaristisch" etikettierten. Mao seinerseits warf seinen "internationalistischen" Gegnern "Schematismus" vor und betonte die Notwendigkeit einer "Sinisierung" (zhongguohua) des Marxismus - ein Begriff, der zum ersten Mal in der Rede über den "Stellenwert der KP Chinas im Nationalen Krieg" vom Oktober 1938 auftauchte.

Allein schon aus der Tatsache, daß noch am 1.Juli 1951 unter den 5,8 Millionen KP-Mitgliedern nicht weniger als 3 Millionen Bauern waren, während aus der Arbeiterklasse nur 6% stammten, ließ sich die schlichte Folgerung ziehen, daß die Uhren in China anders gingen als in der Sowjetunion. Der Stamm des Marxismus-Leninismus mochte zwar derselbe sein, doch Zweige und Blätter unterschieden sich.

Wenn die Maoisten trotz all dieser Bedenken gleichwohl zu Beginn der fünfziger Jahre den Schwenk vom Sinisierungs- zum Sowjetisierungskurs mitmachten, so deshalb, weil sie hofften, dadurch ihr Erfahrungsdefizit in den Städten wettzumachen. Ideologisch fiel ihnen zu der neuen Entwicklung freilich wenig ein. Wie das Schriftenverzeichnis Maos, vor allem der einschlägige Band V der Ausgewählten Werke zeigt, waren dies höchst unergiebige Jahre. Mao zuckte mit den Schultern. Lange wollte er dieser Rebürokratisierung gewiß nicht zusehen. In der Tat setzte der Widerstand gegen die "internationalistische" Bevormundung spätestens 1955 ein. Wie schon dreizehn Jahre vorher, begann der Vorsitzende eine erneute "Ausrichtung" zu fordern, und zwar mit einer Ungeduld, die durch lange aufgestauten Unmut genährt war. Parteiintern setzten erneute "Sinisierungs-Bemühungen" ein, von denen vor allem Maos berühmte Reden "Über die zehn großen Beziehungen" vom 15.4.1956, "Über die richtige Behandlung der Widersprüche im Volk" vom 27.2.1957 und "Über Propagandaarbeit" vom 12.3.1957 Zeugnis ablegen. Überall tritt hier die Forderung nach chinesischen Alternativen hervor.

In der westlichen Geschichtsschreibung wird die Herausbildung von Fraktionen innerhalb des ZK im allgemeinen erst auf die Jahre nach 1958 datiert. Unterscheidet man jedoch zwischen latenten und manifesten Konfliktsäußerungen, so beginnt die konflikthafte Inkubationszeit bereits 1955.

Da die Heftigkeit der Auseinandersetzungen schon bald keinen mittleren Weg mehr zuließ, spitzten sich die Alternativen immer mehr auf "Zwei Linien" zu - und auf "Zwei Lager", die hier vereinfachend als Lager der "Maoisten" und der "Leninisten" bezeichnet seien: "Leninisten", weil hier ein Kreis von Widersachern auftrat, der einer strengen Parteidisziplin, d.h. der Einhaltung einmal gefaßter Beschlüsse, das Wort redete - an seiner Spitze Liu Shaoqi und Deng Xiaoping.

*b) Die Entfaltung eines chinesischen Sonderwegs auf drei
     Gebieten*

Abweichend vom Sowjetmodell war die "Befreiung" Chinas das Werk nicht nur *einer*, sondern gleich *vierer* "Klassen" gewesen; drei von ihnen hatten inzwischen ihre Schuldigkeit getan und sollten gehen - die Mittelbauern, die Intelligenz ("Kleinbürgertum") und die "Nationale Bourgeoisie". Für jede von ihnen ließ sich die Partei eine besondere Kampagne einfallen - für die Mittelbauern den Kollektivierungsweg, für die Intellektuellen die "Hundert Blumen" und für die Unternehmerbourgeoisie den großen "Auskauf".

Sonderweg Nr.1: Der Streit um das Tempo des landwirtschaftlichen Kollektivierungsprozesses

Durch die Umverteilung der Ackerparzellen im Zuge der Bodenreform waren die meisten chinesischen Dorfbewohner zu "Mittelbauern" geworden, die ihren eigenen Vorteil gewahrt wissen wollten und durchaus keine Bereitschaft zeigten, ihr Eigenwohl für die Gesamtheit, vor allem zugunsten eines ihnen unverständlichen Industrialisierungsprogramms, zu opfern.

Damit tauchte die Frage auf, ob man die Rückständigkeit der Dörfer eher durch ein "rein technokratisches" För-

derungsprogramm oder aber durch eine schnellere Sozialisierung der Landwirtschaft ("Befreiung der Produktivkräfte") überwinden sollte. Die Leninisten plädierten eher für
die erstere Methode, d.h. für Mechanisierung und Chemi-
sierung, die Maoisten dagegen hauptsächlich für eine
schnellere Vergemeinschaftlichung und Sozialisierung.
Ganz in dieser Absicht hatte Mao 1953 eine Artikelfolge
zusammenstellen lassen, die unter dem Titel "Der sozialistische Aufschwung im chinesischen Dorf" erschien, und in
der Musterbeispiele aus den verschiedensten Gegenden
zusammengetragen worden waren, die nun als Handreichung für andere, schwerfälligere Dörfer dienen sollten.
Mao, der in elftägiger Klausur 120 dieser Berichte gelesen
und z.T. handschriftlich kommentiert hatte, schrieb am
22.9.1955 ein Vorwort, das ohne lange Umschweife mit der
erst ein Jahr vorher vom ZK abgesegneten "Generallinie"
ins Gericht ging und darauf hinwies, daß eine Übergangsperiode bis 1967 auf die "revolutionäre Spontaneität der
Massen" wie eine kalte Dusche wirke. Seien "gewisse Genossen" (gemeint waren Politbüromitglieder wie Liu Shaoqi,
Deng Xiaoping, Chen Yun, Bo Yibo, Li Xiannian und Li
Fuchun) eigentlich unfähig, die "Begeisterung" der Bauern
und ihren "gewaltigen Drang zum Sozialismus" nachzu-
empfinden? Sei ihnen inzwischen jedes Gefühl für die
"Schöpferkraft der Massen", für die Spontaneität und für die
Fähigkeit zum Lernen durch Handeln abhanden gekom-
men? Hätten sie ferner vergessen, daß schon während der
Kampfjahre die "politische Arbeit der Lebensnerv jeder
wirtschaftlichen Tätigkeit" gewesen sei? Wenn 500 Millionen Bauern zur sozialistischen Umgestaltung schritten, so
sei dies ein "welterschütterndes Unterfangen, das nicht bei
Windstille und sanftem Wellengeplätscher" vor sich gehen
könne. Daher bitte etwas mehr Tempo! Zwischen der
Gründung einer Genossenschaft niederen Typs und ihrer
Transformation zum höheren Typ dürften im allgemeinen
nicht mehr als drei Jahre vergehen. Auch das Analphabe-
tentum müsse sich in sieben bis acht Jahren beseitigen lassen (in Wirklichkeit war dies noch nicht einmal Ende der
achtziger Jahre der Fall!). Der hier sprach, war wieder ganz

der alte Mao mit seinen unverwechselbaren Formulierungen!

Wie war es zu dieser Zeit um die Kollektivierung der Landwirtschaft bestellt? Drei große Bewegungen sollten, wie sich schon bald zeigte, den Übergang vom feudalistischen zum sozialistischen China vorankatapultieren, nämlich die "Landreformbewegung" (tugai yundong), die 1950 ff. durchgezogen worden war, zweitens die "Vergenossenschaftungsbewegung" (nongye hezuohua yundong) und (ab 1958) die "Bewegung zur Bildung von Volkskommunen" (renmin gongshe yundong). Die im vorliegenden Zusammenhang interessierende Vergenossenschaftungsbewegung war aufgrund eines ZK-Beschlusses vom 16.12.1951 initiiert worden und verfolgte das Ziel, die chinesische Landwirtschaft von der "neudemokratischen" in die "sozialistische" Phase hinüberzuleiten, und zwar in drei Takten:

Zuerst sollten sich die oben erwähnten "Gruppen der gegenseitigen Hilfe" (huzuzu) bilden, bestehend aus zehn bis zwanzig Bauernfamilien.

Als nächstes folgten die "Landwirtschaftlichen Produktionsgenossenschaften niederen Typs" (zhuji nongye shengchan hezuoshe), die durchschnittlich 60 - 80 Haushalte zusammenschließen und sich von den "Gruppen der gegenseitigen Hilfe" dadurch unterscheiden sollten, daß die Mitglieder hier nicht mehr nur ad hoc, sondern vielmehr planmäßig zusammenarbeiteten. Die Produktionsmittel (Boden, Zugtiere, Geräte) sollten zwar noch Individualeigentum bleiben, inzwischen aber systematisch bei der Kollektivarbeit eingesetzt werden, wobei die Genossen bei der Gewinnaufteilung eine Art Dividende für die von ihnen eingebrachten Investitionsgüter erhielten.

Seit Frühjahr 1955 kam es dann zur Gründung der "Landwirtschaftlichen Produktionsgenossenschaften höheren Typs" (gaoji nongye shengchan hezuoshe) und damit zur Entprivatisierung und Kollektivierung sämtlicher Produktionsmittel. Die Gewinnaufteilung erfolgte jetzt nur noch nach Arbeitsleistung.

Mitte 1955 rückte die Frage, wie schnell die Genossenschaften von der niederen zur höheren Form übergehen sollten, in den Mittelpunkt emotional geführter Diskussionen. Vor allem bei der Konferenz der Provinzsekretäre vom 31.7.1955 zog Mao gegen jene "Genossen" vom Leder, die "wie Frauen mit eingebundenen Füßen schwankend ... hinter der neuen sozialistischen Massenbewegung herlaufen und sich in einem fort bei anderen Leuten beschweren, daß sie zu rasch gingen. Ständiges Nörgeln, unangemessene Vorwürfe, endlose Befürchtungen und zahllose Vorschriften und Verbote - sie glauben allen Ernstes, daß dies der richtige Kurs für die Anleitung der sozialistischen Massenbewegung auf dem Dorf ist!" Das Tempo müsse beschleunigt, der Übergangszeitraum verkürzt werden. Was Mao hier vorschlug, hatte mit der Generallinie von 1952 nichts mehr zu tun.

Nur zögernd folgte die ZK-Mehrheit den stürmischen Aufrufen und beschloß am 11.10.1955, offensichtlich schluckend und mißtrauisch, eine Beschleunigung des Tempos mit der Maßgabe, daß die Bewegung zur Errichtung von Genossenschaften niederen Typs bis Frühjahr 1958 abgeschlossen sein solle. Die Maoisten ließen jedoch nicht locker, sondern verlangten auch jetzt noch eine Tempobeschleunigung. Abermals mußte das ZK in den sauren Apfel beißen und, wie Mao betonte, nach einem heftigen "Zwei-Linien-Kampf" im Januar 1956 einem "Zwölfjahresplan für die Landwirtschaft" zustimmen, in dem festgelegt wurde, daß bereits Ende 1956 85% aller Haushalte in Genossenschaften des niederen Typs zusammengeschlossen sein sollten - und dies, wohlgemerkt, bei Wahrung der "Freiwilligkeit"!

Inzwischen hatte sich ein radikaler Stimmungswandel vollzogen. Das Kollektivierungstempo ließ sich wie eine Rotationsmaschine an: zuerst langsam und dann, bei gleichmäßigem Anziehen, zu aberwitzigem Tempo. Im Juni 1955 gab es bereits 650.000 Genossenschaften, im Oktober 1,28 Mio. und im Dezember des gleichen Jahres gar 1,9 Mio. 1956 waren, wenn man der Propaganda glauben durfte, auch die Genossenschaften des höheren Typs unter Dach und Fach! Innerhalb nur eines einzigen Jahres waren also die Produktionsverhältnisse der Volksrepublik von Grund auf umgestaltet worden, ohne daß die Entwicklung der Produktivkräfte (Maschinen, Düngemittel, Bodenqualität etc.) bei diesem Tempo auch nur annähernd hätte mithalten können. Die Folge dieser "voluntaristischen" Politik war ein riesiger "Widerspruch", der seinerseits "Kommandismus", Ineffizienz und - wie z.B im südwestlichen Guangxi - sogar schon Hungersnöte nach sich zog.

Gewiß war es kein Zufall, daß zu dieser Zeit eine Fülle von neuen, inzwischen weltberühmt gewordenen und von Mao höchstpersönlich geprägten Leitsätzen auftauchte, wie z.B. die Formel von den "Vorzügen der Armut und der Rückständigkeit", vom chinesischen Volk als einem "unbeschriebenen Blatt Papier, auf das sich die schönsten Schriftzeichen tuschen lassen" und nicht zuletzt auch die maoistische Kernmaxime, daß die "Politik das Kommando führt".

Auf die immer offener werdende Kritik der Sowjetunion, daß die "Revision der Generallinie" auf eine "prinzipielle Abkehr vom wissenschaftlichen Kommunismus und auf die Hinwendung zu einem voluntaristischen, reaktionären, kleinbürgerlich-gleichmacherischen Utopismus" hinauslaufe, antwortete Mao, daß man Genossenschaften auch ohne Telefone und Buchhalter, ohne Maschinen und auch schon mit ein paar wenigen Kadern organisieren könne. Nicht auf das Kapital, sondern auf Gesinnung, Kampfgeist und richtige Ideologie komme es an! Von "wirtschaftlichem Abenteuertum" (maojin) könne nicht die Rede sein!

Sonderweg Nr.2: Die Auseinandersetzung mit den schwierigen Intellektuellen

In ihrem Kampf gegen die "Feinde ohne Gewehr" hatte sich die KP bisher stets einer Salami-Taktik bedient, wobei die "Feinde" in der Regel nie einen Anteil von 4-5% übersteigen durften, damit auf der "richtigen Seite mindestens 95% Volk" übrigblieb. Wenn eine Schicht ausgeschaltet war, kam die nächste Scheibe an die Reihe. Ganz in diesem Sinne waren zwischen 1949 und 1952 zuerst einmal ausländische Besitzstände enteignet, Grundbesitzer und Konterrevolutionäre ausgeschaltet und das "Kompradorentum" (Kaufleute mit enger Auslandsbindung) liquidiert worden - also durchwegs Gesellschaftsklassen, die als geborene Gegner des neuen Regimes gelten durften.

Seit 1952/53 nun kamen auch jene Klassen an die Reihe, die - im Zeichen der Neuen Demokratie - ursprünglich

Bestandteile des "Volks" gewesen waren, u.a. die zum "Kleinbürgertum" gezählten "Intellektuellen" (zhishi fenzi). Eine präzise Definition für diesen Begriff fehlte ebenso wie für die meisten anderen täglich benutzten Termini, z.B. für "Ganbu" (Funktionär) oder "Gongren" (Arbeiter). "Man hat das entweder im Gefühl oder man wird es nie begreifen" - so etwa könnte man die hier übliche terminologische Beliebigkeit umschreiben. Möglicherweise steckte hinter dieser fast ostentativ praktizierten begrifflichen Unschärfe aber auch System, nämlich die Überlegung, daß es nicht schaden kann, wenn die definitorischen Ränder nur weiche Umrisse aufweisen; ließen sich auf diese Weise doch die jeweiligen Kampfbereiche bald ausweiten, bald wieder flexibel eingrenzen - je nach Bedarf. Angesichts der unpräzisen Begriffsbildung fielen notwendigerweise auch die Zahlenangaben unterschiedlich aus. Zhou Enlai sprach 1956 beispielsweise von 3,84 Millionen, Mao 1957 von 5 Millionen Intellektuellen. Legte man das Kriterium Hochschulbildung zugrunde, so waren es nur 6 Millionen; stellte man dagegen auf all diejenigen Personen ab, die vorwiegend Kopfarbeit verrichten, so kam man auf 25 Millionen.

Im scharfen Kontrast zur chinesischen Tradition waren die Intellektuellen im neuen China bisher mit Herablassung behandelt worden: Was hatten sie denn schon, ganz im Gegensatz zu den Bauern, zur Revolution beigetragen! Ärgerlich war überdies ihre skeptische Haltung gegenüber dem Parteiapparat, die den alten Intellektuellen genauso unterschiedslos gemeinsam war wie den mittleren und jungen. Der sich schnell verschärfende "Widerspruch" zwischen Parteibürokratie und Intelligenz wurde von Extremisten beider Seiten ausgenutzt: Hie verstärkte sich der "Kommandismus", dort die Kritik, die, weil sie immer ätzender wurde, vom Parteiapparat nicht hingenommen werden konnte, wenn er sein Gesicht behalten wollte.

Mitte der fünfziger Jahre schien die Zeit reif für eine Entscheidung. Es kam zur Entfaltung zweier Kampagnen, die in ihrer Gegensätzlichkeit kaum krasser hätten ausfallen können, und die auch bei Außenstehenden schon bald den Verdacht aufkommen ließen, daß es um die Einigkeit im ZK nicht zum besten bestellt war.

Die "Hundert-Blumen-Kampagne"

Vor allem nach dem Budapester Aufstand des Jahres 1956 tauchten überall an den Universitäten und in Künstlerkreisen "kleine Ungarn" auf. Drei Möglichkeiten standen theoretisch zur Wahl, mit ihnen fertigzuwerden: Man konnte die Entwicklungen z.B. einfach treiben lassen. Dazu freilich hätte die KPCh über ihren eigenen Schatten springen müssen! Denkbar war ferner der Einsatz repressiver Mittel; oder man konnte - dies war dann die dritte Möglichkeit - die Schriftsteller, Wissenschaftler und Studenten auffordern, doch bitte frei ihre Meinung und ihre Kritik an den etablierten Parteiinstitutionen zu äußern und im Zuge dieser Kritik auch selbst eine Katharsis zu durchlaufen, die am Ende zur Aussöhnung mit der KP führen würde - so wie die Stimmung nach einem Gewitter besonders milde zu sein pflegt. Gleichzeitig wäre es auf der Gegenseite erforderlich, die Parteigremien einer erneuten "Ausrichtungsbewegung" zu unterziehen, um auch dort jene Kanten abzuschleifen, an denen sich die Intellektuellen so häufig gestoßen hatten.

Intellektuelle und Parteifunktionäre hatten sich in den vorangegangenen Jahren zu weit auseinandergelebt; also mußte man sie - so die logische Schlußfolgerung - wieder zusammenbringen. Die einen sollten ein Stück hinauf-, die anderen ein Stück heruntersteigen, so daß man sich am Ende - "von gleich zu gleich" und "von Volk zu Volk" - irgendwo in der Mitte begegnen konnte: ein typisch maoistisch-egalitaristisches Leitmotiv, das in den späteren Jahren noch häufig variiert werden sollte, z.B. bei der Lösung der "Widersprüche" zwischen Kadern und Bauern, zwischen Arbeitern und Soldaten u.dgl.

Ganz in diesem Sinne verfaßte Mao Zedong damals zwei seiner berühmtesten Essays, nämlich "Über die zehn großen Widersprüche" vom 25.4.1956 und "Über die richtige Behandlung der Widersprüche im Volk" vom 27.2.1957. Widersprüche sind normale Phänomene, ja Triebkräfte der Entwicklung; "an uns liegt es, sie richtig zu behandeln". Es gelte jedoch, zwei Arten von "Widersprüchen" (maodun) auseinanderzuhalten, nämlich die "Widersprüche zwischen uns und unseren Feinden", die "antagonistisch", also unversöhnlichen Charakters sind und nur mit den harten Metho-

den der Diktatur des Proletariats (Strafe, Verfolgung) gelöst werden könnten, sowie auf der anderen Seite die
"Widersprüche im Volk", die sich durch Aufklärung, gegenseitige Erziehung sowie durch das "Blühen von hundert
Blumen und den Wettkampf von hundert Schulen" bereini-
gen lassen. Die Grenze zwischen beiden Widersprüchen?
Wer mit ganzem Herzen für den Sozialismus eintritt, gehöre
zum "Volk", wer sich gegen ihn wendet, zu den "Feinden des
Volkes". Die meisten Intellektuellen könnten ruhigen Gewissens zum "Volk" gezählt werden.

Dies war der ideologische Rahmen, in den jene Kampagne hineingestellt wurde, die unter der Bezeichnung
"Hundert-Blumen-Bewegung" (baihua yundong) weit vom
realsozialistischen Klischee abwich und die den Parteiapparat im Januar 1956 bis Juni 1957 aufwühlte: im Januar 1956
fand eine ZK-Konferenz über die Frage der Intellektuellen
statt, bei der Zhou Enlai hervorhob, daß 80% der 3,84 Mio.
Zhishi fenzi inzwischen zu "Werktätigen" geworden seien.
Es gelte in Zukunft, mehr Intellektuelle in die Partei aufzunehmen. Darüber hinaus sei ein Entwicklungsplan für Wissenschaft und Technologie im Zwölfjahreszeitraum 1956-67
auszuarbeiten.

Im Mai 1956 tagte die "Oberste Staatskonferenz", bei
der Mao zum erstenmal die "Hundert-Blumen-Parole" aus-
gab; der Gesamttext der Begründungsrede wurde allerdings
bis heute nicht veröffentlicht.

In den nun folgenden Monaten entfaltete sich die Kampagne in zwei Strängen, die streckenweise allerdings so eng
miteinander verzwirnt waren, daß man sie miteinander ver-
wechseln konnte. Schon gleich im Mai wurden Künstler und
Wissenschaftler aufgefordert, ihre Meinung an den herrschenden Zuständen frei zu äußern und offen Kritik zu
üben. Gleichzeitig begannen innerhalb der Partei die Vor-
bereitungen für eine neue "Ausrichtungsbewegung", deren
Ziel es sein sollte, Korrekturen im Sinne der von den Intellektuellen zu erwartenden konstruktiven Kritik ex ante vorzunehmen.

Am 27.4.1957, also exakt 15 Jahre nach Beginn der
Yan'aner "Ausrichtungsbewegung" von 1942, erging dann
der eigentliche ZK-Beschluß über die Hundert-Blumen-

Bewegung. Der Direktive zufolge sollte die Kampagne eine sanfte ideologische Erziehung ("Sanften Wind und feinen Regen", hefeng yiyu) durch systematische Kritik und Selbstkritik hervorbringen. Die zu diesem Zweck anberaumten Sitzungen sollten sich auf Minigruppen und auf Intensivdiskussionen unter vier Augen beschränken; "Kämpfe" und "administrative Zwänge" hätten zu unterbleiben. KP-Mitglieder aller Ebenen sollten sich körperliche Mitarbeit an der Basis zur Gewohnheit machen (so die ZK-Direktive vom 14.5.1957) - auch dies ein Yan'an-Bezug! Gleichzeitig wurde im Zuge einer "Verwaltungsvereinfachung" überzähliges Behördenpersonal entlassen.

Die Aufforderung zu offener Kritik stand jetzt also im Raum. Ganz im Gegensatz zu den Erwartungen der Partei blieb es in den Kulissen der potentiellen Kritiker allerdings still. Niemand wollte sich vorwagen; vielleicht handelte es sich hier ja nur um einen Köder. Auch war das Vorgehen gegen drei Intellektuelle, nämlich den Regisseur des Films "Das Leben des Wu Xun" (1950-51), die Kampagne gegen den "bürgerlichen Liberalen Hu Shi" und vor allem die "Kampagne gegen Hu Feng", in deren Gefolge landesweit alle Hu Fengs "ausgegraben" wurden, noch in allzu frischer Erinnerung.

Bedenken dieser Art hielten allerdings nur bis zum 1.Mai 1957 vor. Als dann an diesem Tag auch die "Ausrichtungsbewegung" formell angekündigt und nochmals die Aufforderung zu mutiger Stellungnahme erteilt wurde, brach ein Gewitter los, in dessen Verlauf ein wahrer Sturzbach von Anschuldigungen zuerst über einzelne Parteiausschüsse und dann über das KP-System als solches hereinbrach. Journalisten klagten über die Einschränkung ihrer Meinungsfreiheit, Künstler über Bevormundung durch die Kulturbürokratie und Studenten über unfaire Zulassungspraktiken an den Hochschulen, wobei mit dem Finger stets auf bestimmte Parteiausschüsse gedeutet wurde. Die meisten Anklagen jedoch liefen auf eine veritable Systemkritik hinaus! Wo sei eigentlich die noch 1949 von Mao versprochene "Koalitionsregierung" der vier Klassen geblieben? Wie komme es, daß die KPCh sich alle Macht anmaße und sich wie ein "Geheimpolizist" in alles und jedes einmische und eine Entfremdung ohnegleichen zwischen sich und den Massen habe einreißen lassen? Die KP solle sich gefälligst zurückhalten und auch andere Kräfte zum Zuge kommen lassen. Gefordert wurde u.a. die Errichtung zweier Kammern und die Zulassung echter Oppositionsparteien. Angeklagt wurde auch das hohepriesterliche Gehabe der meisten KP-Kader, die über den Wolken schwebten, ihre Macht mißbrauchten und ganz schamlos einen Lebensstandard genössen, wie ihn Bauern und Arbeiter nur erträumen könnten; erhielten z.B. Funktionäre nicht Gehälter bis zum 12fachen eines Arbeiterlohns?

Die Parteiführung war sprachlos. *So* hatte man sich den Verlauf der Hundert-Blumen-Kampagne nicht vorgestellt! Die Frage ging nun nicht mehr darum, ob die Forderungen akzeptiert, sondern wie sie in aller Eile abgeblockt werden könnten.

Vollbremsung durch die "Rechtsabweichler-Kampagne"

Die für alle Kritiker schockierende Wende ließ nicht lange auf sich warten: Bereits am 8.Juni 1957 veröffentlichte die *Renmin Ribao* eine ZK-Weisung und einen Leitartikel, der unter dem Titel "Wozu das alles?" zum Kampf gegen "Rechtselemente" aufrief und damit eine neue monatelange Kampagne auslöste, von deren Strudeln praktisch die gesamte Intelligenz erfaßt wurde. Die neue Lesart ging nun dahin, daß Intellektuelle, die unter dem Vorwand konstruktiver Kritik Parteiverfehlungen und Funktionärsprivilegien angegriffen hatten, in Wirklichkeit gegen die Partei als solche opponierten, daß sie Wölfe im Schafspelz seien, daß ihre Forderungen nach mehr Demokratie in Wirklichkeit auf die Abschaffung des Sozialismus überhaupt hinausliefen und daß ihre Invektiven gegen feudale Relikte in der Partei in Wahrheit darauf gerichtet seien, Mao Zedong als Patriarchen zu schmähen. Aus "Widersprüchen im Volk" seien damit im Handumdrehen "Widersprüche zwischen uns und unseren Feinden" geworden, denen kein Pardon gegeben werden dürfe.

Vor allem unter den Studenten und Professoren richtete dieser plötzliche Kurswechsel Verwirrung und Ratlosigkeit, ja Verzweiflung an, zumal nun jede Abteilung angewiesen wurde, einige Leute zu benennen, die als "bürgerliche Rechtsabweichler" verurteilt werden könnten. Der Parteiausschuß der Beijing Hochschule verlangte beispielsweise, daß unter den Lehrkräften mehr als 5% Rechtsabweichler "entlarvt" werden müßten. Einen solchen Mindestanteil sei sich die führende Hochschule des Landes doch wohl schuldig! Man kann sich vorstellen, in welche Lage eine Fakultät kam, die sich plötzlich aufgefordert sah, einige ihrer Mitglieder ans Messer zu liefern.

Wie schon in den Yan'aner Tagen begannen auch jetzt wieder "Kampfversammlungen", in deren Verlauf der Angeklagte aufzustehen, demütig den Kopf zu senken und sich von jedermann als Verräter beschimpfen zu lassen hatte. Für "Rechtsabweichler" gab es sechs abgestufte Strafen, nämlich Einkerkerung, Entlassung, vorübergehende Suspendierung und Entsendung zu körperlicher Arbeit, Gehaltskürzungen, körperliche Arbeit in der eigenen Danwei oder bloße Brandmarkung als Rechtsabweichler. Die als "Feinde" verurteilten Kollegen waren von jetzt an wie Ausgestoßene zu behandeln, d.h. es war ratsam, sie zu schneiden und auch Kontakte mit ihren Angehörigen zu vermeiden. Demütigend vor allem die Behandlung der zur Arbeit auf die Dörfer "hinuntergeschickten" (xiafang) Rechtsabweichler. Sie wurden angeschrien und erhielten die schmutzigsten Arbeiten zugewiesen. Den Bauern war vorher gesagt worden, "der" Rechtsabweichler gleiche jener steifgefrorenen Schlange, die ein mitleidiger Mensch an seiner Brust erwärmt habe, um dann als Dank dafür auch noch gebissen zu werden.

Waren während der Hundert-Blumen-Bewegung Bestimmungen über den "freiwilligen Arbeitseinsatz" von Funktionären erlassen worden, so ergingen nun, im Zuge der Rechtsabweichler-Kampagne, am 1.8.1957 "Regelungen über die Erziehung durch Arbeit" (laodong jiaoyang), die sich als höchst praktikables Mittel erwiesen, um "rechte Elemente" zur Räson zu bringen, sei es, daß man sie in Sonderlager schickte oder ihnen ganz schlicht zu verstehen gab, daß ein Damokles-Schwert über ihren Häuptern schwebte.

Im Verlauf der "Anti-Rechts-Bewegung" von 1957/58

wurden rund 2 Millionen Intellektuelle in Mitleidenschaft gezogen, unter ihnen 550.000 Personen, die formell als "Rechtsabweichler" eingestuft und damit in ihren Freiheitsrechten erheblich beschränkt wurden. Dazu muß man wissen, daß Rechtsabweichler, ebenso wie "Konterrevolutionäre", "Grundbesitzer", "Reiche Bauern" und andere "Schlechte Elemente" als solche bei den Sicherheitsbehörden formell zu registrieren waren und ihren jeweiligen "Status" auch dann noch beibehielten, wenn sie ihr Bodeneigentum längst verloren hatten oder aber als umerzogen gelten konnten. Als politische Parias kamen sie von jetzt an bei jeder Kampagne erneut unter die Räder, hatten regelmäßig beim lokalen Amt für Öffentliche Sicherheit Rechenschaft über ihr Verhalten abzulegen und wurden, ob lebendig oder tot, erst nach 1978 wieder entregistriert. Auch gab es zahlreiche Hinrichtungen.

Keine andere Maßnahme Beijings - auch nicht die Kulturrevolution - hat den Aufbau und Fortschritt der VR China jahrzehntelang so nachhaltig beeinträchtigt, wie dieser katastrophale Übergriff auf die Elite des Landes. Volkswirtschaftlich gesehen leistete sich China hier eine ungeheure Verschwendung an erstklassigem - und ohnehin knappem - Dienstleistungspersonal, vom persönlichen Trauma der Betroffenen und ihrer Angehörigen gar nicht erst zu reden.

Ging die Doppelkampagne der Hundert Blumen und der Ausrichtung auf das Konto Maos, so war die Rechtsabweichler-Kampagne das Werk seiner "leninistischen" Gegner, die dem Hundert-Blumen-Projekt von Anfang an mißtraut hatten und die nun, angesichts der überall hereinbrechenden Kritik, ihre schlimmsten Befürchtungen bestätigt sahen und nach der Notbremse griffen.

Die Doppelkampagne als Symptom für innerparteilichen Fraktionszwist

Die Hundert-Blumen-Kampagne hatte an einen Zentralnerv des Parteiverständnisses gerührt, nämlich an die Modalitäten der Parteiausrichtung. Zwar hatte auch die Liu-Fraktion nichts gegen eine "Ausrichtungsbewegung" einzuwenden, sie forderte aber "Selbstkultivierung" der Parteigenossen hinter verschlossenen Türen, während die Anhänger Maos für eine Kritik der KP von außerhalb der Partei, also eine "Ausrichtung bei weit geöffneten Toren", eintraten. Mit einem Seitenblick auf Liu Shaoqi und Deng Xiaoping meinte Mao spöttisch, daß manche Genossen nur eine "ganz kleine Demokratie" (xiaoxiao minzhu) wagen wollten; not tue aber nicht eine "kleine", sondern vielmehr eine "ganz große" Demokratie. Müsse ein echter Marxist etwa die Wahrheit scheuen? Wahrheit lasse sich nun einmal nur durch Aufdecken von Irrtümern herstellen, und nirgends in der Welt gebe es duftende Blumen ohne benachbartes Giftkraut. Die eigentliche Alternative laute ganz schlicht: "blühen lassen" oder aber "drosseln".

Je mehr die Maoisten ihr Anliegen in die Öffentlichkeit tragen wollten, um so energischer legten sich die Liuisten quer. Schon bald sah sich der Vorsitzende deshalb gezwungen, auf unkonventionelle Kommunikationswege auszuweichen:

- Im Kampfjahr 1957 ließ er beispielsweise gleich dreimal die "Oberste Staatskonferenz" zusammentreten, um seine "unkonventionelle" Meinung kundzutun. Man muß wissen, daß es sich bei diesem Gremium um ein Organ handelte, auf dessen Einberufung, Zusammensetzung und Themenstellung Mao in seiner damaligen Eigenschaft als Staatspräsident entscheidenden Einfluß hatte, während er sich in anderen Institutionen von Partei und Staat, in denen die Leninisten das Wort führten, allzu starke Einschränkungen gefallen lassen mußte. Selbst die Parteipresse stand ihm nur widerwillig zur Verfügung, da die parteiamtlichen Pressezensoren sich an die mehrheitlich gefaßten Parteibeschlüsse zu klammern und sich gegenüber den zahlreichen beschlußwidrigen Meinungsäußerungen des Vorsitzenden höchst "leninistisch" zu verschließen pflegten.

- Weitere kommunikative Seitenpfade wurden durch die am 1. März 1957 auf Betreiben Maos gegründeten "Informationsnachrichten" (Cankao xiaoxi) geöffnet, die fortan in 300.000 Exemplaren erschienen. Auch andere unkonventionelle Mittel, die bisweilen schon fast Samisdat-Charakter hatten, verschmähte der Vorsitzende nicht: So wurde beispielsweise seine "Widerspruchsrede" im Februar 1957 zunächst nur über Tonbandaufnahmen und mündliche Weitergabe verbreitet und erst mit zweimonatiger Verspätung in Auszügen offiziell abgedruckt. Ein Jahr später, beim 2. Plenum des VIII. ZK (Mai 1958) konnte Mao dann die Gründung der Hongqi (Roten Fahne) durchdrücken, die fortan als Haus- und Hofblatt der maoistischen Fraktion diente - und erst 1988 ihr Erscheinen einstellen mußte!

Rückblickend erscheint die Hundert-Blumen-Bewegung als Maos erster Frontalangriff auf die chinesischen Leninisten, die darauf pochten, daß Mehrheitsbeschlüsse - wie z.B. die Entscheidung über die Generallinie - nur durch ein erneutes Mehrheitsvotum der Partei abgeändert werden könnten, und daß überdies keine außerhalb der KP stehenden Kräfte zum Richter über die Partei eingesetzt werden dürften. Ihre schlimmsten Befürchtungen wurden Wirklichkeit, als einige Jahre später parteilose Rotgardisten nach Belieben mit Parteimitgliedern umsprangen.

Sonderweg Nr.3: Das "Auskaufen" der Nationalen Bourgeoisie
Während ihre Intellektuellen-Politik zu einem Fiasko geriet, fand die KPCh für die "Bereinigung " der Nationalen Bourgeoisie geradezu elegante - wenn auch höchst zynische - Lösungsmethoden. Nach dem 1945 von Mao höchstpersönlich verkündeten Revolutionsfahrplan sollte diese Klasse als Bestandteil der Neuen Demokratie eigentlich "auf Jahrzehnte hinaus" erhalten bleiben; am Ende freilich überlebte sie die "Befreiung" um lediglich sechs Jahre.

Statt einer Verstaatlichung nach sowjetischem Schema erfand die KPCh eine eigenwüchsige Doppelmethode der Liquidierung von Privatbetrieben: Da war erstens die bereits geschilderte "Kampagne gegen die Fünf Übel", zweitens wählte man den "Weg der Ausnutzung, Einschränkung und Umwandlung" (liyong, xianzhi, gaizao), um auf diese Weise zwei Ziele auf einmal zu erreichen, nämlich den früheren Privatunternehmer als Eigentümer zu exproprieren, ihn gleichzeitig aber als Arbeitskraft weiterzubeschäftigen.

Hauptmittel der "Ausnutzung" war die Vergabe staatlicher Aufträge an private Produktionsbetriebe, die ja, wie die Erfahrung zeigte, wesentlich produktiver waren als staatliche Fabriken und deshalb nicht nur mehr Güter erzeugten, sondern auch höhere Gewinne erwirtschafteten. Beides nützte ihnen allerdings wenig, da nun sofort die Falle der "Einschränkung" zuschnappte, die unter dem Etikett des Kampfes gegen Spekulation und Hortung sowie des Arbeitsschutzes, der Kreditgewährung und der Lagerhaltung stand. Fast unmerklich führte die "Einschränkungs-" schließlich in eine "Umwandlungs-Politik" hinüber, die sich in zwei Phasen vollzog, indem nämlich zunächst staatlich-private Gemeinschaftsunternehmen gegründet und anschließend ganze Branchen dieser neuformierten Betriebe einheitlicher staatlicher Leitung unterstellt wurden. Zumeist erfolgte die Joint-Venture-Gründung hierbei durch Zusammenmischung von Privatvermögen und staatlichem Investitionskapital, wobei sich die staatliche Seite ihren Anteil oft kurzerhand vom privaten "Geschäftspartner" herüberholte, und zwar in Form von Strafgebühren, Steuernachforderungen und "Rückerstattung entwendeter Werte". In dem frischgebackenen "Gemeinschaftsunternehmen" übernahmen staatliche Kader die Betriebsleitung, während der frühere Inhaber den Status eines Angestellten erhielt und sich aufgefordert sah, seine Fähigkeiten dem Unternehmen weiterhin zur Verfügung zu stellen. Der Gewinn wurde auf vier Empfänger verteilt - auf den Staat (Steuern), auf den Betrieb (Investitionsfonds), auf die Arbeiter und auf den ehemaligen Eigentümer, der diesen Gewinnanteil zusätzlich zu einer bescheidenen Entschädigungsrente erhielt.

Die Umwandlung von Einzelbetrieben in staatlich-private Joint Ventures begann im wesentlichen 1954 und war bereits Mitte 1955 - zeitgleich mit dem Aufschwung der landwirtschaftlichen Genossenschaftsbewegung - in ein zweites Entwicklungsstadium eingetreten, in dessen Verlauf ganze Industrie- und Handelsbranchen unter staatliche Leitung kamen. Bereits im Herbst 1956 war das private Unternehmertum bis auf wenige Ausnahmen vertilgt. Für ein Almosen von etwa 1,7 Mrd. Yuan hatte der Staat eine ganze gesellschaftliche Klasse von immerhin rund acht Millionen Personen samt Sachwerten "ausgekauft" (shumai).

Dieser Vorgang wurde mit einer damals weitverbreiteten Anekdote gewürzt: Mao Zedong, Liu Shaoqi und Zhou

Enlai beraten, wie man eine Katze dazu bringen könne, Pfeffer zu fressen. Liu rät, ihr den Pfeffer ins Maul zu stopfen und mit Stäbchen nachzuschieben, doch Mao schlägt die Hände über dem Kopf zusammen, da man doch das Volk nicht zwingen dürfe. Zhou schlägt daraufhin vor, die Katze zwei Wochen hungern zu lassen und ihre dabei entstehende Freßgier mit einem Stück Fleisch zu befriedigen, in das der Pfeffer eingewickelt sei. Doch auch diesmal schüttelt Mao den Kopf und meint, man dürfe das Volk weder betrügen noch täuschen. Dabei sei doch alles so einfach: Man reibe der Katze einfach den Pfeffer in den Hintern. Beginne es dort zu brennen, werde sie sich glücklich schätzen, ihn ablecken zu dürfen.

Dies alles mag für den Außenstehenden sehr lustig klingen, für die unmittelbar - aber auch nur mittelbar Betroffenen - gab es nichts zu lachen: Den unmittelbar betroffenen Privatunternehmern, die durch die frühere Fünf-Anti-Kampagne bereits weichgekocht worden waren, blieb selten etwas anderes übrig, als den "Ausverkauf" ihrer Betriebe ruhig - in manchen Fällen sogar "jubelnd" - hinzunehmen. Nicht wenige "feierten" die Nationalisierung ihres Betriebseigentums mit Löwen- und Drachentänzen, Feuerwerk und Freudenumzügen. Aber auch für die nur mittelbar Betroffenen, nämlich die Verbraucher, eröffneten sich wenig erfreuliche Perspektiven. Während nämlich der Privathandel ging, hielt die Zuteilungsbürokratie ihren Einzug und mit ihr die Lebensmittelkarte, die Rationierung, das Subventionswesen - und die Ineffizienz! Bereits 1953/54 waren zahlreiche Bestimmungen erlassen worden, die darauf abzielten, den bisherigen Markt durch staatliche Steuerungsmechanismen zu ersetzen. Vor allem kam es zur Errichtung eines "einheitlichen Aufkaufs- und Verkaufssystems" für Getreide, Ölfrüchte und Baumwolle, das sich wie ein Ölteppich nach und nach über sämtliche Warengruppen ausbreitete. Bereits 1956 war der private Großhandel auf diese Weise völlig, der private Kleinhandel aber bis auf wenige Reste ausgeschaltet und die Privatinitiative durch einen monströsen Verwaltungsapparat ersetzt worden. Auch das Kleinunternehmertum mit seinem breitgefächerten Dienstleistungsangebot, das ehemals für kleine Annehmlichkeiten im täglichen Leben gesorgt hatte, wurde dem Siechtum preisgegeben. Von den 14.000 Gaststätten beispielsweise, die es noch 1953 in Beijing gegeben hatte, konnten am Ende nur kümmerliche 600 Betriebe überleben. Auch das Privathandwerk wurde auf dem Altar des Dogmas geopfert. Es dauerte fast 30 Jahre, ehe die Kleinbetriebe durch Staatsratsverordnung vom 7.7.1981 wiederhergestellt wurden.

3. "Anachronismen"

Zwei Mosaiksteine passen nicht in das Bild der damaligen Zeit, nämlich der Gao/Rao-Fall und der VIII. Parteitag.

a) Der Gao/Rao-Fall - ein weiteres Konfliktsignal
Neben der Hauptfront, die mitten durch das ZK verlief und in deren Zentrum das Ringen um die oben beschriebenen drei Sonderlösungen stand, gab es auch noch Nischenkonflikte, von denen einer 1953 besondere Aufmerksamkeit erregte, weil er zum Sturz zweier regionaler Spitzenführer - Gao Gangs (Regionalbüro Nordostchina) und Rao Shushis (Regionalbüro Ostchina) führte. Beide waren im Dezember 1953 überraschend aus ihren "kleinen Königreichen" abberufen und dann - im März 1955 - auf einem außerordentlichen Parteikongreß wegen "Verschwörung" ins Gefängnis geworfen worden, wo sie vermutlich ums Leben kamen.

Der Gao/Rao-Fall manifestierte eine schwere Führungskrise innerhalb der KPCh, ohne daß der genauere Anlaß je bekannt geworden wäre. Angesichts der Zwielichtigkeit der Affäre bildeten sich gleich vier Interpretations/Spekulations-Muster heraus: Nach sowjetischer Auffassung handelte es sich hier um einen ersten antisowjetischen Vorstoß der "Maoisten" gegen aufrichtige Anhänger des Sowjetmodells. Eine zweite Interpretation unterstellt sowjetische Einmischungsversuche in der Person Gaos, und eine dritte deutet die Affäre als Kampf der Zentrale gegen regionalistische/separatistische Tendenzen. Das Rätsel scheint sich zu lösen, wenn man - viertens - die während der Kulturrevolution bekannt gewordene Information miteinbe-

zieht, daß Mao um das Jahr 1953 ernsthaft erkrankt, und
daß zu diesem Zeitpunkt bereits ein Kampf um seine Nachfolge entbrannt war. Hierbei hatte sich das Gespann Gao/
Rao vermutlich auf die beiden möglichen Kronprinzen, Liu
Shaoqi und Zhou Enlai, eingeschossen. Da von diesen Intrigen sowohl die Maoisten als auch die Leninisten betroffen
waren, schlugen sie beide gemeinsam zurück. Die Entschei-
dungsträger machten also die Affäre unter sich aus, ohne
daß sich die Erschütterungen nach unten in den Kaderapparat hinein fortgepflanzt hätten.

b) Der VIII. Parteitag: Ein stilles Mahnmal in unruhiger Zeit
Einsam zwischen den Zeiten steht der VIII. Parteitag (15.-
27.9.1956), dessen Ergebnisse so gar nicht in die damalige
politische Landschaft hineinpaßten, die aber gerade deshalb
von den Liuisten wie mosaische Gesetzestafeln hochgehalten und 22 Jahre später zum verbindlichen Inhalt einer
neuen - reformerischen - Epoche erklärt wurden.
    Kernstück des damaligen Parteibeschlusses war die Aus-
sage, daß der inländische Hauptwiderspruch nicht mehr
zwischen Arbeitsklasse und Bourgeoisie, sondern zwischen
den gestiegenen Bedürfnissen des Volkes und den grassie-
renden Entwicklungsdefiziten bestehe. Nicht mehr dem
Klassenkampf, sondern der Entwicklung der gesellschaftlichen Produktivkräfte sei deshalb von nun an das Hauptaugenmerk zu schenken. Fast wortwörtlich tauchte dieser Satz
22 Jahre später wieder beim Reformplenum vom Dezember
1978 auf!
    Als Begründung für diese grundlegende Änderung wur-
de angegeben, daß die "Drei Großen Verwandlungen" (im
Bereich der Landwirtschaft, der Industrie und des Handels)
sich bis 1956 im wesentlichen verwirklicht hätten, nachdem
96,3% der Bauernhaushalte und über 90% der Handwerker
in Genossenschaften integriert und außerdem 99% der bisherigen Privatindustrie sowie 85% des Privathandels verstaatlicht worden seien. Wenn es die Bourgeoisie nicht
mehr gebe - warum dann noch einen gegen sie gerichteten
Klassenkampf?
    Zweitens wurde die Generallinie von 1952 ("schrittwei-
ses" Vorgehen) erneut bestätigt und sogar expressis verbis

ins neue Parteistatut aufgenommen, während gleichzeitig die Mao-Zedong-Ideen herausgestrichen wurden. Ferner erging in Form des 2. Fünfjahresplans (1958/62) ein Wirtschaftsprogramm, das in seiner äußeren Erscheinung einer Totalabsage an das Sprung- und Tempokonzept der Maoisten gleichkam. Fünftens wurde in die Parteisatzung das Amt eines "Ehrenvorsitzenden" hineingeschrieben - unverkennbar ein Wink mit dem Zaunpfahl an Mao, sich möglichst bald aufs Altenteil zurückzuziehen. Gleichzeitig wurde das ZK-Sekretariat - und damit die Stellung Deng Xiaopings als Generalsekretär - erheblich aufgewertet.

Die Leninisten, die hier offensichtlich überall Regie führten, beklagten auch lautstark die bisherige Mißachtung der Parteistatuten (so hatten beispielsweise zwischen dem VII. Parteitag (1945) und dem VIII. Parteitag (1956) insgesamt nur 6 ZK-Plena stattgefunden), darüber hinaus den Mangel an innerparteilicher Demokratie und vor allem das Fehlen gesetzlicher Vorschriften, mit deren Hilfe sich Willkürakte besser hätten eindämmen lassen. Offensichtlich sollte hier ein Frühwarnsystem aufgerichtet werden!

Mao selbst trat bei dem Parteitag kleinlaut auf. 14 Tage vorher hatte er ominös vor "Subjektivismus" und "Sektierertum" gewarnt.

Am Ende hatte er mit den Liuisten aber dann doch noch einen Kompromiß finden können, der vermutlich auf folgendes Tauschgeschäft hinauslief: Ihr erhaltet Eure Generallinie und Euren Aufbaukurs, und ich bekomme meine Hundert-Blumen- und meine Ausrichtungsbewegung. Außerdem wollen wir kein Parteiprogramm erlassen, das nach Lage der Dinge ohnehin nicht konsensfähig wäre.

Zur Zeit des VIII. Parteitags gab es 10,73 Mio. KP-Mitglieder, darunter immer noch 69% Bauern. Die Arbeiter machten 14%, die "Kleinbürger" 12% und die anderen Schichten 5% aus.

4. Außenpolitik im Zeichen der Koexistenz

Außenpolitisch nimmt sich der Zeitraum 1953/57 geradezu wie eine Idylle aus, vergleicht man ihn mit den stürmischen

Phasen 1949/52 und 1958 ff. Der Wunsch, mit der internationalen Umwelt ins reine zu kommen, äußerte sich in Friedensschlüssen, Friedensangeboten und Koexistenzbekundungen.

Friedensschlüsse: Am 28.Juli 1953 unterzeichnete General Peng Dehuai im Namen der Volksrepublik das Waffenstillstandsabkommen für Korea. Bis Oktober 1958 wurden sämtliche chinesische Verbände aus dem Nachbarland abgezogen. Am 11.7.1961 schlossen China und Nordkorea einen Vertrag über Freundschaft, Zusammenarbeit und gegenseitigen Beistand.

Friedensangebote: Die Korea-Frage war auch Teilgegenstand der Genfer Indochina-Konferenz (1954), an der Zhou Enlai als Außenminister teilnahm. Um den Frieden entlang der Südflanke Chinas zu sichern, drängte Zhou die nordvietnamesische Verhandlungsdelegation zu Kompromissen (Teilung Vietnams, aufgeschobene Wahlen, Rückzug des Vietminh aus Kambodscha und Laos), deretwegen Hanoi die Chinesen später des Verrats beschuldigte.

Koexistenzbekundungen: China entdeckte nun auch die Dritte Welt, ohne daß dieser Terminus damals schon verwendet worden wäre. Zwei Hauptereignisse kennzeichnen diese Entwicklung, nämlich erstens die demonstrativ bekundete Freundschaft mit Indien (u.a. Vereinbarung der "Fünf Prinzipien der friedlichen Koexistenz") und zweitens die Teilnahme Chinas an der Afro-Asiatischen Konferenz von Bandung (April 1955). Schon damals begann Beijing Überlegungen anzustellen, ob es seine bisher so einseitigen Bindungen an die Sowjetunion nicht durch eine Gegenverankerung bei den NEFOS (Newly Established Forces - ein Ausdruck Sukarnos) ausgleichen sollte. In diesen Jahren auch entstanden erste Ansätze für jene Achse Beijing-Jakarta, in deren Zeichen Indonesien immer "linker" wurde, bis der "Umsturz vom September" (1965) dieser Entwicklung ein jähes Ende bereitete - und übrigens einen der schwersten außenpolitischen Rückschläge für China mit sich brachte.

Und das Verhältnis zu den beiden Supermächten?

"Nie wieder Korea" - dies etwa mag das Hauptmotiv gewesen sein, das Beijing damals bewog, in aller Heimlichkeit am 1.August 1955 auf Botschafterebene Gespräche mit den USA aufzunehmen - zuerst in Warschau und später in Genf. Während sich nach außen hin die Spirale gegenseitiger Polemiken immer höher schraubte, herrschte im Binnenverhältnis lebhafter Gesprächskontakt, der u.a. nicht weniger als dreimal die Eskalation der Spannungen um Taiwan und damit die Gefahr kriegerischer Konflikte verhinderte. Selbst bei regulären diplomatischen Beziehungen hätte sich angesichts der grundsätzlichen Differenzen beider Mächte wohl kaum mehr herausholen lassen als bei den insgesamt 136 Gesprächsrunden, die zwischen 1955 und 1970 stattfanden.

Was das Verhältnis zur anderen Supermacht, der UdSSR, anbelangt, so durchlief es eine Fieberkurve. Nach kurzen Flitterwochen im Jahre 1953 standen die beiden Mächte bereits Ende 1957 wieder kurz vor der Scheidung. Persönliche Spannungen zwischen den führenden Politikern Mao und Chruschtschow waren dabei nicht die kleinste Ursache. Stalin war zwei Jahrzehnte lang eine Leitfigur gewesen. Über seine Schriften hatte Mao zum größten Teil marxistisches Gedankengut kennengelernt; Stalin war außerdem jener Staatsmann, der aus der rückständigen Sowjetunion eine Weltmacht geschmiedet hatte; nicht zuletzt aber war das Verhalten des "Generalsekretärs" für Mao akzeptabel gewesen: Er zeigte erlesene Umgangsformen und begegnete seinem chinesischen Partner in jener distanzierten und leise ironischen Form, wie sie zum Verhaltensbild des chinesischen Vaters gegenüber seinen Söhnen gehört. Chruschtschow andererseits war für Mao nicht nur ein Barbar im besten Sinne chinesischer Tradition, sondern hatte darüber hinaus auch das revolutionäre Erbe der Sowjetunion verraten, insofern er - aus maoistischer Sicht - spätestens seit der Entstalinisierung beim XX. Parteitag zum Repräsentanten des "Revisionismus" schlechthin geworden war. Bezeichnenderweise wurde Liu Shaoqi, der innenpolitische Hauptgegner Maos, während der Kulturrevolution mit dem "Hut" eines "chinesischen Chruschtschow" versehen und damit als negatives Modell der Revolutionsfeindschaft schlechthin gebrandmarkt.

Im November 1957 besuchte Mao anläßlich des 40. Jahrestags der Oktoberrevolution die Sowjetunion zum zweiten Mal und nahm an einem Kongreß der Kommunistischen und Arbeiterparteien teil - eine Art Nachfolgeorganisation der ehemaligen Komintern, mit der er ja bekanntlich stets auf gespanntem Fuß gestanden hatte. Dies war sein letzter Besuch in der UdSSR und damit im Ausland überhaupt. Maos nicht übermäßig engagierte Versuche, an der brüchig gewordenen Einheit noch einmal Reparaturen vorzunehmen, mißlangen. Schon zwei Jahre später brach der sino-sowjetische Konflikt offen aus, als Chruschtschow im Juni 1960 bei einer Konferenz in Bukarest die Delegation der KPCh vor versammelter Parteienlandschaft offen angriff und damit empörte chinesische Reaktionen auslöste. Die Heftigkeit der damals hervorbrechenden gegenseitigen Beschuldigungen ließ erkennen, daß hier schon lange aufgestauter Unmut abreagiert wurde.

VIII

Die Jahre des Zwei-Linien-Kampfes
(1958-1965)

1. Die Drei Roten Banner und der "kommunistische Wind"

Die Jahre 1958 bis 1965 waren jener Zeitraum, in dem sich einige der maoistischen Eigenarten, wie die Überbetonung des subjektiven Faktors, die Sprungmentalität und die Neigung, jeden Gegner sogleich zum Klassenfeind abzustempeln, für Wirtschaft und Gemeinwesen Chinas am bisher verheerendsten ausgewirkt haben. Vor allem seit Beginn 1958 war besonders häufig von der Bedeutung des "Willens", von der "Priorität der Politik", von "permanenter Revolution", von "Vergenossenschaftlichung *vor* der Industrialisierung des Dorfes", von den "Besonderheiten" Chinas sowie vom unausweichlichen Kampf gegen gewisse "Autoritäten" die Rede. Sogar das Politbüro mußte sich Hinweise gefallen lassen, daß es zu einem Beamtenapparat degeneriert sei, der die Massen reglementiere, statt sie zu mobilisieren.

Zu Höhepunkten dieser neu aufgeflammten maoistischen Kritik an der Parteipraxis wurden zwei Konferenzen, bei denen Richtlinien ergingen, die unter der Bezeichnung "Drei Rote Banner" (sanmian hongqi) weltberühmt werden sollten, nämlich das 2. Plenum des VIII. ZK (5.-23.5.1958), das einer neuen Generallinie sowie dem "Großen Sprung nach vorn" zum Durchbruch verhalf, und die ZK-Konferenz im Badeort Beidaihe (17.-30.8.1958), die der Volkskommune den Segen erteilte.

a) Die Neuformulierung der Generallinie: Vom Schritt-zum Sprungtempo
Im Mai 1958 fand in Beijing das (aus der Sicht der späteren Reformer) so verhängnisvoll-berüchtigte 2. Plenum des VIII. ZK statt, bei dem die Ergebnisse des nur eineinhalb Jahre zurückliegenden VIII.Parteitags bereits wieder aus

den Angeln gehoben wurden, und in dessen Verlauf eine neue Generallinie erging, die zur Grundlage tragischer wirtschaftlicher Fehlentscheidungen wurde, ehe sie - nach zwei langen Jahrzehnten - 1978 im Sinne der ursprünglichen Vorstellungen des VIII. Parteitags wieder korrigiert werden konnte.

Bereits am 1.Januar 1958 war der 2. Fünfjahresplan (1958-62) offiziell angelaufen. Ähnlich aufgebaut wie sein Vorgänger, folgte er sowjetischen Schnittmustern und war vor allem der alten Generallinie des schritt- und etappenweisen Voranschreitens verpflichtet.

Wie schon 1953 wandte sich Mao Zedong auch diesmal gegen das "Schneckentempo" und forderte "zügigeres" Vorgehen. Die Quintessenz seiner Überlegungen hatte bereits in den "60 Punkten über Arbeitsmethoden" vom 19.2.1958 ihren Niederschlag gefunden. U.a. hieß es dort, daß England bei der Eisen- und Stahlproduktion in 15 Jahren überholt werden solle. Die neue "Hochflut" der Massenbegeisterung verlange, daß China in den Sozialismus nicht "planmäßig und proportional" hineinwachse, sondern beherzt hineinspringe. War in der Generallinie von 1952, wie oben erwähnt, noch eine Übergangsperiode bis 1967 angesetzt worden, so hieß es nun "Drei Jahre harter Kampf und dabei die Massen aufrütteln wie nie zuvor". 20 Jahre könnten "zu einem einzigen Tag verdichtet" werden. Jede Kampagne sei "wie eine Schlacht" zu führen: Nach jedem Sieg komme sogleich die nächste Aufgabe an die Reihe. Nur so bleibe der revolutionäre Elan erhalten.

Wovor solle sich ein echter Marxist eigentlich fürchten: Vor Disproportionen? Habe man denn vergessen, daß Ungleichgewichte normal und absolut, Gleichgewichte dagegen zeitlich begrenzt und relativ sind? Oder etwa vor Regelverletzungen? Vorschriften seien doch nicht um ihrer selbst willen da. Was zähle, seien nicht Paragraphen, sondern Erfolge! Angst vor Fehlern? Ohne Fehler könne man nun einmal nichts hinzulernen: Die Wahrheit sei das dialektische Korrelat zum Irrtum. Angst vor Verschwendung? Dies sei der einzige, wirklich ernst zu nehmende Einwand, dem man besondere Aufmerksamkeit schenken müsse.

Man vergesse nicht, daß das 60-Punkte-Dokument zu einer Zeit ausgearbeitet wurde, als die kommunistische Bewegung weltweit von enthusiastischen Aufschwüngen erfüllt war, und als der "Ostwind" sich anzuschicken schien, "über den Westwind zu siegen". Selbst ein nüchterner Parteifunktionär vom Zuschnitt Liu Shaoqis ließ sich von der damaligen Begeisterung mitreißen. Im ganzen Land zeige sich, so Liu beim 2. Plenum, ein fast unglaubliches Maß an "sozialistischer Initiative, militantem Geist, furchtloser Kreativität und Lernbegierde". Sämtliche bisherigen Ziele seien von den Massen bei weitem übertroffen und sogar die hochgesteckten Parameter des Ersten Fünfjahresplans locker übererfüllt worden. Solle man jetzt noch zögern und den Entwicklungen hinterherlaufen? Nein, man müsse ihnen, wie es Genosse Mao ja immer schon empfohlen habe, voranstürmen und "nicht im Schneckentempo hinterherkriechen". Nicht Schritte, sondern Sprünge seien jetzt gefragt! Die drei Jahre zwischen 1956 und 1958 hätten bewiesen, daß die Entwicklung unter Hochgeschwindigkeitsbedingungen in U-Form verlaufe: hoch am Anfang und am Ende, etwas abfallend in der Mitte.

Mao, der Architekt des neuen Zeitgeists, spielte damals mit hohem Einsatz. Er mußte wissen, daß sein Prestige auf dem Spiel stünde, käme es am Ende zu einem "Großen Sprung rückwärts". Nie wieder war er so sehr mit Schreiben, Propagieren und Agitieren beschäftigt wie in den ersten Monaten des Jahres 1958.

Welche Überlegungen standen hinter dem Großen Sprung? In manchen westlichen Darstellungen ist davon die Rede, daß mit der neuen Politik typischen Dritt-Welt-Fehlentwicklungen vorgebaut werden sollte wie der Landflucht, dem Anwachsen der Arbeitslosigkeit in den Städten oder aber der Verslumung in den Metropolen. Nun bereitete zwar ein Problem wie die Landflucht, das im Zuge des 1. Fünfjahresplans besorgniserregende Ausmaße angenommen hatte, auch den chinesischen Behörden Kopfzerbrechen, so daß sie polizeilich ganze Provinzen abriegeln ließen, um den "blinden Auszug aus den Dörfern" zu bremsen. Hauptmotiv für den Großen Sprung war aber am Ende nicht so sehr das Bestreben, etwas zu *verhindern*, als vielmehr umgekehrt die Hoffnung, etwas zu *bewirken*, nämlich ein mobilisatorisches Wunder, das nicht nur zur revolutionären Neubesinnung führen, sondern darüber hinaus die Wirtschaftsentwicklung vorankatapultieren sollte.

b) Der Große Sprung nach vorn

Das "Rote Banner" des Großen Sprungs (da yue jin) war bereits beim 2. Plenum des VIII. ZK (Mai 1958) aufgepflanzt worden. Die neue Generallinie hatte einen Wortlaut, den schon bald jeder Chinese auswendig hersagen konnte: "Unter Anstrengung aller Kräfte - immer vorwärtsstrebend - den Sozialismus nach den Prinzipien 'mehr, schneller, besser und wirtschaftlicher' aufbauen". Damit war die Schritte-Option von 1952 endgültig umgestoßen. Um die neue Generalformel etwas zu präzisieren, ergingen Detailregelungen in "sieben Bereichen", u.a. die "60 Punkte über die Arbeit auf dem Lande", die "70 Punkte über die Industriebetriebe", die "60 Punkte für höhere Erziehung" oder die "40 Punkte für die wissenschaftliche Forschungsarbeit". Gleichwohl blieben beträchtliche Unschärferelationen bestehen, die freilich nicht etwa ungewollt, sondern durchaus beabsichtigt waren; denn es sollte ja nur eine generelle Richtung aufgezeigt, das eigentliche Vollzugsdetail aber dem Massenexperiment überlassen werden. Gefragt war hier erneut ein Lernen durch Tun. Revolutionen mußten nach Maos Ansicht praktisch er-lebt statt bloß theoretisch reflektiert werden.

Soviel allerdings wurde deutlich: Alles sollte viel schneller und entschlossener vor sich gehen als bisher (Parole: "Drei Jahre harte Arbeit, 10.000 Jahre Glück"); ferner hatte der Große Sprung etwas mit Stahl und Eisen zu tun (Parole: "Englands Stahlproduktion in 15 Jahren überholen"), und schließlich sollte die gesamte Entwicklung künftig wieder in eigenständig-chinesischer Weise verlaufen.

Da durch diese Politik des Vorwärtsspringens der Zweite Fünfjahresplan Makulatur geworden war, galt es, neue Ziele zu definieren. Dies geschah im Juli 1958 durch "kühnes Hochkorrigieren" der Zahlen. In der Industrie wurden die durchschnittlichen Zuwachsraten auf jährlich +45% (!) und in der Landwirtschaft auf jährlich +20% nach oben geschrieben. Hatte der ursprüngliche Fünfjahresplan für 1962 eine Stahlerzeugung von 12 Mio.t angepeilt, so war nun plötzlich von 80 - 100 Mio.t die Rede!

Daß diese gigantische Steigerung mit den vorhandenen Kapazitäten nicht annähernd erreicht werden konnte, war auch den maoistischen "Planern" klar. Aus diesem Grunde forcierten sie - als zweites Bein zur zentral geleiteten Stahlindustrie - den Aufbau einer Stahl- und Eisenkocherei in "Mini-Hochöfen" (xiao guolu). Getreide und Stahl wurden zu den beiden "Hauptkettengliedern" erklärt und die "Massen" aufgerufen, in Getreide- und Stahlschlachten einzutreten. Wenn diese beiden Schlüsselstellungen gestürmt würden, komme automatisch die gesamte übrige Wirtschaft ins Lot.

All jene Elemente waren damit plötzlich wieder auf dem Plan, die für die "maoistische Wirtschaftspolitik" so typisch sind, nämlich der Vorrang der "Politik" (Entwicklung des Menschen statt bloßer Entwicklung der Technik), die Simultaneität des Wirtschaftens ("Gehen auf zwei Beinen"), die Dezentralisierung, der Kampf gegen Technokratie, Spezialisierung und sektorale Aufgliederung, die weitgehende Autarkie der Produktionseinheiten ("Auf eigenen Beinen stehen!") und das "Volkskriegsdenken" ("Einen Volkskrieg gegen die Natur führen") - nicht zuletzt auch die "mittlere Technik", d.h. die Kombination von Geräten und Arbeitstechniken, die produktiver als entsprechende traditionelle, gleichzeitig aber auch billiger sind als modern-westliche Elemente und Verfahrensweisen. Bei der Kombination von Schaufel, Tragkorb und Großraummaschine hatten sich die Chinesen ja schon in den vorangegangenen Jahren als ungemein einfallsreich erwiesen - und konnten dadurch übrigens auch zu Vorbildern für viele andere Länder der Dritten Welt werden.

Ganz in den Vordergrund traten damals erneut zwei Leitthemen, nämlich "Volkskriegsdenken" und "Politikprimat".

"Volkskriegsdenken": Ob Eisenbahnschienen verlegt, Staudämme errichtet, Ernten eingebracht, gegen die "Vier Krankheiten" (si bing, u.a. Malaria) oder aber gegen die "Fünf Schädlinge" (wu hai: Fliegen, Moskitos, Ratten, Sper-

linge und Schnecken) vorgegangen wurde - stets waren
"Schlachten zu schlagen". Der "Volkskrieg" gegen die Spatzen erfolgte z.B. in der Weise, daß ganze Milizeinheiten und
Schulklassen mit Gongs, Trommeln und anderen Klangkör-
pern bewehrt auf die Felder zogen und die Vögel solange
durch die Luft scheuchten, bis sie flügellahm wurden und
herunterfielen. Ökologische Katastrophen waren die Folge
dieses Verfahrens: Nach dem Sperlingskrieg war man zwar
die angeblich so gefräßigen Vögel los, litt nunmehr aber um
so stärker unter stechenden und beißenden Insekten. Also
folgte der Vogel- nunmehr die Moskitojagd. Erneut gingen
Millionen von Menschen in Volkskriegsmanier dazu über,
all jene Gräser auszureißen, in denen angeblich Mückenlar-
ven abgelegt wurden. Das Gras war bald herausgerupft, die
Insekten aber blieben - und obendrein verschlechterte sich
das Mikroklima, da die vernichtete Flora nun keine Feuch-
tigkeit mehr speichern konnte und windverursachte Erosion
um sich griff.

"Vorrang der Politik": In den Lehren des klassischen
Marxismus war die Rolle der "Haupttriebkraft" noch allemal den "Produktivkräften" zuerkannt worden, d.h. das
Ausmaß der Sozialisierung war bedingt durch das Niveau
der materiell-technischen "Basis". Demgegenüber erklärte
Mao Zedong nun den Klassenkampf sowie den Widerspruch zwischen Produktivkräften und Produktionsverhält-
nissen zur Richtschnur. Fehle es nämlich an den materiellen
Voraussetzungen, so müsse man sich eben an den stimulie-
renden Wirkungszusammenhang des ewigen Kampfs der
Widersprüche halten. Wichtiger als Technik oder Kapital
sei der Faktor Mensch; ohne ihn bleibe auch die perfekteste
Maschine nur ein Haufen Schrott; der Fortschritt entfalte
sich im Kampf gegen Dogmatismus und Buchstabengläu-
bigkeit; Mißerfolge seien nicht die Konsequenz unzulänglicher Technik, sondern unzureichenden Bewußtseins und
Wollens; der subjektive Faktor bleibe von überragender
Bedeutung: Die "Politik" müsse zum Lebensnerv werden!

Für die Beobachter in Moskau disqualifizierte sich Mao
damit als "gefährlicher Voluntarist", der die uralte Sünde
begehe, den Vorrang der Ökonomie durch den Primat der
Ideologie und der Politik ersetzen zu wollen.

Neben dem Politik-Primat schoben sich im Verlauf des Großen Sprungs auch noch die Forderungen nach Simultaneität und Dezentralisierung in den Vordergrund. Simultaneität: Das Dorf sollte soweit wie möglich mit der Industrie gleichziehen. Dezentralisierung: Anstelle des bisherigen Leitungsmonopols der Beijinger Industriebürokratie sollte jetzt wieder die Initiative der 2.000 Kreise, der 80.000 Gemeinden, der 100.000 handwerklichen und der 700.000 landwirtschaftlichen Produktionsgenossenschaften stärker zum Zuge kommen.

Zwischen September und Dezember 1958 begannen die "Stahlschlachten". Ganz China stürzte sich in die Massenkampagne zum Schmelzen von Eisen mit Hilfe jener Mini-Hochöfen, die überall auf den Dörfern, aber auch in den Höfen städtischer Fabriken, Krankenhäuser und Schulen aus dem Boden gestampft worden waren.

Da die "Stahlschmelzerei" rund 90 Millionen Menschen beschäftigte, wurde plötzlich ein "Produktionsfaktor" knapp, an dem China bis dahin stets Überfluß zu haben pflegte, nämlich die menschliche Arbeitskraft; kein Wunder, wenn die gerade kurz vorher angelaufenen Programme zur Bevölkerungskontrolle gleich wieder außer Tritt gerieten.

Tags hingen Rauchschwaden über Städten und Dörfern, nachts war der Himmel gerötet. Was immer aus Metall war - ob Kochtöpfe oder aber Nägel, die man z.T. aus Holzbauwerken oder Geräten herauszog - alles landete in der Schmelze. Am Schluß freilich produzierten die "Hochöfen" keinen Stahl, sondern hatten nur die Kochtöpfe und Nägel verschlungen.

Der "kühne" Stil des Wirtschaftens zeitigte auch einen neuen und äußerst weitherzigen Umgang mit Zahlen und "Statistiken". Verlangt waren Jubelmeldungen - also wurden sie in der gewünschten Zahl und "Farbigkeit" geliefert. Ein Berichterstatter hätte schon selbstmörderisch veranlagt sein müssen, wenn er all die Verschwendungen, Produktionseinbrüche und Erdrutsche nach oben gemeldet hätte, die vom Großen Sprung ausgelöst worden waren. Dabei war Objektivität nicht einmal gefragt. Selbst die übergeordneten Behörden übten sich nämlich in Opportunismus, indem sie sämtliche zu "niedrig" erscheinenden Angaben einfach nicht akzeptierten, sondern die Meldebögen so oft an die Grundeinheiten wieder zurückgehen ließen, bis von dort sehenswerte Ziffern "geliefert" wurden.

Rückblickend kann man feststellen, daß der Große Sprung ein Versuch Maos war, das Sowjetmodell zu übertrumpfen, eigene Erfahrungen aus der Yan'an-Zeit neu zu beleben, Revolution und Produktion miteinander zu versöhnen, die überkommenen Schranken, d.h. die "Drei großen Unterschiede" zwischen Stadt und Land, Kopf und Hand sowie Industrie und Landwirtschaft niederzureißen und die Revolution durch fortgesetzte Massenkampagnen zu verstetigen, um so am Ende den Neuen Menschen in einer Neuen Gesellschaft zu schaffen. Dies war ein gigantischer Entwurf, der, wie sich schon bald zeigte, nicht weniger gigantische Katastrophen nach sich zog, weil die Rechnung ohne Rücksicht auf die Produktivkräfte gemacht worden war.

c) *Die Volkskommune, das röteste der Drei Banner*

Es war die Partei-Sonderkonferenz von Chengdu, bei der den Maoisten schließlich auch noch der Durchbruch in Richtung Volkskommune gelang. Die Konferenz dauerte 13 Tage, so daß der "Vorsitzende" erneut genügend Gelegenheit hatte, bei einzelnen noch unschlüssigen Genossen individuelle Seelenmassage zu betreiben. Abgesegnet wurde das Ergebnis dann bei der Konferenz im Badeort Beidaihe (17.-30.8.1958), und zwar in Form des ZK-Beschlusses "Über die Errichtung von Volkskommunen in den ländlichen Gebieten". Die Volkskommune war damit zum operativen Hauptinstrument der neuen Generallinie und des Großen Sprungs nach vorn geworden. Gleichzeitig hatte sich das Hauptaugenmerk der chinesischen Führung wieder auf das jahrelang vernachlässigte Dorf gerichtet.

Und wie die Volkskommune ins Rennen ging! In sage und schreibe einem einzigen Monat seit Erlaß der Beidaihe-Resolution hatten sich bereits über 90% der 127 Millionen chinesischen Bauernhaushalte zu insgesamt 23.397 Volkskommunen zusammengeschlossen, wobei freilich, wie man sich vorstellen kann, die meisten Kommunen nur auf dem Papier existierten. Dieses aberwitzige Kommunisierungstempo war Folge jenes "blinden Optimismus", der sich im Herbst 1958 anschickte, zum Zeitgeist zu werden und in dessen Optik alles möglich schien, wenn man nur Willen, Entschlußkraft und "Wagemut" mitbrachte. Was zählten da schon Realien wie Bodenqualität, Maschinenbestände, Saatgut oder Düngemittelvorräte? Worauf es wirklich ankam, war gemeinsamer Elan und ein von "Begeisterung" getragener großer Wille, den "Volkskrieg gegen die Natur" aufzunehmen und die "Produktivkräfte zu befreien". Am Ende konnte man vielleicht gar noch "direkt in den Kommunismus hineinspringen"!

Die fünf Eigenarten der Volkskommunen
Im Gegensatz zur Generallinie und zum Großen Sprung war die Volkskommune verhältnismäßig genau ausdefiniert und in ihren Einzelheiten präzisiert worden. Die Hauptunterschiede zur LPG-II lassen sich folgendermaßen skizzieren:

(1) Größenordnungen: Eine VK hatte wesentlich mehr Mitglieder als eine LPG-II. Der Beidaihe-Resolution zufolge sollte grundsätzlich die Gemeinde (xiang) (mit durchschnittlich rund 2.000 Haushalten) den Rahmen für eine VK abgeben. Wäre diese Empfehlung eingehalten worden, so hätte sich die Gesamtzahl der Kommunen auf etwa 80.000 belaufen müssen - in Wirklichkeit aber betrug sie am Ende nicht einmal 24.000. Manche Kommunen zählten über 20.000 Haushalte: Das Augenmaß war wieder einmal verlorengegangen.

(2) Zuständigkeitsbereich: War die LPG-II noch mit verhältnismäßig bescheidenen Aufgaben bedacht (es gab z.B. Produktions-, Kredit- oder Absatz-Genossenschaften), so glänzte die Volkskommune durch eine nahezu unbeschränkte Allzuständigkeit; sollte sie doch nicht nur Landwirtschaft betreiben, sondern "Mädchen für alles" sein und in dieser Eigenschaft Industrie, Handel, Erziehung, Miliz, Sozialpolitik, Gesundheitsvorsorge und Administration miteinander zu einem neuen Ganzen verschmelzen und die Verfügung darüber in *eine* Hand legen. Mit dieser Integration sollte zugleich auch der traditionelle Unterschied zwischen Stadt und Dorf sowie zwischen Arbeitern und Bauern

aufgehoben werden - gemäß dem Grundsatz: "Verdörflichung der Städte - Verstädterung der Dörfer".

(3) Eigentumsumgestaltung: In der bisherigen LPG-Praxis war den einzelnen Haushalten ein Anteil von rund 7% eines Mu (15 Mu = 1 ha) als Hofland zugebilligt worden, auf dem Gemüse und Obst angebaut und Schweine sowie Hühner und Enten für den eigenen Bedarf gehalten werden konnten. Diese "Privatparzellen" fielen nunmehr dem revolutionären Rotstift zum Opfer. Obendrein wurde beschlossen, daß das Produktionseigentum der Volkskommune nach drei bis sechs Jahren zu Volkseigentum "aufgewertet" werden solle.

(4) Kollektivierung des Alltagslebens: Hatten die Bauern ferner in der LPG noch ihr eigenes Haus bewohnt, ihr Essen eigenhändig zubereitet und ihre Kinder selbst erzogen, so sollte nun eine wirkliche Kollektivierung des Alltagslebens einsetzen, und zwar durch Einrichtung von Gemeinschaftskantinen, Wäschereien, Kindergärten, Schneiderateliers, "Gärten des Glücks" (xinfuyuan) für die Rentner, ja sogar durch Bereitstellung gemeinsamer Schlafsäle. Im ZK-Errichtungsbeschluß vom 29.8.1958 ist von "Sanhua" (wörtlich: "Drei ...ierungen") die Rede, nämlich der Militarisierung der Organisation, der Martialisierung des Handelns und der Kollektivierung des täglichen Lebens. Die arbeitsfähige Bevölkerung wurde in Divisionen, Regimenter, Bataillone und Kompanien gegliedert, die in Reih und Glied zur Arbeit antraten. Im Zeichen der Parole "Jedermann ein Soldat" (quan min jie bing) und "Das ganze Volk eine Produktionsarmee" kam es zu einem bis dahin nicht gekannten Aufstieg der Volksmiliz. In der offiziellen Propaganda war Ende 1958 von nicht weniger als 200 Millionen Milizionären die Rede. Die sowjetische Kritik sprach in diesem Zusammenhang von "Kasernen-Kommunismus", "Militarisierung der Gesellschaft" und "schändlichen Zwangsmethoden".

(5) Neuartige Verteilungsmechanismen: Hatte in der LPG noch weitgehend das Leistungsprinzip gegolten, so erfolgte die Verteilung in den Volkskommunen tendenziell bereits nach Bedürfnissen. Überall begann der "Wind des Kommunismus" (gongchan feng) zu wehen. In "Volksküchen" gab es "Reis ohne Bezahlung". Mehrere Provinzen

praktizierten bereits 1958 das System "Zur Hälfte löhnen, zur Hälfte frei verteilen". In einigen Kommunen kam es zur Einführung des berüchtigten "Yi ping erh diao" (Eine Egalisierung, zwei Ausgleiche). Die "Egalisierung" lief hierbei auf leistungsunabhängige Entlohnung, der "doppelte Transfer" dagegen darauf hinaus, daß den wohlhabenderen Dörfern innerhalb einer Volkskommune Überschußprodukte und Arbeitskräfte einfach weggenommen und ohne Entschädigung auf die ärmeren Dörfer transferiert wurden. Man kann sich vorstellen, wie niederschmetternd sich diese Umverteilung auf das Leistungsbewußtsein der fleißigeren Bauern auswirkte! Neben den hier geschilderten Dorf- sollten auch Stadtkommunen eingeführt und nach den gleichen Methoden aufgezogen werden; doch blieben sie zumeist Eintagsfliegen.

d) Hungersnöte als Folgen der Sprung-Politik

Die Politik der Drei Roten Banner endete nicht nur in Ernüchterung, sondern bescherte auch noch Hungersnot. Die Getreideproduktion ging von 200 Mio.t (1958) auf 143 Mio. (1960) zurück, während die Planer, wohlgemerkt, 525 Mio.t angepeilt hatten! Ganz China hungerte, obwohl die Regierung dies nach außen hin leugnete. Was es heißt, statistisch von 217 kg Reis pro Jahr leben zu müssen, beschreibt die "Rechtsabweichlerin" Yue Daiyun, die zu dieser Zeit gerade auf ein Dorf "hinuntergeschickt" worden war: "In diesen Monaten litten fast alle Bewohner des Fleckens Chaitang infolge der Unterernährung an Hungerödemen. Wir ernährten uns von Kernen der heruntergefallenen Aprikosen, zerstießen Maiskolben zu Pulver und buken heiße Brötchen daraus. Wir sammelten auch Aprikosenblätter, trockneten sie in der Sonne, mahlten sie, vermischten sie mit pulverisierter Ulmenrinde und kochten Brei daraus. Alle litten unter schwerer Verstopfung. Die Mütter mußten ihren Kindern den Stuhlgang sogar mit Stöckchen aus dem Darm holen, und für uns Erwachsene war es ein ziemliches Problem, in den frostklirrenden Wintermonaten auf die Latrine zu gehen, wo man sich plagen mußte, um den Darm in Bewegung zu setzen. Ich nahm stets einen langen dicken Stock mit, um die verzweifelt hungrigen Schweine abzuwehren, die mir nachliefen und ungestüm versuchten, mir die frischen Exkremente direkt vom Körper wegzufressen."

In China dürften damals - zwischen Herbst 1958 und Ende 1961 - ca. 18,8 Millionen Menschen verhungert sein.

2. Die Drei Roten Banner werden heruntergeholt: China im Zeichen der "Berichtigung" und des liuistischen Alternativmodells

Was mit glühender Begeisterung begonnen hatte, verkohlte schon bald zu Asche. Revolution war zu einer leeren Worthülse geworden. Als es zu Beginn der fünfziger Jahre noch gegen die Grundbesitzer gegangen war, ja da hatte man noch handfeste Kampfziele vor Augen und konnte sich auch ausrechnen, daß jeder Einsatz sich irgendwie auszahlen würde. Doch jetzt sollte man "für die Revolution" Schweine züchten und Getreide anbauen, für die "Selbstbefreiung" auf Nebeneinkommen verzichten und für eine angeblich strahlende Zukunft die Gegenwart opfern. Kein Wunder, daß die bäuerliche Begeisterung mit dem offiziellen Medienjubel nicht im geringsten Schritt hielt und daß die maoistische "Voluntarismus"-Philosophie auf Sand baute!

Es fehlte aber nicht nur an den subjektiven Antriebsmomenten, sondern auch an den objektiv-materiellen Voraussetzungen für den Aufbau von Großeinheiten à la Volkskommune. Wer 20.000 Menschen zu einer industriellen, erzieherischen und administrativen Einheit zusammenfassen will, braucht dazu Maschinen, Kapital, Telefone und administratives Können, wenn die heute gegründete Super-Danwei nicht schon morgen wieder in ihre alten Elemente zerfallen soll. Der Versuch, Fachwissen durch Begeisterung und Kapitalarmut durch Massenmobilisierung zu ersetzen, erwies sich schon bald als Wunschdenken.

Die Folgen dieses Mißerfolgs waren zweifach: Während die Drei Roten Fahnen hastig heruntergeholt wurden, konnten die Liuisten ihr Alternativmodell hissen.

a) Kleine Sprünge rückwärts und maoistische Selbstkritik
Auf den Großen Sprung vorwärts folgten schon bald viele

kleine Sprünge rückwärts, die sich über drei Jahre hinzogen und die von der Volkskommune am Ende nur die äußere Fassade übrigließen, während das gesamte Innengehäuse entkernt wurde.

Beim Wuhan-Plenum (Dezember 1958) wurden vor allem die "Sanhua"-Arabesken entfernt. Das Shanghai-Plenum (April 1959) beschloß die Wiedereinführung der Leistungsprämie in der Industrie und die Wiedergeburt der Privatparzelle in der Landwirtschaft. Bei der Zhengzhou-Konferenz (März 1959) wurden in die allzu weitgespannte Halle der bisherigen Volkskommune drei Stockwerke eingezogen (Volkskommune-Produktionsbrigade-Produktionsmannschaft) und gleichzeitig die "Grundverrechnungs"-Funktionen von der VK auf die neue Produktionsbrigade herabverlagert, die damit innerhalb der KP zum Dreh- und Angelpunkt wurde.

Im Juli 1959 fand in einer der lieblichsten Gegenden Chinas, nämlich in Lushan am Boyang-See (Jiangxi), eine Konferenz mit häßlichen Szenen statt. Mao fühlte sich nach dem Fehlschlag seiner Sprung-Politik einem "Zangenangriff von allen Seiten" ausgesetzt. In einer Rede vom 23.7. übte er erstmals öffentlich Selbstkritik und gab zu, daß die "hauptsächliche Verantwortung für die Jahre 1958 und 1959 bei mir liegt ... Auf mich geht die Erfindung der 'breit angelegten Stahlschlacht' zurück ... Wir schickten damals unglücklicherweise ... 90 Millionen Menschen in den Kampf".

Dieses Mea culpa war nicht zuletzt deshalb so verhältnismäßig deutlich ausgefallen, weil vorher Verteidigungsminister Peng Dehuai dem Vorsitzenden in Form eines später berühmt gewordenen Briefes vom 14.7.1959 ins Gewissen geredet und die schlimmsten Fehler ("ungesundes Übergewicht des Investbaus", gefälschte Jubelmeldungen, wahllose Beschlagnahmeaktionen, Verteilung nach Bedürfnis, "Linksabweichungen" und "kleinbürgerlicher Fanatismus") beim Namen genannt hatte.

Daß jemand es wagte, in aller Offenheit an seinem Kurs Kritik zu üben, muß für den Vorsitzenden so ungeheuerlich gewesen sein, daß er es nicht bei der bloßen Gegenrede beließ, sondern seinen Kritiker, der es als einziger gewagt hatte, ihn von vorne anzugreifen, in den nachfolgenden Jahren systematisch vernichtete, wobei Peng - ein Mitkämpfer Maos seit den zwanziger Jahren - paradoxerweise auch noch der "Rechtsabweichung" beschuldigt wurde.

Gleichwohl ging die Demontage der VK ungebremst weiter: Beim 9. Plenum des VIII. ZK (Januar 1961) wurden die Grundverrechnungsfunktionen sowie die Eigentümerschaft an Boden, Geräten und Zugvieh sogar noch um eine weitere Stufe heruntergeseilt, nämlich von der Produktionsbrigade auf die Produktionsmannschaft.

Damit war die Entwicklung - nach einer weitausgreifenden Hyperbel - wieder dorthin zurückgekehrt, wo sie 1958 begonnen hatte. Auch die fünf Hauptprofileigenschaften der VK waren wieder verschwunden: (1) Größe: Bis Ende 1963 verdreifachte sich die Zahl der VKen auf 80.956 - mit der Folge, daß die Mitgliederzahl der Durchschnitts-VK auf ein Drittel, d.h. von rund 21.000 auf nunmehr 7.000 zusammenschrumpfte. Außerdem wurde selbst diese ohnehin verkleinerte VK noch einmal in Subsysteme, nämlich Produktionsbrigaden und -mannschaften, aufgesplittert. (2) Die Allzuständigkeit der VK schrumpfte zu einer kümmerlichen Restzuständigkeit zusammen, insofern nämlich den Volkskommunen nunmehr nur noch das Eigentum (und die Verwaltung) an *solchen* Produktionsmitteln verblieb, deren Betrieb über die Kräfte der beiden unteren Stufen hinausging, so z.B. an größeren Reparaturwerkstätten, Ziegeleien, Kleinbergwerken u.dgl. Umgekehrt war die PM zum subsidiären Eigentümer geworden, d.h., sie hatte das Recht an all jenen Produktionsmitteln, die nicht eindeutig der Kommune oder aber der Brigade zustanden. Sie war Eigentümerin des gesamten Bodens, des Zugviehs und des Kleingeräteparks. Vor allem aber hatte sie die im Alltag des bäuerlichen Kollektivs so allesentscheidenden Verteilungs- und Verrechnungsaufgaben übernommen. (3) Überdies erhielten die Bauern ihre geliebten Privatparzellen wieder zurück und auch (4) von der Sanhua-Politik blieben nur noch homöopathische Spuren: die Benutzung von Kantinen und Kinderheimen wurde freigestellt und den Bauern ausdrücklich ein Recht auf acht Stunden Schlaf pro Tag zugestanden. (5) Im Entlohnungs- und Verteilungsbereich hatte das Leistungsprinzip wieder Einzug gehalten, und zwar, wie gleich näher auszuführen, in Form von vertraglichen Abmachungen zwischen PM und Einzelhaushalten. Der "Wind des Kommunismus" war damit durch einen "Wind der Eigeninitiative" abgelöst worden.

b) *Liu Shaoqis "Acht-Zeichen-Kurs" als triumphale Alternative*

Nach 1960 vermittelte China den Eindruck, als säßen zwei Fahrer am Steuer, von denen der eine Dauervollgas gibt, während der andere periodisch auf die Bremse tritt, um das Gefährt zum Stehen zu bringen und überfällige Reparaturen durchzuführen: Dem 8. Plenum von Lushan, das, trotz aller Kritik an Mao, immer noch am "Supertempo" festhielt, folgte das 9. Plenum (14.-18.1.1961), das im Zeichen des (antimaoistischen) Programms der "Regulierung" (tiaozheng) und des Bremsens stand, während dann bereits beim 10.Plenum (24.-27.9.1962) Mao wieder das Steuer übernehmen konnte.

Am Vorabend des 9. Plenums hatte die chinesische Wirtschaft ihre Talsohle erreicht. Die Räder standen fast still, das Land hungerte und die Führung suchte nach den Gründen - nicht zuletzt auch nach den Schuldigen. Die Delegierten waren sich darüber einig, daß der Niedergang zu 70% auf politische und zu nur höchstens 30% auf natürliche Katastrophen zurückzuführen sei. Gleichwohl hüteten sie sich, den Schuldigen direkt beim Namen zu nennen, zumal die maoistische Fraktion inzwischen ohnehin höchst kleinlaut geworden war. In dieser Atmosphäre konnte die Liu-Fraktion ihre Politik der "Regulierung, Konsolidierung, Ergänzung und Niveauhebung" durchsetzen.

Ziel der "Regulierung" (tiaozheng) war es, die einzelnen Wirtschaftssektoren wieder in ein gleichgewichtiges Verhältnis zueinander zu bringen. Es galt die Parole "Die Landwirtschaft ist die Grundlage, die Industrie hat die Führung" (nongye wei jichu, gongye wei zhudao). Im Industriebereich sollte u.a. die Metallurgie zurückgefahren und statt dessen die landwirtschaftsdienliche Chemie- und Energieindustrie verstärkt gefördert werden. Im Interesse einer stärkeren Rezentralisierung wurden außerdem die 1954 abgeschafften sechs Regionalbüros wieder eingerichtet.

Anstelle der bisherigen Dezentralisierungspolitik sollte das "ganze Land in ein einheitliches Schachbrett" verwandelt werden.

Was die drei anderen Begriffe, nämlich "Konsolidierung" (gonggu), "Ergänzung" (chongshi) und "Niveauhebung" (tigao) anbelangt, so war mit ihnen, wie es im Kommuniqué des 9. Plenums wörtlich heißt, die "Verbesserung der Produktqualität, die Vermehrung der Produktsorten, die Stärkung schwacher Glieder in der Produktion und die Fortsetzung der Massenbewegung zur technischen Innovation, zur Einsparung von Rohmaterialien, zur Herabsetzung der Produktionskosten und zur Hebung der Arbeitsproduktivität" gemeint. "Konsolidierung" bedeutete darüber hinaus auch die Stillegung unrentabler Industriebetriebe, die Einstellung unrationeller Bauvorhaben und die Entsendung von rund 30 Millionen Städtern auf die Dörfer in den Jahren 1961/62.

Da die vier neuen Begriffe aus acht Schriftzeichen bestanden, wurde die Politik auch als "Acht-Zeichen-Kurs" (ba zi fangzhi) bezeichnet. Die neue Linie war zunächst nur als Notstandsprogramm gedacht; gleichzeitig machte sich die Liu-Fraktion jedoch an den Entwurf einer langfristigen Wirtschaftspolitik, die sich, wie schon bald deutlich werden sollte, als eigenständige Alternative zum maoistischen Sprungkurs entwickelte. Hauptarchitektin war eine "Fünfergruppe des ZK für Finanz- und Wirtschaftsfragen" unter der Leitung Chen Yuns. Als Therapien für die beiden bisherigen Hauptleiden, nämlich die Überbetonung des subjektiven Faktors und die Sprungmentalität (so der Wirtschaftssachverständige Sun Yefang), wurde das bereits in der Provinz Anhui erprobte "Verantwortungssystem" sowie die Politik der "Drei Garantien, eine Belohnung" verordnet. Deng Xiaoping applaudierte diesen Ausführungen, indem er sein berühmtes Diktum beisteuerte, daß es "gleichgültig ist, ob eine Katze schwarz oder weiß ist: Hauptsache, sie fängt Mäuse".

Der Weg war nunmehr frei für das "Fest der Vernunft" und für die "Liberalisierung" à la Liu Shaoqi.

"Primat der Produktivkräfte": Die Grundzüge des liuistischen Alternativmodells

Mit den Einzelheiten des liuistischen Wirtschaftsmodells ließe sich eine ganze Monographie füllen. Aus Gründen der Darstellungsökonomie sei hier jedoch ein Verfahren gewählt, das während der Kulturrevolution seinen Höhepunkt erreichte, unter dem Stichwort "Zwei-Linien-Kampf" (liang-tiao lu douzhan) Schule machte und das auf S. 398 f. in Form einer Synopse wiedergegeben ist. Etwas ausführlicher sollen hier nur einige Kernpunkte behandelt werden, die für die neue Politik besonders charakteristisch waren: Ihren Ausgang nahm die liuistische Politik bei der Landwirtschaft: sie ruhte dort auf vier Säulen, die vom Architrav der "materiellen Anreize" überwölbt waren.

Erstens wurden die Rechnungs-, Verteilungs- und subsidiären Eigentumsfunktionen, wie oben erwähnt, wieder auf die Produktionsmannschaft zurückübertragen. Diese Rückkehr aus der Anonymität der Volkskommune in die vertraute Umgebung der alten Danwei erfuhr durch die sog. "Vier Festlegungen" (si guding), die jeder PM ein Verfügungsrecht über die eigenen Arbeitskräfte, den Boden, die Landwirtschaftsgeräte und die Zugtiere garantierten, eine zusätzliche Verankerung. Bis dahin hatten es sich übergeordnete Einheiten, z.B. staatliche Straßenbauunternehmen, herausgenommen, ohne langes Wenn und Aber dörfliche Arbeitskräfte oder Geräte einfach zu requirieren, z.B. für den Bau dorfnaher Landstraßen. Aus der Sicht linker Kritiker waren mit den "Vier Festlegungen" die Besitzstände wieder zementiert, vor allem der traditionelle Danwei-Egoismus neu belebt worden.

Weitaus am berühmtesten wurde, drittens, das Institut der "Drei Garantien und einen Belohnung" (san bao yi jiang), das dem bisherigen "Kommandismus von oben nach unten" Einhalt gebieten und die Beziehungen zwischen PM und Produktionsbrigaden sowie VK auf eine bilateral-vertragliche Grundlage stellen, also die bisherige Subordination durch Koordination ablösen sollte. Dieser höchst leistungsbezogene Mechanismus war zum erstenmal von der Xinfu-Volkskommune im Kreis Fenyang (Provinz Shanxi) erprobt und dann - nach der üblichen Laserstrahl-Flutlicht-

Methode - auf das ganze Land ausgeweitet worden. Danach verpflichtete sich eine PM vertraglich gegenüber der "vorgesetzten" Produktionsbrigade dazu, (1) jährlich eine bestimmte Produktmenge zu erwirtschaften, (2) eine genau nach Stunden umrissene Arbeitszeit abzuleisten und (3) bestimmte Produktionskosten nicht zu überschreiten. Eine PM, die diese drei Zusagen übererfüllte, konnte das Mehrprodukt einbehalten (daher: "eine Belohnung"), während sie umgekehrt bei Nichterfüllung Strafe zu gewärtigen hatte. Den Maoisten standen bei dieser Politik, die der "kapitalistischen Spontaneität" angeblich Tür und Tor öffnete, die Haare zu Berge. Viertens wurden, ebenfalls vertraglich, "Arbeitsnormen festgelegt" (ding'e guanli), d.h., die Produktionsmannschaften gingen dazu über, für verschiedene Kategorien von Landwirtschaftsarbeiten je nach erforderlicher Geschicklichkeit oder je nach Krafteinsatz spezifische Entlohnungsnormen festzulegen - alles schön buchhalterisch sortiert, wie die Gegner dieser Methode spotteten, sei es nun nach Bodenqualität, nach Werkzeugverwendung, nach bestimmten Wetterbedingungen oder Einsatzzeiten.

Die maoistische Kritik ließ nicht lange auf sich warten: Wohin war es nur mit der Revolution gekommen? Nicht mehr die große Vision des sozialistischen Aufbaus war gefragt; statt dessen ging die Jagd nach Arbeitspunkten, persönlichem Gewinn und höheren Normen. Die Liuisten hätten, wie es in der späteren kulturrevolutionären Kritik hieß, die "Vier großen Freiheiten" (si da ziyou) befürwortet, nämlich die "Freiheit des Wuchers, die Beschäftigung von Lohnarbeitern, des Handels mit Grundstücken und des Privatunternehmertums". Höchste Zeit, daß der Klassenkampf wieder einsetzte! Was die Industrie anbelangte, so stellte Liu Produktivität und Effizienz über die "Politik", befürwortete das "Wertgesetz" (d.h. die Orientierung nach Angebot und Nachfrage), bevorzugte Fachleute und Leistung, postulierte die Eigenverantwortung der Betriebe, machte sich für ein "Öffnen der Tür zum Ausland" stark und setzte sich bei der Fabrikverwaltung für das Magnitogorsk-Modell ein (vgl. dazu die Synopse). Desgleichen legten die Liuisten Wert auf funktionsgerechte Aufgliederungen: hie Techniker, dort Verwaltungsangestellte, hie Arbeiter, dort Bauern, hie

Stammarbeiter (eingeteilt nach Lohnkategorien), dort (auf Zeit angestellte) Vertragsarbeiter.

Auch im Erziehungssystem wurde das Leistungsprinzip, ein genau portionierter Lehrstoff und das 6 : 3 : 3 : 4-System (sechs Jahre Volksschule, drei Jahre Untere und drei Jahre Obere Mittelschule sowie vier Jahre Hochschule) praktiziert, während die Maoisten eher politischen Gesichtspunkten (Bevorzugung von Arbeiter- und Bauernkindern) sowie der gesellschaftlichen Praxis Vorrang einräumen wollten: U.a. sollte jeder Student zwischen dem 15. und dem 18. Lebensjahr körperlich arbeiten und sich außerdem einem 4 : 4-System (vier Schul- und vier Arbeitsstunden) unterwerfen. Man hoffte, damit Ansätze zum Elitedenken bereits im Keim ersticken zu können.

c) "Wirtschaftswunder" und "Neue Bourgeoisie"
Mit Hilfe ihres "Berichtigungs"-Kurses brachte die Liu-Fraktion es fertig, die durch den Große-Sprung-Kurs krank gewordene Wirtschaft in verhältnismäßig kurzer Zeit wieder gesund zu pflegen. Zwischen 1963 und 1965 erreichte das jährliche Durchschnittswachstum Spitzenwerte, wie sie erst in den späten achtziger Jahren wieder erzielt werden konnten: Hatte der Zuwachs des Nationaleinkommens im Zeitraum 1953-1957 bei +11,3% sowie zwischen 1958 und 1962 bei -0,4% (!) gelegen, so schoß er nun auf spektakuläre 15,5% hoch, um sodann während der kulturrevolutionären Jahre wieder abzufallen, nämlich auf +9% (1966-70) und +7% (1971-75).

Diese glänzende Erfolgsbilanz, die an ein Wirtschaftswunder grenzte, wurde freilich, wie die Maoisten sogleich kritisch bemerkten, mit einem viel zu hohen Preis erkauft, nämlich der Wiedererstehung angeblich horrender Rang- und Einkommensdifferenzen, wie man sie in den vorangegangenen Jahren doch gerade mit Müh und Not habe abbauen können! Im Regierungsapparat gab es, fast wie in kaiserlicher Zeit, erneut dreißig Ränge, bei Technikern und Ingenieuren fünf, bei staatlichen Arbeitern acht Lohnkategorien: Auf Stufe 1 erhielten Arbeiter z.B. im Durchschnitt 39 Yuan, auf Stufe 8 dagegen 107 Yuan, also mehr als das Zweieinhalbfache.

Weitaus wichtiger freilich als Lohnhöhen waren die Privilegien, die sich an die jeweiligen Rangstufen knüpften: Der Chef einer "Sektion" (ke: Rang 15-19) erhielt beispielsweise kraft seines Amtes eine Drei-Zimmer-Wohnung, konnte aus dem Fahrzeugpool seiner Danwei vereinzelt einen Pkw in Anspruch nehmen und hatte die "harte Klasse" in der Eisenbahn zu benutzen. Der Chef eines "Büros" (ting: Rang 10-14) verfügte über einen Dienstwagen, den er auch privat benutzen konnte, durfte sich in der Eisenbahn ein eigenes Abteil reservieren lassen und konnte, wann immer erforderlich, im Flugzeug reisen. Er hatte Anspruch auf eine Fünf-Zimmer-Wohnung, auf eine Leibwache und auf einen Chauffeur; außerdem erhielt seine Familie einen Dienstboten.

Hinzu kamen für höhere Funktionäre besondere Urlaubseinrichtungen, die sich zumeist in lieblichen Gebirgsgegenden (z.B. Lushan), am Strand (abgeriegelte Abschnitte am Badeort Beidaihe) oder in der Nähe von heißen Quellen befanden (selbst die Superlinken nahmen solche Privilegien übrigens gerne in Anspruch, auch wenn sie vor der Öffentlichkeit nur in Stoffschuhen und mit Ballonmütze aufzutreten pflegten).

Auf dem Land entstand schnell wieder eine Schicht von neureichen Bauern, die später als "10.000-Yuan-Landwirte" bekannt wurden, während die Zahl der Armen Bauern fast spiegelbildlich zu ihrem Aufstieg zunahm. Darüber hinaus traten auch die früheren Unterschiede zwischen wohlhabenden und Armenhaus-Regionen schon bald wieder deutlicher zutage. Spektakulär auch, wie rasch im Ausbildungsbereich die "Kleinen Schatzpagoden" (xiao baota), in denen eine elitäre Studentenschaft Ausbildungsprivilegien genoß, von den Durchschnittsschulen abhoben. Auch zwischen dem regulären staatlichen Arbeiter, der alle Vorzüge seines "Standes" - von der sicheren allmonatlichen Löhnung über ärztliche Betreuung bis hin zur festen Pension - genoß, und dem nur zeitweilig angestellten "Vertragsarbeiter" begann sich jenes "Arbeiteraristokratie/Arbeiterproletariats-Gefälle" zu entwickeln, wie es für den "Realsozialismus" archetypisch zu sein scheint.

All diese Auslese- und Verdrängungsprozesse waren für

die Maoisten ein schlagender Beweis, daß die alten Klassen weiter existierten, daß also der Klassenkampf nötiger war als je.

d) Die politische Philosophie des Liuismus

Zu einer Zeit, als das von Lin Biao kompilierte "Kleine Rote Buch" mit den "Worten des Vorsitzenden" innerhalb der Armee zu zirkulieren begann und die Auseinandersetzungen im ZK einem neuen Höhepunkt entgegentrieben, erschien - 1962 - in Millionenauflage Liu Shaoqis zwanzig Jahre altes Brevier "Über die Selbstkultivierung eines kommunistischen Parteimitglieds" (lun gongchandangyuan de xiuyang), das sich im Deutschen unter dem Titel "Wie man ein guter Kommunist wird" eingebürgert hat.

Der auf den ersten Blick höchst konventionelle Inhalt des Buches erscheint sogleich in einem anderen Licht, wenn man ihn vor dem Hintergrund der damaligen Politlandschaft liest. Liu hatte mit seinem "Berichtigungs"-Programm zu dieser Zeit gerade die Mehrheit des ZK hinter sich bringen können und glaubte nun, Mao auch ideologisch auspunkten zu können. Allerdings mußte ein solches Vorgehen in indirektester Form erfolgen. Das Buch über die "Selbstkultivierung" (xiuyang) erwies sich in diesem Zusammenhang als geradezu ideal, da es zahlreiche doppelsinnige und prima facie unverfängliche Passagen enthielt, die bei der ersten Veröffentlichung 1942 noch gegen moskauhörige Parteigrößen à la Wang Ming oder Li Lisan gerichtet waren, die nun aber, zwei Jahrzehnte später, einen ganz neuen - und in dreifacher Weise provozierenden - Sinn ergaben:

Da war zunächst einmal die Ausdrucksweise. Angegriffen werden z.B. "Vertreter des Dogmatismus, die ... absolut nichts vom Marxismus-Leninismus verstehen, sich für Chinas Lenin halten, und sich als 'Führer' verehren lassen". "Linke Opportunisten" dieser Art heizten willkürlich den innerparteilichen Klassenkampf an und verleumdeten aufrichtige Parteigenossen. Wer hätte bei dieser Wortwahl nicht sofort an Mao gedacht!?

Zweitens stand die "Selbstkultivierung" auch inhaltlich in konträrem Gegensatz zu Maos Massen-Konzept - vor allem weil sie aus einer völlig unterschiedlichen revolutionären

Erfahrung hervorging: Mao war Bauern-, Liu aber hauptsächlich Gewerkschaftsführer gewesen; Mao hatte unter
den Bauern von Anfang an wie ein "Fisch im Wasser"
schwimmen können, während Liu viele Jahre lang verborgen und konspirativ im städtischen Untergrund wirken
mußte - stets gejagt von der GMD-Geheimpolizei und von
Spitzeln, denen man schnell auf den Leim ging, wenn die
Achtsamkeit auch nur einen Augenblick lang nachließ. Kein
Wunder, daß für Liu Disziplin, Mißtrauen gegenüber an-
onymen Personenkreisen, Konspiration und Untergrundar-
beit zur zweiten Natur geworden waren, während Mao Öffentlichkeit, Volksnähe und Massenmobilisierung als das A
und O des wahren "Arbeitsstils" erfahren hatte!

An strengste "Parteidisziplin" gewöhnt, konnte sich Liu
einfach nicht damit abfinden, daß Mao Zedong die einmal
gefaßten Parteibeschlüsse je nach Belieben umzustoßen
pflegte - man denke etwa an seine souveräne Mißachtung
der im Dezember 1952 festgelegten Generallinie oder aber
der parteiamtlichen Definition des "Charakters der gegenwärtigen Epoche", wie sie beim VIII. Parteitag so feierlich
abgesegnet worden war. Auch der in aller Öffentlichkeit
vollzogene Schlagabtausch zwischen den KP-Fraktionen
während der Sozialistischen Erziehungsbewegung und nun
gar die Mobilisierung der "Massen" zur Kritik an der Partei
und ihren Kadern, wie sie während der Hundert-Blumen-
Bewegung an der Tagesordnung war, muß dem Vorkämpfer
der "Selbstkultivierung" ein Greuel gewesen sein.

Mit dem Stichwort "Parteidisziplin" war ein Thema angesprochen, das gerade 1961/62 brisant wurde, als der Pro-
zeduralkonsens zusammenzubrechen begann. Für jeden
westlichen Juristen gilt es als ausgemacht, daß materielles
Recht nur soviel wert ist, wie seine prozessuale Umsetzbar-
keit. Vor allem Strafrecht steht und fällt mit einer peinlich
genauen Beobachtung der jeweiligen Prozeßordnung. Wo
Verfahrensvorschriften nicht bis ins Detail eingehalten werden, bricht die Willkür und das rechtliche Chaos aus: es
kann dann beliebig verhaftet, durchsucht oder gefoltert
werden. Was für die Strafprozeßordnung gilt, läßt sich analog auch von den Parteistatuten behaupten. Seit Lenin war
es ja die Haupterrungenschaft einer KP, daß sich ihre Mit-

glieder - Berufsrevolutionäre, die sie waren - einem strengen prozeduralen Regelwerk unterwarfen, aus dem auszubrechen nicht nur einen Verstoß gegen die Parteidisziplin, sondern auch eine Todsünde gegen die gemeinsame Sache, nämlich die Revolution und den Marxismus überhaupt, bedeutete! Ganz im Gegensatz zu bürgerlichen Parteien steht und fällt also eine leninistische Partei mit der prozeduralen Disziplin, deren Grundelemente (Stichwort: "Demokratischer Zentralismus") auch in China immer als Selbstverständlichkeiten galten, und die sogar noch in der "kulturrevolutionären" Parteisatzung von 1969 als solche festgeschrieben wurden. Parteidisziplin war aber vor allem das Hauptanliegen der liuistischen "Selbstkultivierung". Das Buch "Xiuyang" war zu einer Zeit geschrieben, als die städtische KP-Organisation wieder einmal mit dem Rücken zur Wand stand und gezwungen war, keinen Laut von sich zu geben. Kein Wunder, daß in der "Selbstkultivierung" die Rolle des Klassenkampfes zugunsten von innerparteilicher Disziplin und Selbstkritik zurückgenommen und daß außerdem immer wieder betont wird, daß die eigentlichen Qualitäten eines guten Kommunisten in unausgesetzter Selbstdisziplinierung bestünden - ein Gedanke, der übrigens bruchlos ins konfuzianische Schema paßt. Liu war ein Apostel der Organisation, für den der Weg zum Sozialismus und zum Kommunismus nicht über Massenbewegungen, sondern in erster Linie über eine wohlorganisierte, durch ihre Praxis und ihre Askese glaubhafte Elitepartei führte. Lius politische Philosophie beruhte also auf der Doppelprämisse, daß die Massen von der Partei erzogen werden müssen und daß die KP ganz in diesem Sinne wiederum an sich selbst zu arbeiten habe. Hierzu bedürfe es der Selbstvervollkommnung des Parteigenossen hinter geschlossenen Türen, nicht etwa der "schöpferischen Spontaneität der Massen", wie sie Mao so viel bedeutete. Liu bevorzugte konsequenterweise technokratische Lösungen gegenüber der emanzipatorischen Eigeninitiative des Volkes, und er wollte die "Massen" nicht als "bewußtes Subjekt", sondern eher als Objekt mit "spontan-revolutionären" Neigungen verstanden und behandelt sehen.

Nach traditioneller konfuzianischer Auffassung braucht ein Politiker, der sich geistig und sittlich vervollkommnet und ganz in der "richtigen Lehre" aufgeht, keine Gewaltmittel anzuwenden, um das Volk in seinen Bann zu ziehen; vielmehr folgen die Massen dem "Edlen" (junzi) in freudigem Gehorsam. Wer die Welt regieren will, bewähre sich zuerst in seiner unmittelbaren Umgebung, vor allem in seiner Familie; wer die Familie steuern will, verbessere seinen Charakter, und wer den Charakter vervollkommnen wolle, "erforsche die Dinge" (gewu). Kein Zweifel, daß Lius Lehre von der Selbstkultivierung mit dieser konfuzianischen Tradition der "Großen Lehre" (Daxue) - auf verdächtige Weise! - harmonierte: mit dem Unterschied nur, daß anstelle der konfuzianischen nunmehr die marxistisch-leninistische Lehre als zu "erforschender" und zu belebender Inhalt getreten war. Die Revolution wird siegen, wenn sie von "vollkommenen" KP-Führern angeleitet wird, die im Laufe eines disziplinierten Selbsterziehungsprozesses eine ihrer Sendung angemessene Sozio- und Psychogenese durchgemacht und sich auf diese Weise zu vorbildhaften "Selbsterziehungsproletariern" geläutert haben. Zu einer solchen Metamorphose der eigenen Persönlichkeit aber sind nur Mitglieder einer Eliteorganisation, nämlich der KP, nicht dagegen die breiten Massen fähig, die durchaus einer führenden Hand bedürfen. Eigeninitiative von unten endet, wie die Liuisten zu wissen glaubten, fast immer in "Luan" (Unordnung und Chaos). Wenn es in der Praxis einmal darauf ankam, die beiden Exponenten der sinokommunistischen Revolution, nämlich Partei und "Massen", auseinanderzudividieren und einem der beiden die Führungsrolle zuzuerkennen, so entschied sich Liu stets im leninistischen Sinne, d.h. ganz eindeutig für die Partei, während Mao - hier eher in den Kategorien Rosa Luxemburgs denkend - durchaus bereit war, den Massen und ihrem "stürmischen Klassenkampf" Priorität einzuräumen - zumindest theoretisch.

Drittens aber war die Veröffentlichung der "Selbstkultivierung" deshalb so brisant, weil Liu und die mit ihm sympathisierende ZK-Mehrheit offensichtlich entschlossen war, die Machtfrage zu stellen. Wer in China Führungspositionen übernehmen will, muß auch "Worte" vorzuweisen haben: "Gehorchen" heißt auf chinesisch "tinghua" - wörtlich "hinhören auf Worte". Man darf vermuten, daß Mao von der Publikation der "Xiuyang" überrascht wurde, da er sonst vermutlich nichts unversucht gelassen hätte, ihr Erscheinen zu verhindern. Lius Überraschungsangriff fand ein breites Echo - doch war dies ein Pyrrhussieg, den er während der Kulturrevolution teuer bezahlen mußte: Dem "chinesischen Chruschtschow" (wie Liu 1966/67 hieß) wurden damals "sechs absurde Theorien" entgegengehalten, die trotz ihrer polemischen Einfärbung mehr als ein Körnchen Wahrheit enthielten, nämlich die "Theorie vom Absterben des Klassenkampfes", die "Theorie von den gefügigen Werkzeugen" (sc.l.: einmal gefaßte Parteibeschlüsse seien unbedingt zu verwirklichen), die "Theorie von der Rückständigkeit der Massen" (angeblich besitzt ja nur die KP "Bewußtsein"), die "Theorie vom Eintritt in die Partei um der Karriere willen", die "Theorie vom innerparteilichen Frieden" (man solle nur bei wirklich wichtigen Fragen Kampflösungen anstreben und im übrigen nicht wegen jeder Kleinigkeit in "hysterischer Manier ... Jagd auf Zielscheiben machen") sowie die "Theorie von der Verschmelzung des kollektiven mit dem persönlichen Interesse" (Zulassung materieller Anreize).

Ganz im Gegensatz dazu forderte Mao Klassenkampfbereitschaft, flexiblen Umgang mit Parteibeschlüssen, Glauben an die unbeschränkte "Schöpferkraft der Massen", Revolution um der Selbstbewegung willen, permanente Bereitschaft zu innerparteilichen Auseinandersetzungen und Verzicht auf jeglichen persönlichen Vorteil.

3. Von der Dissidenz zur Konkurrenz: Der maoistische Großangriff gegen die Liu-Fraktion im Zeichen der Sozialistischen Erziehungsbewegung

Die Sozialistische Erziehungsbewegung
Der Sieg der Liu-Fraktion beim 9. Plenum ließ die Maoisten nicht ruhen, bis sie sich, nach zweijähriger Durststrecke, beim 10. Plenum des VII. ZK (6.8.-27.9.1962) erneut durchsetzen konnten. Damit war der Boden für eine neue Kampagne bereitet, die im Mai 1963 einsetzte, sich bis 1965

hinzog und unter der Bezeichnung "Sozialistische Erziehungsbewegung" (SEB: shehuizhuyi jiaoyu yundong) zum
Vorspiel der Kulturrevolution werden sollte.

Vordergründiger Anlaß war ·zwar die Korruption der
Kader auf dem Land, doch zielte die Kampagne letztlich
auf die liuistische Kaderpolitik als solche - und damit auf
die Liu-Fraktion schlechthin.

Taktisch erschien das manifeste Ziel gut gewählt; denn
in der Tat war die Kadermoral im Gefolge der "Drei
Schlimmen Jahre" (1959-61) auf katastrophale Weise verfallen. Den ländlichen Funktionären wurden "Vier Unsauber-
keiten" vorgeworfen, nämlich bei der Rechnungsführung,
bei der Lagerhausüberwachung, beim Umgang mit Staatseigentum und bei der Vergabe von Arbeitspunkten.
Schwarzmarkt- und Hintertür-Praktiken waren so selbstverständlich geworden, daß ein Funktionär, der hier nicht
mitspielte, schon fast als Sonderling galt. Auch scheuten die
Dorfkader inzwischen nicht einmal mehr vor körperlichen
Mißhandlungen "ihrer" Bauern zurück, abgesehen davon,
daß sie sie nicht selten mit buchhalterischen Tricks hinters
Licht führten. Noch Anfang der fünfziger Jahre hatten die
Bauern zu den Funktionären aufgeblickt wie zu fürsorgli-
chen Eltern; inzwischen jedoch sprachen sie von ihnen als
"Ortskaisern". Der typische Dorffunktionär pflegte sich für
den Mittelpunkt der Welt zu halten, gegen Personen, die er
nicht leiden konnte, kleinliche Ranküne zu üben, kaum
noch an körperlicher Arbeit teilzunehmen und sich statt
dessen darauf zu beschränken, Anweisungen zu erteilen. Zu
allem Überfluß hatten die Kaderapparate überall krebsartig
zu wuchern begonnen und waren zur Bürde für die Dörfer
geworden. Wo war da eigentlich noch ein Unterschied zwischen dem alten Grundbesitzer und dem neuen Dorffunktionär?

Für die Maoisten lagen die Ursachen all dieser Entglei-
sungen auf der Hand: habe es doch zehn Jahre lang keinen
Klassenkampf mehr gegeben! Nun endlich müßten die
Kader ins "heiße Bad" steigen und wieder das Schwitzen
lernen. Dieser Meinung waren durchaus auch die Liuisten,
die vor dem Verfall der Kadermoral keineswegs die Augen
verschlossen hatten; streitig blieb am Ende denn auch nicht

das Ob, sondern das Wie des Vorgehens. Zu dieser Frage gab es einen Schlagabtausch, der sich über vier Runden hinzog, die abwechselnd an die Liu- und dann wieder an die Mao-Fraktion gingen, bis schließlich die Maoisten die Oberhand behielten. Eingeleitet wurde das Ringen mit den "Ersten Zehn Punkten".

Die (Ersten) Zehn Punkte (qian shi tiao)

Am 20.5.1963 erging eine ZK-Resolution zu "Problemen in der laufenden Landwirtschaftsarbeit", die sich trotz ihres nichtssagenden Wortlauts als Magna Charta der Wiedergeburt altmaoistischer Positionen erwies, und die, wie Mao später selbst einräumte, aus seiner Feder stammte. Leitmotiv des Dokuments war die - dem VIII. Parteitag widersprechende - altvertraute Feststellung, daß es nach wie vor Klassen, Klassenwidersprüche und Klassenkämpfe gebe, die sich im gegenwärtigen Zeitpunkt hauptsächlich gegen korrupte Kaderpraktiken richteten, und die in den Städten unter der Parole der "Fünf Anti", auf den Dörfern dagegen unter der Losung der "Vier Bereinigungen" (si qing) vorgetragen werden müßten.

Hellhörig müssen die Liuisten insbesondere angesichts der Empfehlung geworden sein, daß dieser Reinigungsprozeß von Bauernverbänden zu betreiben sei, die sich zu diesem Zweck neu zu formieren hätten. Dies war eine nun wirklich unleninistische Forderung, die sogleich Erinnerungen an das fatale Hundert-Blumen-Geschehen hervorrufen mußte, bei dem ja ebenfalls parteifremde Elemente zur "Ausrichtung der Partei" ermuntert worden waren!

Wieder einmal hatte der Vorsitzende es geschafft, durch individuelle "Seelenmassage" die meisten ZK-Mitglieder während des - sage und schreibe siebenwöchigen (!) - 10. Plenums für eine ausreichende Mehrheit zu gewinnen. Auch sonst war die Mao-Gruppe nicht untätig geblieben und hatte eine Reihe revolutionärer Modelle präsentiert, die vor allem während der Kulturrevolution jahrelang von den Medien angestrahlt und zu gesamtstaatlichen Mustereinrichtungen deklariert wurden.

Zu leuchtendem Glanz brachte es vor allem die im Kreise Xiyang (Provinz Shanxi) gelegene Produktionsbrigade von Dazhai, die - ebenso wie die Ersten Zehn Punkte - 1963 aus der Taufe gehoben wurde. Das neue Modell erschien als Abglanz von Yan'an: 1963 hatte ein siebentägiger Wolkenbruch die um das Bergdorf Dazhai herum in die Lößberge eingefrästen Getreideterrassen ausgeschwemmt und sie zu Tale rutschen lassen. Anstatt den Staat um Hilfe anzurufen, hatten die Bewohner unter den Anfeuerungsrufen des später zum Politbüro-Mitglied beförderten Chen Yonggui die Ärmel hochgekrempelt und aus eigener Kraft die Terrassenlandschaft wiederhergestellt. Auch hatten sie, da ja ohnehin jeder sein Letztes gab, auf die Vergabe unterschiedlicher (d.h. leistungsbezogener) Arbeitspunkte verzichtet. Die Dazhai-Bewohner wollten darüber hinaus auch nichts von Privatparzellen, von privater Schweinezucht oder vom Aufbau der (für die Maoisten ärgerlichen) Produktionsmannschaften wissen. Jeder arbeitete - laut Propaganda - ausschließlich für die Gemeinschaft - und damit für die Revolution.

Keine Dorfmauer und keine Scheunenwand, auf der nicht schon bald die Parole "Die Landwirtschaft lernt von Dazhai" (nongye xue Dazhai) aufgemalt gewesen wäre!

Im Handumdrehen waren aber auch die Liuisten zur Stelle und bauten ein Gegenmodell auf, nämlich die Produktionsbrigade von Taoyuan (Provinz Hubei), die - ganz im Gegensatz zu Dazhai - mit modernem Gerät ausgestattet war, und die durch ihre überlegenen Produktionsleistungen den Beweis erbringen sollte, daß die "Taoyuan"-Lokomotive dem landwirtschaftlichen Fortschritt weitaus förderlicher sei als das dem "dreifachen Verzicht" (nämlich auf staatliche Gelder, Lebensmittel und Materiallieferungen) gehorchende mobilisatorische Schwungrad von Dazhai.

Nach 1980 ließen die Reformer übrigens durchblicken, daß Dazhai mit beträchtlichen Fördermitteln hochgepäppelt worden sei, während es doch der maoistischen Propaganda zufolge völlig "auf eigenen Beinen gestanden" habe!

Was Dazhai für die Landwirtschaft, sollte Daqing für die Industrie werden. Daqing war der Name eines 1960 aus dem Boden gestampften Erdölfördergebiets in der Provinz Liaoning, das sich durch drei Qualitäten empfahl: Es stand (angeblich) ganz auf eigenen Beinen, hatte zweitens durch die

Praxis einer ständigen Rotation zwischen Führungspersonal und Basis sowie durch einen Ausgleich zwischen Stadt und Land (Parole: "verstädtetes Dorf - verdörflichte Stadt") für die Lösung zweier "großer Widersprüche" gesorgt, und hatte nicht zuletzt auch den Weg für eine Synthese von Umweltschutz und Rohstoffbeschaffung durch Wiederverwendung der "Drei Abfälle" (Abgase, Abwässer, Schlacken) aufgezeigt.

Zu einem dritten wichtigen Modell wurde, wie auf S.267 noch näher zu beschreiben, 1964 die VBA. Von da an galt die Parole: "Die Landwirtschaft lernt von Dazhai, die Industrie von Daqing und das ganze Volk von der Armee".

Die "Späteren Zehn Punkte" - ein liuistischer Bremsversuch

Im September 1963 erschienen, für alle Uneingeweihten überraschend, die "Späteren Zehn Punkte" (hou shi tiao), die, wie sich bald herausstellte, die verbrämte liuistische Antwort auf die Herausforderungen der maoistischen Ersten Zehn Punkte waren und mit denen offensichtlich drei Zielsetzungen verfolgt werden sollten, nämlich, erstens eine Präzisierung der bis dahin uferlosen Begriffs der "Kaderkorruption", zweitens eine Verteidigung der Einzelwirtschaft und drittens eine Abwehr des maoistischen Generalangriffs auf den "Revisionismus" und seine Vertreter, die angeblich mitten im ZK saßen.

Äußerlich war die Resolution fast parallel zur Vorgängerregelung angelegt, doch unterschied sie sich von dieser grundlegend dadurch, daß sie offensichtlich versuchte, die SEB zu "entmaoisieren" - besser: sie zu leninisieren. Damit war ein Doppeltes gemeint: "Hände und Füße der für korrupt befundenen Kader" sollten nicht mehr von den Bauern-, sondern von den Parteiorganisationen "gesäubert", und darüber hinaus sollte der "Klassenkampf"-Wind aus der Kampagne herausgenommen und durch formaljuristische Sanktionen ersetzt werden. Mit der Aufgabe einer solchen "Versachlichung" wurden sog. "Arbeitsgruppen" (gongzuo dui) beauftragt, die als eine Art liuistischer Feuerwehr auf die Dörfer gingen und beschwichtigend wirken sollten.

Die hierbei zutage tretende Harmonisierungstendenz entsprach übrigens der damaligen Stimmungslage in der

Bevölkerung. Auf die heiße Phase des Großen Sprungs und der "Drei Schlimmen Jahre" sollte, so hoffte man damals, ein milder Nachsommer folgen. Unter den Intellektuellen verbreitete sich ein Denken, das in Dai Houyings Roman "Die Große Mauer" exemplarisch beschrieben wird: "Von morgens bis abends Klassenkampf! Vor einigen Jahren wagte ich nicht einmal, vor meiner eigenen Frau noch offen zu reden, aus Furcht, sie könne um der Sache willen die eigenen Angehörigen ans Messer liefern. Tagein, tagaus Trennlinien ziehen, künstlich Klassen schaffen, Volk und Familien spalten - nur um des Kampfes willen, das ist lächerlich und grausam."

Auf einer etwas theoretischeren Ebene äußerte sich das Harmoniebedürfnis in Diskussionsbeiträgen des Leiters der Beijinger Parteihochschule, Yang Xianzhen, der die herrschende Stimmung zu dem vielzitierten Vier-Zeichen-Begriff des "He er er yi" (Zwei versöhnt sich zu eins) verdichtete und damit eine im wahrsten Sinne des Wortes sprichwörtliche Gegenposition zu Maos Parole "Yi fen wei er" (Eins spaltet sich in zwei) formulierte. Yangs Vorstellungen liefen, traditionell ausgedrückt, auf "Harmonie" und auf einen "mittleren Weg", modern ausgedrückt, auf Koexistenz, Konvergenz und Klassenversöhnung hinaus, während Mao den Klassenkampf postulierte. Man kann sich Yangs Schicksal während der Kulturrevolution ausmalen!

"23 Punkte": Die Kulturrevolution wirft ihre Schatten

Der Zorn der Maoisten, der durch die Späteren Zehn Punkte erregt worden war, verschaffte sich Luft im ZK-Dokument vom 14.1.1965, das unter der Bezeichnung "23 Punkte" (ershisan tiao) zu einem Meilenstein der neueren Geschichte wurde. Hatten die Liuisten stets darauf bestanden, daß es sich bei den "Vier Unsauberen" lediglich um *individuelle* Verstöße einzelner Kader handle, so richteten sich die "23 Punkte" nicht mehr gegen Einzelpersonen, sondern gegen die ganze Richtung, vor allem aber gegen jene "Machthaber in der Partei, die den kapitalistischen Weg gehen". Der maoistische Finger wies jetzt also unmißverständlich direkt auf die Parteispitze. Es gelte, gegen die dortigen "Kapitalisten" einen "Vernichtungskrieg" zu führen. Vor dieser Zerreißprobe freilich seien noch die dörflichen Anhänger der Spitzen-"Kapitalisten" zur Rechenschaft zu ziehen. Angepeilt war eine "zweite Landreform", die ähnlich ablaufen sollte wie die Vorgänger-Kampagne der fünfziger Jahre. Träger sollten auch diesmal die örtlichen Bauernverbände sein; sie möchten, wie es hieß, keinem der örtlichen Kader über den Weg trauen, sondern ihnen von vornherein mit der "Kapitalismus"-Vermutung begegnen. In vielen Dörfern wurden deshalb sogleich sämtliche Ortskader ihrer Ämter enthoben und die Dorfbuchhalter hinter Schloß und Riegel gebracht, damit sie ihre Unterlagen nicht vernichten konnten. Bei den Verhören hatten die "Kampfziele" zumeist "Düsenflughaltung" einzunehmen, d.h. der Delinquent mußte sich dergestalt beugen, daß sein Kopf sich auf Kniehöhe absenkte, während seine Arme senkrecht nach oben wiesen. Diese Haltung sollte, mehrere Stunden lang gewahrt, nicht nur schmerzhaft sein, sondern zugleich auch Demut gegenüber den "Richtern" manifestieren, denen man aus der verkrümmten Position heraus nie direkt in die Augen blicken konnte, die aber ihrerseits den Beschuldigten jederzeit an den Haaren ziehen, ihm die Arme verrenken oder aber auf ihn einschlagen konnten.

Was hier am Ende erreicht wurde, war ein verheerender Gesichtsverlust der Dorffunktionäre, die noch kurz vorher auf so hohem Roß gesessen hatten. Die Demütigung fiel so gründlich aus, daß niemand mehr Lust hatte, sich für einen Kaderposten zur Verfügung zu stellen. Manche Ehefrauen erklärten ernsthaft, sich eher scheiden zu lassen, als die Ernennung ihres Mannes zum Dorffunktionär hinzunehmen.

Schon bald sollte es sich zeigen, daß hier nur ein Vorspiel stattfand, das in analoger Weise auf höherer und später auf höchster Ebene fortgesetzt wurde. Wie 1965 der kleine liuistische Dorfkader, so wurde 1967 Liu Shaoqi selbst stigmatisiert, monatelang verhört und schließlich zu Tode gequält. Die Maoisten traten der Schlange zuerst auf den Schwanz und dann erst auf den Kopf.

4. Wirtschaftliche und technologische Ergebnisse der Jahre 1958/1965

Kein Abschnitt in der Geschichte der VR China ist von so ruckartigen Ab- und Aufwärtsbewegungen gekennzeichnet wie die kurze Epoche von 1958 bis 1965. Zahlenvergleiche zwischen den Zeiträumen 1957/58 und 1961/62 liefern geradezu ein Schulbeispiel für das Versagen maoistischer Wirtschaftspolitik, vor allem bei der Produktion: Getreide ging von 200 Mio.t (1958) auf 160 Mio. (1962) zurück, Zucker von 0,90 Mio.t auf 0,34 Mio., Ölpflanzen von 4,77 Mio.t auf 2 Mio., Schweine von 138 Mio. Stck. auf 100 Mio., Baumwolle von 1,97 Mio.t auf 0,75 Mio., Textilien von 6,46 Mrd.m auf 2,53 Mrd., Kohle von 270 Mio.t auf 220 Mio., Roheisen von 13,69 Mio.t auf 8,05 Mio. und Zement von 9,3 Mio.t auf 6,0 Mio.

Erst die liuistische "Berichtigungs"-Politik brachte wieder einen deutlichen Aufschwung. So war beispielsweise der kumulierte Bruttoproduktionswert von Industrie und Landwirtschaft 1965 gegenüber 1957 bereits wieder um 59% gestiegen.

Die insgesamt düstere Stimmung der späten fünfziger und frühen sechziger Jahre wurde nur durch wenige Sonnenstrahlen aufgehellt. Vor allem der Ausbau der Eisenbahn-Infrastruktur und der Brückenbau über den Yangzi sowie über den Gelben Fluß konnte sich sehen lassen. 1963 verkündete Zhou Enlai ferner, daß China inzwischen Erdöl-Selbstversorger geworden sei. Im September 1965 gelang ein vielbeachteter Einstieg in die Gentechnik, als zum erstenmal von chinesischen Wissenschaftlern Rinderinsulin künstlich hergestellt wurde.

Am 16.10.1964 zündete China seine erste selbstgebaute Atombombe - ein kostspieliges Unternehmen; waren doch allein zwischen 1963 und 1965 jährlich vermutlich nicht weniger als 400 - 500 Mio.US $ in das mit höchster Priorität bedachte Raketen- und Kernwaffenprogramm gesteckt worden. Was hier dem Rüstungssektor zufloß, ging anderen Entwicklungsbereichen verloren.

Im Zeitraum 1958/65 vermehrte sich die Bevölkerung um 80 Millionen Menschen. Warnungen des Bevölkerungstheoretikers Ma Yinchu wurden mit dem maoistischen Argument in den Wind geschlagen, daß - ganz im Gegensatz zur malthusianischen Betrachtungsweise - der Mensch in erster Linie nicht etwa Konsument, sondern vor allem Produzent sei, und daß viele Hände den Fortschritt förderten. Ehe sich zwanzig Jahre später die Formel "1 Familie = 1 Kind" durchsetzen konnte, war die Bevölkerung bereits auf eine Milliarde explodiert!

Der Große Sprung steht in dem zweifelhaften Ruf, die schlimmste Wirtschaftskatastrophe der VR China verursacht zu haben. Allein in der Getreideproduktion hat er die Wirtschaft um Jahre zurückgeworfen; konnte doch der Standard von 1958 (d.h. 303 kg pro Kopf) erst 1974 wieder erreicht werden! Auch in anderen Sektoren hatte die Volkswirtschaft zwischen sieben und zehn Jahren verloren.

5. Unruhe unter den Nationalen Minderheiten

In Tibet kam es im März 1959 zu antichinesischen Unruhen. Am 10. März wurde die "Unabhängigkeit" proklamiert, am 17. März floh der Dalai Lama aus Lhasa, am 20. März ordnete Beijing "Strafmaßnahmen" an, am 28. März wurde die bisherige Regierung in Lhasa aufgelöst, und am 29. März erreichte der Dalai Lama Indien, wo er Asyl erhielt.

Die März-Revolte war weniger vom "Inneren Tibet" ausgegangen, das ja bis dahin keine Sozialisierungsmaßnahmen über sich hatte ergehen lassen müssen, sondern eher von den Tangenten des Kreises, nämlich den von Tibetern bewohnten Nachbargebieten Qinghai, Westyunnan und Westsichuan, von wo aus die Unruhen über die Gebiete der Khambas und Amdos (1958) hinweg bis nach Lhasa weitergewirkt hatten.

Zur Strafe begannen die chinesischen Behörden nun auch in Tibet "demokratische Reformen" (sic!) einzuführen. 1964 wurde Tibet mit der "Sozialistischen Erziehungsbewegung", 1965 mit der Volkskommune und 1966 mit der Kulturrevolution beglückt. 1965 erhielt es den Status einer "Autonomen Region".

"Autonom" waren vorher schon andere Provinzen geworden, nämlich die Innere Mongolei (1947), Xinjiang (1955), Guangxi (1958) und Ningxia (1958). Was von dieser "Autonomie" allerdings zu halten war, mußte exemplarisch die Innere Mongolei im Juli 1969 erleben, als sie fast bis zur Unkenntlichkeit zerstückelt und territorial ausgeweidet wurde. Erst zehn Jahre später, am 1.7.1979, leisteten die Reformer Wiedergutmachung und gaben der Autonomen Region ihre alte Gestalt zurück.

6. Die außenpolitische Wende von der Sowjetunion zur Dritten Welt - und zum Westen

Zwei Kerngedanken bestimmten die Außenpolitik zwischen 1958 und 1965, nämlich die Abnabelung von der Sowjetunion und - Hand in Hand damit - die Hinwendung zu den "Weltdörfern", d.h. zu den Ländern der Dritten Welt, mit denen sich am Ende vielleicht sogar gemeinsame Sache gegen Imperialismus und Hegemonismus machen ließe.

Das sino-sowjetische Schisma

Das Hauptereignis der Epoche war die Loslösung Chinas von Moskau, ein Schritt, der damals als Sensation ohnegleichen empfunden wurde, da angesichts jahrelanger Unverbrüchlichkeits-Rhetorik die Überzeugung aufgekommen war, daß die beiden "sozialistischen Bruderstaaten" auf ewig miteinander verbunden seien.

Insgeheim freilich hatte sich die Entzauberung schon früh angekündigt, wobei die Hauptinitiative - ganz im Gegensatz zur gängigen Meinung - nicht von der Sowjetunion, sondern von China ausging, dessen maoistische Fraktion Entmündigungsängste schürte und für eine Rückkehr zu den eigenen Erfahrungen von Yan'an plädierte.

Die UdSSR, die merkte, wie ihr der Partner entglitt, versuchte zu retten, was noch zu retten war, schlug noch mehr gemeinsame Projekte vor (so z.B. im Juli 1958 den Aufbau einer gemeinsamen Flotte) und erhöhte (1959) ihre Wirtschaftshilfe (in Form kompletter Industrieanlagen) ein weiteres Mal. China nahm die Lieferungen, für die ja im Gegenzug schwer entbehrliche Agrargüter zu exportieren waren, kühl entgegen, lehnte die Gemeinschaftsprojekte empört ab (sie seien ein untauglicher Versuch, Kontrolle über die Volksrepublik zu gewinnen) und beschloß im übrigen, weiter an dem einmal eingeschlagenen Weg der Drei Banner festzuhalten, die doch von Moskau als rotes Tuch empfunden wurden. Obgleich der Bruch von den Chinesen ausgegangen war, verstanden es diese geschickt, den Schwarzen Peter der UdSSR zuzuschieben - ein eiskaltes Kalkül, das bei dem temperamentvollen Chruschtschow über kurz oder lang aufgehen mußte. In der Tat ging dieser in die Falle, indem er beim Parteitag der rumänischen Kommunisten im Juni 1960 China in aller Öffentlichkeit attackierte, woraufhin Beijing sich empört zeigte und sofort mit gleicher Münze heimzahlte. Die Sowjets wiederum beriefen bereits drei Wochen später, am 16.7.1960, ihre Experten aus der Volksrepublik zurück - und handelten sich dafür auch noch den Vorwurf des Vertragsbruchs ein, obwohl ihnen die Politik des Großen Sprungs vorher bereits den Teppich unter den Füßen weggezogen hatte.

Zu weiteren Zusammenstößen kam es bei der Moskauer Konferenz der 81 Parteien im Oktober 1960 und beim XXII. Parteitag der KPdSU im Oktober 1961, den Zhou Enlai vorzeitig verließ - und zwar Seite an Seite mit der Albanischen Arbeiterpartei, die gleichfalls in die Schußlinie geraten war: Anlaß zum chinesisch-albanischen Schulterschluß, der die ganze Kulturrevolution über anhielt und Albanien eine Zeitlang als weltweit einzig verläßlichen Freund Chinas erscheinen ließ.

Vor allem ideologisch blieben sich beide Seiten nichts schuldig: Die Chruschtschowschen Thesen von der Vermeidbarkeit des Krieges, vom friedlichen Übergang zum Sozialismus auf parlamentarischem Weg und von der Entstalinisierung wurden zuerst in leisen und dann in immer schrilleren Tönen als "revisionistisch" gebrandmarkt. Höhepunkt dieser Entwicklung war die "Polemik über die Generallinie der Internationalen Kommunistischen Bewegung", die 1963/64 auf offener Bühne ausgetragen wurde, und bei der kein ideologischer Aspekt ausgespart blieb.

China verfocht dabei, in Form seiner berühmten "Neun Kommentare", durchwegs strikt maoistische Positionen.

Besonders in drei Bereichen traten die Differenzen zutage:

Bei der Frage des "Sozialistischen Aufbaus": Gibt es in der Übergangsphase noch antagonistische Klassen *oder* nur mehr ein im wesentlichen einiges Volk? Sind Staat und Gesellschaft also Instrumente des Klassenkampfes *oder* gibt es einen "Staat des ganzen Volkes" und eine "KP des ganzen Volkes"? Geht der Klassenkampf auch jetzt noch weiter *oder* ist er abgestorben? Sind materielle Anreize bei der Produktion als "ökonomistisch" abzulehnen *oder* dienen sie dem sozialistischen Aufbau?

Die chinesische Seite vertrat damals nach außen hin stets die erstere und damit schärfere Lösung.

Beim "Parteiaufbau" setzten die Sowjets eher auf eine "Revolution von oben" mittels eines expertokratischen Kaderapparats, während die chinesische Seite für die "Massenlinie" plädierte.

Im Bereich der Außenpolitik ging es um drei Kernfragen, nämlich um das "richtige" Verhältnis der sozialistischen Länder untereinander, um ihre Beziehungen zu den kapitalistischen Staaten und nicht zuletzt um ihre Einstellung zu den Befreiungsbewegungen in der Dritten Welt. Sind im "Proletarischen Internationalismus", wie er zwischen den sozialistischen Ländern zu bestehen habe, die Fünf Prinzipien der friedlichen Koexistenz, die u.a. auch den Grundsatz der Nichteinmischung umfassen, *mitenthalten oder* kann unter dem Vorzeichen des Proletarischen Internationalismus auch "brüderliche Hilfe" geleistet werden? - man denke an die 1968er Intervention Moskaus in der CSSR. Sind Kriege unvermeidbar *oder* auf dem Wege über die "friedliche Koexistenz" verhinderbar? Kann der Übergang vom Kapitalismus zum Sozialismus nur durch Klassenkampf *oder* auch auf "parlamentarischem Weg" erreicht werden? Benötigen schließlich die Länder der Dritten Welt bewaffnete Geburtshilfe *oder* verschwindet der Kolonialismus von selbst? Beijing verfocht auch hier wieder kompromißlos die jeweils erstere Alternative und beschuldigte die gegenteilige Politik Chruschtschows des "Revisionismus".

Analog zum politischen Wettersturz ging der Warenumsatz Chinas mit den sozialistischen Ländern zwischen 1959 und 1966 um mehr als 55% zurück - im Handel mit der

UdSSR sogar um 80%. Daß es sich hier nicht nur um einen kurzfristigen Trend handelte, zeigt ein Vergleich zwischen 1955 und 1973. Hatten die Handelsbeziehungen Chinas zu sozialistischen und nicht-sozialistischen Partnern 1955 noch bei einem Verhältnis von 74,2 : 25,8% gelegen, so waren es 1973 17,2 : 82,8% - eine wahrhaft historische Kehrtwendung!

Vor allem zwei westlichen Handelspartnern schenkte China von jetzt an verstärkte Aufmerksamkeit, nämlich den Japanern und den Deutschen, die beide das von den USA im Zuge des Koreakriegs verhängte Handelsembargo gegen China geschickt zu umgehen wußten.

Die Hinwendung zur Dritten Welt - und die "Zwischenzonentheorie"

Je heftiger sich China mit der UdSSR anlegte, um so intensiver wandte es sich den "Weltdörfern" zu.

Um mit seinen asiatischen Nachbarn ins reine zu kommen, schloß Beijing zwischen 1960 und 1963 fünf Grenzverträge ab, nämlich mit Birma, Nepal, mit der Mongolischen Volksrepublik, mit Pakistan und mit Afghanistan, wobei es sich stets großzügig gab, vor allem gegenüber Birma, Pakistan und Nepal, denen gemeinsam war, daß sie Nachbarstaaten jenes Indien sind, mit dem die Volksrepublik zu dieser Zeit auf Kriegsfuß stand.

Darüber hinaus streckte Beijing die Fühler nach Afrika und zum Nahen Osten hin aus. Zwischen Dezember 1963 und Februar 1964 besuchte Ministerpräsident Zhou Enlai die Vereinigte Arabische Republik, Algerien, Marokko, Tunesien, Ghana, Mali, Guinea, Sudan, Äthiopien, Somalia und formulierte bei dieser "Safari" u.a. die "Acht Prinzipien Chinas für wirtschaftlich-technische Auslandshilfe". Auf einer zweiten flächendeckenden Reise besuchte Zhou vom 27.3. bis 29.4.1965 erneut Algerien, die Vereinigte Arabische Republik sowie Pakistan und Birma. Im Gefolge dieser Reisen nahmen 24 Länder diplomatische Beziehungen mit Beijing auf. Die Volksrepublik hatte damit einen ersten Großeinbruch in die Phalanx Taiwans erzielen können.

Zu den neuen Partnern gehörte aber auch - einsam zwischen den Zeiten stehend - das Frankreich de Gaulles, das am 27.1.1964 den in der westlichen Welt damals noch als unerhört kühn empfundenen Schritt einer Anerkennung der Volksrepublik China wagte. Damit war ein Ereignis eingetreten, das die Chinesen veranlaßte, von der bisherigen Zwei-Lager-Theorie abzurücken: Die Geburtsstunde des "Zwischenzonen"-Konzepts hatte geschlagen - einer Vorform der späteren "Drei-Welten-Theorie". Zwischen dem kapitalistischen und dem sozialistischen "Weltlager" hatten sich nach Beijinger Auffassung damals bereits zwei neue Schichten herausgebildet, nämlich die Erste Zwischenzone, bestehend aus den Ländern der Dritten Welt, und die Zweite Zwischenzone, zu der Partner gerechnet wurden, die zwar kapitalistisch ausgerichtet waren, die aber gleichwohl einem Land wie China die Hand entgegengestreckt hatten, so z.B. Schweden, Norwegen, die Schweiz - und nunmehr Frankreich!

Bis 1965 mochte China geglaubt haben, sich der Dritten Welt als revolutionäres Modell empfehlen zu können; doch gab es damals zwei Vorfälle, die zur Nachdenklichkeit mahnten, nämlich die übersensible Reaktion vieler afrikanischer Staaten auf die Bemerkung Zhou Enlais, daß Afrika "reif sei für die Revolution", vor allem aber den indisch-chinesischen Grenzkonflikt, der nicht nur die von Zhou Enlai und Nehru beschworene Freundschaft zwischen beiden größten Völkern Asiens, sondern darüber hinaus auch die Vorstellung von einer Einheit der Dritten Welt jäh Lügen strafte.

Im Bereich der 2.000 km langen Grenze zwischen China und Indien gab es drei umstrittene Sektoren. Während Indien seine Argumentation darauf abstellte, daß die Grenzen längst definitiv festgelegt worden seien, und zwar u.a. durch die frühere britische Kolonialverwaltung, hielt China den Grenzverlauf für ungeregelt und deshalb für verhandlungsbedürftig. In ein heißes Stadium trat die Grenzfrage, als China auf der Aksai-Chin-Hochebene in Nordost-Ladakh eine von Xinjiang nach Tibet verlaufende Straße baute, ohne vorher die Inder zu konsultieren. Nach erregten Auseinandersetzungen entschloß sich Delhi zu einer "Vorwärtsstrategie" und verkündete, die "indischen Gebiete" von chinesischen Truppen säubern zu wollen. Als seine Verbände am 10.10.1962 vorrückten, wurden sie mitten im Hochgebirge von einer chinesischen Streitmacht überrascht, die nicht weniger als zwanzigfach überlegen war, die auch sogleich zum Gegenangriff überging und dabei so erfolgreich war, daß sie bis an den Rand der Ebene von Indisch-Assam vorwärtsstürmen konnte. Eine ähnlich unangenehme Überraschung erlebten die indischen Truppen im Westabschnitt. Die Tore nach Indien schienen nun an beiden Fronten weit offen; doch da rief China, überraschend für alle Welt, mit Wirkung vom 22.November, 0.00 Uhr, den Waffenstillstand aus. Der Krieg kostete beide Seiten zwar "nur" 4.000 Tote, die Regierung Nehru jedoch hatte auf Jahre hinaus "Gesicht" verloren: sie war, aus chinesischer Sicht, "bestraft" worden!

Im übrigen setzte der Indienfeldzug das Muster für eine Form der militärischen Auseinandersetzung, wie sie sich 1979 gegenüber Vietnam wiederholen sollte, und wie sie wohl auch für künftige bewaffnete Grenzkonflikte maßgebend bleiben dürfte - den "Erziehungsfeldzug".

IX.
Die Große Proletarische Kulturrevolution
(1966-1976)

1. Vor dem Sturm

In den Jahren 1966-1976 zog das bis dahin schwerste politische Gewitter über die Volksrepublik hinweg. Selbst als es längst wieder am Horizont verschwunden war und nur noch leiser Donner nachgrollte, blickten ihm viele Menschen fassungslos und ungläubig-kopfschüttelnd nach.

Zwei atmosphärische Schichten waren zusammengetroffen, deren Vermischung bewirkt hatte, daß die KR einerseits zur elementaren Entladung von lange aufgestauten Konflikten, gleichzeitig aber auch zur stürmischen Offenbarung von Sehnsüchten und Visionen wurde, die den greisen Mao ein ganzes Leben lang begleitet hatten und denen er nun, da es dem Ende zuging, vielleicht doch noch ein paar Verwirklichungen abtrotzen wollte. Dabei ging es um nicht weniger als den Neuen Menschen, jenes selbstlose Gemeinschaftswesen in einer herrschaftsfreien Gesellschaft also, das seit jeher durch die Menschheitsutopien gegeistert war, das man jetzt aber, im Jahre 1966/67, endgültig in Griffweite zu haben glaubte - man müßte nur noch ein paar Millionen Klassenfeinde "ausgraben", die Bürokraten und "Autoritäten" verjagen, die bisherigen Institutionen zerschlagen und die "Vier Relikte" (altes Denken, alte Sitten usw.) durch die Vier Neuen ersetzen, wobei die Mao-Zedong-Ideen als Leitlinien zu dienen hätten.

Am Ende hinterließ die GPKR eine verwüstete Landschaft - und traumlos gewordene Menschen, die fest entschlossen waren, sich in Zukunft nie mehr etwas vormachen zu lassen, geschweige denn, noch einmal vom festen Boden abzuheben.

Dabei hatte alles so hoffnungsvoll - und nach außen hin so harmlos - begonnen: mit einem Streit um Literatur nämlich!

Angriffe an der "Kulturfront"

Seit 1961 hatte sich der "Zwei-Linien-Kampf" zwischen Mao Zedong und den "Machthabern" um Liu Shaoqi aufs äußerste zugespitzt. Der inzwischen 73jährige hatte das Gefühl, nun schnellstmöglich sein Haus bestellen zu müssen. An welcher Stelle freilich sollte er mit dem Entscheidungskampf gegen seine Widersacher ansetzen?

Ein direkter Angriff gegen Spitzenfunktionäre des Parteiapparats verbot sich eigentlich von selbst, da er nur zur Folge haben konnte, den ohnehin schon kräftigen Widerstand der ZK-Mehrheit ein weiteres Mal zu zementieren.

Verblieb also nur die indirekte Attacke, die ja in der politischen Kultur Chinas seit jeher einen festen Platz hat. Doch erneut: Wo war hier anzusetzen? An der Landwirtschaftsfront tobte immer noch die SEB, an der Industriefront andererseits mußten bei hartem Vorgehen volkswirtschaftliche Flurschäden entstehen. Blieb als dritte Möglichkeit noch die Kulturfront. Dort gab es ja immer noch die nach wie vor ungelöste "Intellektuellen"-Frage. Vor allem aber waren von dort her jahrelang verklausulierte Angriffe gegen Mao Zedong und seine Politik vorgetragen worden, und zwar hauptsächlich aus jenem Literatenzirkel im Dunstkreis des Beijinger Parteikomitees, über den mächtige Mäzene ihre schützende Hand hielten, vor allem Peng Zhen und Liu Shaoqi.

Sollte man also nicht nach der alten Taktik vorgehen, "auf den Maulbeerbaum zu zeigen, aber die Akazie zu meinen" und den Angriff gegen Liu Shaoqi mit einer Attacke auf den Beijinger Literaturzirkel beginnen, wobei man sich zunächst noch des verharmlosenden Ausdrucks "Kulturrevolution" bedienen konnte!?

Seit Beginn der sechziger Jahre waren hinter der Verschanzung des Beijinger Parteiausschusses zahlreiche Dramen, Erzählungen und Zeitungsbeiträge entstanden, die von raffiniert-beiläufigen und hellsichtigen Bosheiten gegen den Vorsitzenden und seine Politik nur so strotzten, wobei die Invektiven sorgfältig verklausuliert waren - ganz im Stil der alten Tradition des "Schattenschießens" (yinshe) sowie des "Yigu yujin" (Mit dem Altertum auf die Gegenwart anspielen). Drei Autoren taten sich hierbei besonders hervor, die durchwegs auch politisch einflußreiche Posten innehatten, nämlich der frühere Chefredakteur der Parteizeitung *Renmin Ribao*, Deng Tuo, sowie Liao Mosha und Wu Han.

Deng Tuo hatte in 153 Essays, die unter dem anheimelnd klingenden Titel "Abendgespräche am Schwalbenberg" herauskamen, gegen Großmäuligkeit, Humorlosigkeit, poetische Massenproduktionen und "Blindheit" polemisiert. U.a. wurde Maos Politik des Großen Sprungs mit folgendem Gleichnis kommentiert: Der Bauer Li findet eines Tages ein Ei und erzählt nun seiner Frau, er werde es von der Nachbarglucke bebrüten lassen, werde sich von dem Erlös eine Hühnerfarm zulegen, die Hühnerfarm dann durch Viehzucht ersetzen, dann schließlich alles versilbern, eine Villa kaufen und sich mehrere Konkubinen nehmen. Als der phantasievolle Mann bis dahin gekommen war, schmiß seine Frau das Ei auf den Boden. Der Große Sprung als lächerlicher - und geplatzter Traum!

Wu Han hatte bereits 1961 das Drama "Hai Rui wird seines Amts enthoben" publiziert, wobei der Ming-Beamte Hai Rui unverkennbar die Züge des von Mao in die Wüste geschickten früheren Verteidigungsministers Peng Dehuai trug.

Die frech-raffinierte Machart dieser Polemiken erzürnte den Vorsitzenden, der nichts weniger ausstehen konnte als Lachen auf seine Kosten. So drängte er denn das Politbüro zur Einsetzung einer Fünfergruppe, die, wie es hieß, für eine "Korrektur des Arbeitsstils unter den Literatur- und Kunstschaffenden" sorgen sollte. Peng Zhen, der die Fünfergruppe anleitete, verstand es jedoch, dem maoistischen Angriff die Spitze abzubrechen.

Spätestens jetzt mußte der Vorsitzende erkennen, daß die herkömmlichen Mittel in der Hauptstadt ausgereizt waren, und er zog sich im Herbst 1965 grollend nach Shanghai zurück, das seit 1961 zu einem seiner wichtigsten Ausweichquartiere geworden war, wo er Gleichgesinnte zu treffen pflegte und wo er auch jenen Verschworenenkreis um sich versammelt hatte, dem damals bereits die meisten Mitglieder der späteren "Viererbande" angehörten, u.a. Zhang Chunqiao, der mächtige Sekretär des Shanghaier

Parteiausschusses, ferner der begabte und scharfmacherische Journalist Yao Wenyuan, der langjährige Sicherheits- und Geheimdienstchef Kang Sheng sowie Maos Sekretär und Ghostwriter, Chen Boda. Hier in Shanghai auch reiften jene Umsturzpläne heran, die 1966 ff. in die Tat umgesetzt werden sollten und die im "wasserdicht" abgeschotteten Beijing in dieser Form wohl nicht hätten gedeihen können.

In Shanghai wurde vor allem jene Leuchtrakete hochgefeuert, deren Schein ganz China erhellte und die heutzutage als Startzeichen der Kulturrevolution gilt: Am 10.11.1965 nämlich erschien in der Shanghaier Zeitung *Wenhui* aus der Feder Yao Wenyuans eine Kritik an Wu Hans "Hai Rui"-Pamphlet, in dem nicht nur das Theaterstück und sein literarisches Umfeld, sondern auch die hinter dem Autor stehende Beijinger Parteiführung ins Visier genommen wurde. Mao höchstpersönlich hatte den Yao-Artikel angeregt, wobei ihm die Absicht vorschwebte, die Front seiner Gegner Stück für Stück aufzurollen: von den Beijinger Literaten zuerst zu deren Mäzen, Peng Zhen, und schließlich bis hin zu Liu Shaoqi.

Was bei den Liuisten Zorn - und Bestürzung hervorrief, war die Tatsache, daß der Artikel unverändert in der Armee-Zeitung nachgedruckt wurde. Wie sollte Beijing reagieren? Nach längeren Beratungen beschloß das ZK hier, in den sauren Apfel zu beißen und den Artikel auch in der *Renmin Ribao* nachzudrucken - allerdings mit einschränkendem Herausgebervermerk. Die Liuisten waren also doch noch weich geworden - vermutlich einer ihrer schwersten Fehler; denn nun konnte Mao von Shanghai aus neue Scheite nachlegen.

U.a. veranstalteten die Mao-Gattin Jiang Qing und Verteidigungsminister Lin Biao im Februar 1966 eine "Konferenz über die literarische und künstlerische Arbeit in der VBA", die zu dem Ergebnis kam, daß die "Literatur und Kunst der vergangenen 17 Jahre" (also seit 1949!) "von einer einzigen schwarzen Linie" durchzogen sei, die es zu korrigieren gelte.

Den nächsten Schlag gegen die Liu-Fraktion brachte die *Erweiterte Tagung des Politbüros*, die vom 4. bis 26.Mai 1966 in Beijing stattfand und die mit ihren drei Hauptergebnissen ein weiteres Stück Weg zur Kulturrevolution freischaufelte:

Wichtigstes Resultat war die Entlassung von gleich vier Politbüro- und sieben der 13 Sekretariatsmitglieder, die durchwegs dem liuistischen Flügel angehörten - unter ihnen Peng Zhen sowie der Erzrivale Lin Biaos, der frühere VBA-Generalstabschef Luo Ruiqing. Daß es dem Vorsitzenden gelungen war, gleich mehrere Ecksteine aus dem Gebäude der gegnerischen Fraktion herauszubrechen, war eine unvergleichliche Machtdemonstration. Zwar gab es im Politbüro und im ZK in diesen Jahren überall Liu Shaoqi-Mehrheiten. Sobald der jupitergleiche Vorsitzende jedoch auf seine altbewährte Methode zurückgriff und sich einzelne Mitglieder unter vier Augen und im persönlichen Gespräch "vornahm", hatte er sie auch schon umgedreht - sieht man einmal von ein paar Ausnahmen wie Peng Dehuai oder Deng Xiaoping ab, die aber aus eben diesem Grund seinen Verfolgungen besonders ausgesetzt waren. Gerade die strategisch so entscheidende Konferenz vom Mai 1966 beweist erneut, daß das Laborieren mit fixen Gruppierungen, mag man sie nun "Fraktionen" oder sonst wie nennen, leicht zu Fehlschlüssen führen kann. Wären nämlich solche rechnerischen Größen tatsächlich ausschlaggebend gewesen, so hätte Mao bereits mit seiner Drei-Banner-Politik scheitern müssen - von der Kulturrevolution erst gar nicht zu reden. Letztlich wurde aus der rechnerischen Mehrheit der Liu-Fraktion eine Ad-hoc-Minderheit.

Zweites Ergebnis war das *"ZK-Rundschreiben vom 16.Mai"*, das zum "Kampf gegen die Vertreter der Bourgeoisie innerhalb des Parteiapparats" aufrief. "Rinderdämonen und Schlangengeister" (niugui sheshen) hätten sich überall in Partei, Regierung, Armee und an der Kulturfront eingeschlichen und versuchten dort, die "politische Macht an sich zu reißen und die Diktatur des Proletariats in eine Diktatur der Bourgeoisie umzuwandeln". Ein Kampf auf Leben und Tod sei das Gebot der Stunde.

Drittes Hauptergebnis war die Gründung der "Gruppe für die Kulturrevolution beim ZK", die vom Tag ihrer Gründung, dem 28.Mai 1966, an de facto an die Stelle des ZK und seines Politbüros trat. Vier Führungsorgane wurden jetzt häufig - manchmal einzeln, manchmal zusammen in einem Atemzug - genannt, nämlich die ZK-Kulturrevolutionsgruppe, die VBA-Kulturrevolutionsgruppe, das (Rest-) ZK und der Staatsrat.

Am 1. Juni 1966 erging ein Radio-Aufruf, daß abends jedermann die neuesten Nachrichten abwarten möge. Bei dieser mit Spannung erwarteten Sendung wurde dann der Inhalt einer bereits am 25.Mai auf dem Gelände der Beijing-Universität verfaßten Dazibao (Großen Wandzeitung) bekanntgegeben, und zwar mit dem Hinweis, daß es sich hier um die "erste wahrhaft marxistische Wandzeitung" handle. Verfasser seien die Philosophie-Dozentin Nie Yuanzi sowie sechs ihrer Kollegen gewesen. Ganz zu Recht werde auf dem Anschlag gefordert, daß jedermann, wie alt oder prominent er auch immer sei, gestürzt werden müsse, wenn er gegen den Vorsitzenden Mao opponiere. Noch in derselben Sendung wurde die Umbildung des Beijinger Parteiausschusses bekanntgegeben.

Spätestens jetzt, da ein so mächtiger Parteivertreter wie Peng Zhen so mir nichts dir nichts aus seinen Ämtern entfernt worden war, mußte es auch dem Gutgläubigsten klar geworden sein, daß hier eine Auseinandersetzung auf allerhöchster Ebene - also hoch über den Köpfen der Wandzeitungsschreiber - stattfand. In der Tat räumte Mao später ein, daß er persönlich die Beida-Wandzeitung veranlaßt hatte.

Zu dieser Zeit hielt sich der Vorsitzende, wohlgemerkt, immer noch in Shanghai auf. Erst im Juli kehrte er, nach dreivierteljähriger Abwesenheit, nach Beijing zurück, um, wie schon 1949, die Hauptstadt neu zu erobern. Noch kurz vor seinem Wiederauftauchen erschienen symbolträchtige Bilder in allen Zeitungen Chinas: Sie zeigten Mao Zedong, wie er bei Hankou den "Zehntausend-Meilen-Yangzi" durchschwamm und damit anzeigte, daß er vital und neugestärkt zum entscheidenden Schlag gegen die "Rinderdämonen" in Beijing aushole. "Schwimmen" in der Nachfolge Maos sollte noch Jahre später als Revolutionsbarometer gelten, nicht etwa nur als bloßer Sport!

Kaum war Mao in die Hauptstadt zurückgekehrt, begann am 1.August (dem Jubiläumstag der VBA!) das zweiwöchige 11. Plenum des VIII. ZK, das den offiziellen Startschuß für die Kulturrevolution gab. Dieses 11. Plenum - die erste formelle Sitzung des ZK nach vierjähriger Pause - hatte Staatsstreichcharakter, insofern zahlreiche reguläre Mitglieder, die zu dieser Zeit bereits unter Verfolgung standen, nicht teilnehmen konnten und durch abstimmungsfreudige Studenten und revolutionäre Lehrer ersetzt wurden. Während die Straßen vom Lärm marschierender Truppen und den schrillen Rufen der ersten Rotgardisten widerhallten, konnte das mit begeisterten Teilnehmern besetzte ZK-Plenum all jene Punkte durchpauken, die noch wenige Monate vorher indiskutabel gewesen wären.

2. Beginn der Kulturrevolution

a) Die "16 Punkte" als Magna Charta der Kulturrevolution
Das 11. Plenum, das vom 1. bis 12.August 1966 in Beijing tagte, erließ den schicksalsschweren "Beschluß über die GPKR", der wegen seiner Gliederung auch unter der Bezeichnung "16 Punkte" bekannt geworden ist. In Stichworten:

(1) Die GPKR ist ihrem Charakter nach eine neue Etappe in der Sozialistischen Revolution, deren Hauptziel "Kampf-Kritik-Änderung" (dou pi gai) lautet, nämlich "Kampf" gegen die Machthaber, die den kapitalistischen Weg gingen, "Kritik" an den "bürgerlichen reaktionären akademischen Autoritäten", die die Vier Relikte (altes Denken, alte Gewohnheiten, alte Kultur und alte Gebräuche) predigten, und "Änderung" des Erziehungswesens, der Literatur und Kunst sowie all jener Teile des Überbaus, die keine detailgetreue Widerspiegelung der ökonomischen Basis seien.

(2) Träger der GPKR sind Arbeiter, Bauern, Soldaten und revolutionäre Jugendliche, die sich in ihrem Kampf hauptsächlich der "Vier Großen" bedienen sollen, nämlich Großer Debatten, Großer Aussprachen, Großer Meinungsäußerungen und Großer Wandzeitungen.

(3) "Wagemut"!

(4) Selbsterziehung der Massen im Kampf, keine Manipulation.

(5)   Die GPKR ist ein Klassenkampf von 95% gegen 5%.

(6)   Präzise Unterscheidung zwischen den zwei verschiedenen Arten von Widersprüchen. "Widersprüche im Volk" sind durch Darlegung der Tatsachen, durch Argumentationen, durch Überzeugung - d.h. mit Worten und nicht mit Waffen - zu lösen.

(7)   Zurückhaltender Umgang mit der Bezeichnung "konterrevolutionär".

(8)   Differenzierung zwischen "guten", "verhältnismäßig guten", "umkehrwilligen" und "unverbesserlichen" Kadern. Nur die letzteren seien aufs Korn zu nehmen.

(9)   Organisatorisch solle die GPKR von neu zu bildenden Machtorganen, nämlich den "Kulturrevolutionsgruppen", getragen werden, die sich am Modell der Pariser Kommune orientieren und die im Danwei-Rahmen zu errichten seien, z.B. in Schulen, Behörden, Nachbarschaften und Dörfern.

(10) Vereinfachung des Erziehungsprozesses.

(11) Namentliche Kritik in der Presse muß von den KPCh-Gremien genehmigt werden.

(12) Wissenschaftler und Techniker sollen vom Klassenkampf verschont bleiben.

(13) Die seit 1961 laufende SEB und die GPKR sollen nicht miteinander vermengt werden, sondern nebeneinander herlaufen.

(14) Kulturrevolution und Produktion sollten sich gegenseitig nicht beeinträchtigen, sondern im Gegenteil einander ergänzen.

(15) Die GPKR in der VBA erfolgt truppenintern.

(16) Als Kompaß der GPKR dienen die Mao-Zedong-Ideen. 35 Mio. Exemplare der "Ausgewählten Werke Maos" seien neu zu drucken.

Als Vertreter der liuistischen Fraktion am Rande der Konferenz immer noch Widerstand zu leisten versuchten, gab Mao jede Zurückhaltung auf und schrieb am 5.8.1966, also noch während der Konferenz, eigenhändig die Wandzeitung "Das bürgerliche Hauptquartier bombardieren", in der er sich direkt gegen die "Revisionisten" innerhalb der Partei, indirekt aber gegen Liu Shaoqi und Deng Xiaoping wandte. Die Tore für die Kulturrevolution standen nun weit offen!

b) *Die Kulturrevolution in der Theorie*

Ideologisch war die neue Bewegung leicht zu erklären: Kulturrevolutionen i.w.S. sind nach marxistischem Selbstverständnis Umwälzungen im Überbaubereich, die auf den Neuen Menschen in einer Neuen (kommunistisch geprägten) Gesellschaft abzielen und solange nötig sind, wie es gesellschaftliche Widersprüche gibt. Sie verlaufen in drei Stufen und verfolgen drei Ziele:

Drei Stufen: Nach maoistischer Auffassung sind gesellschaftliche Klassen dreifach determiniert, nämlich politisch, wirtschaftlich und ideologisch, weshalb es auch drei verschiedene Formen des Klassenkampfes geben müsse: Der politische Umsturz kann noch mit Waffengewalt ausgeübt ("Die Macht kommt aus den Gewehrläufen") und die wirtschaftliche Revolution zumeist mit administrativen Maßnahmen (Enteignung zwecks Nationalisierung oder Kollektivierung) erzwungen werden. "Altes Denken" (z.B. in Ich- statt in Wir-Kategorien) und "Alte Verhaltensweisen" dagegen lassen sich durch "Neues Denken" usw. nicht mit Gewalt, sondern nur mit Hilfe eines "geistigen Kampfes" ersetzen. Diese Sozialisierung des Denkens kann nicht auf *einen* Schlag erfolgen, sondern erfordert einen permanenten Erziehungsprozeß, da ja immer wieder der Rückfall in alte Denk- und Verhaltensweisen droht - sogar im Herzen der KP! Die ideologische Reform gilt als ein Teil des Klassenkampfes und erfolgt nach dem Schema "Dou si pi xiu" (Bekämpfe dein eigenes Selbst, kritisiere den Revisionismus). Im Deutschen empfiehlt sich eher die Bezeichnung "Überbau-Revolution", da der Ausdruck "Kultur-Revolution" gerade hier besonders mißverständlich ist. Auch in China wurde immer wieder betont, daß die Kulturrevolution in Wirklichkeit eine politische - und nicht etwa nur kulturbezogene - Revolution sei, die als "doppelte Fortsetzung" verstanden werden müsse, nämlich als Fortsetzung des Klassenkampfes der Proletarier gegen die Kapitalisten und nicht zuletzt auch der alten Auseinandersetzungen zwischen KPCh und GMD. Es handle sich hier keineswegs um ein neues Phänomen, das erst 1966 geboren worden wäre, sondern um einen Kampf, der bis in die Anfänge der revolutionären Bewegung zurückreiche.

Im Gegensatz zur maoistischen Drei-Stufen-Theorie vertraten die Liuisten die "Theorie von den zwei Revolutionen", die sich auf politische Machtergreifung und auf die Sozialisierung des Eigentums reduzierten. Im Anschluß an die Sozialisierung des Produktionseigentums, die sich ja im wesentlichen bereits 1956 vollzogen hatte, gab es keine Ausbeuterklassen mehr, sondern nur noch "Restelemente" dieser einstigen Klassen. Eine "Kulturrevolution" mit klassenkämpferischem Inhalt habe nach 1956 ihre Berechtigung verloren. Es gelte gegenüber der maoistischen Auffassung eine dreifache Trennungslinie zu ziehen: Was, erstens, das Objekt des Klassenkampfes betrifft, so gebe es nur noch wenige "Elemente", die ins Visier zu nehmen seien, z.B. Wirtschaftsverbrecher oder Schwerkriminelle; zweitens sei der Klassenkampf nicht mehr Dreh- und Angelpunkt der gesellschaftlichen Entwicklung, sondern nur noch eine Nebenerscheinung und, drittens, müßten heutzutage subtilere Kampfmethoden angewendet werden, nämlich nicht mehr "stürmische Massenkampagnen" à la Mao, sondern Recht und Gesetze.

Gegenüber dieser "evolutionistischen" (yanjin) Auffassung pochte Mao auf die "Revolution" (geming). Da die drei Ziele der GPKR nicht auf einmal zum Erfolg führen könnten, seien in Zukunft eben mehrere Dutzend Kulturrevolutionen nötig!

3. Die drei Phasen der Kulturrevolution

Die GPKR selbst entwickelte sich in drei Abschnitten: Der Rotgardisten- (Mai 1966 bis zum IX. Parteitag im April 1969) folgte die Lin-Biao- (vom IX. bis zum X. Parteitag im August 1973) und schließlich die Zhou-Enlai-Phase (August 1973 bis Oktober 1976).

a) Phase 1: Rotgardistenbewegung und "Anbetung der Spontaneität"

Im Juni und Juli 1966 erschienen zum erstenmal in der Öffentlichkeit höchst militant auftretende Schüler- und Studentenverbände, die sich "Rote Garden" (hongwei bing) nannten. Angeblich handelte es sich bei ihnen um spontan entstandene Verbände, die sich ausschließlich aus proletarischen Elementen zusammensetzten. Beide Postulate trafen jedoch nicht ganz zu:

Was zunächst die Spontaneität anbelangt, so waren die Roten Garden keineswegs aus eigenem Antrieb entstanden; eignet sich doch kaum jemand weniger für respektloses Verhalten als ein im Geiste des Gehorsams und der Disziplin erzogener chinesischer Schüler; vielmehr waren als Geburtshelfer der ersten Verbände jene bereits während der SEB entstandenen promaoistischen "Arbeitsgruppen" tätig geworden, die Schüler und Studenten mit Führungsqualität ins Gebet nahmen und sie ermunterten, Sündenregister gegen bestimmte Lehrer zusammenzustellen, gemeinsam Wandzeitungen zu verfassen und nur ja keine Angst zu haben, da die betreffenden Lehrer ohnehin zur Rechenschaft gezogen würden, also nicht zurückschlagen könnten. Die "Arbeitsgruppen" wiederum handelten auf Befehl der ZK-Kulturrevolutionsgruppe und bekamen u.a. Hilfe von der Armee.

Zweitens wurden all diejenigen Schüler und Studenten als Agitatoren herangezogen, die mit Charisma ausgestattet waren und gut mit Worten umzugehen verstanden. Verfügte ein Schüler über solche Eigenschaften, dann mußte er nicht unbedingt zu den "Fünf Roten Arten" (hong wu lei) gehören, d.h. aus den Reihen der Arbeiter, Armen Bauern, revolutionären Kader, Soldaten oder revolutionären Märtyrer kommen.

Die Aufstellung erster Rotgardisten-Verbände hatte landesweit bereits im Frühjahr 1966 bei Versammlungen ausgewählter Schüler und Studenten begonnen, die unter der Bezeichnung "Rote Garden" freilich erst vom 18.August 1966 an auftraten, also jenem Tag, an dem Mao Zedong auf dem Gelände vor dem Beijinger "Tor des Himmlischen Friedens" einen Großempfang für Hunderttausende von Jugendlichen gab, bei dem er selbst eine rote Armbinde mit den drei Schriftzeichen "Hongweibing" (Rotgardist) in seiner eigenen Kalligraphie trug. Von da an schossen Rotgardisten-Vereinigungen im ganzen Land wie Pilze aus dem Boden. Zwischen August und November 1966 empfingen

Mao und Lin Biao bei insgesamt acht Gelegenheiten mehr als 10 Millionen Rotgardisten, die aus allen Teilen des Landes nach Beijing gepilgert waren.

Eine besonders verhängnisvolle Anweisung erging am 23.August 1966: Niemand dürfe die Rotgardisten, hieß es dort, bei ihrer revolutionären Arbeit stören. Jugendliche zwischen 12 und 25 Jahren erhielten von nun an das Recht, das zu tun und zu lassen, was ihnen im Interesse der "Revolution" angemessen erschien.

Am 2.9.1966 ergingen "Bestimmungen über die Rotgardisten-Organisation", in denen die Prinzipien, Aufgaben, Organisationsregeln, Aufnahmeverfahren und Symbole (u.a. rote Armbinden) geregelt waren. Die einzelnen Gruppierungen nahmen phantasievolle Namen (besonders beliebt war z.B. "Im Osten rot") und eine laufende Nummer an. Wer Mitglied werden wollte, mußte sich einem besonderen Aufnahmeverfahren unterziehen.

Der Krieg gegen die Vier Relikte
Hauptaufgabe der Roten Garden war es, die Vier Relikte (si lao), d.h. alte Kultur, alte Sitten, alte Gewohnheiten und alte Denkweisen, durch die Vier Neuen (si xin) zu ersetzen. Da nirgends klar definiert war, was unter "alt" zu verstehen sei, lag es abermals an den Jugendlichen, darüber selbst zu befinden.

Meist begannen sie damit, daß sie Straßennamen änderten, Verkehrsampeln umschalteten ("rot" bedeutete von nun an "freie Fahrt", "grün" dagegen "halt"), und daß sie sich über Blumen-, Antiquitäten- und andere "Luxus"-Läden hermachten.

Jeder Trupp, der zum Krieg gegen die Vier Relikte auszog, hatte seine eigene Fahne, marschierte in Formation und orientierte sich an einer Straßenkarte, auf der die einzelnen "Kampfziele" und Routen genau eingezeichnet waren. Am Zielort angelangt, rissen die "Kleinen Generäle" die drachenförmigen Gesimse von den alten Häusern herunter, entfernten Türklopfer aus Messing, beschlagnahmten Romane, Schallplatten, Kalligraphien und Spielkarten, warfen die "bürgerlichen" Sofas auf die Straße und verprügelten Frauen, die Dauerwellen trugen oder deren Hosenbeine enger als üblich geschnitten waren. Sie durchforsteten Bibliotheken, veranstalteten Bücherverbrennungen, entweihten Gräber, schlugen buddhistischen und christlichen Standbildern die Köpfe und Arme ab, räumten Altartische leer und "straften" alle Personen, die sich ihrem Tun widersetzten.

Die Rotgardisten-Vereinigungen von Beijing erließen am 23.8.1966 ein 23-Punkte-Programm, in dem u.a. angeordnet wurde, daß Schmuck, Kosmetika oder unproletarische Kleidungsstücke nicht mehr verwendet werden dürften, daß die "weiche Klasse" bei den Verkehrsmitteln abgeschafft sei, daß ab sofort keine Bankzinsen mehr gezahlt werden dürften, daß in allen Räumen Mao-Bilder aufzuhängen und überall Lautsprecher aufzustellen seien u.dgl.

Der Wandzeitungs-Krieg

Die Rotgardisten sollten sich im Rahmen der oben genannten "Vier Großen" sowie der "Sechs Kleinen Freiheiten" (Rede-, Veröffentlichungs-, Versammlungs- und Demonstrationsfreiheit sowie Freiheit, Flugschriften zu verbreiten und Karikaturen anzufertigen) bewegen.

Furore machten sie vor allem mit den Wandzeitungen, die sich durch ihre Farbigkeit vom sattsam bekannten Einerlei der offiziösen Zeitungen grell abhoben. Schon bald war ein regelrechter Wandzeitungs-Krieg im Gange: Plakate wurden manchmal bereits wenige Minuten nach ihrem Erscheinen durch einen "Gegenschriftsatz" überklebt. Zum Alltagsbild Beijings im Herbst 1966 gehörten Gruppen von Jugendlichen, die mit Eimern voller Klebstoff unterwegs waren und ständig nach freien Flächen für immer neue Plakate Ausschau hielten. Pinsel und Farbe änderten das Antlitz der Nation. Die Städte verwandelten sich in riesige Papiermontagen. Die Wände waren von oben bis unten mit Plakaten wie mit Masern übersät. Auch die Löwenfiguren der Hauptstadt, die Straßenlaternenpfosten und die Straßenbäume mußten als Plakatsäulen herhalten. Manchmal lagen die "Wandzeitungen", mit ein paar Steinen beschwert, einfach auf dem Straßenpflaster. Wo kein Platz blieb, flatterten die Dazibao wie Wäsche zum Trocknen an Leinen und Schnüren. Viel schmutzige Wäsche wurde dabei, um im

Bild zu bleiben, vor der Öffentlichkeit gewaschen. Die Plakate enthüllten Einzelheiten aus dem Leben von Parteifunktionären, die bis dahin unter einer Glocke strenger Geheimhaltung verborgen gewesen waren; sie berichteten über innerparteiliche Auseinandersetzungen, griffen die Korruptheit von Parteifunktionären auf, waren manchmal aber auch ein willkommenes Mittel, um alte Rechnungen zu begleichen.

Das Instrument der Dazibao entsprach nach Meinung der maoistischen Führung ganz der Massenlinie, insofern hier die spontane Äußerung der Volksmeinung in aller Offenheit durchkam.

Kampfversammlungen

Sobald die ersten Rotgardisten-Organe in einer Schule oder Universität entstanden waren, pflegten sich die "Arbeitsgruppen" Jiang Qings offiziell zurückzuziehen, doch blieben sie insgeheim im Hintergrund und trafen sich mit den Schüler-Agitatoren so häufig wie möglich - manchmal auch bei Nacht -, um ihnen weitere Anweisungen zu erteilen.

Die Schüler befanden sich von Anfang an in einem Dilemma: Einerseits wollten sie nicht gegen ihre Lehrer auftreten, doch andererseits wußten sie, daß ihr "Engagement" für die "revolutionäre" Sache darüber entschied, ob sie später in die Universität eintreten durften oder nicht. Sie suchten sich deshalb dem Wandzeitungsschreiben zu entziehen, indem sie sich krankmeldeten, nur Belanglosigkeiten niederschrieben, ihre Unterschrift unleserlich gestalteten oder aber indem sie sich von vornherein bei den Lehrern für das Geschriebene entschuldigten, da sie ja gezwungenermaßen nicht anders handeln könnten.

Die "Arbeitsgruppen" ließen solche Ausflüchte jedoch nicht durchgehen, sondern bestanden nun um so unnachsichtiger auf einem klaren und eindeutigen Bekenntnis.

Mit Hilfe dieses Rückenwinds kam schnell ein Prozeß in Gang, der Eigengesetzlichkeit annahm. Nachdem eine Schülergruppe einmal mutig ihren "Angriff" durchgeführt hatte, fiel der zweite schon wesentlich leichter und der dritte begann schon beinahe Spaß zu machen. Dies war vor allem beim Vorgehen gegen so manchen Lehrer der Fall, dem man eine Narrenkappe aus Papier aufsetzte und anklägerische Texte auf Brust und Rücken klebte.

Hauptziel jeder "Kampfversammlung" war ein "Geständnis". Für die Untersuchungsführer war es dabei vollkommen gleichgültig, ob dieses Geständnis echt oder falsch war - Hauptsache sie bekamen es. Blieb ihnen der Erfolg versagt, so sahen sie sich möglicherweise am Ende selbst mit dem Vorwurf konfrontiert, nicht genügend Eifer an den Tag gelegt zu haben. Da die Geständnisquoten erfüllt werden mußten, halfen die "Untersuchungsrichter" mit Anschreien, Drohungen und Folterungen nach. Ein Opfer, das glaubte, durch ein möglichst schnelles "Geständnis" die Wogen glätten zu können, fand sich schon bald mit neuen Geständnisforderungen konfrontiert. Es wäre ja auch töricht gewesen, hätte man eine sprudelnde Quelle vorzeitig wieder verschlossen. Waren aber einmal genügend Geständnisse auf dem Tisch, so durfte das Opfer nicht erstaunt sein, wenn es sich nun plötzlich vor einem Erschießungskommando wiederfand.

Waren einmal kleinere Chargen niedergeschlagen, so wuchs der Mut, und der Blick richtete sich nach oben zu lohnenderen Zielen. Nun wurden auch die Wohnungen von "revisionistischen" Kreis- und Provinzkadern das Ziel von Überfällen und Requirierungsmaßnahmen.

"Revolutionärer Erfahrungsaustausch"

Als besonders attraktiv erwies sich das Angebot, zu Zwekken des "revolutionären Erfahrungsaustausches" (geming zhuanlian) in andere Städte und Provinzen, ja sogar nach Beijing reisen zu dürfen - ein Zugeständnis der kulturrevolutionären Führung, das zu einer Völkerwanderung und am Ende zum Kollaps der chinesischen Verkehrsinfrastruktur führte.

Zunächst schwärmten Beijinger Studenten und Schüler in die Provinzen aus, vor allem Rotgardisten der dortigen Beida und der Qinghua. In ihrer Anwesenheit fanden häufig Gründungsfeiern lokaler Rotgardisten-Verbände statt, wurden Militäruniformen, Militärmützen, Segeltuchschuhe, rote Armbinden und Abzeichen feierlich verteilt und die Organisationen formell ausgerufen.

Später strömten, in umgekehrter Richtung, Millionen von Rotgardisten in die Hauptstadt, wobei sie von VBA-Einheiten eskortiert und logistisch betreut wurden. Auch in den Zügen fuhren Soldaten als Ordnungshüter mit.

Zum Standardprogramm in Beijing gehörte ein Besuch an den beiden berühmten Universitäten, von denen die Rotgardistenbewegung ausgegangen war, also an der Beida und der Qinghua. Dort spiegelte sich die Kulturrevolution wie in einem Brennglas: Professoren und Verwaltungsangestellte hatten auf dem Gelände Tag für Tag Kehrdienste zu verrichten. Weil aus allen Landesteilen Rotgardisten herbeiströmten, war der Campus immer voller Menschen und der Boden übersät mit Melonenschalen und Hülsen von Erdnuß- und Sonnenblumenkernen, die von den Professoren aufzusammeln waren. Zwischendurch hatten die "akademischen Kriegsherren" immer wieder von ihrer Auflesetätigkeit abzulassen und sich da und dort einer "Massenkampfversammlung" zu stellen. Zumeist hatte das Opfer auf Bänken, die schnell aus der Mensa herbeigeschafft wurden, die übliche "Düsenflughaltung" anzunehmen. Sodann hatte er Fragen zu beantworten, wie z.B. "Warum eigentlich bist Du gegen die Kommunistische Partei?" oder "Welches Gift hast Du in Deinem Hörsaal den Studenten eingeträufelt?" Kein Wunder, daß bei diesen Methoden die Selbstmordrate an beiden Hochschulen schon bald Rekordhöhe erreichte.

Im übrigen hatten Professoren und Assistenten der Beida täglich von 8.00-11.30 Uhr Mao-Zitate zu lesen und ihre Bedeutung zu diskutieren. Danach wurde ein Feind herausgegriffen und verhört, bis man eine Art "Schuldgeständnis" hatte. Von 14.00-17.00 Uhr und von 19.00-22.00 Uhr wiederholte sich das Verfahren, manchmal mit demselben "Feind". Weil die Beschuldigten im allgemeinen wenig zu bekennen hatten, standen sie einfach stumm da, während die Studenten sie anbrüllten und bedrohten. Konnte man einem Feind keine Geständnisse mehr abringen, wurden wieder Mao-Zitate gelesen.

Totaler Verfall des Unterrichts und gegenseitiges Mißtrauen selbst in alltäglichsten Angelegenheiten waren die Folge dieses Dauerbelagerungszustands. Viele Menschen verzichteten überhaupt auf jedes Gespräch, um nicht am nächsten Tag nach dem Inhalt ihrer Unterhaltung gefragt zu werden.

Erst 1970/71 wurde der Betrieb an den Hochschulen zögernd wieder aufgenommen. Bis dahin hatte es nur Selbststudium gegeben - Mao-Zitate selbstverständlich! Als 1973 die Aufnahmeprüfungen wieder eingeführt worden waren, feierten die Radikalen in ihrer Presse einen jungen Helden namens Zhang Tiesheng, der statt des geforderten Aufsatzes einen leeren Bogen zurückgegeben hatte, auf dem lediglich der Satz stand, daß es "revolutionär ist, gegen die herrschende Strömung zu schwimmen". Mit der Erhöhung dieses jungen Mannes zum Idol war die Talsohle der chinesischen Erziehungsgeschichte erreicht.

"Rote Rebellen"
Waren die Rotgardisten ein Produkt der Schulen und Universitäten, so kamen die "Rebellen" (zaofanpai) aus den Industriebetrieben. Bereits im 1967er Neujahrs-Leitartikel der *Volkszeitung* war die Machtergreifung vor allem in vier Schwerpunktgebieten (Beijing, Shanghai, Tianjin und Nordosten) gefordert worden, wobei die "Rebellen" Pilotfunktionen übernehmen sollten.

Schon wenige Tage später brach in Shanghai unter der Führung Zhang Chunqiaos und Yao Wenyuans der "Januar-Sturm" (yiyue geming fengbao) los, dessen praktische Durchführung von der lokalen "Rebellen-Organisation" unter der Leitung des jugendlichen Textilarbeiters Wang Hongwen besorgt wurde. Schon in den ersten Januartagen übernahmen die "Rebellen" die beiden wichtigsten Zeitungen der Yangzi-Metropole, die *Wenhui-* und die *Befreiungs*-Zeitung. Da sich die "Rebellen" allerdings mit der Meinungsführerschaft allein noch nicht begnügen wollten, übernahmen sie auch noch das politische Stadtregime. Dieses Shanghaier Machtergreifungsschema wurde schon bald zum Modell für das ganze Land. China sollte, im ursprünglichen Sinne des Wortes, "shanghaiisiert" werden.

Rotgardisten- und Rebellen-Organisationen blieben bei diesen "Machtergreifungen" keineswegs säuberlich voneinander getrennt. Nachdem z.B. die südchinesische Stadt Xiamen in Nachahmung Shanghais Anfang 1967 zu einer einzigen "Kommune" erklärt worden war, wurden dort alle 147 Fabriken dem Kommando des 16jährigen Schülers Ken Ling unterstellt. Man brauchte kein Prophet zu sein, um vorauszusehen, wohin dies alles führte.

b) Phase 2: Neuordnungsversuche unter militärischem Vorzeichen - Die Lin Biao-Jahre

Luan

Bereits Ende 1966 drohte China im Chaos (luan) zu versinken: Nicht nur, daß das Verkehrswesen und der Verteilungsapparat zusammenbrachen, auch von der Partei- und Regierungsorganisation war nur ein Trümmerfeld zurückgeblieben. Nur 28% der Politbüro- und 34% der ZK-Mitglieder sowie 20% der Provinz-Sekretäre waren der unscheinbare Rest von Spitzenfunktionären, die sich noch in ihren alten Funktionen hatten halten können. Schlimmer noch sah es bei den Verwaltungsorganen der unteren Ebene aus, wo fast kein Stein auf dem anderen blieb - vor allem in der Sicherheits-, Erziehungs- und Justizbürokratie. Der Ruf nach dem Staat half nun auch nicht mehr, nachdem von den staatlichen Organen kaum noch etwas übriggeblieben war.

Der Zusammenbruch des Verwaltungssystems war als solcher schon schlimm genug; das meiste Kopfzerbrechen bereitete jedoch der "Fraktionismus", der vor allem seit Beginn der Machtergreifungs-Kampagne vom Januar 1967 zu grassieren begann. In jeder Danwei (Grundeinheit), die von Roten Garden oder Roten Rebellen "übernommen" worden war, bildeten sich fast augenblicklich zwei einander bekämpfende Gruppierungen heraus, die notfalls sogar zu den Waffen griffen. Als es noch gegen die "Hauptquartiere" ging, hatten die "Linken" recht und schlecht miteinander kooperiert, doch jetzt, zu Beginn des Jahres 1967, bekämpften sie sich fast nur noch gegenseitig. Manche trugen dunkle Brillen oder Mundschutz; mit Knüppeln und Messern bewaffnet stifteten sie Unruhe, verprügelten oder töteten sich gegenseitig und wurden auch tätlich gegen Soldaten, die die Ordnung zu wahren suchten.

Hier war dringend Abhilfe geboten: Bereits 1966 waren erste Domestizierungsregelungen ergangen, so z.B. am 8.9.

das Verbot, Archive zu stürmen und Geheimdokumente zu entwenden, am 14.9. das Verbot, Partei- oder Regierungs-Organisationen sowie Volkskommunen und Produktionsbrigaden in den "Erfahrungsaustausch" miteinzubeziehen, am 16.11.1966 das Verbot, weiterhin mit Zügen, Schiffen oder Bussen nach Beijing zu reisen und am 18.11. das Verbot, "Gerichte" zu etablieren und Personen festzunehmen oder zu foltern.

Außerdem forderte die ZK-Kulturrevolutionsgruppe die disziplinlosen jungen Leute auf, in ihre angestammten Danweis zurückzukehren und dort - also im überschaubaren Rahmen - die Revolution weiterzuführen und vor allem an sich selbst (in Form von "Selbstkritik") zu arbeiten.

Da all diese Anordnungen nichts fruchteten, begannen vereinzelte örtliche Parteiführungen Selbsthilfemaßnahmen gegen weitere "Shanghaiisierungs"-Akte zu treffen. Hierbei bedienten sie sich vor allem zweier Methoden, nämlich der Entfachung von Streikbewegungen (vor allem in Fuzhou, Hangzhou, Guangzhou, Shenyang, Xi'an, Chengdu und Chongqing) sowie der Aufstellung eigener "Roter Arbeiterwehren" (gongren chiweidui), deren Aufgabe es war, den maoistischen Verbänden die Hölle heiß zu machen. Die Rotgardisten begannen hier nunmehr plötzlich auf Granit zu beißen.

Weiterer Widerstand regte sich außerdem direkt an der Parteispitze. Anfang Februar 1967 trafen hohe Repräsentanten des Liu-Flügels, unter ihnen Tan Zhenlin, Li Fuchun, Li Xiannian sowie die Marschälle Ye Jianying, Xu Xiangqian und Nie Rongzhen, im Regierungsviertel Zhongnanhai mit Repräsentanten der ZK-Kulturrevolutionsgruppe zusammen und stellten sie in offenbar scharfer Form zur Rede. Schon wenige Tage später wurden diese Stellungnahmen besorgter Parteiführer zur "parteischädigenden" "Februar-Gegenströmung" (eryue fan'an) deklariert und gleichzeitig das Politbüro auch noch seiner letzten Funktionen entkleidet.

In dieser Krisensituation spielte Mao seinen Haupttrumpf aus, den er bisher in der Hinterhand gehalten hatte, nämlich die VBA.

Die VBA greift ein

Am 21.1.1967 erging unter der Parole "Drei Unterstützungen, Zwei militärische Aufgaben" (sanzhi liangjun) der Interventionsbefehl an die VBA: sie solle die Landwirtschaft, die Industrie und die "Linken" unterstützen und gleichzeitig für die militärische Ausbildung der Bevölkerung sowie für Militärkontrolle in allen sensiblen Bereichen des gesellschaftlichen Lebens sorgen. Das "3-2-System" wurde von jetzt an zur generellen Rechtfertigung für die zunehmende Kontrolle des gesamten zivilen Lebens durch das Militär.

Seit den fünfziger Jahren hatte die VBA ein Eigenleben geführt. Sie verfügte über mehr Lkws, leistungsfähigere Krankenhäuser und besser ausgerüstete Clubeinrichtungen als irgendeine zivile Organisation. Sie unterhielt ihre eigenen Landwirtschaftseinheiten (Staatsfarmen) und Fabriken, ja sogar eigene Gerichte und Staatsanwaltschaften, publizierte ihre eigenen Zeitungen und Illustrierten, betrieb ca. 100 militärspezifische Ausbildungszentren, leistete sich eigene Museen und Kunsteinrichtungen, besaß ihre eigenen Gästehäuser und war auch sonst nicht zimperlich, wenn es galt, Privilegien (z.B. Fahrten in der "weichen" Eisenbahnklasse oder im Flugzeug) in Anspruch zu nehmen.

Kein Wunder, daß die VBA unter diesen Umständen auch in den politischen Spitzengremien überproportional vertreten war, wobei es allerdings nicht immer leicht fiel, zwischen Militärs und Zivilisten deutlich zu unterscheiden; hatten doch bis 1949 praktisch sämtliche Spitzenpolitiker Militärränge bekleidet.

Angesichts der allumfassenden Rolle der VBA als Produzentin, Ordnungshüterin, Schlichterin bei politischen Kampagnen, Grenzschützerin, Bremserin von Liberalisierungsansätzen, nicht zuletzt aber auch als pressure group und Königsmacherin, gehörte es zum vorrangigen Anliegen jeder politischen Führung, die dienende Funktion des Militärs gegenüber der Partei sicherzustellen, also Gefahren des Bonapartismus abzublocken. Hatte es schon in den Umbruchzeiten 1927/28 und 1949/54 intensive Bemühungen um die Herzen und Hirne der Soldaten gegeben, so wiederholte sich dieser Werbefeldzug vor allem seit Beginn der sechziger Jahre. Im September 1959 hatte Lin Biao den in

Ungnade gefallenen Peng Dehuai als Verteidigungsminister abgelöst. Kaum im Amt, begann Lin die Armee zu "maoisieren". 1962 kam eine Auswahl von Mao-Aphorismen heraus, die wiederum Vorläuferin für das später edierte "Kleine Rote Buch" wurde, das nach 1967 Milliardenauflagen erreichte. Mit dieser Sammlung hatte Lin Biao "seinen" Maoismus durchgesetzt. Unter Lins Anleitung entstand auch eine neue Sprech- und Schreibweise, die an Süßlichkeit und gebetsmühlenhafter Mechanik ihresgleichen sucht und von der man Kostproben gelesen haben muß, um überhaupt an ihre Existenz glauben zu können. Mao Zedong, dem die neue Lin Biao-Hymnik galt, wurde z.B. als "aller-aller-allerröteste Sonne" (zui zui zui hongde taiyang) beweihräuchert. Sein Denken war im "Roten Buch" aufgezeichnet und leuchtete wie eine "rote Laterne", auf daß der klassenbewußte Proletarier mit seinem "roten Herzen" unbeirrt der "roten Linie" folgen konnte.

Symbolisierte die Farbe rot das schlechthin Gute, so wirkte die Farbe "schwarz" (hei) wie das geronnene Böse: "Schwarze Bücher", "schwarze Versammlungen", "schwarze Filme" galten im Zeichen der großen Vereinfachung als Inbegriff des Ablehnenswerten. Die "schwarzen Gegner" erschienen auch als "Teufel" (mogui), "Dämonen" (guiguai), "Vampire" (xixuegui), "bemalte Häute" (huapi) und "gespenstisches Gelichter" (wangliang guimei). Was diese Walpurgisnacht-Gespenster hervorbringen, ist "Giftkraut" oder "stinkendes Gewächs" und "schwarze Magie" (yao feng). Sie sind "gefräßige Wölfe", "Giftschlangen", "Parasiten" und "Wesen mit zwei Gesichtern und drei Messern".

Die "aller-aller-allerröteste Sonne" andererseits galt als der "Große Mentor", als der "Große Oberkommandierende" oder als der "Große Steuermann". Sein Denken ist eine "Waffe", ein "Leuchtturm", ein "Kompaß" sowie ein "Teleskop und Mikroskop"; nicht genug damit wirken die Mao-Ideen auch als "Fabao", d.h. als eine Art magische Waffe, wie sie in den buddhistischen Sutren vorkommt. Nicht zuletzt vermögen sie aber auch Wunder zu wirken (ren jiqi: "wunderbare Spuren unter den Menschen"), wie z.B. Heilungen.

Fast jede Frage geriet von jetzt an in den Strudel der

Politisierung. Als beispielsweise Flakeinheiten ein taiwanesisches Spionageflugzeug verfehlten, wurde daraus der Schluß gezogen, daß die Mannschaften ideologisch unzureichend ausgebildet worden seien. Die Schuld lag weniger bei den mangelnden Schießkünsten als vielmehr bei der unzureichenden politischen Schulung. Blieb ein Lkw auf der Strecke liegen, so hatte dies weniger mit Materialausfällen als vielmehr mit Ausfällen im Kopf des Fahrers zu tun.

Damit aber begann die Stunde der Politoffiziere zu schlagen. 1963 ergingen "Bestimmungen über die Politarbeit in der Armee", die den Aktionsbereich des Hauptmanns zugunsten der Kommandogewalt des Politkommissars einschränkten. Im selben Jahr wurden auch zwei neue Modelleinheiten vorgestellt, nämlich die "Vier-Gut-Kompanie" und der "Fünf-Gut-Soldat". Zum Inbegriff eines solchen Modells wurde Lei Feng, in dessen Person sich alle proletarischen Tugenden wie in einem Brennspiegel zu vereinigen schienen: Er entstammte einer armen Bauernfamilie, war in Ausübung seiner militärischen Pflichten ums Leben gekommen und hatte ein Tagebuch hinterlassen, in dem seine untadelige, am Mao-Zedong-Denken orientierte Motivation schwarz auf weiß nachzulesen war.

1964 schließlich brachte es Lin Biao zuwege, daß die Armee zum Modell des ganzen Volkes ausgerufen wurde (Parole: "Von der VBA lernen"). Produktionsmannschaften auf dem Land marschierten fortan mit geschultertem Werkzeug auf die Felder und verrichteten ihre Arbeit erneut im Stil eines "Volkskriegs gegen die Natur".

Parallel zum "Lernen von der VBA" begann 1964 auch noch eine andere Bewegung, nämlich die Kampagne "Zur Erziehung revolutionärer Nachfolger", deren Ziel es sein sollte, die Jugend wieder nach Maßstäben "auszurichten", wie sie in der VBA vorgelebt wurden. Anders als in der Sowjetunion, wo bereits die dritte Generation dem Revisionismus verfallen sei, könne die Revolution in China permanent bleiben, falls stets fünf Anforderungen eingelöst würden: "Orientierung am Marxismus-Leninismus, Dienst am Volk, Zusammenschluß mit der großen Mehrheit, demokratischer Arbeitsstil und Selbstkritik".

Einen weiteren Schritt in Richtung Politisierung und

Egalisierung der VBA brachte das Jahr 1965 mit der Abschaffung des (gerade zehn Jahre alten) Dienstgradesystems. Die erst wenige Jahre alten Uniformen, Epauletten und Schirmmützen verschwanden daraufhin innerhalb weniger Tage und machten jenem einförmigen Bild (ölgrüne Jacken und Hose, rote Kragenspiegel und roter Stern an der Schirmmütze) Platz, das für die nächsten zwei Jahrzehnte so typisch werden sollte. Gleichzeitig wurde auch die Direktive vom 28.9.1958 neu belebt, derzufolge "Offiziere eine Zeitlang als Soldaten" zu dienen haben. Jeder "Militärkader" sollte von nun an "als einfacher Soldat in die Kompanie hinabsteigen" (xia liandui dang bing) und dort pro Jahr 30 Tage lang Dienst tun.

Aufgewertet wurde gleichzeitig die Verteidigungsindustrie. In handfester Ausdrucksweise hieß es, daß die Volkswirtschaft "Zwei Fäuste hat und einen Arsch" (pigu): nämlich die Grundstoff- und die Verteidigungsindustrie sowie die Landwirtschaft. Die Armeebetriebe waren in der Tat nicht zu verachten; hatten sie doch in der Zwischenzeit immerhin Atom- und Wasserstoffbomben, Flugzeuge und neue Schiffsgeneratoren hervorgebracht; überdies waren sie damals schon dabei, ihre ersten eigenen Satelliten zu bauen.

Die "Maoisierung" der VBA kam nicht nur dem Vorsitzenden zugute, sondern lohnte sich ganz besonders für den Verteidigungsminister, der als "engster Waffengefährte Maos" gepriesen wurde: Von Leuten seiner (Lin Biaos) Vierten Feldarmee (die von 1946-1954 bestanden hatte) wurden immer mehr attraktive Schlüsselpositionen besetzt - zuerst in der Armee und später, d.h. im Laufe der Kulturrevolution, auch auf den Kommandohöhen der KPCh.

Kaum war der "Angriffsbefehl" im Januar 1967 ergangen, intervenierte die VBA ins politische Geschehen entweder direkt (mit Hilfe der "Militärkontrollausschüsse") oder aber indirekt (über die "Revolutionskomitees"). Eine dritte Form militärischer Machtausübung waren die "Arbeiterpropagandatrupps", eine vierte die organisierte Landverschickung.

Die Militärkontrollausschüsse als Notbremse
Die MKAe waren vom ersten Augenblick ihres Eingreifens

an eine Art Mädchen für alles. Wie schon bei der "Ersten Befreiung" von 1949 übernahmen sie auch diesmal - bei der "Zweiten Befreiung" - Universitäten, Schulen, Verlage, Banken, Fabriken, Warenhäuser, Behörden und Flughäfen.

Mit ihnen war zumeist nicht gut Kirschen essen. Wo Rotgardisten sich widersetzten, ließ das Mündungsfeuer nicht lange auf sich warten.

Herrschaft der VBA auf dem Umweg über "Revolutions-komitees"

Zumeist aber erfolgte die Machtergreifung auf eher diskretem und indirektem Wege, nämlich durch die Beteiligung der Armee an den Revolutionskomitees. Entstanden waren die RKs in Konkurrenz zum Kommunemodell von Shanghai: § 9 des 16-Punkte-Beschlusses hatte bestimmt, daß die "Kulturrevolutionsgruppen", die als optimale Organisation zur Selbsterziehung der Massen zu empfehlen seien, nach dem Muster der Pariser Commune ausgerichtet werden müßten. Maoistischer Auffassung zufolge waren hierfür fünf Merkmale kennzeichnend, nämlich "Diktatur des Proletariats", "direkte Demokratie" (nicht etwa Parlamentarismus), "Gewaltenkonzentration" (statt Gewaltenteilung), "proletarischer Internationalismus" (statt Verfolgung bloß lokaler Interessen) und Enteignung der Enteigner.

Am genauesten war dieser Text in Shanghai nachbuchstabiert worden, wo sich im Januar 1967 elf "Rebellenorganisationen" unter der Führung eines sog. "Revolutionären Rebellen-Hauptquartiers der Shanghaier Arbeiter" zusammenschlossen, das bisherige Regierungs- und Parteiestablishment stürzten, die Kontrolle der wichtigsten Massenkommunikationsmittel übernahmen und am 5.2.1967 die ganze Stadt zu einer einzigen Volkskommune erklärten.

Während die Kommune Shanghai im Chaos zu versinken drohte, entstand an anderer Stelle, nämlich in der Provinz Shanxi, das Modell einer "Dreierallianz", an dem sich Vertreter der "Massen", der revolutionären Kader und der Armee beteiligten und das schon bald den Namen "Revolutionskomitee" führte.

Entscheidend für das weitere Gedeihen dieser RKs war das Wohlgefallen, das vor allem die VBA-Führer an der neuen Institution fanden. War das Militär an der "Volks-kommune Shanghai" so gut wie unbeteiligt geblieben, so führte es in den Revolutionskomitees von Anfang an das Wort. Kein Wunder, daß die Kommune schnell in Verges-senheit geriet und das Revolutionskomitee als eine Art Pa-tentlösung angepriesen wurde. Damit aber vollzog sich eine Umpolung von der "Massenherrschaft" auf die "Militärherr-schaft", die wiederum empörte Reaktionen örtlicher Rebel-lenorganisationen zur Folge hatte.

Inzwischen waren den Maoisten im ZK Bedenken ge-kommen. War es nicht gefährlich, den Lin Biao-Kräften ganz allein das Feld zu überlassen? Sollte man nicht besser die als Gegengewicht tauglichen Rotgardisten- und Rebel-len-Verbände wieder auf den Plan rufen? So geschah es: Im April 1967 begann eine Renaissance der Rotgardisten- und Rebellenbewegung. Gleichzeitig erließ der ZK-Militäraus-schuß die Weisung, in Zukunft keine RG- oder Rebellenor-ganisationen mehr zu zerschlagen und alle inhaftierten Ak-tivisten wieder auf freien Fuß zu setzen.

Schon bald sollte die Mao-Fraktion diese Wiederbele-bung bedauern müssen; denn es traten zwei Ereignisse ein, die einen zweiten Kraftakt des Militärs geradezu herauf-beschworen, nämlich der "Zwischenfall von Wuhan" und die Besetzung des Außenministeriums durch Rote Garden im August 1967.

Mitte 1967 war dem Regionalkommandeur von Wuhan, Chen Zaidao, das Treiben der Rotgardisten zu bunt gewor-den und er hatte als Gegenwehr die Selbstschutzorganisa-tion der "Eine Million Helden" aufgestellt, die den Roten Garden das Wasser abgraben sollten. Als die ZK-Kultur-revolutionsguppe den Widerstand Chens brechen wollte und zu diesem Zweck zwei Emissäre nach Wuhan entsand-te, wurden beide kurzerhand festgenommen: Plötzlich stand das Gespenst einer Armee-Spaltung vor aller Augen. Erst das Eingreifen von regulären Luft- und Marine-Landetrup-pen der zentral gelenkten VBA gegen die Territorialtrup-pen Wuhans sowie die Vermittlung Zhou Enlais führten zu einer Deeskalation der Gefahr.

Wuhan löste einen Doppeleffekt aus: Auf der einen Seite schürte es von neuem die Angriffswut der Linken, u.a.

in Beijing, wo im August 1967 einige Rebellen-Gruppen das Außenministerium besetzten und eine Zeitlang "rotgardistische Außenpolitik" betrieben, wobei sie u.a. die Botschaft Großbritanniens in Brand steckten - ein Sakrileg, das ihnen ein für allemal die Feindschaft Zhou Enlais eintrug. Zum anderen verhärtete sich die Haltung der Regionaltruppen im ganzen Land. Die VBA, die trotz intensiver Vorbereitung auf die Kulturrevolution letztlich, wie jedes Militär, ordnungsbewußt war, wollte sich von den Roten Garden nicht länger auf der Nase herumtanzen lassen. Vor allem die unmittelbaren Lin Biao-Gefolgsleute unter den Offizieren forderten definitv den Waffeneinsatz. Hier wurde deutlich, daß die Interessen Lin Biaos und die der ZK-Kulturrevolutionsgruppe inzwischen weit auseinanderlagen.

Einer der engsten Mitarbeiter Lins, nämlich der Kommandeur der Militärregion Guangzhou (und spätere Generalstabschef), Huang Yongsheng, statuierte Mitte August 1967 ein Exempel und ließ seine Truppen die von Rebellen besetzten Fabriken, Büros und Verkehrsknotenpunkte in Guangzhou durchkämmen, wobei es Hunderte von Toten gab. Das Beispiel von Guangzhou wirkte elektrisierend und ermutigend auf andere Militärregionen, die nun ebenfalls energischer durchgriffen.

Beunruhigt von diesen bürgerkriegsartigen Entwicklungen machte sich Mao Mitte 1967 auf eine dreimonatige Inspektionsreise in verschiedene Regionen Nord-, Zentral-, Süd- und Ostchinas, wo er die "Große Allianz" zwischen den Mitgliedern der Arbeiterklasse predigte und zu "gründlicherer politischer Schulung der Truppen sowie zur Mäßigung bei den Auseinandersetzungen" aufrief.

Nun, da der Brand vom Militär ein zweites Mal gelöscht worden war, konnte auch der seit April 1967 zum Stillstand gekommene Aufbau von Revolutionskomitees wieder weitergehen, und zwar in verschärftem Tempo: Bereits Mitte 1968 waren denn auch sämtliche Revolutionskomitees auf Provinzebene unter Dach und Fach. Von den insgesamt 216 "führenden" Mitgliedern der RKs auf Provinzebene stammten nicht weniger als 73 (= 33%) aus dem Militär, 59 gehörten dem Kaderstamm an (= 26,5%) und weitere 59 vertraten die "Massen". Außerdem waren nicht weniger als 21 von

29 Positionen des Ersten Vorsitzenden von Offizieren besetzt.

Arbeiterpropagandatrupps

Am 27. Juli 1968 zog der erste Arbeiterpropagandatrupp (gong xuandui) in die Beijinger Qinghua-Universität ein, also genau dort, wo zwei Jahre vorher die Kulturrevolution ihren Anfang genommen hatte. Die "Arbeiter" stellten die Mitglieder der streitenden Fraktionen unter Kuratel und unterzogen sie, wie es hieß, einer gründlichen politischen Schulung. Als Anerkennung dafür erhielten sie von Mao einen Korb Mangos geschenkt - möglicherweise als Symbol für etwas ganz Neues unter der Sonne.

Wer sich die Mitglieder dieser neuen Trupps etwas genauer anschaute, konnte bald entdecken, daß es sich hier in aller Regel nicht um Arbeiter und Bauern, sondern um Militärs in Zivil sowie um linientreue Parteifunktionäre handelte. Aufgabe der neuen "Trupps" war es u.a., die Militärkontrollausschüsse abzulösen und dadurch dem Postulat, daß die "Massen" durch Selbsterziehung und richtige Belehrung - nicht etwa durch militärische Disziplinierung - zu besserer Einsicht gebracht werden müßten, wieder Nachdruck zu verleihen.

Xiafang (Verschickung aufs Dorf) als ultima ratio

Wollte man die Unruhestifter endgültig kaltstellen, so gab es nichts Besseres, als sie zusammen mit ihrem Anhang "hinunter in die Dörfer und hinauf auf die Berge" (xia xiang shang shan) umzusiedeln - eine Politik, die obendrein einem sozialstrategischen Grundanliegen entsprach. Bereits zwischen 1955 und 1968 waren nicht weniger als 1,2 Millionen Jugendliche "hinuntergeschickt" worden. Doch dies war nichts im Vergleich mit den Entsendungsquoten, die der Weisung vom 22.12.68 folgten und die alles Bisherige in den Schatten stellten. Allein zwischen Ende 1968 und April 1970 wurden 5 Millionen, zwischen Mai 1970 und Dezember 1973 weitere 3 Millionen "Jugendliche mit Schulbildung" auf die Dörfer umgesiedelt; insgesamt waren damit zwischen Anfang 1955 und Ende 1979 17,2 Millionen Jugendliche aus den Städten herausgezogen worden.

Zwar halfen die Neuankömmlinge bei Aufforstungs-, Terrassierungs- und Wasserbauarbeiten, bei der Errichtung agrotechnischer Zentren sowie beim Aufbau des Bildungs- und Gesundheitswesens, assimilieren freilich konnten sie sich nur in den seltensten Fällen. Illegale Rückwanderungen, Jugendkriminalität und politische Orientierungslosigkeit waren häufige Folgeerscheinungen der Landverschickung. Viele Betroffene hatten das Gefühl, daß mit ihnen eine ganze Generation "politisch verheizt" wurde.

Auch die nicht "hinuntergeschickten" Rotgardisten kamen jetzt schnell zur Räson: sie lieferten ihre Waffen ab, rissen die Barrikaden nieder, gaben ihre Gefangenen frei und kehrten bedrückt in den Alltag zurück.

Der IX. Parteitag - Triumph der Armee und Lin Biaos

Mit diesem Ordnungserfolg im Rücken konnten die Armee und Lin Biao in aller Ruhe dem IX. Parteitag entgegenblikken, der auf April 1969 anberaumt war. In der Tat wurde dieses Ereignis zu einem einzigen Triumph für das Militär:

In die von ehemaligen "Revisionisten" geräumten Positionen rückten nun Gefolgsleute Lin Biaos auf breiter Front nach. 9 der 25 neugewählten Politbüromitglieder, d.h. also 36%, kamen nun aus den Reihen des aktiven Militärs; auch im ZK konnten die VBA-Angehörigen immerhin noch 27% der Posten besetzen - und dies, obwohl die Kopfzahl der Armee, gemessen an der Gesamtbevölkerung, weit unter 0,5% lag!

Zusätzlich avancierte Lin Biao - als "engster Waffengefährte des Vorsitzenden" - zum offiziellen Nachfolger Maos - und wurde als solcher sogar in der neuen Parteisatzung aufgeführt: ein in der leninistischen Statutengeschichte einzigartiger Vorgang!

Der IX. Parteitag brachte noch eine weitere Grundentscheidung, nämlich den Beschluß, die Parteiorganisation wiederaufzubauen; freilich kam es erst sieben Monate nach dem Parteitag, nämlich am 18.11.1969, zur Neubegründung des ersten Parteiausschusses - und zwar auf Kreisebene in Chengde (Provinz Hunan). Doch dann ging es Schlag auf Schlag: In den einzelnen Organisationen und Danweis gab es nun plötzlich zwei Gremien, die die Führungsgewalt beanspruchten, nämlich die Revolutionskomitees und die wiedergeborenen Parteiausschüsse. Welcher von beiden Institutionen sollte letztlich die Führung zustehen?

Eine ähnliche Problematik hatte es 52 Jahre früher bereits in der jungen Sowjetunion gegeben, als es um die Frage ging, ob die Führungsrolle in den jeweiligen Einheiten den Arbeiter-, Bauern- und Soldatensowjets oder aber den leninistischen Parteiausschüssen zukommen solle. Bekanntlich setzte sich in der UdSSR die leninistische Version durch, obwohl der Staat paradoxerweise die Bezeichnung "Sowjet-Union" beibehielt.

1969/70 sollte sich herausstellen, daß wenigstens in dieser Hinsicht die Uhren in China auch nicht sehr viel anders gingen als in der frühen UdSSR. Während Parteiausschüsse durch die leninistische Brille als organisatorische Repräsentanten des Eliteprinzips erscheinen, waren die Revolutionskomitees - zumindest dem maoistischen Entwurf nach - Ausprägungen der "Massenlinie" und der Massenselbsterziehung. Die RKs, die man wegen ihres direkt-demokratischen Charakters auch als "Räte" oder als "Sowjets" hätte bezeichnen können, waren also eigentlich wesentlich "maoistischer" als die Parteiausschüsse. Gleichwohl wurden sie am Ende ebenso "parteiisiert" wie ein halbes Jahrhundert früher die Sowjets "bolschewisiert" worden waren. Nicht mehr als konsequent war es unter diesen Umständen, wenn die "örtlichen Revolutionskomitees aller Ebenen" in den Verfassungen von 1975 und 1978 zu Volksregierungen erklärt wurden, die ja bekanntlich nur ausführende Funktionen besitzen. Am Ende dieses Demontageprozesses stand die totale Abschaffung der RKs durch die Verfassung von 1982.

Lin Biaos unrühmliches Ende und die Krise des VBA-Selbstverständnisses

Je mehr die Kulturrevolution zum Chaos ausartete, um so unentbehrlicher war Lin Biao mit seinem militärischen Anhang geworden. Mit Ausnahme von Shanghai, wo Zhang Chunqiao an den Hebeln der Macht saß, herrschte überall in den Provinzen und größeren Städten das Militär. De facto war Lin zum mächstigsten - und damit gleichzeitig auch für Mao Zedong zum gefährlichsten Politiker Chinas geworden, der es obendrein verstand, einen Gegner nach dem anderen kaltzustellen und so auch noch die letzten strategischen Kommandoposten zu "lin-isieren".

Nicht nur machtpolitisch, sondern auch ideologisch setzte Lin die Ellbogen ein. Nachdem er in Form des milliardenfach verbreiteten "Kleinen Roten Buchs" bereits die Gedanken Maos nach seinem Geschmack "umfrisiert" hatte, ließ er nun, Anfang 1970, ein weiteres Kleines Rotes Buch erscheinen, das den Titel "Wichtige Dokumente der GPKR" trug und das äußerlich genauso gebunden war wie die "Worte des Vorsitzenden", das aber, neben vier ZK-Kommuniqués, ausschließlich Lin Biao-Beiträge enthielt.

Für das machtgierige Militär und seinen Verteidigungsminister schien es keine Grenzen mehr zu geben. Und doch braute sich im Rücken des Nachfolgers ein Gewitter zusammen, das beim 2. Plenum des IX. ZK (23.8.-6.91970) in Lushan losbrach, als Lin wieder einmal den inzwischen zur Routine gewordenen Doppeltrick anwandte, einerseits den "Genius" (tianzai) Maos hochleben zu lassen und gleichzeitig einen "Wunsch" zu äußern, nämlich den Posten des Staatspräsidenten für sich einzufordern, wobei er Chen Boda als Fürsprecher vorschob.

Doch diesmal hatte Lin sich verrechnet. Sein neues Ansinnen war der berühmte Tropfen, der das Faß zum Überlaufen brachte. Mao erhob sich zornig und griff zwar nicht Lin Biao selbst, wohl aber sein neues Sprachrohr, den "Genie-Theoretiker Chen Boda" an und forderte seine Absetzung.

Dies war deutlich! Lin Biao wußte nun, woran er war und stand plötzlich vor der Wahl, entweder klein beizugeben oder aber Nägel mit Köpfen zu machen und vollendete Tatsachen zu schaffen. Lin wählte damals bekanntlich die Flucht nach vorn und arbeitete im engsten Kreis seiner Vertrauten das berühmt-berüchtigte "Projekt 571" aus, das einen Sprengstoffanschlag gegen den Sonderzug Maos vorsah, mit dem der Vorsitzende im Sommer 1971 eine Besichtigungsreise durch Südchina unternehmen wollte. Die Zahlen 5-7-1 werden "wu qi yi" ausgesprochen und klingen phonetisch genauso wie "bewaffnete Erhebung", die, wie es hieß, von der "Vereinigten Flotte" gegen "B 52" geführt werden sollte, wobei mit "Vereinigter Flotte" die Putschkräfte Lins, mit "B 52" aber die Person Maos gemeint war ("B 52", weil hochfliegend und tödlich zuschlagend).

Der Plan wurde ruchbar, und Lin Biao sah sich zur Flucht mit einer Trident-Passagiermaschine gezwungen, die dann allerdings - so die offizielle Version - am 13.9.1971 aus Treibstoffmangel über der Mongolischen Volksrepublik abstürzte. (Nach einer inoffiziellen Version wurde Lin nach einer Soirée bei Mao auf dessen Befehl von einem Sonderkommando hingerichtet. In der Trident seien nur Mitarbeiter des "Nachfolgers" ums Leben gekommen.)

All diese Ereignisse waren so ungeheuerlich, daß es Monate dauerte, ehe die Führung erste Einzelheiten durchsickern ließ. Indessen ging der Lin-Biao-Kult noch wochenlang weiter, als wäre nichts geschehen. Nur wenige Beobachter schöpften Verdacht, als die traditionellen Aufmärsche am 1.Oktober kurzerhand abgesagt wurden. Selbst höchste Parteifunktionäre erhielten erst am 13.Januar 1972, also mit vier Monaten Verzögerung, eine Erklärung über den Tod Lin Biaos. Abermals dauerte es bis zum 26.Juni 1972, ehe auch die Öffentlichkeit Stück für Stück eingeweiht wurde.

Kaum war dies geschehen, begann auch bereits eine landesweite Kampagne zur "Kritik an Lin Biao und zur Verbesserung des Arbeitsstils", in deren Verlauf die erstaunte Öffentlichkeit erfuhr, daß die Verrätereien Lin Biaos sich bis zum Jahre 1927 zurückverfolgen ließen, und daß er übrigens auch bereits beim Mandschurei-Feldzug 1948/49 versagt habe. Die Absurdität der Beschuldigungen wurde nicht zuletzt darin deutlich, daß Lin zunächst als "ultrarechtes" (ji you fenzi), dann als "ultralinkes Element" (ji zuo fenzi) und schließlich als ein Individuum charakterisiert wurde, das "dem Äußeren nach links, in seinem Kern aber aber rechts" (xing zuo shi you) gewesen sei. Allein schon diese propagandistische Akrobatik ließ etwas von der legitimatorischen Aussichtslosigkeit spürbar werden, in die sich das spätmaoistische China verrannt hatte!

Gegen den ideologischen Flurschaden, den Lin Biao mit seinem "Geniekult" und mit seinen oberflächlichen Kurzversionen à la Rotem Buch angerichtet hatte, begann im Juli 1972 eine Kampagne zum gründlicheren Marxismusstudium, die zurück zu den Quellen führen sollte und die "sechs Werke sowie fünf Essays" in den Mittelpunkt stellte, nämlich von Karl Marx das "Manifest", den "Bürgerkrieg in Frankreich" und die "Kritik des Gothaer Programms", von Engels den "Anti-Dühring" und von Lenin "Staat und Revolution" sowie "Materialismus und Empiriokritizismus". Die fünf Essays stammten aus der Feder Maos, nämlich "Über die Praxis", "Über den Widerspruch", "Über die korrekte Behandlung von Widersprüchen im Volk", die "Rede auf der Nationalkonferenz der KPCh über Propagandaarbeit" und "Woher kommen die richtigen Gedanken?" Hauptsächlich Funktionäre "oberhalb der Kreis- und Regimentsebene" sollten sich diesem Studium widmen.

Mit dem Zusammenbruch der Lin-Biao-Seilschaft stürzte auch das Militär in eine tiefe Krise. Nabelschau und Verunsicherung waren die Folgen: Hatte man in den vergangenen vier Jahren wirklich alles falsch gemacht? Während das Militär seinen Griff um die Gesellschaft zu lockern begann, erhielten andere Kräfte die Möglichkeit, das Steuer zu übernehmen. Dies war die Stunde Zhou Enlais und der "Zivilisten" in Partei und Regierung.

c) *Phase 3: Neuordnung unter zivilem Vorzeichen und unter Führung Zhou Enlais*

Ursprünglich sollte der IX. Parteitag den Schlußpunkt unter die Kulturrevolution setzen. Spätere Ereignisse wie die Lin-Affäre, die Anti-Lin-Kampagne, die Renormalisierung im Zeichen der Politik Zhou Enlais und die dagegen wiederum revoltierende neue Links-Bewegung in den Jahren 1973 ff. machten jedoch deutlich, daß sich ein Jahrhundertereignis vom Format der Kulturrevolution nicht einfach wie ein Lichtschalter ausknipsen läßt. Die heutige offizielle Interpretation der Kulturrevolution als eines ("katastrophalen") Ereignisses von zehn (1966-76) und nicht etwa nur von drei Jahren ist insofern durchaus gerechtfertigt.

Die Machtergreifung der "Gemäßigten"

Auf die Lin-Biao- folgte die Zhou-Enlai-Periode. Wie im-

mer, wenn der Aristokrat Zhou das Ruder führte, ging alles
ruhig und geschmeidig vor sich. Selbst die Linken begannen
die Gefahr, die ihnen erneut drohte, erst zu ahnen, als es
schon fast zu spät war. 1972/73 war die Rekonsolidierung
überall im Gange. Dies zeigte sich vor allem am Rückgang
des Militärs zugunsten der Zivilisten in Partei- und Regie-
rungsorganen, am Wiederaufbau der Massenorganisationen,
an der Rehabilitierung zahlreicher Wissenschaftler und
Gelehrter, an der wieder stärkeren Beteiligung von Minori-
tätenvertretern in den Entscheidungsorganen, an einer un-
gewöhnlich aufgeschlossenen Behandlung der Intellektuellen, am Wiedererscheinen von traditionellen Romanen, die
Jahre hindurch verfemt gewesen waren, am Wiederaufblü-
hen der chinesischen Filmindustrie, an der Wiederzulassung
religiöser - zumeist islamischer - Feiern und an anderen
Chiffren, deren politischer Gehalt sich damals nicht immer
auf Anhieb entziffern ließ.

Selbst das politische Hauptereignis dieser Rekonsolidie-
rungsphase, die Rehabilitierung Deng Xiaopings am
10.3.1973, ging in aller Lautlosigkeit vor sich. Überall auch
nahmen Funktionäre wieder auf ihren Posten Platz, von
denen sie nur wenige Jahre vorher weggestoßen worden
waren - zumeist als Opfer Lin Biaos!

Da Zhou Enlai wegen seines der Öffentlichkeit unbe-
kannten Krebsleidens ans Krankenbett gefesselt war, blieben die Tagesgeschäfte des ZK fast ganz Deng Xiaoping
überlassen. Bei einem seiner seltenen Auftritte, nämlich
beim IV. NVK (Januar 1975), brachte Zhou zum erstenmal
auch das Thema der "Modernisierung" im Bereich der
Landwirtschaft, der Industrie, der Landesverteidigung sowie
der Wissenschaft aufs Tapet und legte damit den Grund-
stein für die späteren "Vier Modernisierungen".

Die Linken kamen während dieser Jahre nicht nur bei
der Programmatik, sondern auch bei der Neubesetzung des
Staatsapparats zu kurz. Einzig und allein Zhang Chunqiao
wurde zu einem der zwölf Stellvertretenden Ministerpräsidenten ernannt. In dieser Alibifunktion blieb er die einzige
Ausnahme von der damals überall in stummem Einverneh-
men praktizierten Regel, die Linken auf Distanz zu halten.
Der Einheitsblock gegen die Neue Linke, der sich beim

X. Parteikongreß (August 1973) stillschweigend zwischen Staatsapparat und Militär herausgebildet hatte, funktionierte offensichtlich reibungslos. Schon tauchte aus der maoistischen Ecke die Frage auf, ob hier nicht am Ende bereits wieder eine Rückkehr zum Liuismus ohne Liu Shaoqi im Gange sei.

Der Gegenangriff der Linken

Die Gegenoffensive der Kulturrevolutionäre - es war ihr vierter Großangriff nach August 1966, April 1967 und Mai 1968 - setzte mit dem X.Parteitag im August 1973 ein, der zum Aufstieg jener Machtgruppierung führte, die später als "Viererbande" verurteilt werden sollte. Diese Renaissance manifestierte sich dreifach, nämlich durch neue Parolen, neue Personalentscheidungen und neue Kampagnen.

Neue Losungen: Die Hauptparole des Jahres 1973 hieß "Gegen die herrschende Strömung schwimmen (fan zhaoliu) ist ein marxistisch-leninistisches Prinzip" - eine Reminiszenz an die 1966er-Parole "Rebellion ist gerechtfertigt". Wer freilich stand hinter der "Strömung", gegen die es hier zu kämpfen galt? Wie man die Sache auch drehte und wendete: Nie kam man um den Namen Zhou Enlai und um die von ihm verfochtene Politik herum! Immer häufiger war jetzt von einem "Rückfall in die rechte Abweichung" die Rede.

Neue Personalentscheidungen: Einige Mitglieder der späteren "Viererbande" waren bereits beim IX. Parteitag ins Politbüro gewählt worden. Beim X. Parteitag (24.-28.8. 1973) wurden diese Ernennungen bestätigt und durch Zuwahlen ergänzt. Hauptaufsteiger war diesmal der 35jährige Wang Hongwen, der frühere Textilarbeiter und Hauptagitator beim "Januarsturm" von Shanghai (1967). Er landete, gleich hinter Mao und Zhou und noch vor Marschall Zhu De, auf dem dritten Platz in der Führungsspitze. Die beiden Linksradikalen, Zhang Chunqiao und Geheimdienstchef Kang Sheng, folgten sodann auf den Plätzen 5 und 6. Jiang Qing, die Ehefrau Maos, rückte auf Platz 13 vor und Yao Wenyuan, der literarische Hauptagitator der frühen Kulturrevolution, auf Platz 21 des Politbüros. Neben diesen Fünf stiegen noch weitere "Linke" ins höchste Gremium auf, nämlich (der spätere Parteivorsitzende) Hua Guofeng, ferner Wu De, Parteichef von Beijing (in dieser Eigenschaft übrigens Nachfolger des 1966 gestürzten Peng Zhen), und darüber hinaus noch drei Musterproletarier, nämlich Chen Yonggui, der Produktionsbrigadenführer von Dazhai, die Bestarbeiterin Wu Guixian und der Modellarbeiter Ni Zhifu.

Während also die Linken erneut nach vorne preschten, ging der Anteil der VBA erheblich zurück. Hatten die Militärs im 25köpfigen Politbüro des IX. ZK noch neun Posten (= 36%) an sich ziehen können, so waren es beim gleichstarken Politbüro des X. ZK nur noch fünf (= 20%). Von den acht ausgeschalteten Mitgliedern trugen nicht weniger als sechs das Lin-Biao-Mal. Ähnliche Verschiebungen gab es im 195köpfigen ZK.

Neue Kampagnen: Der mit dem X. Parteitag einhergehende Linksrutsch löste eine Reihe von Kampagnen aus, die sich bis 1976 hinzogen und immer skurrilere Formen annahmen. Zum ideologischen Hauptinstrument der Linksrenaissance wurde die Zeitschrift *Studium und Kritik* (xuexi yu pipan), deren erste Nummer am 15.9.1973 erschien, die dann allerdings mit dem Sturz der "Viererbande" im September 1976 bereits wieder ihr Erscheinen einstellen mußte. (Die ultralinke *Rote Fahne* (Hongqi) war den Kulturrevolutionären offensichtlich zu stumpf, so daß sie nach einem schärferen Chirurgenmesser verlangten!)

Die einzelnen Kampagnen richteten sich u.a. gegen Konfuzius, Antonioni, Beethoven, Song Jiang und - erneut - gegen Deng Xiaoping, der am 7.April 1976 ein zweitesmal gestürzt wurde und gegen den schon vorher eine Kampagne zur "Bekämpfung des rechten Windes" angelaufen war.

Die Bezeichnungen all dieser Yundong mochten zwar verschieden sein, doch die Ziele glichen sich: Ob Konfuzius, Song Jiang oder Deng Xiaoping - stets richteten sich die Geschütze auf Zhou Enlai, den niemand offen anzugreifen wagte und gegen den man deshalb im Wege des - schon unter dem alten Mandarinat üblichen - "Schattenschießens" vorging. Die Kampagnen folgten seit 1973 Schlag auf Schlag und brachten eine Übererfüllung jener 1957 von Mao ausgesprochenen Forderung, daß künftig jedes Jahr oder zu-

mindest alle zwei Jahre eine Ausrichtungsbewegung durchzuführen sei.

Die Anti-Konfuzius-Kampagne, die im November 1973
begann, richtete sich nicht gegen den antiken Philosophen,
sondern gegen den Konfuzius des Jahres 1973, endete aber
in einem Doppelfehlschlag: Einerseits nämlich wußte der
gewandte Zhou Enlai die Spitze des Angriffs an sich vorbei
auf Lin Biao zu richten, so daß die Kampagne nun plötzlich
die Bezeichnung "Bewegung zur Kritik an Konfuzius und
Lin Biao" (pi Lin pi Kong) trug; andererseits wurde der
Konfuzianismus zum Gegenstand eines intensiven Studi-
ums, wie es sich nach 1919 niemand mehr hätte träumen
lassen!

Der italienische Regisseur Antonioni geriet ins Kreuz-
feuer der Kritik, weil Zhou Enlai ihm die Drehgenehmi-
gung zu einem China-Film erteilt hatte. Beethovens Musik
wurde als "bürgerliches" Machwerk verrissen, weil Zhou
Enlai als Liebhaber seiner Sinfonien bekannt war.

Am 23.August 1975 griffen die Linken das "Kapitulan-
tentum" an, wobei sie sich als Alibi der Gestalt Song Jiangs
bedienten, der als Held des vielleicht populärsten Romans
der chinesischen Literatur, nämlich der im 13. Jh. verfaßten "Räuber vom Liangshan-Moor", fast jedem Chinesen
vertraut ist. Ebenso wie bei der Konfuzius-Kampagne war
auch diesmal klar, daß nicht der mittelalterliche Song Jiang,
sondern der Song Jiang des Jahres 1975 im Visier stand.
Offensichtlich richtete sich der Angriff diesmal gegen die
Entspannungspolitik, die Zhou Enlai seit 1973 in Richtung
Moskau eingeleitet hatte.

All diese Kampagnen erregten in der Öffentlichkeit nur
noch müdes Achselzucken. Nach zehn Jahren permanenter
"Begeisterung" war der Elan abgenutzt und die breite Bevölkerung der ewigen Kampagnen überdrüssig geworden.
Dem Durchschnittsbauern oder -städter erschien es ziemlich egal, ob die einander bekämpfenden Kräfte nun "links"
oder "rechts" standen, ob sie "konfuzianisch" oder "legali-
stisch" dachten, ob Song Jiang ein "Kapitulant" war oder ob
der - ohnehin unbekannte - Beethoven "bürgerliche" Musik
schrieb.

Man hatte es sich zur zweiten Gewohnheit gemacht,

revolutionäre Rituale so wenig wie möglich und so eifrig wie nötig mitzuspielen. Die Kampfversammlungen der Jahre 1973 ff. waren zumeist langatmig und ermüdend: Sie fingen bei Pan Gu und den Drei heiligen Herrschern sowie den Fünf Kaisern an und quälten sich dann bis in die Gegenwart hinein. Bei den ins Inflationäre aufgelaufenen "Studiensitzungen" war zwar jedermann pflichtgemäß anwesend, doch kaum jemand hörte noch auf die Belehrungen. Viele Frauen brachten sich Handarbeiten mit, während die Männer in entspannter Haltung rauchten oder vor sich hindösten. Die Versammlung war zur reinen Formsache geworden. Die Leute erschienen nur aus dem einzigen Grunde, weil sie sich nicht drücken konnten. Kam es allerdings zu einer neuen Kampagne, so durfte eine Zeitlang nicht mehr gestrickt und auch nicht mehr geraucht werden; jedermann sah sich dann dazu aufgerufen, selbst ein paar Sätze zum Thema beizutragen und beispielsweise eine persönliche Kritik an Konfuzius zu liefern.

Gegen die Gefahr, daß die Kampagnen sich in "heiße Luft" auflösten, suchten die Linken neue Sicherheitsventile einzubauen. Sie sorgten beispielsweise für die Heranbildung von "Kontingenten der Arbeiter, Bauern und Soldaten für die theoretische Arbeit" (gongnongbing lilun duiwu), für die Einrichtung von "Mao-Zedong-Studienklassen" (xuexi ban) und für den Aufbau von sog. "Sonnenhöfen" (xiang yang yuan), in denen sich die Gesichter der "Sonne" (Mao!) zuwenden und die "Hof"-Bewohner ein intensiviertes gemeinsames Mao-Studium betreiben sollten. Doch die "Massen" wollten sich nicht länger zum besten halten lassen und übten passiven Widerstand, indem sie überall nur noch zum Schein mitspielten. Nicht wenige auch machten sich einen Spaß daraus, andere mit Mao-Worten zu manipulieren. Ein Gefängnisinsasse z.B., der Wasser brauchte, bat, wenn er klug war, den Zellenaufseher nicht einfach nur um Wasser, sondern zitierte zuerst den Spruch Maos "Hygiene ist lobenswert, mangelnde Hygiene ist schädlich" und fügte dann im Nebensatz die Bitte um Wasser an. Wer sich zu verteidigen hatte, fuhr immer gut, wenn er passende Mao-Zitate einfließen lassen konnte. Manchmal machte es geradezu Spaß, seinen Gegner auf diese Weise zu entwaffnen und in die Enge zu drängen. Gegen voreilige Schuldsprüche half beispielsweise der Satz "Erst die Untersuchung, dann die Schlußfolgerung; ohne Untersuchung hat man kein Recht, sich zu äußern".

Zynismus dieser Art war freilich eher die Ausnahme. Der Durchschnittschinese ging in die innere Emigration. Es war das Paradox der Kulturrevolution, daß sie, die im Namen der Selbstbefreiung des Volkes angetreten war, am Schluß nur noch Mitläufer und Ja-Sager - sog. "Chamäleons" (bian se long, wörtl.: "Farbwechseldrachen") - hervorbrachte, die nur selten Fragen stellten und alle noch so merkwürdigen Drehungen und Wendungen der Partei brav mitvollzogen. Dem "Schattenschießen" und der "esoterischen Kommunikation" innerhalb der Partei entsprachen bei der Bevölkerung die "Gäßchen-Nachrichten" (xiaodao xiaoxi), also der hinter vorgehaltener Hand verbreitete politische Klatsch, der sich ebenfalls in Symbolen, Andeutungen und Vermutungen erging und bei dem selten ein Name fiel. Wo die offiziellen Nachrichten nichts hergaben, wo die Dechiffrierungskünste versagten oder wo man ihnen einfach kein Vertrauen schenkte, begann die Mundpropaganda, die übrigens Jahrzehnte vorher von den Kommunisten selbst höchst effektiv gegen die GMD eingesetzt worden war. Die Zusammenkunft höherer Funktionäre zu ungewöhnlicher Stunde, die Absage eines wichtigen Termins, das Nichterscheinen eines Spitzenkaders an "seinem" Platz bei Veranstaltungen oder das plötzliche Auftauchen eines bis dahin nicht verwendeten Mao-Zitats - alles ließ Schlußfolgerungen zu, auf die sich jedermann seinen Reim machte und die in Blitzeseile von Mund zu Mund gingen. Eigentlich hätte die Partei allen Anlaß gehabt, in sich zu gehen: Wo nämlich der Klatsch blüht, kann es mit dem Vertrauen der Bevölkerung nicht so weit her sein!

4. Götterdämmerung und Nachfolgekampf

"Die Erde bebt, der Kaiser stirbt"
Am 28.7.1976 kam es zu einem gewaltigen Erdbeben in Tangshan (Provinz Hebei), dessen Erschütterungen sich bis

Tianjin und Beijing fortpflanzten und das 242.000 Tote und
164.000 Schwerverletzte forderte. Schon vorher hatte es
einen Meteoritenregen in der Provinz Jilin, mehrere Überschwemmungen am Yangzi und am Gelben Fluß gegeben.
Den Naturkatastrophen folgten die politischen Hiobsbot-
schaften: Am 8.1.1976 starb Zhou Enlai und am 6.7.1976
Zhu De, der Mitbegründer der VBA. Die Parallelität von
Natur- und Politkatastrophen war für einen Großteil der
Bevölkerung Bestätigung dafür, daß die alte Volksweisheit
von der Doppelbedeutung des Wortes "beng" ("Die Erde
bebt, der Kaiser stirbt") nach wie vor Gültigkeit hatte. Wie
zur Bestätigung dieser nun in ganz China umlaufenden Un-
heilsvermutungen kam dann die Meldung, daß auch Mao
Zedong am 9.9.1976 das Zeitliche gesegnet habe. Die drei
mächtigsten Politiker Chinas waren damit, wie man damals
zu sagen pflegte, innerhalb kürzester Zeit zur "Audienz bei
Marx" angetreten.

Das Ringen um die Nachfolge

Das Ringen um die Nachfolge hatte schon lange vor dem
Tod des Vorsitzenden eingesetzt, wie vor allem drei Ereignisse deutlich machten:

Da zeigten sich erstens Vorsorgemaßnahmen der Linken für den "Tag X": Sie ließen z.B. "schwarze Materialien"
über ihre potentiellen Gegner, vor allem über Deng Xiaoping, vorbereiten, wobei sie davon ausgingen, daß politische
Macht und Interpretationsmacht in China deckungsgleich
zu sein pflegen. Ferner bauten sie in verschiedenen Landesteilen, vor allem in "ihrem" Shanghai, städtische Milizen auf,
die als eine Art "zweiter Streitmacht" zur Verfügung stehen
sollten. In dem Bemühen um eine "günstige öffentliche
Meinung" ließ Jiang Qing die beiden einzigen Frauen, die je
den chinesischen Kaiserthron besetzt hatten, nämlich Kaiserin Lü (187-179 v.Chr.) und Kaiserin Wu Zitian (684-705
n.Chr.), in der Presse als Lichtgestalten herausmodellieren.
Immer häufiger erschienen in diesem Zusammenhang be-
wundernde Anspielungen auf Kaiser Liu Bang, den Gründer der Han-Dynastie, und auf seine kluge Ehefrau Lü, die
nach seinem Tode die Geschicke des Staates so behutsam
weitergeführt habe; kein Zweifel, die "Kaiserin Lü unserer

Zeit" wollte den "Liu Bang des 20.Jh.s" beerben! Auch riesige Portrait-Ikonen, mit denen die "außerordentliche
Freudennachricht" von der Nachfolge garniert werden sollte, lagerten bereits in den Magazinen - ebenso übrigens wie
ein Spielfilm mit dem Titel "Gegenangriff", in dem auf dramatische Weise dargestellt wurde, wie die Feinde des Volkes unter Führung des "Häuptlings Deng Xiaoping" beinahe
noch die Macht ergriffen hätten.

Einen zweiten Hinweis auf Nachfolgekämpfe lieferte
der "Tiananmen-Zwischenfall". Am Qingming 1976, dem
Allerseelentag der Chinesen, hatten sich vor dem "Tor des
Himmlischen Friedens" in Beijing mehrere Millionen Trau-
ernde aus dem ganzen Land versammelt, um des vor drei
Monaten verstorbenen Ministerpräsidenten zu gedenken.
Unterderhand wurde die stumme Massentrauer für "Opa
Zhou" zum Alibi für einen Protest gegen die Kulturrevolution - ein Schock für die Führung, die es gewohnt war, daß
Massendemonstrationen organisiert zu sein hatten! Hinzu
kam, daß an Bäumen, Lampen und Mauern zahllose hand-
geschriebene Zettel angebracht wurden, in denen die Verdienste Deng Xiaopings gepriesen und Kaiserin Cixi (ein
Nom de guerre für Jiang Qing!) verdammt wurde. Auch in
anderen Städten kam es zu ähnlichen Zwischenfällen.

Am 5.April ließ der Beijinger Bürgermeister, ein Anhänger Jiang Qings, den Platz mit Sicherheitskräften um-
stellen und Tausende von Demonstranten verhaften. Zwei
Tage später beschloß das Politbüro, Deng Xiaoping, wie
oben erwähnt, erneut aller Ämter zu entheben und gleichzeitig Hua Guofeng zum Ersten Stellvertretenden Vorsitzenden im ZK sowie zum Ministerpräsidenten zu ernennen.
Beide Beschlüsse erfolgten sowohl verfassungs- als auch
statutenwidrig, doch achtete zu dieser Zeit ohnehin niemand mehr auf Formalien.

Dem Tiananmen-Zwischenfall folgten Schauprozesse
und Todesurteile. Zur Frage, wieviele Menschen damals
ums Leben gekommen sind, gibt es eine merkwürdige
Schilderung, die Licht auf die gespenstische Scheinwelt
wirft, in der der todkranke Mao damals lebte. Als ihn der
pakistanische Präsident Bhutto am 27.5.1976 in seiner Resi-
denz besuchte und auf die Zahl der Opfer zu sprechen kam,

antwortete der - offensichtlich völlig unzulänglich informierte - Vorsitzende, es seien insgesamt acht gewesen. Bhutto glaubte, sein Gesprächspartner nehme ihn nicht ernst und entgegnete, daß nach seinen Informationen eine Menschenzahl in Höhe von "vier Nullen" betroffen gewesen sei. Als der Vorsitzende dies hörte, "erstarrte er", heißt es in dem Bericht; es war für ihn "ein Schock, von dem er sich nicht mehr erholte". Wie diese Episode zeigt, sickerten damals Informationen nur noch durch den Filter Jiang Qings in das Sterbezimmer. Die Macht war bereits an das "Innere Kabinett" um Jiang Qing übergegangen. Mao ahnte dies und sparte nicht mit sarkastischen Bemerkungen. Noch im letzten Moment suchte er gegenzusteuern und setzte Hua Guofeng als Nachfolger ein. Die berühmte "Ermächtigungsszene", die in den Jahren 1978/79 überall auf öffentlichen Plätzen und in den Wartesälen der Flughäfen bildlich dargestellt war, trug die Unterschrift "Hast du die Sache in der Hand, ist mir leicht ums Herz" (Ni ban shi, wo fang xin).

Ein drittes Symptom für den sich anbahnenden Nachfolgekampf war die Entstehung einer antikulturrevolutionären Front, die sich um den (damals bereits 84jährigen) Bürgerkriegsgeneral, den "einäugigen Drachen" Liu Bocheng, bildete, wobei der traditionelle chinesische Personalismus wieder einmal Triumphe feierte. Liu hatte bis 1937 die 4. Frontarmee, von 1937 bis 1948 die 129. Division (innerhalb der Achten Armee) und nach 1948 die 2. Feldarmee geführt. Zu den Hauptpersonen "seiner" Seilschaft, die die gesamte Drei-Phasen-Entwicklung mitgemacht hatten, gehörten die Befehlshaber der drei wichtigsten Militärregionen Chinas, nämlich Chen Xilian (Militärregion Beijing), Li Desheng (Militärregion Shenyang) und Xu Shiyou (Militärregion Guangzhou) sowie der Oberbefehlshaber der Marine, Su Chenhua. Die Nummer 6 im Bunde, nämlich der Amtierende Verteidigungsminister Ye Jianying, hatte ebenfalls langjährige Verbindungen zu Liu.

Nicht nur der militärische Stammbaum, sondern auch die landsmannschaftliche Zugehörigkeit stimmte bei den meisten Militärs. Chen, Li und Xu stammten beispielsweise alle aus dem Kreise Huang'an in der Provinz Hubei. Von dort kam im übrigen auch der an die Spitze des Staatsrats aufgerückte spätere Staatspräsident Li Xiannian.

Die Tradition hatte, wie solche Verbindungen zeigen, der Ideologie wieder einmal einen Streich gespielt. Hätte die Linke Quadriga gesiegt, so wäre die halbe Verwandtschaft Maos in Spitzenpositionen aufgerückt. Nun aber waren es Waffengefährten aus einer psychologisch unendlich weit zurückreichenden gemeinsamen Vergangenheit, die sich, den traditionellen "Schwurbrüdern vom Pfirsichgarten" ähnlich, an der Wiege des nachmaoistischen China zusammenfanden. Im Gegensatz zur Quadriga, deren einzige Legitimation der direkte Zugang zum kranken Mao war, verfügte der verschwörerische Militärblock im Politbüro zusammen mit Li Xiannian über ein wirklich handfestes Machtpotential. Die Militärs beherrschten, wie bereits erwähnt, die wichtigsten Wehrbereiche und vor allem die drei Schlüsselstädte Chinas, nämlich Beijing, Shanghai (zumindest die dortige Flotte) und Guangzhou. Ohne sie konnte niemand reale Macht ausüben. Hinzu kam, daß der zweimal gestürzte Deng Xiaoping ebenfalls ein Mitglied der Liu-Bocheng-Seilschaft war und in dessen Armee jahrelang als Politkommissar gedient hatte. Früher oder später würde Deng zum drittenmal an die Macht zurückkehren, da ja das Credo der neuen Herren mit demjenigen Dengs nahtlos übereinstimmte: "Nie mehr eine Kulturrevolution!"

Der Sturz der "Viererbande"

Kaum war die Nachricht vom Tode Maos in die Parteizirkel gelangt, überstürzten sich die Ereignisse. Jetzt erst, da der "Kaiser" das Zeitliche gesegnet hatte, wurde deutlich, wie sehr die politischen Überlebenschancen der Witwe und ihres Anhangs zusammengeschrumpft waren. Schon drei Wochen später fielen die Würfel mit dem Sturz der Quadriga am 6.10.1976. Damit war die Kulturrevolution endgültig beendet und der Staatsstreich der Linken von 1966 durch einen ebenfalls nicht verfassungs- und statutengemäßen - also: zweiten - Staatsstreich rückgängig gemacht worden.

Bereits einen Tag nach der Verhaftung der Hauptvertreter des Linkskurses wurde Hua Guofeng - offenbar als Kompromißfigur - offiziell zum Vorsitzenden des ZK und gleichzeitig der ZK-Militärkommission ernannt, schlüpfte also in die Schuhe Mao Zedongs, die ihm, wie sich schnell herausstellen sollte, viel zu groß waren.

Am 12.Oktober kehrte Deng Xiaoping aus seinem Exil in Guangzhou nach Beijing zurück, und in den nachfolgenden Tagen setzte eine Verhaftungswelle gegen die Anhänger Jiang Qings ein. Fotos und andere Attribute der Linken verschwanden aus der Öffentlichkeit und außerdem tauchten Bilder von den Beerdigungsfeierlichkeiten Maos auf, aus denen die Gestalten der Kulturrevolutionäre kurzerhand herausretuschiert waren. Im Dezember 1976 begann dann eine landesweite Kampagne zur "Kritik an der Viererbande" (siren bang), die sich bis Dezember 1978 hinzog und auf zwei Ebenen, nämlich in der Öffentlichkeit und innerhalb der Partei, geführt wurde. Der außenstehende Beobachter erhielt damals den Eindruck, daß es kein Übel zwischen Himmel und Erde gab, an dem die Viererbande nicht zumindest mitschuldig gewesen wäre. Hauptpunkte der Anklage waren der angebliche Widerstand der Vier (u.a. gegen Mao!), ihre "ideologische Abweichung", ihr "bourgeoiser Lebensstil", ihr Mißbrauch der Miliz, ihre Manipulation der Massenkommunikationsmittel, ihr "weißer Terror auf dem Gebiet der Literatur und Kunst", ihre Sabotage des Erziehungs- und Geburtenkontrollwesens und nicht zuletzt die von ihnen verursachte Zerrüttung der Volkswirtschaft.

Überall auch rollten jetzt die Köpfe. Zuerst in den Provinzparteikomitees, dann im Politbüro und schließlich in den Ministerien. Bis Mitte 1977 waren beispielsweise bereits 17% der Minister und 15% ihrer Stellvertreter "hinausgesäubert". Umgekehrt waren bis September 1978 insgesamt 322 der 573 gestürzten Spitzenkader reaktiviert. Wer in der Kulturrevolution Unbill erlitten hatte, wurde jetzt fast automatisch wieder auf seinen früheren Posten zurückberufen, wer sie dagegen "überlebt" hatte, mußte um seine Stellung bangen.

Die Macht kam nun also definitiv in die Hände antikulturrevolutionärer Kräfte, deren Ziel es war, das Schreckensbild der "katastrophalen zehn Jahre" so schnell wie möglich zu retuschieren.

5. Die Wirtschaft der Kulturrevolution: Besser als ihr Ruf?

Die Kulturrevolution umspannte mit ihren immerhin zehn Jahren Dauer den Zeitraum des 3. und 4. Fünfjahresplans (1966/70; 1971/75), deren Inhalt bis heute wie ein Staatsgeheimnis gehütet wird, so daß man sich fragen muß, ob es sie am Ende überhaupt gegeben hat.

Trotz schmerzlicher Rückschläge und Ausfälle, vor allem im Bereich des Energie- und Verkehrswesens, des Kohlebergbaus, der Chemie und der Zementerzeugung, kann sich die kulturrevolutionäre Bilanz - verglichen mit derjenigen des Großen Sprungs - durchaus sehen lassen, wenngleich sie gegenüber der Liu-Shaoqi-Periode gewaltig abfiel; erreichte doch der jährliche Durchschnitt des Nationaleinkommens in den Jahren 1966 bis 1970 immerhin 8,3% und von 1971 bis 1975 immerhin auch noch 5,5%. Später, d.h. also während des 5. Fünfjahresplans (1976-1980), sollten es dann 6,9% und von 1981 bis 1984 9,2% werden.

Das Hauptverdienst für die gerade noch akzeptablen Ergebnisse der kulturrevolutionären Wirtschaft kam der VBA zu, die durch scharfe Kontrollen dafür gesorgt hatte, daß Industrie- und Landwirtschaftsbetriebe vom "kulturrevolutionären Erfahrungsaustausch" weitgehend verschont blieben. Die bösen Erinnerungen an die Jahre 1958 ff. hatten hier also durchaus wohltuend nachgewirkt!

Wenn in der reformerischen Propaganda gleichwohl immer wieder von Einbrüchen die Rede ist, so sind damit vor allem drei Arten von Rückschlägen gemeint, nämlich erstens die Rezession gegenüber den außerordentlich hohen Wachstumsraten des Zeitraums 1963/65, zweitens die "Ungleichgewichte" und drittens der Einbruch beim Volkseinkommen pro Kopf.

Die erwähnten Disproportionen hatten sich nicht nur in Form einer Überbetonung der Schwerindustrie eingestellt, sondern auch in einem verzerrten Verhältnis zwischen "gesellschaftlicher Konsumtion und Akkumulation"; hatte sich der Akkumulationsanteil in der "guten Zeit" des Ersten Fünfjahresplans noch auf 25% der Gesamtausgaben beschränkt, so war er 1966 auf sage und schreibe 30,6% hochgeschossen und hatte damit eine im wahrsten Sinne des

Wortes "sprunghafte" Steigerung erlebt, die unmöglich durchzuhalten war; in der Tat fiel er auch schon ein Jahr später (1967) auf 21,3% zurück, um dann bis 1970 erneut auf 32,9% und 1971 sogar auf 34,1% hochzuschnellen. Das für die maoistische Politik so typische Hin und Her zwischen Vollgas und Vollbremsung hatte sich während der Kulturrevolution also auch auf die Wirtschaft fortgepflanzt und dort Wunden hinterlassen, an denen die Reformer noch lange herumkurieren mußten.

Außerdem hatte die maoistische Parole "Stahl und Getreide als Hauptkettenglieder" zu einer ungesunden Überbetonung der Metallurgie in der Schwerindustrie sowie des Getreides im Landwirtschaftsbereich gesorgt - eine Praxis, die um so schlimmer war, als sie im Widerspruch zur offiziellen maoistischen Simultaneitätsstrategie stand!

Was das Volkseinkommen pro Kopf anbelangt, so war es während des liuistischen "Berichtigungskurses" laufend gestiegen und hatte auch 1966 noch eine Höhe von 216 Yuan erreicht. 1967 ging es jedoch bereits auf 198 und 1968 auf 183 Yuan zurück, um dann allerdings, im Zeichen der "Beruhigung" nach dem IX. Parteitag, langsam wieder anzusteigen, und zwar von 203 Yuan (1969) auf 261 (1976). Wieviel "Dampf" allerdings in der chinesischen Volkswirtschaft steckte, wäre sie nur rationell betrieben worden, zeigt ein Vergleich mit späteren Wachstumsraten, wie sie von den Reformern realisiert wurden: 1981: 396 Yuan, 1982: 423, 1983: 464 und 1984: 548 Yuan/RMB.

Ursächlich für die Rückschläge der kulturrevolutionären Wirtschaft war am Ende freilich nicht nur die "Permanenz der Revolution", sondern auch die Gefräßigkeit des Verteidigungssektors. Hatte das Militär während des 1. Fünfjahresplans noch erträgliche 18% des Haushalts beansprucht, so stiegen die einschlägigen Ausgaben 1970 auf volkswirtschaftlich schwerverdauliche 22,4%. Es waren dies die Jahre, in denen China - ganz im Zeichen der zweiten sino-sowjetischen Eiszeit - nicht nur seine konventionelle, sondern auch seine ABC-Rüstung im Eiltempo ausbaute. Einer der Höhepunkte dieser Epoche war die erste Zündung einer Wasserstoffbombe am 17.6.1967 sowie der Start des ersten chinesischen Weltraumsatelliten am 24.4.1970.

Auf der Haben-Seite der kulturrevolutionären Wirtschaft stand der Ausbau der Großinfrastruktur, die vor allem dem Eisenbahnverkehrsnetz zugute kam. 1967 wurde die doppelstöckige Brücke über den Yangzi bei Nanjing dem Verkehr übergeben. Außerdem entstanden zahlreiche Eisenbahnstrecken, vor allem im gebirgigen Südwesten des Landes.

Auch eine Reihe von nationalen Rekorden war zu verzeichnen: Am 1.1.1969 ging die größte Zementfabrik Chinas (in Handan), am 19.9.1974 das größte Erdölfeld in Shengli (Provinz Shandong) und am 4.2.1975 das größte Wasserkraftwerk Chinas in der Liujiao-Schlucht in Betrieb (Gesamtkapazität: 1,2 Mio.kW).

Das bedeutendste wissenschaftliche Ergebnis der Epoche war die Einführung der Akupunkturanästhesie, die im Juli 1971 erstmals öffentlich vorgeführt wurde und in Kreisen der Schulmedizin sogleich weltweites - wenngleich meist höhnisches - Echo auslöste.

6. Die Außenpolitik der Kulturrevolution: Kaleidoskop der Widersprüchlichkeiten

Die Außenpolitik der Kulturrevolution fand nie zu einer Mitte; überall entfalteten sich - dem Geist der Zeit entsprechend - die Extreme:

Doppelextrem Nr.1: die Polarisierung bei den außenpolitischen Grunddoktrinen
Ein außenpolitischer Auftakt der Kulturrevolution ohnegleichen war der berühmte Essay Lin Biaos zum 40. Jahrestag des "Siegs im Widerstandskrieg gegen die japanische Aggression", der unter dem Titel "Es lebe der Sieg im Volkskrieg" erschien und den "Volkskrieg der Weltdörfer gegen die Weltstädte" predigte. Was Lin hier forderte, war bei genauerem Hinsehen nichts anderes als eine Übertragung des Erfahrungsschatzes der sinokommunistischen Bewegung auf die ganze Welt: Von Yan'an aus hatten einst die "Massen" ganz China aufgerollt; nun sollte das neue China zum Yan'an der Welt werden: Die Revolutionsbewegungen

der Dritten Welt sahen sich von den chinesischen Kulturrevolutionären aufgefordert, unter Führung der jeweiligen
KP sog. "Befreite Stützpunktgebiete auf dem Lande" zu
errichten, dort Sozialreformen durchzuziehen, eine "Volksbefreiungsarmee" aufzubauen und mit Hilfe "lange hingezogener Volkskriege" aus eigener Kraft die etablierten "feudalistischen" oder "bürgerlichen" Führungseliten ihrer Länder
hinwegzufegen. China sei bereit, revolutionären Bewegungen, die diese sechs Voraussetzungen erfüllten, Hilfe zu
gewähren.

Auf eine direkte Intervention hat China sich freilich
niemals eingelassen. Die militärischen Auseinandersetzungen mit der Sowjetunion am Ussuri (1969) oder mit (Süd-)
Vietnam beim Kampf um die Paracel-Inseln im Südchinesischen Meer (1974) wurden beide aus nationalen Erwägun-
gen (Grenzstreitigkeiten), nicht etwa aus revolutionärer
Unterstützungsabsicht heraus geführt. Andererseits hat
China gerade während der Kulturrevolution an zahlreiche
Rebellenbewegungen Waffen geliefert, so z.B. an die Palä-
stinenser oder an die angolanische FNLA, Guerilleros ausgebildet, Revolutionsliteratur exportiert, in den benachbarten asiatischen Staaten Partisanensender eingerichtet, Gesandtschaften ausländischer Befreiungsbewegungen in Beijing "akkreditiert" und zahlreiche Unterstützungserklärun-
gen abgegeben.

Während Lin Biao sich mit seinen Empfehlungen ausschließlich an die Dritte Welt wandte und sie zum Klassenkampf gegen ihre Unterdrücker, d.h. gegen die gesamte
industrialisierte Welt (die "Weltstädte"!) aufforderte, verkündete Deng Xiaoping im April 1974 eine ganz anders
geartete Botschaft: die "Drei-Welten-Theorie", die die meisten hochindustrialisierten westlichen Staaten zu potentiellen Verbündeten erklärte und klassenkämpferische Auseinandersetzungen allenfalls noch auf den Kampf gegen den
"Sozialimperialismus" beschränkt wissen wollte. Zur Dritten
Welt gehörten danach alle Entwicklungsstaaten (einschließlich Chinas selbst), zur Zweiten Welt sämtliche Industriestaaten mit potentiell antihegemonistischen Zielsetzungen,
also sowohl die Bundesrepublik als auch die DDR, Japan
als auch Kanada, und zur Ersten Welt die "Supermächte",

die durch zwei Kriterien gekennzeichnet seien, nämlich durch ein gewaltiges (objektives) Potential und durch den (subjektiven) Willen, dieses Potential gegen andere Staaten oder Bewegungen zu mißbrauchen. China solle sich mit allen bündnisfähigen Partnern zu einer "antihegemonistischen" Allianz zusammenschließen - also nicht nur (wie Lin Biao meinte) mit Ländern der Dritten, sondern nunmehr auch der Zweiten Welt!

Doppelextrem Nr.2: Politik gegenüber den USA
Die Haltung gegenüber dem "Häuptling des Imperialismus" wurde während der Kulturrevolution immer ambivalenter: Auf der einen Seite mißtraute man der westlichen Supermacht wegen ihrer Vietnam-Intervention, wegen ihrer Einkreisungspolitik gegenüber China, wegen der systematischen Unterstützung Taiwans und nicht zuletzt auch wegen ihrer unheiligen Allianz mit Moskau.

Andererseits kam die Zhou-Enlai-Führung zu der nüchternen Erkenntnis, daß sich China neben der UdSSR, die ja zwischenzeitlich zum Feind Nr.1 geworden war, nicht auch noch die andere Supermacht als Todfeind leisten konnte. Der Lin-Biao-Weg des Zusammenschlusses der Dritten Welt war seit dem Sturz Lins indiskutabel geworden, und auch die Wiederversöhnung mit der UdSSR schien "auf 10.000 Jahre hin" (Mao) undenkbar. Sollte man da nicht eine dritte Möglichkeit bedenken und mit dem Feind des Feindes, nämlich den USA, einen Ausgleich versuchen, zumal Präsident Nixon 1969 auf der Pazifikinsel Guam eine "Doktrin" verkündet hatte, derzufolge die USA die asiatischen Probleme sich künftig "asiatisieren lassen" wolle?

Diese doppelte Überlegung war es, die Beijing - nach schweren inneren Auseinandersetzungen - veranlaßte, Nixon zu einem Besuch in die Volksrepublik einzuladen: ein Vorgang, der zum außenpolitischen Hauptereignis des spätmaoistischen China wurde und seine Krönung im Shanghai-Kommuniqué vom Februar 1972 fand. Beide Mächte waren nach zwei Jahrzehnten gegenseitiger Todfeindschaft zu der Einsicht gekommen, daß ihre Interessen im asiatisch-pazifischen Raum langfristig identisch seien, und daß sie sich deshalb am besten darüber einigen sollten, dort weder selbst hegemoniale Interessen zu verfolgen, noch zu dulden, daß eine dritte Macht hegemonial auftrete. Diese Doppelbekundung war der harte Kern der später so häufig beschworenen "Antihegemonieklausel".

Außerdem verlangte Beijing von Washington, daß es seine diplomatischen Beziehungen mit Taibei abbrechen, den Verteidigungsvertrag mit der GMD-Regierung (von 1954) annullieren und seine Truppen aus Taiwan abziehen sollte. Die USA gaben diesem Drängen im Laufe der folgenden Jahre nach, ohne allerdings ganz auf die weitere Unterstützung Taibeis verzichten zu wollen - eine Politik, die immer wieder Irritationen im bilateralen Verhältnis hervorrief.

Die Wiederversöhnung erwies sich in beiden Ländern als ungemein populär und brachte für Beijing drei zusätzliche Nebengewinne: Noch vor dem Reiseantritt Nixons konnte die VR China am 25.10.1971 unter begeisterten Ovationen in die UNO einziehen und wurde - unter Verdrängung der Taiwan-Vertreter - eines der fünf Ständigen Mitglieder des UNO-Sicherheitsrats. Daneben löste die amerikanische Politik einen diplomatischen Dammbruch aus: Noch im Jahr 1972 nahmen nicht weniger als 15 Staaten offizielle Beziehungen zur Volksrepublik auf, darunter auch zwei bisherige Haupthandelspartner, nämlich Japan und die Bundesrepublik. Schließlich aber begannen noch im gleichen Jahr die ersten friedlichen Avancen Beijings gegenüber Taibei, denen die dortige Regierung jedoch die kalte Schulter zeigte.

Doppelextrem Nr.3: Verwerfungen gegenüber der Dritten Welt
Die Kulturrevolution begann mit dem großen Einstieg in die Dritte Welt und endete, ohne daß dies je formell artikuliert worden wäre, mit einem großen Ausstieg.

Aufbruchssignal war der spektakuläre Appell Lin Biaos an die "Weltdörfer" zum umfassenden antihegemonistischen Bündnis. Während China hier voller Optimismus in die Dritte Welt hineinrief, schallte es durchaus unfreundlich von dort zurück. 1965 hatte die Volksrepublik ihr bis dahin schwärzestes außenpolitisches Jahr erleben müssen: In Algerien war die von Beijing sorgfältig mitinszenierte Afro-

Asiatische Konferenz (Bandung II) wie eine Fata Morgana verschwunden, in Lateinamerika war Castro endgültig auf die sowjetische Linie eingeschwenkt, und gleichzeitig hatte Moskau mit einer in dieser Intensität bisher beispiellosen Asien-Offensive begonnen, vor allem durch Annäherung an Hanoi und durch "Taschkent", wo die UdSSR zwischen den beiden damaligen Kriegsgegnern Indien und Pakistan vermittelte. Am katastrophalsten aber fiel der antikommunistische Umsturz in Indonesien aus, der zu einem Autodafé der von China jahrelang unterstützten Kommunisten, zum Sturz eines der engsten Freunde Chinas, Sukarnos, und zu einer systematischen Verfolgung der Auslandschinesen führte. Diese Rückschläge helfen jenes xenophobische Verhalten der Rotgardisten wenigstens teilweise mitzuerklären, das vor allem 1967 hervorbrach. Wenn auch die Dauerdemonstrationen vor der Sowjetbotschaft und die Brandschatzung der britischen Botschaft am spektakulärsten wirkten, waren es am Ende doch mehrheitlich diplomatische Vertretungen der Dritten Welt, die in Mitleidenschaft gezogen wurden: Von den zwölf asiatischen Staaten, mit denen China 1967 diplomatische Beziehungen unterhielt, mußten vier, nämlich Indonesien, Indien, Birma und die Mongolische Volksrepublik, schwere Übergriffe gegen diplomatisches Personal hinnehmen. In Rangun veranstalteten lokale (auslandschinesische) Rotgardisten "revolutionäre Kundgebungen" gegen die Regierung Ne Win. Zwei weitere Länder, nämlich Nepal und Sri Lanka, kamen mit leichteren Blessuren ihrer Botschaften in Beijing davon. Auch die Beziehungen zu Nordvietnam und zu Nordkorea sowie zu Laos kühlten sich ab, nachdem die Rotgardisten die Sowjetanbindung Hanois kritisiert, den koreanischen Parteichef Kim Il Sung öffentlich verhöhnt und die laotische Neutralitätspolitik an den Pranger gestellt hatten.

Im gleichen Jahr besetzten die Rebellen das Außenministerium und betrieben nun, zum Entsetzen Zhou Enlais, "Rotgardisten-Diplomatie". Auch wurden sämtliche chinesische Botschafter, bis auf den Vertreter in Kairo, zurückberufen.

Anfang der siebziger Jahre versuchte China mit spektakulären Entwicklungshilfeleistungen zwar überall wieder

Boden gutzumachen, doch gab es schon damals Anzeichen
dafür, daß die Solidarität mit der Dritten Welt, die mit
großartigen Gebärden beschworen wurde, eher verbaler
Natur war, während sich das wirkliche Interesse Chinas
immer stärker auf die Industrieländer konzentrierte - vor
allem seit Zhou Enlai im Januar 1975 auf "Modernisierungs"-Kurs geschaltet hatte.

Die zweite sino-sowjetische Eiszeit
Seit 1958 standen die sino-sowjetischen Zeichen auf Sturm.
War Phase I der beiderseitigen Beziehungen (1949-57) noch
ganz von "brüderlicher Zusammenarbeit" erfüllt gewesen
und Phase II (1958-68) zur Inkubationszeit vielfältiger Konflikte geworden, so stand Phase III (1968/69-79) im Zeichen
der Erzfeindschaft. Unmittelbarer Anlaß für die Vereisung
des Klimas waren der sowjetische Einmarsch in Prag (1968),
die damit in Zusammenhang stehende Verkündigung der
Breschnew-Doktrin von der beschränkten Souveränität der
sozialistischen Staaten (1968), die chinesisch-sowjetischen
Gefechte am Ussuri (1969), die Aufstockung der sowjetischen Militärverbände entlang der chinesisch-sowjetisch-
mongolischen Grenze auf eine Million Mann sowie die
Verkündung des sowjetischen Plans eines "Kollektiven Si-
cherheitssystems in Asien" (1969), in dem China einen Versuch Moskaus erblickte, das durch den Abzug der USA ge-
schaffene Vakuum in der gesamten Region aufzufüllen und
China nun auch noch von Süden und Osten her einzukreisen.
    Während der Feuergefechte zwischen sowjetischen und
chinesischen Truppen um die Ussuri-Insel Chenbao (Da-
manski) (Provinz Heilongjiang) hing der Krieg an einem
seidenen Faden. Zwar gab es nur unbedeutende Verluste,
doch knisterte die Atmosphäre vor Spannung, woran die
chinesische Seite übrigens erhebliches Mitverschulden trug,
weil Lin Biao, der am Vorabend des IX.Parteitags Gesicht
gewinnen wollte, militärisch die Muskeln spielen ließ und
das Land u.a. in den Ausnahmezustand versetzt hatte.
Wenn es gleichwohl zu einer schnellen Deeskalation kam,
so war das nicht zuletzt das Verdienst des damaligen sowjetischen Ministerpräsidenten Kossygin, der, von der Beerdi-

gung Ho Chi Minhs aus Hanoi kommend, eilends den Umweg über Beijing nahm und dort mit Zhou Enlai über politische Feuerwehrmaßnahmen konferierte.

Seit "Prag" galt die UdSSR aus chinesischer Sicht als "sozialimperialistische Supermacht" mit "hegemonialen" Zielen - u.a. auch gegenüber der VR China, die sich zunehmend eingekreist fühlte, sei es nun durch die Armeen an der Nordgrenze, durch die neuen sowjetischen Seerouten im Pazifik, durch den Ausbau der sowjetischen Pazifikflotte, durch das sowjetische Indochina-Engagement im Süden und, mit zeitlicher Verschiebung, auch durch die Afghanistan-Invasion von 1979.

Die rabenschwarze Neubewertung der Sowjetunion hatte zwei dramatische Folgen:

Außenpolitisch schaltete China von seinen bisherigen "sozialistischen" Zielsetzungen auf den sog. "Antihegemonismus" (fan baquan zhuyi) um. Da Beijing die Sowjetunion von jetzt an im wahrsten Sinne des Wortes "tödlich ernst" nahm, suchte es sich seine außenpolitischen Partner nur noch nach "antisowjetischen" Kriterien aus und begann sogar die USA als potentiellen Verbündeten ins Kalkül einzubeziehen.

Innenpolitisch machte sich China Anfang der siebziger Jahre an die Aufgabe, überall in den Großstädten unterirdische Fluchtstollensysteme anzulegen. Eine der häufigsten politischen Parolen lautete jetzt: "Vorbereitung auf den Verteidigungsfall, Vorbereitung auf Naturkatastrophen, tiefe Stollen graben und überall Getreidevorräte anlegen". U.a. entstand im Zuge solcher Schachtarbeiten auch die U-Bahn von Beijing.

7. Vom Wesen der Kulturrevolution

Wie es um die Kulturrevolution in der Theorie bestellt war, wurde oben (S.254 f.) bereits dargestellt. Wie aber sah die Praxis aus - genauer: Was verfehlte sie, was erreichte sie und wie ist die GPKR nach alledem zu interpretieren? Nicht zuletzt aber: Welche Auswirkungen hatte sie auf den weiteren Geschichtsverlauf?

Defizite und Verdienste der Kulturrevolution

Aus späterer Sicht sollte es sich zeigen, daß die GPKR fast all ihre Ziele verfehlte: Nirgends entstand der Neue Mensch und auch die Neue Gesellschaft blieb auf dem Papier. Aber nicht nur die Fern-, sondern auch die Nahziele blieben unerfüllt, da beispielsweise sogar die "Liuisten", die anfangs ausgeschaltet worden waren, am Ende wieder auf ihre Positionen zurückkehrten. Auch das mittelfristige Ziel, nämlich der Kampf gegen den Bürokratismus, endete in Enttäuschung; kämpften die "Linken" doch lediglich gegen Amtsanmaßung und Privilegien ihrer Feinde, dachten aber umgekehrt keine Sekunde lang daran, auch ihre eigenen Vorrechte in Frage stellen zu lassen. Ein Musterbeispiel dafür war die Ehefrau Maos, Jiang Qing, die zwar ohne Unterlaß spartanisch-proletarische Reden im Munde führte, die "Massenlinie" predigte, den "Dienst am Volk" forderte und in der Öffentlichkeit in Stoffschuhen sowie in nachlässig geschneiderter Uniform und Ballonmütze auftrat, hinter den Kulissen jedoch ein zweites, höchst bürgerliches, ja "feudalistisches" Leben führte. Mögen Jiang Qing und die anderen "Linken", die solche Privilegien in Anspruch nahmen, auch neurotisch gespaltene Persönlichkeiten gewesen sein, so läßt ihr Verhalten doch Rückschlüsse darauf zu, welche Möglichkeiten einem Parteimitglied offenstehen, wenn es sich nicht selbst Zügel anlegt und wenn außerdem keinerlei Kontrolle durch das Volk besteht. Einkaufsgelegenheiten, Dienstleistungsstellen, Erholungsheime, Krankenhäuser, ja sogar Friedhöfe und Gefängnisse für "Prominente" werden dann zur Selbstverständlichkeit, von den tausendfachen Möglichkeiten des Amtsmißbrauchs ganz zu schweigen.

Kein Wunder, daß sich die "Massen" gleichsam spiegelbildlich dazu verhielten: Auch sie wollten ihren Teil abbekommen und gingen zu diesem Zweck immer regelmäßiger "durch die Hintertüren". Dieses "Zou houmen" wurde gerade während der Kulturrevolution zu einer Art Lebensphilosophie, von der jedermann ohne moralische Bedenken Gebrauch machte, solange er sicher sein konnte, nicht ertappt zu werden.

Veruntreuungen, Verfilzungen und Korruption - dies

waren die Folge zunehmender Kontaktverluste zwischen "Führern und Massen", über die damals niemand zu sprechen wagte. Wer trotzdem mit dem Finger darauf deutete, wurde von den Linken augenblicklich verfolgt.

Die erste im Westen bekanntgewordene Fundamentalkritik an der Korruption der Nomenklatura kam aus der Provinz Hunan und wurde von der dortigen "Proletarischen Allianz" (sheng wu lian) Anfang 1968 in Form von drei Manifesten publiziert. Die Anklage richtete sich gegen die, wie es heißt, "Neue Klasse" von "Roten Kapitalisten" und forderte eine Neubesinnung im Geiste der "Pariser Commune".

Die Hunan-Kritik breitete sich wie eine Springflut auf die benachbarten Provinzen Hubei und Guangdong aus, wurde aber als "Konterrevolution" schnell wieder zum Schweigen gebracht.

Eine andere Fundamentalkritik begann am 10.November 1974, als in Guangzhou drei Studenten, die ihre Namen zum Akronym "Li Yi Zhe" zusammengezogen hatten, eine 80.000 Schriftzeichen umfassende "Wandzeitung" anschlugen, die mit dem sog. "Lin-Biao-Syndrom" ins Gericht ging. Leider sei dieses "System" mit Lin keineswegs ins Grab gesunken, sondern existiere weiter und habe eine "Neue Bourgeoisie" hervorgebracht, die nichts mehr fürchte als die aufgewühlten Volksmassen, und die ihre Macht auf zweifache Weise mißbrauche, nämlich durch den stillen Genuß wirtschaftlicher Privilegien und durch die permanente Benutzung der "Hintertür". Die Drei verschwanden ebenfalls schnell im Gefängnis. Nichts verzeiht das Regime seinen Gegnern offensichtlich weniger als eine systemimmanente Kritik, die den Betroffenen den Spiegel vors Gesicht hält und sie mit so peinlichen Vorwürfen wie "Privilegiensystem", "Personenkult" und "Neue Bourgeoisie" konfrontiert, die außerdem fragt, wie es denn möglich sei, daß eine so durch und durch "reaktionär-verbrecherische Figur" wie Lin Biao jahrelang als offizieller Nachfolger Maos habe auftreten können, warum ferner Deng Xiaoping zweimal gestürzt, und warum Mao Zedong als "Genie" beweihräuchert werden konnte, wenn doch mit der KPCh alles - oder fast alles - in Ordnung sei.

Am Ende vernichtete die Kulturrevolution nicht die Bürokratie und das Privilegienwesen, sondern deren Kritiker.

Von "Massenlinie" konnte ohnehin schon lange nicht mehr die Rede sein. Vielmehr verwandelten sich die "Massen", die doch theoretisch zur "Selbstbefreiung" aufgerufen waren, gerade umgekehrt zu Objekten, die das "Kleine Rote Buch" schwangen, die "begeistert" die unglaublichsten Ereignisse bejubelten (z.B. die Aufdeckung jahrzehntelanger "Verbrechen" uralter Parteigrößen vom Range Liu Shaoqis, Deng Xiaopings oder Lin Biaos), und die, einmal selbst in die Zange genommen, ebenfalls zu umfänglichsten "Geständnissen" bereit waren. Die "Massen" jubelten, als Deng Xiaoping zum erstenmal gestürzt wurde, sie jubelten, als er wiederkam, sie jubelten, als er ein zweites Mal "hinausgesäubert" wurde, und sie jubelten genauso lautstark bei seiner dritten Amtseinsetzung. Sah so das autonome Subjekt namens "Volk" aus? War diese Kulturrevolution wirklich ein dem Willen des Volkes abgelauschtes Ereignis? Und wie vertrug sich der ins Absurde gesteigerte Personenkult um Mao und dessen späte Willkürherrschaft mit dem Credo, daß das Volk - und nur das Volk - Herr des Staates, der Partei und der Massenorganisationen sowie aller Institutionen unter dem Himmel sei!? Da half es auch nichts, daß die Führung sich wenigstens an den subalternen Kadern schadlos hielt und sie in sog. "Kaderschulen des 7. Mai" (wuqi ganxiao) "hinunterschickte". Die kulturrevolutionäre Führung laborierte hier nur an einem Teilschaden, machte aber keinerlei Anstalten, das Übel an der Wurzel auszureissen; hätte sie sich doch dann selbst an den Pranger stellen müssen!

Bei allem Flurschaden, den die Kulturrevolution angerichtet hat, gab es freilich auch einige positive "Errungenschaften", so z.B. die Einführung der ländlichen Gesundheitsdienste sowie der "Barfußärzte" (chijiao yisheng), die im Rahmen der Parole "Medizin auf die Dörfer" sowie der verschiedenen "Patriotischen Gesundheitskampagnen" ausgebildet wurden. Auf der Habenseite stehen auch zahlreiche "mittlere Technologien" in der Landwirtschaft und neue Schulformen für Arbeiter und Bauern.

1975 zogen die Linken Bilanz und erklärten 13 "Neue Sozialistische Dinge" (xinsheng shiwu) zu den Haupterrungenschaften des zehnjährigen Kampfes: (1) Institutionalisiertes Studium der Mao-Zedong-Ideen, (2) Revolutionskomitees, (3) revolutionäre Bühnenstücke (Jiang Qings Bühnenbeitrag hatte allerdings hauptsächlich darin bestanden, daß sie die rund 1.500 traditionellen Opern verbannte und ihre eigenen "revolutionären Musterstücke" propagierte, darunter acht moderne Beijing-Opern, die allesamt zur Apotheose auf die "Sonne" Mao Zedong gerieten), (4) "Massenkontingente von Aktivisten der marxistischen Theorie", (5) Hochschulstudium von Arbeitern, Bauern und Soldaten sowie Umgestaltung des Erziehungswesens, (6) Hinunterschicken von Jugendlichen aufs Land, (7) "Medizin auf die Dörfer", (8) Barfußärztewesen, (9) Anti-Konfuzianismus, (10) "Revolutionäre Dreierverbindungen" von älteren, mittelaltrigen und jungen Führungskadern, (11) Ausbildung von Arbeiter-, Bauern- und Soldatenkadern, (12) "Kaderschulen des 7. Mai" (so genannt nach einer einschlägigen Weisung des Vorsitzenden), (13) Modelleinheiten in der Landwirtschaft, in der Industrie, im Handel, auf kulturellem Gebiet und im Erziehungswesen.

Aus dem Blickwinkel der nachmaoistischen Führung war jedes dieser "Dreizehn Neuen Dinge" ein Schandfleck, den es möglichst schnell zu entfernen galt. Hierbei wurde das Kind mit dem Bade ausgeschüttet, insofern beispielsweise auch die Barfußärzte schon bald in Verruf kamen.

Interpretationsversuche
Von den zahllosen Hypothesen, die sich um die Kulturrevolution ranken, seien hier die zehn wichtigsten kurz herausgegriffen:

- Die KR war das "Ergebnis des unvermeidlichen Klassenkampfes zwischen zwei Klassen und zwei Linien" (so die maoistische Interpretation; sie unterstellt, daß Parteiführer vom Range Liu Shaoqis oder Deng Xiaopings Klassenfeinde waren).

- Die KR war das Ergebnis einer "Linksabweichung der gesamten Partei" (offizielle Wortregelung der Reformer). In diesem Fall wären auch die Liuisten Mitverursacher der KR!

- Die KR war das "Ergebnis der Kaisermentalität Mao Zedongs", der in einem Anfall von altersbedingtem Narzißmus eine neue Dynastie habe begründen wollen (Standpunkt vieler auslandschinesischer Presseorgane, die freilich vergessen, daß Mao bis 1970 Lin Biao als Nachfolger favorisiert und außerdem noch kurz vor seinem Tod versucht hatte, die Viererbande von der Macht fernzuhalten).

- Die KR war das "Ergebnis der Ambitionen skrupelloser Karrieristen" (diese Hypothese erklärt nur, warum die KR nicht das geworden ist, was sie ursprünglich werden sollte).

- Die KR war das "Ergebnis internationaler Ursachen" (außenpolitische Ereignisse wie das "schwarze Jahr 1965" haben die KR allenfalls intensiviert, sie jedoch nicht ausgelöst).

- Die KR war das "Ergebnis eines Rachefeldzugs Mao Zedongs gegen seine innerparteilichen Widersacher" (diese These stellt allzu einseitig auf den reinen Machtkampf ab).

- Die KR sei das "Ergebnis des Aufstands der Erniedrigten und Beleidigten" gegen die "Arbeiteraristokratie und die Gewinnler der Revolution" (dieser Ansatz liefert lediglich eine Erklärung dafür, warum diese oder jene Schicht/Klasse besonders engagiert am kulturrevolutionären Geschehen mitwirkte, nicht aber für die KR als solche).

- Die KR war das "Ergebnis einer Art Torschlußpanik des greisen Mao" (diese Hypothese übergeht den Machtkampfaspekt).

- Die KR war das "Ergebnis der Bemühungen Maos, die Jugend Chinas auf einen Neuen Langen Marsch zu schikken". Diese "Theorie der Bewährungsprobe", die sich darauf berufen kann, daß zwischen 1949 und der KR in China 280.000 Millionen Menschen geboren wurden, denen die vorangegangenen Klassen- und Bürgerkriegsauseinandersetzungen allenfalls vom Hörensagen her bekannt waren, stellt einen interessanten Nebenaspekt mitten ins Zentrum.

- Der Autor dieser Zeilen meint, daß die GPKR das "Ergebnis einer Überbetonung des 'Kampfes' auf Kosten der beiden anderen Elemente einer typischen Kulturrevolution, nämlich der konstruktiven 'Kritik', vor allem aber der 'Umwandlung' war". Es ging hier also um den Casus einer

"revolutionären Disproportionalität", um hier einen Lieb-
lingsausdruck der Reformer zu gebrauchen. Die GPKR mag
von den Maoisten zwar mit der Absicht angekurbelt worden
sein, eine klassische Überbaurevolution mit "dou-pi-gai"
(Kampf-Kritik-Umwandlungs)-Zielen durchzufechten, sie
lief aber dann, weil sie von Anfang an im Zeichen extremer
persönlicher Animositäten (1959 ff.!) stand, aus dem Ruder,
so daß der eigentliche Endzweck, nämlich die Umwandlung
verkrusteter Strukturen, nahezu in Vergessenheit geriet, ja,
daß das Privilegiensystem, der Personenkult und der Bürokratismus der Neuen Klasse nicht nur nicht angekratzt, sondern - nach einem mehrmaligen Elitenaustausch - sogar
noch verfestigt und ins Groteske gesteigert wurde: "Während der Wolf durch die Vordertür verschwand, kam der
Tiger durch die Hintertür herein". Statt in konstruktiver
Weise Zukunft zu schaffen, fand eine permanente - und
destruktiv wirkende - Begleichung vergangener Rechnungen
statt.

Angesichts der beschriebenen "Disproportionierung"
gerieten die Maoisten zunehmend in Rechtfertigungszwang,
in dessen Gefolge Worte und Taten immer weiter ausein-
anderzuklaffen begannen. Diese Diskrepanz - ein quasi-
strukturelles Merkmal der sinokommunistischen Politik -
erreichte während der Kulturrevolution einen bis dahin
einzigartigen Höhepunkt.

Die Auswirkungen der Kulturrevolution
Was nach zehn Jahren Kulturrevolution von China übrigblieb, war ein organisatorischer Friedhof, eine sektoral ver-
zerrte Wirtschaft, ein zerstückeltes Weltbild, eine elemen-
tare Verachtung von Wissen und Können, von Bildung und
Berufsethik, eine ganze "verheizte" Generation und nicht
zuletzt ein Meer von Tränen. Wie hoch die Zahl der Opfer
war, ist nach wie vor eine Art Staatsgeheimnis. Nicht nur
aus der Sicht der Betroffenen, sondern auch nach dem offiziellen Urteil der nachmaoistischen Führung waren die
zehn Jahre eine einzige "Katastrophe"!

Und doch löste die KR im dialektischen Umschlag auch
positive Wirkungen aus - und zwar sowohl für die KPCh als
auch für den Durchschnittsbürger.

Was die KPCh anbelangt, so bedeutete die KR für ihren Werdegang sowohl Peripetie als auch Katharsis: Auf einer längeren Zeitachse gesehen, war die KR nichts anderes als die äußerste Zuspitzung jener Macht- und Richtungskämpfe, die sich bereits in der vorausgegangenen Inkubationsperiode (1953-65) angebahnt hatten. Immer wieder waren klare Entscheidungen hinausgeschoben worden. Nach zehn Jahren KR war der gordische Knoten dann endlich durchschlagen und ein klarer Schlußstrich gezogen worden - allerdings nicht, wie ursprünglich beabsichtigt, unter die liuistische, sondern unter die maoistische Vergangenheit! Die Kulturrevolution hatte ihre eigenen Kinder gefressen, und die "Befreiung" konnte ein zweites Mal beginnen.

Aber auch für die große Mehrheit der Bevölkerung entstanden, nachdem sich der Staub der Machtkämpfe gesenkt hatte, klare Konturen. Die GPKR wirkte insofern als Augenöffner und als Richtungsanzeiger:

- Augenöffner: Wie kein anderes Ereignis vorher hat die KR den Blick geschärft und gleichzeitig bisherige Illusionen zerstört. Sie hat Fehler und Schwächen des Maoismus, über die man vorher noch hatte hinwegsehen können, unter ein Vergrößerungsglas gebracht. Kein Ansatz im maoistischen System, der nicht bis zum äußersten durchgespielt, keine Idee, die nicht bis zur Neige ausgeschöpft und keine Hoffnung, die nicht auch dem letzten Optimisten noch genommen worden wäre. Es war der unerbittliche Lehrmeister Praxis, der die Zeitgenossen dafür sensibilisierte, daß all jene Wege, die vielleicht in den dreißiger Jahren noch ans Ziel geführt hätten, inzwischen zu Sackgassen geworden waren. Vor allem der Klassenkampf hatte sich am Ende als Fetisch erwiesen; was hatte es doch einst noch für "Klassenfeinde" gegeben: die europäischen Kolonialherren, die japanischen Imperialisten, die Grundbesitzer auf den Dörfern und die verräterischen Kompradoren in den Städten! Doch jetzt? Den "Revisionismus" in uns? Das "Bürgertum an der Parteispitze"? Den "Feind überall"? Wer eigentlich mochte sich noch für eine solche "Feind"-Bekämpfung engagieren, zumal es allem Anschein nach eine schiere Auslegungsfrage des jeweiligen Machthabers war, wer als "Feind" zu gelten hatte!?

- Die Erfahrungen der GPKR wurden, zweitens, zum Richtungsanzeiger, der den Blick vom maoistischen Modell weglenkte und den einzelnen in einer "Nie wieder!"-Haltung bestärkte. Die Kulturrevolution hatte die Massen wachrütteln sollen - und sie tat es auch: allerdings in einem gegen ihre Väter gerichteten Sinn. Nun wußte der einzelne genau, was er *nicht* mehr wollte - oder wollen konnte. Für viele Chinesen begann die KR schon bald einen ähnlichen Stellenwert einzunehmen, wie ihn für den Durchschnittsdeutschen das Dritte Reich besetzt hält: Wie hatte es nur dahin kommen können - fragte man sich immer wieder. Nicht zufällig auch tauchten parallele Phänomene auf wie Vergangenheitsbewältigung, Berührungsscheu und das Verlangen, alles neu - und damit negativ zur Kulturrevolution - zu definieren.

Mit dieser schnell um sich greifenden Sensibilisierung aber wuchs, ähnlich wie in den beiden Nachfolgestaaten des Dritten Reichs, die Chance eines Neuanfangs. Man kann es drehen und wenden, wie man will: Ohne Kulturrevolution hätte es in China keinen (oder zumindest keinen so entschlossenen) Reformkurs gegeben, vor allem aber nicht jene Ansätze zu einer "Renormalisierung", wie sie sich in den achtziger Jahren abzuzeichnen begannen.

X.
Reformen sind die wahre Revolution! Der Wandel des Zeitgeists in der nachmaoistischen Epoche (1977 ff.)

1. Die ersten Jahre nach Mao: Aufstieg und Fall des "weisen Vorsitzenden" Hua Guofeng (1976-78)

Hua - Chinas Malenkow
Drei Kronprinzen Mao Zedongs hatte es im Laufe der Jahre gegeben, Liu Shaoqi, Lin Biao und - mit Einschränkungen - Zhou Enlai.

Am Ende hatte sich der Vorsitzende für den Außenseiter Hua Guofeng entschieden, weil er ihn für anständig, einfach und aufrecht hielt, und weil er ihn darüber hinaus auch als den Restaurator seines Geburtsorts Shaoshan (Provinz Hunan) ins Herz geschlossen hatte. Hua suchte sich soweit wie möglich seinem Vorgänger anzupassen, legte sich sogar den gleichen Haarschnitt wie Mao zu und ließ sich als "weisen Führer" titulieren, doch er hatte keine Hausmacht, kein respektgebietendes Schrifttum und keine Kalligraphie, die sich sehen lassen konnte. Er blieb ein politisches Leichtgewicht und ließ überdies keinen Fehler aus:

Obwohl eine Totalrevision der maoistischen Politik nach Katastrophen wie dem Großen Sprung und der Kulturrevolution unvermeidbar geworden war, wollte Hua nicht aus dem Schatten Maos heraustreten, sondern alles möglichst beim alten lassen. Hauptausdruck dieser Bemühungen war seine "Zwei-Alle-Politik", die darauf hinauslief, daß sämtliche Lehren des verstorbenen Vorsitzenden und alle seine noch zu Lebzeiten erteilten Weisungen weiterhin unentwegt in die Tat umgesetzt werden müßten. Auch die Mao-Zedong-Ideen erlebten unter Huas Regie eine erneute Heiligung: Bereits am 15.4.1977 erschien Band V der Ausgewählten Werke, gefolgt von weiteren Neudrucken. Auch den guten alten Personenkult wollte er nicht einschlafen lassen, sondern seine Vorteile auf die eigene Person lenken - eine unkluge Maßnahme, da er sich doch ausrechnen mußte, daß die im Pulverdampf ergrauten und im politischen Alltagsgeschäft gehärteten Parteikader älteren Schlags einem jungen Senkrechtstarter solche Kaprizen auf die Dauer nicht würden durchgehen lassen.

Ein zweiter Fehler Huas bestand in der Fehleinschätzung des Kräfteverhältnisses - ein Manko, das dem früheren Nachfolgekandidaten Lin Biao nie unterlaufen wäre. Weder in der Partei, noch in der Regierung, noch in der Armee hatte Hua eine feste Verankerung finden können. Seine einzige Legitimationsbasis war der berühmte "Sendungsauftrag" Maos und der Applaus einiger Linker. Statt sich in dieser heiklen Lage möglichst ruhig zu verhalten, wagte er es, gegen mächtige potentielle Feinde Schläge auszuteilen und forderte bei der Arbeitskonferenz vom 14.3. 1977 beispielsweise die Fortsetzung der Kritik an Deng Xiaoping.

Ein dritter Fehlgriff Huas war sein Neuaufbauprogramm, das ganz im Geiste der alten Politik des "Großen Sprungs" wieder einmal unrealisierbare Ziele aufstellte und damit erneut jenen Voluntarismus beschwor, mit dem sein Vorgänger die Volksrepublik bereits mehrere Male an den Rand des Abgrunds gebracht hatte. Drei Anläufe leistete sich Hua:

- Da war zunächst die Zweite Dazhai-Konferenz vom Dezember 1976, bei der vier Hauptziele in den Vordergrund rückten, nämlich (1) im ganzen Land "Kreise vom Dazhai-Typ" aufzubauen, (2) 1985 bereits 400 Mio.t Getreide zu ernten, (3) 12 Getreide-Hochleistungsgebiete auszubauen und (4) bis 1985 bereits 85% der "Hauptarbeitsgänge" (Pflügen, Aussaat, Ernte und Dreschen) zu mechanisieren. Unter den Konferenzteilnehmern war wohl keiner, der nicht gewußt hätte, daß diese Ziele mit den herkömmlichen Methoden - und an diesen wollte Hua ja gerade eisern festhalten - nicht zu erreichen waren.

- Auch das zweite Großereignis der Hua-Periode, die Daqing-Konferenz vom Mai 1977, erging sich in Phantastereien, auch wenn einige der zehn erarbeiteten Daqing-Kriterien nicht einmal unvernünftig klangen, so z.B. die Betonung der Qualität anstelle bloßer Tonnenideologie, die Forderung nach Reduzierung des "nicht produzierenden Personals" auf 18% in jeder Einheit, die Zulassung von Leistungslöhnen und die Festlegung genauer Verantwortungszuständigkeiten. Überschattet wurden solche Ansätze freilich durch die grotesk wirkende Forderung, die USA wirtschaftlich in einigen Dutzend Jahren zu überholen.

- Im Zeichen überzogener Ziele stand auch der "Zehnjahresplan 1976-1985", den Hua beim 1.Plenum des V. NVK (Februar 1978) verlas, und der einen neuen Großen Sprung anpeilte. U.a. seien 120 industrielle Großprojekte zu erstellen (darunter 10 Stahlwerke, 19 Buntmetall- und 8 große Kohlebergwerke, 30 Kraftwerke, 10 neue Öl- und Erdgasfelder etc.) und 60 Mio.t Stahl zu produzieren; z.Zt. des Beschlusses hatte China gerade die Hälfte geschafft, nämlich 31 Mio.t (tatsächlich wurden 1985 unter optimierten reformerischen Bedingungen lediglich 46 Mio.t erreicht!).

Mit all diesen unrealistischen Zielsetzungen, an die nach 1958 und 1966 ff. ohnehin niemand mehr glauben wollte, rannte Hua Guofeng ins eigene Verderben. Der Mann konnte einem leid tun. Selbst seine Gegner hatten am Ende Erbarmen mit ihm, indem sie ihm ein Viererbanden-Schicksal ersparten und ihn sogar auf einem ZK-Posten beließen, nachdem sie ihn politisch abgehalftert und ihm das Gesicht genommen hatten.

Das Menetekel begann mit der Rückkehr Deng Xiaopings an die Macht im Juli 1977. Deng hatte ein schweres Schicksal hinter sich: Nach seinem ersten Sturz im Dezember 1966 war er mehrere Jahre lang (1969-1973) in eine ehemalige Infanteriekaserne nahe Nanchang verbannt worden, wo er als Schlosser in einer Traktorenfabrik arbeitete, in der Freizeit Hühner züchtete und Gemüse anbaute. Erst nach dem Tode Lin Biaos konnte er, im Februar 1973, wieder nach Beijing zurückkehren. Im August 1973 erneut ins ZK gewählt, war er bereits im April 1976 wieder gestürzt worden und hatte sich unter den Schutz des Kommandeurs der Militärregion Guangzhou, Xu Shiyou, begeben können.

Kaum war Deng wieder in seine Ämter zurückgekehrt, zeigte sich auch bereits seine Handschrift: Personal seiner Wahl rückte in Partei- und Staatsgremien nach, die "Kultur-

revolution" wurde beim XI.Parteitag (12.-18.8.1977) offiziell
für beendet erklärt und der Aufbau einer starken Wirtschaft
zum Hauptanliegen deklariert. Gleichzeitig begann eine
Rehabilitierungswelle. In diesem neuen Klima war für einen
"Vorsitzenden" Hua auf die Dauer kein Platz mehr. In der
Tat verlor er bereits im September 1980 sein Ministerpräsi-
dentenamt, im Juni 1981 seine Position als Vorsitzender des
ZK sowie der ZK-Militärkommission und im September
1982 (also beim XII. Parteitag) seine Politbürostellung.

2. Deng Xiaoping und die Reformer im Aufwind

Nachdem Hua Guofeng mit seinem "Abenteurerkurs" gescheitert war, begannen die Uhren in China anders zu gehen. Schlag auf Schlag zerbrach Deng Xiaoping ein Tabu
nach dem anderen und schuf neue Tatsachen:
  Am 18.3.1978 forderte er im Rahmen der Nationalen
Wissenschaftskonferenz eine Rehabilitierung der Intellektuellen. Wissenschaft sei die wichtigste Produktivitätskraft
überhaupt: Woher kämen denn sonst die Erfolge der letzten
200 Jahre!? Wissenschaftler seien überdies keine "bürgerlichen Intellektuellen", sondern "Arbeiter", die allerdings
nicht mit den Händen, sondern mit dem Kopf zu Werke
gingen.
  Am 28.3. forderte Deng rückhaltlos die Anerkennung
des Leistungsprinzips sowie entschiedene Ablehnung des
bisherigen Egalitarismus.
  Am 5.4.1978 beschloß das ZK auf Dengs Anregung, die
sog. "Rechten Elemente" zu rehabilitieren und sie als solche
aus den Registern der Sicherheitsämter zu streichen. (Bereits Ende 1980 waren sämtliche 540.000 "Rechtsabweichler" rehabilitiert!)
  Am 22.4.1978 forderte Deng auf der Landesbildungs-
konferenz die Wiedereinführung der Leistungsschule, des
Prüfungswesens und der Vermittlung von Fachwissen. Die
Lehrer müßten wieder mit Respekt behandelt und ihre Gehälter aufgebessert werden. Im Interesse volkswirtschaftli-
cher Effizienz seien in Zukunft Fachschulen verstärkt zu
fördern. Noch wenige Wochen vorher hatte es zwei kultur-

revolutionäre Parolen gegeben: "Werktätige ohne Bildung sind uns lieber" und "Je mehr Wissen einer hat, desto reaktionärer ist er".

Am 11.5.1978 erklärte die Guangming-Zeitung die "Praxis zum einzigen Kriterium der Wahrheit". Damit hatte sich Deng Xiaopings zentrale "Philosophie" auch offiziell durchgesetzt: Nicht mehr ein noch so häufig nachgeplappertes maoistisches Dogma, sondern allein der Erfolg heilige die Mittel. Am 13.12. wurde der Leitfaden neu formuliert und lautete jetzt: "Das Denken befreien, die Wahrheit in den Tatsachen suchen und mit dem Blick nach vorn einig zusammenstehen". Die Reformer hatten damit ihr neues Credo.

All diese Entwicklungslinien kulminierten im 3. Plenum des XI. ZK, bei dem Deng sein politisches Programm endgültig durchdrücken konnte.

Der Durchbruch der Reformer beim "3. Plenum"

Das 3. Plenum des XI. ZK, das vom 18.-22.12.1978 in Beijing tagte, leitete ein neues Zeitalter ein. Vorausgegangen war eine Arbeitskonferenz, die ursprünglich nur drei Tage dauern sollte, sich dann aber zu einer Mammutveranstaltung von 34 Tagen ausgewachsen hatte.

Pflegte eine Standardrede früher mit der Formel "seit der Befreiung" (d.h. seit 1949) zu beginnen, so hieß es von nun an: "Seit dem 3. Plenum des XI. ZK". In der Tat wurde das "3. Plenum" als epochales Ereignis empfunden und von jetzt an als "Zweite Befreiung" noch über die Erste Befreiung von 1949 gestellt.

Die drei Kernbeschlüsse des Plenums lauteten, daß erstens "der Schwerpunkt der KP-Arbeit vom Klassenkampf auf die Modernisierung verlagert" werde, daß zweitens dem Personenkult der Kampf anzusagen sei, und daß drittens die Landwirtschaft vorrangig gefördert werden müsse. Außerdem seien die besorgniserregenden "Disproportionen zwischen den verschiedenen Wirtschaftssektoren" zu beseitigen und die sozialistische Demokratie sowie das sozialistische Rechtssystem ("Rechts- statt Personenherrschaft") auszubauen.

Auf eine Kurzformel gebracht lautete die neue Generallinie: Vom Klassenkampf zur Modernisierung, vom Maoismus zur "Wahrheit in den Tatsachen".

Mit diesen eher generellen Zielangaben, die in den nachfolgenden Jahren präzise Konturen erhielten, wurde das 3. Plenum zum Ausgangspunkt für die nachmaoistischen Reformen. Das neue Programm sollte genau auf das Gegenteil dessen hinauslaufen, was bis 1978 praktiziert worden war - also auf Modernisierung statt Klassenkampf, Demokratisierung statt "Ein-Mann-Herrschaft", "Regierung durch Gesetze" statt "Regierung durch Menschen"(-willkür), Leistung statt Egalität und auf Diversifizierung statt dem Festhalten an wenigen "Hauptkettengliedern" (Stahl und Getreide). Das neue Programm definierte sich kontrapunktisch zur kulturrevolutionären Praxis.

Da solche neuen Ansätze ohne einen geeigneten Kaderstamm vermutlich auf dem Papier stehenbleiben mußten, betrieben die Reformer von Anfang an eine kühne Kaderpolitik: Zwischen 1978 und 1980 wurden die ersten Provinz-Spitzenfunktionäre ausgewechselt. Im Februar 1980 hatten vier Maoisten das Politbüro zu verlassen und wurden durch zwei Vertraute Dengs, Zhao Ziyang und Hu Yaobang, ersetzt; Hu avancierte zum Generalsekretär des bei dieser Gelegenheit wiedereingeführten ZK-Sekretariats. Im selben Jahr fand ein militärisches Revirement statt, das dritte seiner Art seit 1954 und 1974, durch das sechs Oberbefehlshaber in den (damaligen) elf Militärregionen ausgewechselt wurden. Im August 1980 tagte darüber hinaus der V. NVK, der Zhao Ziyang anstelle von Hua Guofeng zum Ministerpräsidenten wählte und auch die Spitzenposten in den Ministerien durchforstete. Im Juni 1981 sowie beim XII. Parteitag 1982 hatte Hua Guofeng auch noch den Parteivorsitz sowie seinen Sessel im Politbüro zu räumen. Als offizieller Parteiführer wurde er durch Hu Yaobang, als ZK-Militärkommissionsvorsitzender durch Deng Xiaoping abgelöst. Gleichzeitig wurden die restlichen Maoisten aus den Spitzenpositionen verdrängt. Im Oktober 1983 begann dann eine Parteiausrichtungsbewegung, die sich bis 1986 hinzog.

Die drei unausgesprochenen Kriterien für all diese Säuberungsmaßnahmen waren: (1) der politische Standort am 6.Oktober 1976, (2) das Bekenntnis zum Reformpro-

gramm und (3) ein praktischer Leistungsnachweis, wie ihn
in besonders vorbildlicher Weise Zhao Ziyang erbringen
konnte, der die durch die Kulturrevolution heruntergewirt-
schaftete Provinz Sichuan mit innovativen Methoden innerhalb kürzester Zeit wieder hatte kurieren können und der
für diese Glanztat mit dem Posten des Ministerpräsidenten
belohnt wurde.

Vier Flankierungsmaßnahmen
Zur Feinabstimmung ihres Reformprogramms glaubten die
neuen Führer noch vier Flankierungsmaßnahmen durchzie-
hen zu müssen, nämlich die (bereits 1976 eingeleitete)
Große Kritik (an der Viererbande), die Große Ordnung
(sicherheitspolitische und wirtschaftliche Stabilisierungs-
maßnahmen), die Große Änderung (im Sinne der Liquidierung des kulturrevolutionären Erbes) und die Große Rehabilitierung.

Die Große Kritik an der Viererbande lief auch unter
dem neuen Regime weiter und behielt dabei ihre zumeist
grotesken Seiten: Kein Übel unter der Sonne, das der Viererbande nicht in die Schuhe geschoben worden wäre. Von
den Untaten der Vier war sogar dann lautstark die Rede,
wenn - etwa im Film - eine Flußlandschaft oder eine
Abendstimmung auftauchte. Ihren Höhepunkt erreichte die
Große Kritik mit dem Schauprozeß gegen die zehn "Haupt-
verbrecher" der Kulturrevolution, der im November 1980
begann und sich gegen die Quadriga sowie gegen sechs
Militärs aus dem engsten Anhang Lin Biaos richtete. Bei
der Urteilsverkündung am 25.1.1981 wurden Jiang Qing
sowie Zhang Chunqiao, der frühere Shanghaier Parteichef,
zum Tode verurteilt, allerdings mit Vollzugsaufschub. Die
übrigen Angeklagten kamen mit lebenslänglichen, z.T. aber
auch mit befristeten Gefängnisstrafen davon. Einige der
bereits verstorbenen Mitglieder der ZK-Kulturrevolutions-
truppe, nämlich der frühere Geheimdienstchef Kang Sheng
sowie der ehemalige Sicherheitsminister Xie Fuzhi, wurden
am 31.10.1980 per Dekret aus der Partei ausgeschlossen;
außerdem wurden ihre sterblichen Überreste aus dem
Ehrenfriedhof der Politprominenz, dem "Hügel der Acht
Kostbarkeiten" (Babaoshan), entfernt.

Auch die Große Rehabilitierung zog weite Kreise. Vom Stigma der Volksfeindschaft befreit wurden zunächst die prominenten Opfer der Kulturrevolution Peng Dehuai, Tao Zhu (früherer Chef der ZK-Propaganda-Abteilung) und Liu Shaoqi, für die offizielle Trauerfeiern stattfanden. Rehabilitiert wurden aber nicht nur prominente Tote, sondern vor allem zahllose überlebende "kleine" Opfer der vergangenen Jahrzehnte. Bereits vier Wochen nach dem "3. Plenum" fand im Januar 1979 ein Forum statt, das die Wiedergutmachung jahrzehntelangen Unrechts an drei Personenkreisen beschloß, nämlich an den Mitgliedern der "Nationalen Bourgeoisie", an den "Vier Kategorien" (fenzi), d.h. den Grundbesitzern, Reichen Bauern, Konterrevolutionären und "schlechten Elementen", die jahrelang gedemütigt worden waren, und nicht zuletzt an den "Rechtsabweichlern", von denen seit 1957 nicht weniger als zwei Millionen unter die Räder gekommen waren - eine ungeheure Verschwendung an Fachpersonal, an dem gerade jetzt, im Zeichen des Reformkurses, besonderer Mangel bestand und das man deshalb besonders schnell aus dem politischen Abseits hervorholen wollte.

Insgesamt wurden zwischen 1979 und Mitte 1987 nicht weniger als 2,4 Millionen Fehlurteile aus der Zeit zwischen 1949 und 1976 aufgehoben. Die Partei glaubte, sich einen solchen Kurs schuldig zu sein, obwohl sie befürchten mußte, daß diese Art von "Entnazifizierung" und Vergangenheitsbewältigung ihr Ansehen (als allzeit "richtig" handelnde und mit Führungsmonopol ausgestattete Organisation) noch weiter torpedieren würde. Wenn die KPCh angeblich "immer recht hat", so mußte sich die Bevölkerung spätestens jetzt fragen, warum sie die längste Zeit unzählige Fehlentscheidungen getroffen hatte.

Beijinger Frühling und neuer Rauhreif
Die Auswirkungen der Reformpolitik waren zunächst überwältigend: Tausende von ehemaligen "Revisionisten" kehrten innerhalb weniger Monate in ihre Ämter zurück, der Gesetzesapparat begann auf Hochtouren zu laufen, die Wissenschaft erhielt üppige Zuschüsse, Schriftsteller holten ihre alten Manuskripte aus der Schublade und die Religio-

nen durften ihre Gottesdienste wieder ausüben.

Auch der Meinungsfreiheit schienen nun Tür und Tor geöffnet: Die Mauern der Städte überzogen sich schon bald mit einer Milchstraße von Wandzeitungen, auf denen der Parteiapparat und das politische System zumeist kritisch hinterfragt und angeklagt wurden. Auch zahlreiche Bürgerrechtsgruppen schossen aus dem Boden, so z.B. der "Schwurbund für Bürgerrechte" (renquan tongmeng), und die "Allianz für Bürgerrechte" (renquan lianmeng), die eine Fülle von Zeitschriften publizierten wie Qimeng (Aufklärung), Beijing zhi chun (Beijinger Frühling) oder Tansuo (Nachspüren).

Wandzeitungen wurden mit Vorliebe an der Beijinger "Mauer der Demokratie" am Xidan-Markt nahe dem Kaiserpalast angeschlagen. Die "Bürgerrechtler" nahmen selten ein Blatt vor den Mund und verfaßten flammende Anklagen gegen Parteikarrieristen, verlangten die Einhaltung der Menschenrechte, riefen nach einem echten Sozialismus und forderten die Entmaoisierung.

Auf diesen Frühlingssturm reagierte der Parteiapparat zunächst erfreut, dann betroffen und schließlich, als die Liberalisierung außer Kontrolle zu geraten drohte, mit Repressionsmaßnahmen.

Wie schon nach der Hundert-Blumen-Kampagne von 1957 begann auch diesmal ein neuer Restriktionskurs, der allerdings von der Härte der damaligen Maßnahmen weit entfernt war: Die Partei hob den Art.45 der Verfassung von 1978 auf, in dem das Recht zu "Großen Wandzeitungen" und zu "Großen Versammlungen" ausgesprochen war, sie verkündete am 30.März 1979 die "Vier Grundprinzipien", die das Festhalten an der KP-Führung, am Sozialismus, an der Diktatur des Proletariats und an den Mao-Zedong-Ideen auch für die Zukunft festschrieben, und sie begann erneut den großen Knüppel gegen Literaten und Filmregisseure zu schwingen, die sich, wie im Falle des viel diskutierten Spielfilms "Bittere Liebe", zu weit mit ihrer Kritik an der Partei vorgewagt hatten. Schließlich wurden sechs der prominentesten Bürgerrechtler verhaftet und zu teilweise jahrelangen Gefängnisstrafen verurteilt, so z.B. der Herausgeber von Tansuo, Wei Jingsheng.

Auch die mit besten Vorsätzen angetretenen Reformer hatten also die Nagelprobe der Auseinandersetzung mit den schwierigen Intellektuellen nicht bestanden und ebenfalls zu Gewaltmaßnahmen gegen die Dissidenten greifen müssen, wobei die verschwommenen Kriterien der "Vier Grundprinzipien" den Maßstab für die Grenze zwischen zulässiger Kritik und "Bürgerlicher Liberalisierung" abgeben sollten. Mit ihrem Verhalten folgten die Reformer spontan den Postulaten des überkommenen chinesischen Wertesystems: Auch in der konfuzianischen Gesellschaft hatte es ja immer nur *eine* Lehre von Staat und Gesellschaft gegeben; es wäre ja noch schöner, wenn jedermann von der Straße eine Gegenideologie einbrächte! Seit 2000 Jahren findet Opposition, sieht man einmal von den großen Bauernaufständen ab, in China immer nur intraelitär statt. Außerdem hatten die von der neuen Kritikwelle überraschten Reformer offensichtlich - und nicht ganz zu Unrecht - das Gefühl, sie seien die falschen Adressaten der überall laut werdenden Regimevorwürfe.

Im August 1980 erging ein Politbürobeschluß über den Kampf gegen "bürgerliche Ideen", dem im Dezember desselben Jahres eine Resolution über die Schaffung einer "Sozialistischen geistigen Zivilisation" folgte. Im November 1983 schließlich verkündete die Partei, wie auf S. 350 f. noch näher auszuführen, den Kampf gegen "Geistige Verschmutzung".

Wenn die Blüten des Beijinger Frühlings auch schon bald wieder unter einem Eispanzer verschwanden, trugen sie längerfristig doch Früchte - man denke an die spätere Neubewertung Mao Zedongs, an die Demokratisierungsdiskussion, an den schnellen Erlaß von Gesetzen, die für mehr Rechtssicherheit und Berechenbarkeit der Staats- und Parteiorgane sorgen sollten, sowie vor allem an die Exkommunikation zahlreicher Spitzenpolitiker, die auf den Wogen der Kulturrevolution hochgetragen worden waren und die, zumindest Anfang 1979, noch fest im Sattel zu sitzen schienen.

Die Maoisten gehen, die Reformgegner kommen:
Der XII. Parteitag
Das maoistische Zeitalter war durch den Tod des Vorsit-

zenden 1976 keineswegs beendet worden, sondern erlebte
seine Götterdämmerung erst beim XII. Parteitag, der im
September 1982 in Beijing stattfand.

Hauptergebnis dieser Mammutveranstaltung, an der
1.600 Delegierte die inzwischen auf 39 Millionen Mitglieder
angewachsene KPCh vertraten, war die Niederlage der
maoistischen Restfraktion, gleichzeitig aber auch die Her-
aufkunft einer breiten Front von Gegnern des Dengschen
Reformkurses. Sechs Vertreter des maoistischen Entwick-
lungskonzepts, an ihrer Spitze Hua Guofeng, wurden nicht
mehr ins Politbüro gewählt, während acht der neun neuer-
nannten Politbüromitglieder eindeutig zur antimaoistischen
Koalition gehörten. Auch das ZK erhielt ein reformadäqua-
tes Profil, nachdem die (fachkompetenten) Regierungska-
der mit nicht weniger als 53 Mitgliedern (= 26%) sich hatten durchsetzen können.

Die Bedeutung des Parteitags wurde auch durch den
Erlaß eines neuen Parteistatuts unterstrichen - es war das
11. Grundgesetz der Partei seit 1921, das ganz gewiß nicht
zufällig an die vom VIII. Parteitag (1956) verabschiedete
Satzung anknüpfte. Mit dem Filigran ihrer 50 Artikel sollte
sie zu mehr Rechtssicherheit und zur Beschneidung der
Personenherrschaft beitragen.

Zwar gingen die Maoisten, doch kamen andererseits die
Reformgegner. Die alten Zwistigkeiten, wie sie bis vor we-
nigen Monaten noch zwischen Antikulturrevolutionären
und Linken bestanden hatten, machten nun einer neuen
Front zwischen Reformern und Reformgegnern Platz. Die
Gegner orientierten sich an einem modifizierten Wertmo-
dell, bei dem Schwerindustrie, imperative Planung, striktere
Zentralisierung, Zurückhaltung in der Außenwirtschaft und
Zensur im kulturellen Bereich den Ton angaben.

Die Reformer konterten, indem sie einen triumphalen
Landwirtschaftsbericht, vor allem aber einen grandiosen
Plan vorlegten, der den neuen Gegnern mißfallen mußte,
weil er vollen Wind in die Segel des Reformschiffs bedeutete - nämlich das Projekt einer Vervierfachung des Brutto-
produktionswerts zwischen 1980 und 2000. In diesen 20 Jahren sollte nicht nur der BPW von 710 Mrd. Yuan (1980) auf
2.800 Mrd. ansteigen, sondern auch eine Vervierfachung der

Energieproduktion, der Transportkapazitäten und aller
jener Bereiche erfolgen, die damals zu den Engpaßsektoren
gehörten (weitere Einzelheiten zur Perspektivplanung
unten S. 320 ff.).

Auch wenn der Reformzug beim XII. Parteitag etwas
heruntergebremst worden war, vermochte er in den nachfolgenden Monaten doch wieder volle Fahrt aufzunehmen.
Vor allem beim XIII. Parteitag (Oktober 1987) konnten die
Reformkräfte einen noch tieferen Einbruch in die Spitzengremien erzielen. Aus dem Politbüro schieden nicht weniger
als 11 von insgesamt 22 Mitgliedern aus, die durch sieben
Neulinge aus dem Anhang Deng Xiaopings ersetzt wurden.
Dies war eine der umfangreichsten personellen Veränderungen, die es bis dahin je an der Spitze der KPCh gegeben
hatte. In diesem neuen Gremium war übrigens die einst so
mächtige VBA mit sage und schreibe nur noch einem einzigen Vertreter, nämlich dem Kommandeur der Militärregion Beijing, vertreten!

3. Das Reformwerk der nachmaoistischen Führung

a) Die Krux der Reformer
Reformen (gaige) waren in der chinesischen Geschichte
immer schon ein heikles Thema, weil sie von den ausgetre-
tenen Pfaden wegführten und daher jenem konservativen
Denken des Mandarinats widersprachen, das darauf erpicht
war, Vorgänge in Staat, Gesellschaft und Wirtschaft soweit
wie möglich nach altehrwürdigem Schema zu ritualisieren,
ja zu petrifizieren: Perfektionierung überkommener Erfahrungen war das Ziel, nicht Neuerung!

Kein Wunder, daß viele Innovatoren daher lieber gleich
einen Gang mehr zulegten und der Revolution (geming)
den Vorzug gaben, um auf diese Weise Tabula rasa zu
machen und jene "weiße Fläche" zurückzugewinnen, auf die
man, wie Mao Zedong es ausdrückte, "die schönsten
Schriftzeichen tuschen kann". So war es 1911, und so wiederholte es sich 1949.

Ein Streifzug durch die chinesische Geschichte zeigt,
daß bisher noch sämtliche Reformansätze von Shang Yang

(4. Jh. v.Chr.), Wang Mang (3. Jh. v.Chr.), Yang Yan (8. Jh.) und Wang Anshi (11. Jh.) bis hin zu Kang Youwei (spätes 19. Jh.) gescheitert sind. Die Erfahrungen der bisherigen Geschichte wirkten also wenig ermutigend für potentielle Reformer.

Gleichwohl glaubte die Seilschaft um Deng Xiaoping, die sich 1978 erneut auf den steinigen Reformweg machte, keineswegs pessimistisch sein zu müssen: Erstens nämlich wirkte das japanische Modell, das ja aus einer ähnlichen sozioökonomischen Umgebung heraus entstanden war, höchst ermutigend. Zweitens waren die Reformen in der Vergangenheit fast stets an einer zu kurzen ökonomischen Decke gescheitert. Ein wirtschaftlicher Durchbruch würde also, so konnte der Deng-Anhang hoffen, die Reformchancen durchaus erhöhen. Drittens aber entsprachen die neuen Reformvorstellungen den Renormalisierungs-Hoffnungen des Durchschnittschinesen. Das chinesische Volk hatte in der Zwischenzeit eine große und interessante Epoche aus eigener Anschauung kennengelernt und begann, sich wieder nach weniger aufregenden Zeiten zu sehnen, wie es sie etwa während des bisher "langweiligsten" Zeitabschnitts, 1953/57, schätzen gelernt hatte. Der Fetisch Klassenkampf und das ewige Wachrütteln sollte ein für allemal der Vergangenheit angehören! Zwar war der heiße Atem des großen Revolutionärs Mao noch zu spüren, doch verwandelten sich die bisher stets politisch aufgebauschten Probleme jetzt wieder in Sachfragen, die mit kühler Rationalität angegangen wurden. Während nicht wenige europäische "Gelehrte" von China mit der Bemerkung Abschied nahmen, Spießertum könnten sie auch vor der eigenen Haustür finden, dazu bräuchten sie sich nicht mit China zu beschäftigen, wandte sich der Durchschnittschinese mit Lust der natürlichsten Sache der Welt, nämlich dem Wohlstands-Erwerb, zu: Endlich durfte man wieder guten Gewissens Gewinne einstreichen und all die begehrten Dinge anschaffen, von denen man jahrelang nicht einmal zu träumen gewagt hatte - ein zweistöckiges Bauernhaus, ein Fahrrad der Marke "Fliegende Taube" oder "Phönix", eine "Große Mauer"-Uhr oder gar einen Kühlschrank. Wer sich einen Lkw zulegte, bekam nunmehr sogar von der Volkszeitung Lob zu hören, und wer sich modisch kleidete, erhielt - man traute seinen Ohren kaum - auch noch ermutigenden Zuspruch.

Vorbei waren die zermürbenden Kampagnen und Studienkurse, das gespenstische Schattenschießen und der ewige Zwang, in die innere Emigration zu gehen. Vergessen schienen aber auch die großen Themen Emanzipation, direkte Demokratie, permanente Revolution, Neuer Mensch und Neue Gesellschaft, mit denen jedermann in den vergangenen Jahren bis zum Sättigungspunkt gefüttert worden war.

Viertens konnte die Deng Xiaoping-Führung ihre Gegner getrost fragen, welche Alternativen zum Reformkurs denn *sie* eigentlich anzubieten hätten. Eine Politik des Neo-Maoismus konnten sie doch wohl nicht ernsthaft in Betracht ziehen!? Neben den Kulturrevolutionären verfügte nur noch eine zweite Gruppe über ein geschlossenes Alternativprogramm zum Deng-Kurs. Ihr gehörten mehrere Spitzenfunktionäre an, die eine Zeitlang als "Erdöl-Fraktion" firmierten, weil sie sich hauptsächlich aus Führungskadern des Energie- und des Industriebereichs rekrutierten. Aus ihren Reihen stammten hauptsächlich auch jene oben erwähnten Reformgegner, die zum erstenmal beim XII.Parteitag ihre Stimme erhoben. Deng Xiaoping, der sich diesen Widerstand nicht gefallen lassen wollte, nahm die erstbeste Gelegenheit, nämlich den Untergang einer Ölbohrinsel im Bo-Meer 1981 zum Anlaß, um Spitzenfunktionäre dieser Gruppe, u.a. den Erdölminister, "auszugraben".

Nach Ausschaltung der beiden ernsthaftesten Machtkonkurrenten, die zu einem geschlossenen Gegenprogramm fähig gewesen wären, gab es keine kompakte Opposition mehr, sondern nur noch Grüppchen, die lediglich partikuläre Interessen verfolgten: Dengs industrielles Dezentralisierungsprogramm beispielsweise stieß auf den Unmut der zentralen Planungsbürokratie, seine "Verrechtlichungspolitik" widersprach den Vorstellungen des an unbekümmertes Durchgreifen gewöhnten Sicherheitsapparats, seine Politik der individuellen Bauernhaushalte stellte die Existenzberechtigung der Dorfbürokratie aufs Spiel, seine Kaderpensionierungspolitik setzte Revolutionshelden gegen ihren Willen aufs Altenteil, seine neue ideologische Linie ließ den alten Propagandaapparat unglaubhaft werden, und seine Wehretatkürzungen erzürnten die Militärs.

Alle diese sechs Funktionsgruppen (Planungs-, Sicherheits-, Dorf-, "Lange Marsch"-, Propaganda- und Militärbürokratien) litten daran, daß sie kein kohärentes Alternativprogramm zu Dengs klarem Aufbaukurs auf den Tisch legen konnten. Sie nörgelten an den neuen Richtlinien herum, die ihnen von den Reformern fast täglich beschert wurden, brachten ab und zu ein paar Einwände aus dem "Alten Testament" vor, zogen dann aber, nachdem sie ein paar Zugeständnisse ausgehandelt hatten, wieder mit in der Reformkarawane. Solange der Reformkurs wirtschaftlich erfolgreich sein würde, konnte Deng von der Ratlosigkeit seiner Gegner leben. Anders als der klassenkämpferische Mao blieb Deng konsensfähig und schob auch jeder Verengung der Fronten auf "zwei Lager und zwei Linien" einen Riegel vor. Der Zwang zum Dauerkompromiß verlieh seiner Politik freilich auch etwas Schillerndes und Unstetes, aber eine Alternative zum Reformkurs war außer Sicht!

b) A und O aller Reformbemühungen: Die Wirtschaft
Die Frage "Was ist das Kriterium für die Überprüfung der Wahrheit?" pflegte seit Dezember 1978 mit dem Credo "Die Entwicklung der Produktivkräfte" beantwortet zu werden. Die altmaoistischen Vorstellungen von der alles-verändernden Macht des Willens, der Produktionsverhältnisse oder gar des Überbaus hatten ausgedient. Lokomotive des Fortschritts sollte von jetzt an eine gesunde Wirtschaft sein.

Phase 1 des Reformprozesses: Die Pionier- und Simulationsrolle der Landwirtschaft
Fünf Jahre lang, d.h. von 1979 bis 1984, war die reformerische Wirtschaftspolitik (fast ausschließlich) Landwirtschaftsinnovation. Die Gründe hierfür lagen auf der Hand:

Erstens einmal gab es hier keine innerbürokratischen Widerstände zu brechen, wie bei der Industrie, hinter der bekanntlich übermächtige Ministerien mit gewachsenen Interessen standen. Zweitens waren die Dörfer nach wie vor Schwungräder der Wirtschaftsentwicklung. 1981 lieferten sie 100% der Nahrungsmittel, 70% der leichtindustriellen

Rohstoffe und 25% des gesamten Exportwerts; sie stellten darüber hinaus 70% der Arbeitsplätze und waren Hauptabnehmer der Industrieprodukte. Eine erfolgreiche Landwirtschaft diente dem unmittelbaren Wohl von nicht weniger als 800 Millionen Landbewohnern, mit deren Hilfe die Kommunisten 1949 an die Macht gekommen waren, bei denen sich inzwischen aber längst Ernüchterung, Zynismus und passiver Widerstand in Form von Leistungsverweigerung eingestellt hatte; war doch die Landwirtschaft jahrelang als Melkkuh für den Aufbau der Schwerindustrie mißbraucht worden.

Drittens waren auf den Dörfern bedenkliche Engpässe entstanden: Während sich z.B. die Bevölkerung in den zwanzig Jahren zwischen 1957 und 1977 um gleich 300 Millionen Menschen vermehrt hatte, war die Ackerfläche im selben Zeitraum gegenläufig um 100 Mio. chin. Morgen (Mu; 15 Mu = 1 ha) geschrumpft, weil Städte und Industrieanlagen sich gierig in die Landwirtschaft hatten hineinfressen können. Als Folge dieser Scheren-Entwicklung bekamen 1977 nach offenem Eingeständnis der Regierung 100 Millionen Menschen nicht genug zu essen. Viertens aber hatte es gerade auf dem Dorf in den vorangegangenen 29 Jahren allzu viele "linke Fehler" gegeben, angefangen vom "blinden Kommandismus" der immer eigenmächtiger gewordenen Dorfbürokratie über leistungsfeindlichen Egalitarismus bis hin zu Parolen wie "Je größer, desto sozialistischer"; "Je mehr der Volkskommune gehört, desto besser", oder aber "Getreide als Hauptkettenglied".

Seit Anfang 1979 übernahm die Landwirtschaft die reformerische Pionierrolle. Die neue Führung riß breite Schneisen durch das Gestrüpp eingefahrener Gewohnheiten und unüberwindlich scheinender Vorurteile. Dieses Vorgehen erwies sich als höchst erfolgreich; denn überall entlang der freigeräumten Wege brachen wahre Springfluten von neuen Praktiken und Regelungen hervor, die nun auch anderen Sektoren zugute kamen.

Der erste Durchbruch erfolgte in Form zweier ZK-Grundsatzdekrete, die am 11.1.1979 ergingen. In dem ZK-"Beschluß über einige Fragen der beschleunigten Landwirtschaftsentwicklung" waren "25 Maßnahmen" aufgeschlüsselt, die den Bauern auf der Stelle einleuchteten. Ganz im Vordergrund stand die Erhöhung der Ankaufpreise für bäuerliche Produkte bei gleichzeitiger Senkung der Industriepreise für Landmaschinen, Kunstdünger, Insektizide und Pestizide. Daneben wurde die Landwirtschaft zur Diversifizierung aufgerufen: Neben dem bisher überbetonten Getreideanbau sollten künftig auch Viehzucht, Forstwirtschaft, Fischerei und "landwirtschaftliches Nebengewerbe" zum Zuge kommen. Drittens aber wurde ein "Verantwortungssystem" (zeren xitong) eingeführt, das, wie sich schon bald herausstellte, zum reformerischen Columbus-Ei wurde, und das an die Tradition der liuistischen "Drei Garantien und eine Belohnung" aus den sechziger Jahren anknüpfte. Darüber hinaus sollte das Leistungsprinzip gefördert, die Kulturfläche ausgeweitet, die alte Privatparzelle neu zugeteilt, der Dorfhandel belebt, die Mechanisierung gefördert und die Produktion exportfähiger Waren durch den Staat unterstützt werden.

Das zweite Dokument enthielt "Regeln über die Arbeit der ländlichen Volkskommunen" und wurde unter der Bezeichnung "Neue 60 Punkte" bekannt: Künftig sollten umfangreiche Kredite an die Landwirtschaft vergeben und die "Acht Punkte" (Bodenverbesserung, Düngemitteleinsatz, Bewässerung, Saatgutveredelung, Mechanisierung, Schutz durch Insektizide und Herbizide, technische Innovationen und Kampf gegen Naturkatastrophen) in die Praxis umgesetzt werden. Außerdem sollte mit Hilfe gewaltiger Pump- und Kanalisationsprojekte "südliches Wasser nach Norden" (nanshui beidiao) geschafft und damit die dortige Trockenheit bekämpft werden.

Beide Dokumente ließen die Bauern zwar aufhorchen, doch gab es ja immer noch die Volkskommune und das Dazhai-Modell, die solchen Neuerungen im Wege standen. Dies sollte sich freilich schon bald ändern: 1981 wurde das Dazhai-Modell demontiert, und zwar in einer an Zynismus kaum noch zu übertreffenden Art und Weise, wobei vor allem die Stichworte "Fälschung" und "Ultralinks" auftauchten - eine Ohrfeige für Mao Zedong und Hua Guofeng! Dazhai sei bei genauerem Hinsehen niemals autark gewesen; seine Führung habe den Bauern Chinas jahrelang Sand in die Augen gestreut, mit falschen Zahlen operiert und im übrigen heimlich staatliche Subventionen bezogen. Dazhai sei außerdem untypisch für die chinesische Landwirtschaft: Es praktiziere nur zwei statt der üblichen drei Ebenen, es gestatte ferner keine Privatparzellen, es tabuisiere lokale Märkte und verzichte auf Mechanisierung.

1982 erfolgte der zweite Streich gegen die maoistische Landwirtschaft, indem nämlich die Volkskommune abgehalftert wurde. Zwar existierte die Kommune weiter, aber nur noch als eine Art "ländlicher GmbH" oder aber "Holding", d.h. als Eigentümerin größerer Fabriken oder Bewässerungsanlagen - und hatte damit einen ähnlichen Stellenwert wie ein Agro-Industrie-Kombinat oder aber ein Agro-Viehzucht-Zusammenschluß. Sämtliche früheren Administrativbefugnisse waren wieder auf die neu belebte Gemeinde(xiang)-Regierung zurückübertragen worden.

Zum Dreh- und Angelpunkt der neuen Landwirtschaftspolitik wurde das "vertragsgebundene Verantwortlichkeitssystem auf der Basis des Einzelhaushalts", das in sage und schreibe 4 Jahren, d.h. bis Ende 1983, bei sämtlichen Produktionsmannschaften eingeführt worden war. Anstelle der bisherigen Subordination, die darin bestanden hatte, daß der einzelne Bauer den Anweisungen des PM-Führers zu gehorchen hatte, war nunmehr also die Koordination getreten, nämlich die vertragliche Fixierung konkreter Rechte und Pflichten zwischen PM einerseits und Gruppe (zu), Einzelhaushalt (hu) oder gar Einzelperson (geren) andererseits. Die Beziehungen wurden hierbei so festgelegt, daß jede Seite genau wußte, woran sie war. Hier ein Beispiel:

§ 1: Die PM übergibt dem Haushalt A die Parzellen X, Y, Z sowie folgende ... Geräte und Zugtiere.

§ 2: Der Haushalt A verpflichtet sich dafür, am Ende der Erntesaison ... soundsoviele Tonnen Getreide (Art, Qualität), ... kg Schweinefleisch, ... Stck. Hühnereier etc. an die PM (oder an die Absatzgenossenschaft) zu verkaufen, wofür folgende Preise ... gezahlt werden.

§ 3: Die Produkte sind am ... (Datum) in ... (Ablieferungsort) mit ... (Transportmittel) abzuliefern.

§ 4: Produkte, die über die Pflichtablieferungsquote hinaus erzeugt werden, dürfen vom Haushalt A entweder selbst verbraucht oder aber auf dem Markt veräußert werden.

§ 5: Haushalt A erhält für Produktionszwecke ... kg Düngemittel, Insektizide und Herbizide zu staatlichen Vorzugspreisen.

§ 6: Haushalt A verpflichtet sich zur Ein-Kind-Politik.

§ 7: Sollte Haushalt A die oben eingegangenen Pflichten nicht erfüllen, so hat er die Grundstücke innerhalb ... Wochen an die PM zurückzugeben, und darüber hinaus ... Vertragsstrafe zu zahlen.

§ 8: Sollte umgekehrt die PM ihren Verpflichtungen nicht nachkommen, so werden die Ablieferungspflichten des Haushalts A entweder aufgehoben oder in folgender Weise reduziert ... usw.

Das Eigentum an Grund und Boden verblieb zwar nach wie vor bei der PM. Da die Überlassungsfristen sich freilich seit 1985 auf über 15 Jahre ausgedehnt hatten, erlangten die Begünstigten (also Privatpersonen!) eine fast schon eigentümerähnliche Stellung.

Das Verantwortlichkeitssystem machte, wie es in der Propaganda häufig hieß, die Bauern "glücklich". So rapide wuchs die Landwirtschaftsproduktion, daß sie, die doch 1971 erstmals von der Industrieerzeugung überrundet worden war, nunmehr (1982), ihrerseits wieder die Industrie hinter sich ließ und bis 1984 diesen Vorsprung sogar noch ausbaute. (1984 lag der Gesamtanteil der Landwirtschaftsproduktion am Nationaleinkommen bei 44,3%, der der Industrie dagegen nur bei 40,5%.) Die Bauern hatten begriffen, daß sich Leistung wieder lohnte. Ein Ruck war durch die Dörfer gegangen, und überall hatten sich Leistungsexplosionen ereignet, die den Reformern um Deng Xiaoping "großes Gesicht" gaben. Aufschlußreich für die Erfolgskurve ist ein Vergleich der Zuwächse des 6. Fünfjahresplans (1981/85) gegenüber den vorausgegangenen 25 Jahren (1953/78): Das Pro-Kopf-Realeinkommen des Bauernhaushalts war im Vergleich um + 13,7%, das eines Stadtbewohners dagegen nur um 6,9% angestiegen. Ferner hatte der Anteil der Landwirtschaft am Gesamtnationaleinkommen zugenommen, und zwar um durchschnittlich 7%. Versiebenfacht hatten sich die bäuerlichen Sparguthaben, und auch das Konsumgüterniveau war gestiegen.

Trotz dieser Erfolge hoben linke Kritiker warnend den Zeigefinger: Die so beängstigend schnell sich ausbreitende Ellenbogenwirtschaft führe zur Polarisierung und habe einerseits "Zehntausend-Yuan-Bauern" hervorgebracht, andererseits aber auch schon wieder neue Armut aufkommen lassen. Ferner wirtschafteten die einzelnen Haushalte nur noch in die eigene Tasche, interessierten sich aber kaum noch für Infrastruktur und gemeinsame Katastrophenvorsorge. Zudem werde das Eigentum an Grund und Boden klammheimlich privatisiert; nicht zuletzt aber werde die seit 1979 eingeführte Familienplanungspolitik ("1 Familie = 1 Kind") dadurch untergraben, daß es sich angesichts des "Verantwortlichkeitssystems" wieder lohne, mehr Kinder (= mehr Arbeitskräfte) zu haben.

Phase 2 des Reformprozesses: Der Transfer des Dorfmodells auf die Städte
Nachdem sich die reformerische Dorfpolitik als veritables Wirtschaftswunder erwiesen hatte, und nachdem innerhalb der landwirtschaftlichen Bannmeile Lösungsansätze für die Industrie vielversprechend durchsimuliert worden waren, begannen die Zauderer und Bremser im ZK ihren Widerstand aufzugeben und sich damit einverstanden zu erklären, daß die von den Bauern gewonnenen Erfahrungen auf die städtische Industrie übertragen werden sollten. Angeordnet wurde dieser "Transfer" durch eine der berühmtesten ZK-Resolutionen nach 1978, nämlich den Zehn-Punkte-Beschluß vom 20.10.1984, der vom 3. Plenum (wiederum einem 3. Plenum!) des XII. ZK verabschiedet wurde, und der den Schwerpunkt der Wirtschaftspolitik auf den städtischen Sektor verlegte.

Schlagwortartig lassen sich die zehn Punkte folgendermaßen wiedergeben: (1) Das Dorf ist Reformvorbild für die Städte; (2) mehr Markt, weniger Staat; (3) Betriebsautonomie bei der Planung, der Produktion, der Rohstoffbeschaffung, der Preisgestaltung, der Personalpolitik sowie bei den Finanzen; (4) Geplante Marktwirtschaft ohne Kapitalismus: Imperativpläne sollten künftig auf ein Minimum reduziert und durch rahmenhafte Indikativpläne ersetzt werden, die dem Einzelbetrieb ein Maximum an Entscheidungsfreiheit lassen; (5) wirtschaftliche statt politischer Preise. Bisher hatten noch allemal die einzelnen Industrieministerien mit ihren manchmal über tausend nachgeordneten Betrieben das Preisgeschehen diktiert und den Bauern, die ja über keine durchsetzungsfähige Verbandsvertretung verfügten, stets das Nachsehen gelassen - mit der Folge, daß die Preise für Industrieprodukte hoch, diejenigen für Landwirtschaftserzeugnisse aber lächerlich niedrig geblieben waren; (6) Management statt Bürokratismus; (7) Leistungsprinzip statt Gleichmacherei: Einige Regionen, einige Betriebe und einige Individuen sollten, wie es expressis verbis hieß, "zuerst reich werden" (!) und dann die übrigen nachziehen; (8) Vielseitigkeit der Eigentumsgestaltung: Neben den staatlichen und den kollektiven Betrieben sollten in Zukunft auch dem Privatunternehmen angemessene Existenz- und Wettbewerbsmöglichkeiten offenstehen. Maßgebend sei am Ende nicht die Eigentumsform um ihrer selbst als vielmehr um ihrer wirtschaftlichen Effizienz willen. Notfalls müßten staatliche und kollektive Betriebe sogar an Privat verpachtet werden dürfen. Zu fördern seien vor allem Joint Ventures zwischen privaten, kollektiven und staatlichen Betrieben; (9) beschleunigte Ausbildung von Fachpersonal und (10) Durchsetzung dieses gesamten Reformwerks unter Mithilfe der KPCh. Leninistisch interpretiert besagte dieser letztere Punkt nicht mehr und nicht weniger, als daß die Partei doch bitte selbst ihr eigenes Grab mitschaufeln möge, konfuzianisch ausgelegt bedeutete er dagegen lediglich, daß die Partei leuchtendes Vorbild beim Vollzug des neuen Kurses sein sollte.

Vor allem auf neun Wirtschafts- und Sozialbereiche wirkte sich dieser "Zehn-Punkte-Beschluß" aus, nämlich auf die Betriebs-, Netzwerk-, Preis-, Handels-, Arbeits-, Finanz-, Steuer-, Banken- und Planungsreform. Die Betriebsreform sollte zur Loslösung des einzelnen Unternehmens vom mütterlichen Ministerium, die Netzwerkreform zur Koordination der selbständig gewordenen Betriebe in Form von Joint Ventures, Kombinaten oder überregionalen Verbindungen führen. Was die Preise und den Handel anbelangt, so sollte sich die Bürokratie hier möglichst schnell aus dem Staub machen und das Feld dem Marktgeschehen und dem Einzelunternehmer überlassen. Ein Marktpreis freilich konnte sich nur dann herausentwickeln, wenn der Nachfrage auch ein ausreichendes Güterangebot gegenüberstand - eine Bedingung, die 1984 nur bei wenigen Warengruppen, so z.B. bei Getreide und bei Schweinefleisch, erfüllt war. Die Freigabe jeder anderen Güterkategorie würde, wie leicht vorauszusehen war, zu inflationären Tendenzen führen. Bei der Handelsreform ging es vor allem darum, die lästigen Bezugscheine und Lebensmittelkarten sowie die "Zollkontrollen" entlang der Provinzgrenzen und die permanenten behördlichen Eingriffe in Alltagsgeschäfte abzuschaffen. Die Arbeitsreform sollte Axt an das System der verbeamteten Arbeiterschaft legen. Statt der bisherigen behördlichen Zuweisung von Arbeitskräften sollten die Betriebe freie Hand bei der Auswahl ihrer Angestellten und Arbeiter haben und notfalls auch das Kündigungsrecht ausüben dürfen. Die Finanzreform hatte sicherzustellen, daß Betriebe ihren Geldbedarf künftig nicht mehr durch Subventionen, sondern durch Kredite abdeckten, und daß sie außerdem einen Teil der von ihnen erworbenen Devisen einbehalten durften. Die Steuerreform zielte hauptsächlich darauf ab, die bisherige Gewinnablieferung durch Steuerzahlung zu ersetzen: Bis 1983 hatten staatliche Industrie- und Handelsbetriebe sämtliche Gewinne an den Fiskus abführen müssen, der sie dann wieder zurück an die Betriebe verteilte, wobei häufig mit der Gießkanne gearbeitet wurde. Ineffiziente Unternehmen lebten hier also auf Kosten von Hochleistungsbetrieben: "Alle aßen aus einem großen Topf" (chi da guofan). Die Bankenreform führte hauptsächlich zu einer Trennung zwischen Zentral- und Geschäftsbankfunktionen. 1983 übernahm die Chinesische Volksbank die Aufgaben einer Zentralbank mit gesamtwirtschaftlichen Steuerungsfunktionen. Gleichzeitig entstanden daneben reine Geldinstitute, nämlich eine Industrie- und Handels-, eine Landwirtschafts-, eine Außenwirtschafts-, eine Investitions-, eine Verkehrs- und eine Aufbaubank. Die Planungsreform schließlich sollte die häufig allzu engmaschigen "imperativen" Pläne durch großzügig formulierte ("indikative") Rahmenpläne ablösen - weg von der stalinistischen Planungstechnik und hin zur "Planification" nach gaullistischem Muster.

Hatten zur Zeit Mao Zedongs noch die Größe einer Einheit ("Je größer, desto sozialistischer") und der Grad der Organisiertheit als Fortschrittlichkeitskriterien gegolten, so stellten die Reformer jetzt die Effizienz in den Mittelpunkt. Unter diesem neuen Aspekt konnte der Lkw eines Privatunternehmens dem Aufbau des Sozialismus in der Tat manchmal dienlicher sein als ein Kollektiv-Lkw. Die Eigentumsfrage war von nun an also nicht mehr eine Frage des Prinzips, sondern der wirtschaftlichen Tauglichkeit!

"Privatbetriebe" (siying qiye) und "individuelle Wirtschaft" (geti jingji) galten nun nicht mehr als Ausdruck des Kapitalismus, sondern als notwendige Ergänzung (biyao buchong) der Staats- und Kollektivwirtschaft. Dementsprechend wurde mit Staatsratbestimmung vom 7.7.1981 der Einzelbetrieb wieder zugelassen - und damit im wahrsten Sinne des Wortes eine Goldader angestoßen: Gab es doch schon fünf Jahre später wieder 12 Mio. Privatbetriebe, die 11,8% des gesamten Einzelhandelsvolumens umsetzten und vor allem im Bereich des Handels, der Gastronomie und des Transportwesens wohltuende Wirkung zeigten.

Doch die Kritik wollte trotz der Wachstumserfolge nicht verstummen. Dengs Widersacher wiesen mit spitzem Finger vor allem auf die seit 1982 um sich greifenden "Pacht-, Trust- und Aktiensysteme" hin, die den Privatisierungsschub zur Lawine werden ließen.

1982 pachtete zum erstenmal ein Privatmann Teile eines staatlichen Fabrikbetriebs und konnte, wie die Behörden mit Erstaunen feststellten, schon nach kurzer Zeit schwarze Zahlen schreiben!

Fast zur gleichen Zeit begannen Experimente mit staatlich-privaten und kollektiv-privaten Mischbetrieben, in denen sich die Privatunternehmer über Nacht als die agileren Elemente durchzusetzen wußten.

All diese Neuerungen freilich wurden bei weitem in den Schatten gestellt durch die Praxis des Verkaufs von Aktien und Schuldverschreibungen. Werde, so lautete die rhetorische Frage einiger Reformgegner, durch die Veräußerung von staatsbetrieblichen Anteilscheinen an Privatpersonen das Volkseigentum nicht stillschweigend ausgehöhlt?

Auch andere neue Praktiken wie der zwischenbetriebliche Wettbewerb, die öffentliche Ausschreibung (statt der bislang üblichen Projektvergabe durch die übergeordneten Behörden), die Werbung, das Anzeigewesen und vor allem der Betriebskonkurs lösten Nasenrümpfen aus. Die Reformer freilich schlugen alle Warnungen in den Wind und wiesen auf die Effizienz des Eigentumspluralismus hin. Die Wahrheit offenbare sich eben nicht in einem Dogma, sondern in der Produktivität. Außerdem steckten sie optimistische neue Fernziele - zuerst 1981 und dann 1985. Drei Modernisierungsphasen wurden mit dem Silberstift an den Horizont gezeichnet: (1) Bis zum Jahr 2000 sollte sich der kumulierte Bruttoproduktionswert von Landwirtschaft und Industrie gegenüber 1980 vervierfacht haben; (2) bis zum Jahre 2021, also bis zum 100. Gründungstag der KPCh, sollte China das Entwicklungsniveau einer Mittelmacht erreicht haben und dann (3) bis zum Jahre 2049, dem 100. Jubiläum der Volksrepublik, zu den reichsten und mächtigsten Staaten der Welt gehören.

c) *Phase 3 des Reformprozesses: Politische Reformen*

Mit ihrer Innovationspolitik konzentrierte sich die Deng Xiaoping-Führung anfangs zwar ausschließlich auf den Wirtschaftsbereich, doch mußte sie schon bald zur Kenntnis nehmen, daß ohne Erneuerung der Politik an Haupt und Gliedern wirtschaftliche Durchbruchsversuche bereits im Unterholz hängenblieben. Hatten doch die eingesessenen Wirtschaftsbürokraten eine Fülle von Möglichkeiten, um jede einzelbetriebliche oder gar private Initiative abzublocken. So verweigerten beispielsweise einzelne Behörden unter den oft absurdesten Vorwänden die Lizenzierung eines Unternehmens, belegten es mit einer Milchstraße von immer neuen Gebühren und Sondersteuern oder ließen sogar, wie es bisweilen geschah, Betriebseinrichtungen der unliebsamen privaten Konkurrenz kurzerhand in Trümmer schlagen.

Bei der Suche nach den Wurzeln des Machtmißbrauchs stießen die Reformer auf Strukturen wie patriarchalisches Denken und Handeln, Bürokratismus, Privilegienwesen und

Personenkult, also auf Phänomene, die z.T. noch von feudalistischen Spinnweben überzogen waren. Die Quersumme
ergab den Befund einer sog. "übermäßigen Machtkonzentration". Mit drei Therapien suchte die reformerische Führung diesem Übel seit 1980 zu Leibe zu rücken, nämlich mit
Demokratisierung, Gewaltenneuverteilung und "Vergesetzlichung". Ein systematisches Vorgehen setzte hier freilich
erst mit dem XIII. Parteitag von 1987 ein.

Demokratisierung
Als Hauptmedizin gegen das Übel der Macht-Überkonzen-
tration galt von Anfang an die "Demokratisierung" (min-
zhuhua). Mao hatte das Übel der Entfremdung zwischen
Kadern und Massen noch dadurch zu lösen versucht, daß er
die Funktionäre zu körperlicher Arbeit "hinunterschickte".
Nur die wenigsten Betroffenen hatten sich dadurch freilich,
wie nachträglich deutlich wurde, wirklich geändert, sondern
das "Fanshen" (Körperumdrehen) nur simuliert.
    Die Reformer mußten sich unter diesen Umständen
andere Methoden einfallen lassen und entschieden sich
schon 1980 für sechs Haupttherapien, nämlich (1) die Stärkung der Volkskongresse durch Direktwahl und erweiterte
Befugnisse, (2) striktere Trennung von Partei- und Verwaltungsorganen, (3) Dezentralisierung von Entscheidungsbe-
fugnissen durch Verlagerung von Gestaltungszuständigkei-
ten auf die lokalen Ebenen, (4) Ausweitung der Betriebsautonomie, (5) Reform des Kadersystems durch Erlaß eines
neuen Dienstrechts (Wahl, Absetzung, Überprüfung, Pen-
sionierung etc.) und (6) weiteren Ausbau des sozialistischen
Rechtssystems. Der XIII. Parteitag (Oktober 1987) fügte
diesem Katalog noch einen siebten Punkt hinzu, nämlich
die "Institutionalisierung der Konsultation und des Dialogs
in der Gesellschaft" - ein Ausdruck, mit dem erweiterte
Mitbestimmung gemeint war.
    Kernstück dieses Reformplans war die Trennung zwi-
schen Partei und Verwaltung/Management. Die Tauglichkeit eines in einer Fabrik angesiedelten Parteiausschusses
sei, wie Deng Xiaoping 1978 betonte, danach zu beurteilen,
inwieweit es ihm gelinge, dem Unternehmen optimale Ausgangsbedingungen für betriebliche Hochleistungen zu ver-

schaffen. Dem Parteiausschuß wurde hier bezeichnenderweise eher eine "Igelrolle" nach außen als nach innen zugewiesen.

Fast genauso bedeutsam wie das Trennungspostulat war
die Forderung nach Dezentralisierung, d.h. nach Stärkung
der unteren Ebenen. Noch unter Mao hatte das "Je zentraler, desto sozialistischer" gegolten - ein Grundsatz, der zwei
Konsequenzen nach sich zog: Auf der einen Seite wurden
alle einigermaßen wichtigen Entscheidungen möglichst nach
oben verlagert; auf der anderen Seite sollte versucht werden, den traditionellen Dualismus zwischen Danwei- und
Transdanweibereich soweit wie möglich aufzuheben, also
eines der Grundmerkmale des politischen Systems zu
sprengen. "Danwei" heißt "Grundeinheit". Der einzelne ist
in erster Linie nicht Individuum, sondern Danwei-Mitglied,
sei es nun eines Dorfes, eines Fabrikbetriebs, einer Werkhalle, eines Wohnviertels oder einer Universitätsfakultät.
Die Durchschnittsdanwei neigt zur Autonomie. Sie ist Ge-
burtsort, Schule, Arbeitgeber und - von wenigen Ausnahmen abgesehen - auch lebenslanger Aufenthaltsort. Es besteht die Tendenz, Produktions- und Konsumtionssphäre
möglichst deckungsgleich zu gestalten, d.h. dort sowohl zu
arbeiten als auch die Freizeit zu verbringen. Es gibt in
China im allgemeinen nicht Demokratie, sondern nur
Danwei-Demokratie, nicht Sozialpolitik, sondern Danwei-
Sozialpolitik und nicht Sozialismus, sondern Danwei-Sozia-
lismus.

Den Revolutionären um Mao war die Danwei-Autono-
mie von jeher ein Ärgernis, da sie der Tendenz zum sozialistischen Großeigentum im Wege stand. Durch die Einführung von Volkskommunen, vor allem aber durch die Ein-
pflanzung von Parteizellen in jede Einheit suchten die Maoisten das traditionelle Zwiegespräch zwischen Gesamtstaat
und Danwei soweit wie möglich zum Verstummen zu bringen, ohne daß dies allerdings je ganz gelungen wäre. Dieser
danwei-feindliche Kurs sollte schließlich sogar zu einem der
Hauptgründe für das Scheitern der maoistischen Volks-
kommunepolitik werden!

Durch die Neubegründung der Betriebsautonomie
haben die Reformer einen Zustand hergestellt, der vom

Durchschnittschinesen wieder als "normal" empfunden wird.

Zu einer dritten wichtigen Demokratisierungsmaßnahme wurde - neben der Trennungsoption und der Dezentralisierung - die Reform des Kadersystems. "Kader entscheiden alles". Dieser Grundsatz hatte dreißig Jahre lang gegolten. Leider erwies sich der überalterte und von fachlich überforderten Funktionären besetzte Apparat seit Beginn des Reformkurses als veritable Erfolgsverhinderungsmaschinerie. Überall stießen die Reformer auf Schmarotzertum, Bürokratismus und bestürzenden Amtsmißbrauch. Kein Wunder, daß der "Kampf gegen die Korruption" schon gleich zu Beginn der achtziger Jahre zum Herzstück der politischen Reformen wurde. Prozesse - und Todesurteile - gegen korrupte Funktionäre erregten allgemeine Aufmerksamkeit und waren populär.

Der Wille zur umfassenden Demokratisierung war in den achtziger Jahren allgegenwärtig. Beim Wort genommen funktionierte die Demokratie freilich nicht immer so reibungslos wie in der Theorie. Dies wurde vor allem im Zusammenhang mit den Studentendemonstrationen für mehr Demokratie (Ende 1986) sowie mit den Erhebungen in Tibet (Ende 1987 und Anfang 1988) deutlich. Darüber hinaus tauchte aber auch noch eine allgemeinere Fragestellung auf: Wenn es nämlich zutrifft, daß Toleranz gegenüber dem Andersdenkenden und Konfliktfähigkeit zu den Haupttugenden eines "Demokraten" gehören, so gab die überlieferte politische Kultur Chinas hierfür wenig her. Jahrzehntelang hatte man in der Volksrepublik Feindbilder statt Toleranz gepflegt, das "Zwei Linien"-Denken (s. S. 223 ff.) dem Kompromiß vorgezogen und das Entweder-Oder auf Kosten des Sowohl-Als auch betont.

Versuche zu einer neuen Gewaltenteilung
Kaum eine andere Bürokratie auf der Welt ist so verschachtelt und mit krebsartigen "Loyalitätssystemen" verfilzt wie die chinesische.

Dem daraus resultierenden Mangel an Transparenz und Sachbezogenheit sollte nach Meinung der Reformer langfristig durch eine "Systemreform" (tizhi gaige) und durch "Verwaltungsvereinfachung" (jingjian) abgeholfen werden, wobei das Personal zu reduzieren, ein neues Dienstrecht auszuarbeiten und eine strikte Aufgabentrennung zwischen Regierungs- und Parteiorganen zu bewerkstelligen wäre.

Soweit also das Unterholz der Bürokratie; wie aber sollte man mit den Spitzen verfahren? Auf Anregung des Generalsekretariats arbeitete das "Politische Forschungsamt" beim ZK 1981/82 Vorschläge für eine neue Machtverteilung aus, die altüberkommene und bis auf Lenin zurückgehende KP-Organisationsprinzipien in Frage stellten. So sollte beispielsweise das Politbüro abgeschafft, seine Entscheidungsmacht auf einen Ständigen Ausschuß des ZK übertragen und die laufende Arbeit von dem (fast ausschließlich mit Reformern besetzten) ZK-Sekretariat erledigt werden. Daneben sollten drei Gremien zueinander in Balance stehen, nämlich das ZK-Plenum, die ZK-Kontrollkommission und die (hauptsächlich von Senioren besetzte) ZK-Beraterkommission. Ziel dieser Reorganisationsmaßnahmen war es letztlich, das Politbüro, das inzwischen zur festen Burg der Reformgegner geworden war, auf dem Umweg über eine "Systemreform" auszuhebeln. Dieser Plan scheiterte allerdings, weil die gewitzten Altrevolutionäre den Braten rochen und sich gemeinsam gegen die Änderungswünsche stemmten. Gleichwohl verstanden es die Reformer, zwei von ihren Anhängern beherrschte Gremien, nämlich das ZK-Sekretariat sowie das "Innere Kabinett" des Staatsrats, zu Entscheidungsknoten aufzuschürzen und dadurch das reformfeindliche Politbüro zu neutralisieren.

Auch im Staatsrat strebten die Reformer um Deng und Hu Yaobang eine Neuverteilung der Gewichte an. U.a. schlugen sie 1981 vor, ein Zwei-Kammer-System zu schaffen, nämlich eine "Territorialkammer" (mit ca. 300 Vertretern) und eine "Gesellschaftskammer" (mit Repräsentanten der verschiedenen Berufe, sozialen Schichten etc.). Obwohl auch dieses Projekt auf dem Papier stehenblieb, wurden durch die Verfassung von 1982 doch einige neue der "Gewaltenteilung" dienende Organe eingeführt und zusätzlich alte Gremien aus dem Dornröschenschlaf geholt, so daß es am Ende gleich sieben Staatsorgane gab. Nicht nur die Zahl der staatlichen Institutionen nahm indes zu, sondern auch ihre Vitalität, wie der immer lebhaftere Tagungsrhythmus des Ständigen Ausschusses des NVK, des Staatsrats und der örtlichen Organe bewies, die vorher jahrelang kaum noch Lebenszeichen von sich gegeben hatten.

Alles in allem aber waren die Reformer realistisch genug, die Herausbildung einer wirklich effizienten Gewaltenteilung nicht in Jahren, sondern auf Jahrzehnte hinaus anzustreben.

"Vergesetzlichung" als drittes Mittel gegen die Überkonzentration von Macht

1980 äußerte Deng Xiaoping die Überzeugung, daß Machtmißbrauch und Verstiegenheiten, wie sie bei Stalin - und ebenso bei Mao Zedong! - gang und gäbe waren, in westlichen Ländern wie Großbritannien, Frankreich oder den USA nicht hätten geschehen können.

In der Tat war seit 1958 die Klassenkampf-Funktion des Rechts stets überbetont worden. Gleichheit vor dem Gesetz galt nicht für jedermann, sondern nur für Angehörige des "Volkes", während die "Feinde des Volkes" als rechtlose Objekte behandelt zu werden pflegten. Es gab keine abstrakte, sondern nur eine, wie es beschönigend hieß, konkrete Gerechtigkeit - mit der Folge, daß am Ende eigentlich niemand mehr so recht wußte, was nun legal und was illegal war. China geriet in Gefahr, zu einem Willkürstaat zu werden; kein Wunder, daß die Forderung, Personenherrschaft durch Gesetzesherrschaft zu ersetzen, mit zu den Hauptparolen der Reformer gehörte.

Ganz in diesem Sinne gab die neue Führung im Juli 1979 den Startschuß für eine Renaissance der Gesetzgebung. Wahre Fontänen schossen jetzt aus dem bisher so unfruchtbaren Boden. Dreißig Jahre lang hatte die Volksrepublik ohne Strafgesetz, ohne Strafprozeßordnung, ohne Zivilgesetzbuch und ohne formelle Wirtschaftsgesetze auskommen müssen. Zivilrechtsprechung hatte im allgemeinen in Form von Schlichtung stattgefunden, Straftaten waren je nach dem "Zorn" oder aber der "Milde" der "Massen" abgeurteilt worden. Es hatte kein Nulla poena sine lege, keine Möglichkeit zur Einlegung von Rechtsmitteln, keine wirkliche Waffengleichheit zwischen Staatsanwaltschaft und Angeklagten, kein In dubio pro reo, keine Verfassungsgerichtsbarkeit, keine offizielle Kommentierung und nicht einmal einen Juristenstand gegeben.

Doch nun sollte alles ganz anders werden - und dies möglichst in wenigen Monaten. Kein Wunder, daß der Kaderapparat, der die neue Gesetzesflut auch nicht annähernd verkraften konnte, den Entwicklungen achselzuckend gegenüberstand und sich um so stärker an zwei bewährte Einrichtungen klammerte: Entweder wartete der Funktionär auf eine "Weisung von oben" oder aber er berief beim geringsten Zweifel eine "Versammlung" ein (kaihui). In das Gesetz schaue ein Ganbu, wie es vorwurfsvoll hieß, immer erst dann hinein, wenn etwas schiefgelaufen sei.

Die wichtigsten nach 1979 erlassenen Bestimmungen lagen im straf-, organisations- und wirtschaftspolitischen Bereich. Bereits 1979 ergingen ein Strafgesetz und eine Strafprozeßordnung - höchst moderne Vorschriften, die nach deutschem Modell geformt und systematisch ausgearbeitet waren. Schon 1981 und 1983 folgten allerdings Gesetzesnovellierungen, die "schwere Wirtschaftsverbrechen" mit Todesstrafe bedrohten und die sich systematisch dem vorhandenen Gesetzestext nicht einpassen ließen - ein Musterfall für "kampagnenhaftes" Vorgehen, wie es nach all den vorangegangenen Abschwörungsbekundungen der Reformer eigentlich längst der Vergangenheit hätte angehören müssen! Wieder einmal war das Gesetz von der Politik überrollt worden!

Neben einer Reihe von Organisationsregelungen (z.B. über Wahlen sowie über den Aufbau der Volkskongresse, des Staatsrats und die Stellung der Minderheiten) folgten noch ein neues Ehegesetz, ein Erbgesetz, ein Zivilgesetz, eine Zivilprozeßordnung, ein Wehrdienstgesetz und ein Patentgesetz - alles noch vor Mitte der achtziger Jahre! Die Hauptmasse der Neuregelungen aber galt dem Wirtschaftsbereich, in dem kein Stein auf dem anderen blieb. 1982 wurde die nachkulturrevolutionäre Verfassung verabschiedet - die vierte ihrer Art seit 1954, 1975 und 1978; der Text lehnte sich weitgehend an das Grundgesetz von 1954 an, also an Regelungen aus einer Epoche, die im Rückblick den milden Schimmer goldener Jahre angenommen hatte.

Theoretisch standen all diese Neuregelungen auf hohem Niveau, doch gab es bei ihrer praktischen Umsetzung Schwierigkeiten. Um sie zu beseitigen, bedienten sich die Reformer vor allem zweier Maßnahmen, nämlich der "Popularisierung" (Einschaltung von Funk, Fernsehen und Presse in die Rechtsaufklärung) und der "Professionalisierung" (beschleunigte Ausbildung von Fachjuristen). Darüber hinaus wurde das schon 1958 geschlagene juristische "Institutionenloch" wieder aufgefüllt. Schon 1979 beispielsweise erhob sich das genau zwanzig Jahre vorher aufgelöste Justizministerium wieder wie ein Phoenix aus der Asche. Neubelebt wurden auch die Volksgerichte und Staatsanwaltschaften, die nach dem Schema "Vier Ebenen, fünf Prozeßetappen, zwei Instanzen" arbeiteten. Auch die Rechtsanwaltschaften wurden wieder zugelassen - und zwar als Institutionen des Staates!

Ungewöhnlichen Zuspruch erfuhren in den nachfolgenden Jahren die Zivilgerichte bei Eigentumsstreitigkeiten (um Boden, Naturschätze, Bauplätze und Erbschaften) sowie bei Ehescheidungen. Umgekehrt ging die Zahl der Strafrechtsfälle, die nach dem Ende der Kulturrevolution zugenommen hatte, Mitte der achtziger Jahre wieder zurück. Die Gerichte hatten es nun hauptsächlich mit Fällen von Diebstahl, Betrug, Schmuggel, mit dem Verkauf pornographischer Videobänder, Mord, Vergewaltigung sowie mit Bandenmitgliedschaft - in dieser Reihenfolge! - zu tun.

Aus westlicher Sicht war das neugeschaffene Justizsystem alles andere als perfekt. Von wirklicher Unabhängigkeit der Gerichte konnte auch jetzt nicht die Rede sein. Auch die "Gleichheit vor dem Gesetz" fand nicht statt - die Sonderbehandlung der Mao-Gattin Jiang Qing sprach hier Bände! Gerne auch umgingen Behörden und Gerichte die mit juristischen Fußangeln ausgestatteten Prozeßordnungen und rekurrierten statt dessen auf einfache administrative Lösungen. Statt einen Delinquenten auf dem Justizweg zu verfolgen, steckten sie ihn lieber per Verwaltungsakt in eine Anstalt "zur Erziehung durch Arbeit" (laojiao), als stünden sie unter dem Wiederholungszwang einer dreißigjährigen Praxis.

Am Ende ging es bei der Gesetzesmodernisierung offen-

sichtlich weniger um das Recht als solches, als vielmehr
erneut um den altehrwürdigen Versuch, wenigstens die
schlimmsten Auswüchse der Personenherrschaft einzudämmen.

Reform des Parteiapparats und des politischen Arbeitsstils
Auch die Partei erwies sich nach 1978 als dringend reform-
bedürftig, und zwar nicht nur wegen der qualitativen kulturrevolutionären Nachwirkungen, sondern auch wegen des
schier ungebremsten quantitativen Wachstums, das den Apparat aus allen Nähten platzen ließ. Seit 1949 war die Mit-
gliedschaft im Durchschnitt jährlich um eine Million gewachsen (1949: 4,5, 1963: 18, 1973: 28, 1979: 36, 1983: 41
und 1987: 46 Mio.). Lediglich zwei der von kommunistischen Parteien beherrschten 17 Staaten der Welt, nämlich
die Sowjetunion und Vietnam, hatten mehr Einwohner als
die KPCh Mitglieder. Mit der Zahl der Genossen waren
auch die Probleme - nicht zuletzt Opportunismus und Korruption - gewachsen.

Bereits 1980 begannen die Reformer mit einer vierfa-
chen Reparatur am KP-Gebäude. Im Februar 1980 führten
sie das während der Kulturrevolution liquidierte ZK-Sekretariat wieder ein und füllten es bis zum letzten Mann mit
Reformanhängern. Damit stand dem mit Maoisten und
Reformgegnern durchsetzten Politbüro ein lupenrein re-
formtreues Sekretariat gegenüber!

Gleichzeitig ergingen die "Richtlinien für das politische
Leben innerhalb der Partei" (die sog. 12 Punkte), in denen
die Stichworte "Kollektivführung" und "Parteidisziplin" be-
sonders großgeschrieben waren - ein Vermächtnis Liu
Shaoqis! Anfang August 1980 erging, drittens, ein parteiin-
ternes Rundschreiben, das konkrete Maßnahmen für die
Abschaffung des während der Kulturrevolution so üppig ins
Kraut geschossenen Personenkults anordnete. Von jetzt an
dürften keine neuen Gedenkhallen oder Denkmäler für Revolutionäre der älteren Generation mehr errichtet werden.
Wer hätte in diesem Zusammenhang nicht an das Mao-
Mausoleum, an die bis zu 10 m hohen Mao-Statuen und an
die süßlichen Verehrungsrituale für den "geliebten Vorsitzenden" gedacht! Auch Trauerfeiern für verstorbene Ge-

nossen seien in möglichst schlichter Weise zu begehen. Eine
vierte Neuerung, die vor allem dem Arbeitsstil der Partei
ein neues Gepräge geben sollte, war schließlich die Abschaffung der Massenkampagne (yundong, vgl. S. 148), die
ja, wie bereits ausgeführt, vor allem seit den vierziger Jahren das Hauptinstrument zur Durchführung politischer Ziele gewesen und auf deren Konto u.a. der Große Sprung und
die Kulturrevolution gegangen war. Man wolle Abweichungen wie "bürgerliche Liberalisierung" oder aber Insubordination gewisser Intellektueller künftig mit erzieherischen
und strukturreformerischen Mitteln, nicht mehr jedoch mit
Kampagnen bekämpfen. Auf keinen Fall dürfe man die Intellektuellen mehr "wie Hühner abschlachten". Vier Richt-
werte sollten künftig bei der Umsetzung politischer Reformen maßgebend sein: (1) Planmäßigkeit und "schrittweises"
(yibu yibu) Vorgehen im Stil der "Generallinie von 1952",
(2) Verzicht - eben! - auf Kampagnen, (3) vorsichtiges Her-
antasten statt kühnen Experimentierens; nirgends in den
marxistischen Klassikern ließen sich ja bekanntlich Richtlinien für die Bewältigung der Probleme im Übergangssta-
dium der "sozialistischen Warenwirtschaft" finden! (4) "Se-
lektive Übernahme ausländischer Erfahrungen".

Anders als in der außerparteilichen Öffentlichkeit sollten *innerhalb* der KPCh durchaus noch Kampagnen stattfin-
den. Dies zumindest war die Forderung der "Konferenz
über organisatorische Arbeit", die bereits im September
1979 zusammengetreten und bei der die Reform des Kadersystems zur "dringlichsten Aufgabe der Gegenwart" erklärt
worden war.

Dem organisatorischen Umbau der Partei folgte schon
bald die Durchforstung des Personals, und zwar in Form
einer dreijährigen "Ausrichtungs"-Bewegung, die von 1983-
1985 dauerte. Hinausgesäubert wurden dabei Tausende von
Funktionären, denen "Karrierismus nach 1966", "Fraktionismus" und Untaten während der Kulturrevolution nach-
gewiesen werden konnten, die also zu den so häufig mit
Abscheu zitierten "Drei Arten von Personen" zählten. Pro-
minentestes Opfer war der Kommandeur des Liaoning-
Wehrbereichs, Li Desheng, der vom 2. Plenum des XII. ZK
im Oktober 1983 in die Wüste geschickt wurde.

Im August 1988 erfolgte ein zumindest anfangs beeindruckender Schlag gegen die mittlerweile im gesamten Kaderapparat eingerissene Korruption: Das neugegründete Kontrollministerium richtete im ganzen Land bis hinunter zur Kreisebene Anzeigestellen ein, bei denen die Bevölkerung Klage gegen Behördenwillkür und Amtsmißbrauch führen konnte. Nun endlich gehe es, lauteten die Kommentare, "allen korrupten Elementen an den Kragen".

Reparatur-Arbeiten an der VBA

Mit den Reformbeschlüssen vom Dezember 1978 war die Neuordnung der VBA zu einer der "Vier Modernisierungs"-Aufgaben erklärt worden. 18 Jahre nach Beginn der Armee-Reformen Lin Biaos und sieben Jahre nach der traumatischen Lin-Affäre schien es in der Tat an der Zeit, wieder bei jenem Leitfaden anzuknüpfen, wie er bis 1959 von Peng Dehuai verfolgt, dann aber von Lin Biao jäh durchschnitten worden war.

Im Vordergrund der Modernisierungsdiskussion standen zunächst keineswegs technische Aspekte, wie z.B. die Verbesserung des Waffensystems, sondern politische Überlegungen. Nach wie vor galt ja die altbewährte Erfahrung, daß, wer China beherrschen will, zuerst die Kontrolle über das Militär brauche. Leider war, wie die Reformer feststellen mußten, das gesamte Offizierskorps in den vorangegangenen Jahren zu weit nach "links" abgeglitten. Wie hätte es dort nach alledem Verständnis für die neuen Reformen geben können?

Wenn es jetzt immer wieder hieß, daß die Armee unter der Kontrolle der KP stehe - welch eine Selbstverständlichkeit! -, so erhob sich sogleich die weitere Frage, wer denn nun eigentlich in concreto *die* KP verkörperte. 1966 war dies eine Minderheit um Mao Zedong und Lin Biao gewesen, seit 1976 aber war es der Personenkreis um Deng Xiaoping, der diese Führungsrolle beanspruchte. Angesichts des in China so allesbeherrschenden "Beziehungs"(guanxi)-Denkens erschien es nur allzu verständlich, wenn die Reformer um Deng die Modernisierung der VBA zunächst einmal von der Ecke der Personalpolitik her angingen. Genauso wie Partei und Regierung wurde nun auch der militärische Führungsapparat zwischen 1983 und 1986 in drei Phasen von oben nach unten durchkämmt. Hand in Hand damit begann der politische Einfluß der Armee dahinzuschmelzen: Hatte der Anteil der uniformierten ZK-Vollmitglieder 1956 noch 31%, 1969 fast 50%, 1978 30% und auch 1982 immerhin 23,8% betragen, so war er bei der Nationalen Delegiertenkonferenz im September 1985 bereits auf bescheidene 9% zurückgegangen. Auch im Politbüro von 1985 hatten sich nur noch vier Militärs halten können, die bezeichnenderweise durchwegs enge Mitarbeiter Dengs im "Zweiten Armeesystem" gewesen waren. Was gar die zweite und dritte Schicht der Militärführung anbelangt, so hatten ihre Mitglieder bis Ende 1986 zu Zehntausenden jüngeren und reformfreudigen Offizieren die Sessel räumen müssen.

Gleichzeitig wurde die VBA auf 1 Million Mann reduziert, wobei mehrere Zielsetzungen zusammentrafen: Zum einen ging es darum, Quantität durch Qualität zu ersetzen; ferner galt es, "militärfremde" Elemente wie z.B. Sicherheits- und Eisenbahntruppen aus der VBA auszugliedern, und drittens konnten im Zuge dieser anscheinend rein organisatorisch aufgezogenen Maßnahmen auch gleich unliebsame Reformgegner kaltgestellt werden.

Auf die politische folgte in der Prioritätenskala die *strategische* Modernisierung. Hierbei richteten sich die Blicke vor allem auf den potentiellen Hauptgegner, die Sowjetunion. Nach den Ausführungen des früheren sowjetischen Generalstabschefs Ogarkov erfolgten die militärischen Operationen des 17. Jh.s in Brigade-, die des 18. Jh.s in Divisions-, die des 19. Jh.s in Armee- und die des 20. Jh.s in Fronten-Stärke. Eine "Front" ist nach sowjetischem Verständnis eine Mammuteinheit, die aus zwei bis drei Armeen unter einem einzigen Oberkommando besteht. Bereits am Ende des Zweiten Weltkriegs hatte die Rote Armee solche "Fronten" eingesetzt. Künftig müsse man sich, so Ogarkov, auf Operationen sogar mit "Vielfachfronten" vorbereiten, um Angriffe in einer Breite von 500 - 750 km und in einer Tiefe von 1.200 km führen zu können.

Auf dieses Mehrfrontenkonzept seines potentiellen Hauptgegners hatte China sich nun also einzustellen! Noch zu Maos Zeiten waren die strategischen Planer davon ausgegangen, daß ein solcher Angriff unmöglich abgefangen werden könnte; vielmehr müsse man den Gegner nolens volens tief ins eigene Land eindringen lassen, um ihn dort erst "im Meer des Volkes zu ertränken", während gleichzeitig die eigenen Soldaten wie "Fische im Wasser des Volkes" schwimmen sollten.

Für die Reformer mußte die Vorstellung, daß der Gegner hereinströmen und alle Errungenschaften wieder vernichten könnte, als schlechthin unzumutbar und als absurde Konsequenz überholter Vorstellungen erscheinen. Sollte es wirklich unmöglich sein, den Gegner schon vorneweg abzufangen und den Volkskrieg erst als ultima ratio ins Auge zu fassen? Ganz in diesem Sinne tauchte schon Anfang der achtziger Jahre die Forderung nach "aktiver Verteidigung" und nach "flexibler Abschreckung" auf. Hatte die Verteidigungspolitik Chinas Mitte der siebziger Jahre noch auf dem Volkskriegskonzept beruht, und war sie später von der Formel "Volkskrieg + nukleare Abschreckung" ausgegangen, so rückte jetzt die Dreierformel "zuerst konventionelle Verteidigung, dann nukleare Abschreckung und ganz zuletzt erst der Volkskrieg" in den Vordergrund. Was die VBA unter diesen Umständen einüben mußte, war der Umgang mit Großverbänden und das Operieren in "Drei Dimensionen", nämlich zu Land, in der Luft und zur See, sowie das Zusammenwirken von taktischen und strategischen Verbänden. Bisher hatte die VBA zwar für eine exzellente Ausbildung der unteren Verbände - bis hin zur Kompanie- und Bataillonsebene - gesorgt, doch bestanden Schwächen bei der strategischen Führung. Außerdem hatte die VBA drei Jahrzehnte lang den "Infanterismus" überbetont und den Umgang mit mechanisierten Verbänden vernachlässigt.

Gleichzeitig nahm die strategische Planung von einem maoistischen Fossil Abstand, das allzu lange die chinesische Militärpolitik bestimmt hatte, nämlich von der "Unvermeidbarkeit des Krieges". Vor allem seit Mitte der achtziger Jahre wurde China in seinem außenpolitischen Gestus einer der engagiertesten Befürworter einer weltweiten Friedensbewegung. Eine immer wiederkehrende Standardformel lautete nun, daß "die Volksrepublik im Interesse ihrer Mo-

dernisierung eine friedliche internationale Umgebung
braucht".

An dritter Stelle folgte die *strukturelle* Modernisierung.
Zwar hatte bereits Peng Dehuai, belehrt von den traumatischen Erfahrungen des Koreakriegs, gefordert, daß die
ehemalige "Spontaneität" der alten VBA durch eine "Regularisierung" (zhengguihua) abgelöst werden müsse, doch
waren unter Lin Biao seit 1960 all diese Neuansätze wieder
rückgängig gemacht worden.

Nach 1981 wurde die Peng-Politik wiederbelebt, und
zwar vor allem durch Formalisierung der Ausbildung, durch
Wiedereinführung von Rangstufen, einheitsspezifischen
Uniformen und Altersgrenzen für Offiziere und Soldaten,
durch Spezialisierung sowie arbeitsteilige Segmentierung
bei den hochtechnischen Truppenverbänden, durch Einführung präziser Studienkataloge, durch Abwertung des Polit-
offiziers zugunsten des Militärkommandanten und durch
Neudefinition der VBA als einer Staats- (und nicht etwa
mehr einer Partei-)Armee. 1985 folgte eine Neufestlegung
der Wehrbereiche, die von bisher elf auf sieben reduziert
und zu echten Kommandohöhen ausgebaut wurden, nachdem sie bis dahin eher bloße Verwaltungsbereiche gewesen
waren.

Erst in der vierten Phase der Militärdiskussion kam die
Sprache dann auf die Modernisierung des *Waffensystems*.

Ein Nachecho der Modernisierung war die *soziale* Rück-
stufung des Soldaten, der in den Jahren nach 1949 auf
durchaus unbehagliche Weise zum Großen Bruder geworden war.

Im traditionellen China hatte sich das Militär stets eine
dreifache Beschränkung gefallen lassen müssen: Erstens
pflegte das zivile Mandarinat (wen) vor dem Offizierskorps
(wu) den Vorrang zu beanspruchen; zweitens war das Militär stets mit Mißtrauen betrachtet worden (jeder Chinese
kennt das Sprichwort: "Ein guter Mensch wird kein Soldat")
und nicht zuletzt hatte Einigkeit darüber bestanden, daß der
Einsatz militärischer Mittel im Grunde genommen unmora-
lisch und nur im äußersten Notfall sowie zu Zwecken der
"Bestrafung" legitim sei: Ein schöner Staatsmann, der es
nötig hat, Soldaten einzusetzen!

Im Zuge der "Modernisierung" begann sich das Verhältnis der VBA zur Gesellschaft wieder zu "renormalisieren", d.h. "normal" im Sinne der obengenannten drei Kriterien zu werden. Dies zeigte sich nicht nur in politischer Hinsicht (Rückgang der militärischen Repräsentanz in den Spitzengremien von Partei und Staat), sondern auch im sozialen und wirtschaftlichen Bereich. Nicht selten endete eine militärische Karriere jetzt in ziviler Arbeitslosigkeit. Schnell machte ein Sprichwort die Runde: "Im ersten Jahr verlierst du ein "Phönix" (dies ist die bekannteste Fahrradmarke Chinas), im zweiten ein Haus und im dritten eine Braut". Auch der Budgetanteil des Militärs ging zurück. Des weiteren wurden militäreigene Fabriken gezwungen, sich immer mehr in den Dienst der Zivilproduktion zu stellen.

Wiedergutmachung gegenüber den Nationalen Minderheiten
Am 31.5.1984 erging das Gesetz über die Gebietsautonomie der Nationalitäten, dessen erklärte Absicht es war, die Selbstverwaltungsrechte der Minderheiten im Bereich der Kader-, Finanz-, Sprach- und Kulturpolitik ernsthaft und nicht, wie es bisher stets der Fall gewesen war, nur formell-vordergründig zu stärken.

Anlässe, sich über das Verhältnis zwischen Han und Minderheiten Gedanken zu machen, gab es in Hülle und Fülle:

In Tibet hatte die Kulturrevolution von 1.200 Klöstern nur noch 13 übriggelassen. Eine der ehrwürdigsten religiösen Kulturen der Menschheit war eine Zeitlang in Gefahr, mit Stumpf und Stiel ausgerottet zu werden.

Auch in den mohammedanischen Regionen hatte der Rotgardistensturm ein Trümmerfeld hinterlassen. Moscheen waren jahrelang geschlossen und Koran-Exemplare öffentlich verbrannt worden.

Andernorts waren Minderheiten von immer neuen Han-Zuwandererwellen schlichtweg überrollt worden, so z.B. in der Inneren Mongolei, wo die Mongolen heutzutage nur noch ein Siebtel der lokalen Bevölkerung stellen, aber auch in Xinjiang, wo die Uiguren Mitte der achtziger Jahre von den Han-Zuwanderern quantitativ überrundet wurden.

Deren Zahl hatte sich seit 1950 verachtzehnfacht, die der Uiguren nur verdoppelt.

Trotz aller Neubetonung der Autonomierechte war es den Minderheiten aber schon jetzt klar, daß gegen die Han-Überfremdung längerfristig kein Kraut gewachsen war! Die Neigung zu spontanen Trotzreaktionen blieb deshalb virulent und brach beispielsweise in Tibet um die Jahreswende 1987/88 wieder einmal hervor.

d) Reparaturen an Ideologie und Apologetik: Die "ideologische Modernisierung"

Die dreifache Vertrauenskrise

Die Chinesen, die in der Praxis so ungemein flexibel zu handeln pflegen, erweisen sich als rigoros-dogmatisch, sobald es um die theoretische Rechtfertigung ihres Verhaltens geht. Angesichts dieses, zumindest aus westlicher Sicht paradoxen Tatbestandes, war es für die nachmaoistische KP-Führung alarmierend, daß die Kulturrevolution zum Totengräber des marxistischen Selbstverständnisses geworden war und eine "dreifache Glaubenskrise" hinterlassen hatte, nämlich Loyalitäts- (gegenüber der KP-Bürokratie), Weltanschauungs- (gegenüber dem Mao-Zedong-Denken) und Zukunfts-Zweifel. Jahrzehntelang hatte die Propaganda ein strahlendes Bild vom chinesischen Sozialismus an die Wand geworfen. Den Ideologen schien es eine Zeitlang gelungen zu sein, die Welt einfacher zu deuten als sie ist. Je komplizierter die Probleme in der Volksrepublik freilich wurden, desto mehr auch griff jene "Entzauberung der Welt" (Max Weber) um sich, wie sie Folge jeder Modernisierung zu sein scheint - ob man sie nun, wie die Reformer, bewußt fördert oder sie, wie die Maoisten, zu umgehen versucht.

Die Vertrauenskrise gegenüber der KPCh war darüber hinaus aber auch noch verschärft worden durch den ständigen Kurswechsel der Partei während der vergangenen drei Jahrzehnte, durch die Verschlechterung des Lebensstandards nach 1957, durch die Ausbeutung der ländlichen Bevölkerung, durch den eklatanten Widerspruch zwischen Ideologie und Wirklichkeit sowie zwischen Zielplanung und -verwirklichung, nicht zuletzt aber auch durch die exzessiven Privilegien, die der kommunistische Durchschnittsfunktionär für sich in Anspruch nehmen konnte, während er gedanken- (oder aber auch scham-)los die "Massenlinie" auf den Lippen führte!

Zwar bot auch jetzt niemand der KP *offen* die Stirn, doch entfalteten sich zahlreiche Erscheinungsformen der Vertrauenskrise, wie z.B. eine immer rascher um sich greifende innere Emigration, ein Rückzug in die Privatsphäre, ein bedrücktes soziales Klima, Desinteresse an der Politik, nagende Zweifel am Marxismus-Leninismus, abnehmende Verantwortungsbereitschaft und nicht zuletzt auch wachsende Skepsis gegenüber den Führungsqualitäten der KPCh.

Jahrzehntelang hatte der Sinokommunismus kräftigen Erdgeruch verströmt, doch jetzt war er blaß geworden in der Stadtluft und in den Amtsstuben. Was einst die Menschen begeistert hatte, begann sie nun zu langweilen und rief vielfach nur noch ein müdes Achselzucken hervor. Kein Wunder, daß das Bedürfnis nach einer Neuformierung der ideologischen Engramme übermächtig geworden war.

"Wiederherstellung der Mao-Zedong-Ideen" als verschleierte Entmaoisierung

Abschaffung, Beibehaltung oder "Entkernung" (bei Wahrung der äußeren Form) - dies waren die drei Optionen, die den Reformern zur Verfügung standen.

Die Diskussion begann mit tabula rasa-Forderungen im Frühjahr 1979. Während Lu Dingyi, der ehemalige Kulturminister, am liebsten eine Exstirpation des Maoismus mit Stumpf und Stiel gesehen hätte, forderte eine andere Gruppierung, die von Maos ehemaligem Leibwächter Wang Dongxing sowie von Hua Guofeng angeführt wurde, daß "alle politischen Entscheidungen des Vorsitzenden verteidigt und all seine Weisungen von A bis Z entschlossen durchgeführt" werden müßten. Beide extremistischen Positionen waren seit Dezember 1978 kaum noch mehrheitsfähig. Es galt, eine mittlere Lösung zu finden. Zu diesem Zweck tagte das ganze Frühjahr 1979 über die "Nationale Konferenz zu Fragen der theoretischen Arbeit", die eine Reihe typischer Deng-Formulierungen ("Befreiung des

Denkens", "Wahrheit in den Tatsachen" etc.) präzisierte und
die das Gedankengerüst für jenen ZK-Beschluß vom 27.Juni
1986 erstellte, der - unter dem harmlos klingenden Titel
"Über einige Fragen unserer Parteigeschichte" - zur eigentlichen Abrechnung mit Mao Zedong und seinem Gedan-
ken-Arsenal werden sollte.

Die ideologischen Chirurgen gingen dabei in drei Schritten vor: Zuerst legten sie die "linken Fehler" des Vorsitzenden offen - vor allem seine "Übertreibungen beim Klassenkampf", seine Gleichmacherei (z.B. "reich" = "revisionistisch", Verurteilung von Prämien und Leistung), die von
ihm gutgeheißene Schablonisierung des Denkens, die jeder
Eigeninitiative den Weg verbaut habe, und nicht zuletzt
auch die Überbetonung der Autarkie. Der Klassenkampf
sollte künftig durch Modernisierungsbemühungen, die
Gleichmacherei durch Leistungsdenken, die Schematisie-
rung durch das Suchen nach der "Wahrheit in den Tatsachen" und die Autarkiebesessenheit durch intensive Kontakte mit dem Ausland (in Form von Technologieaustausch,
Gründung von Joint Ventures und Kreditaufnahme) ersetzt
werden.

In einem zweiten Operationsgang wurden die "echten"
Mao-Zedong-Ideen von der Person Maos, vor allem vom
späten Mao, fein säuberlich abgetrennt: die "wahren Mao-
Zedong-Ideen" seien keineswegs Erfindungen einer Einzelperson, so verdienstvoll und gediegen deren Wortführer-
schaft auch gewesen sein möge, sondern die "Kristallisation
sämtlicher Erfahrungen der KPCh-Geschichte". In diesem
Sinne hätten sie folgende Innovationen zum Marxismus-
Leninismus beigesteuert: (1) Die Lehre von der Neuen
Demokratischen Revolution mit ihrem Vierklassenbündnis,
(2) originelle Methoden bei der sozialistischen Revolution,
z.B. die Unterscheidung zwischen "zwei Arten von Widersprüchen", die Methode, "Hundert Blumen blühen zu lassen" und die Schaffung von "Dreierverbindungen" zwischen
Technikern, Arbeitern und Führungskadern, (3) auto-
chthone Wege beim Armeeaufbau: Aufstellung einer Bau-
ernarmee, Bildung von ländlichen Stützpunktgebieten,
Fisch-Wasser-Verbindungen, "Zehn große militärische Prinzipien", "Drei Demokratien" etc., (4) Faustregeln zur Politik

und Taktik der Revolution (z.B. "Strategisch den Feind gering schätzen, taktisch ihn aber ernst nehmen" oder "Der Imperialismus und alle Reaktionäre sind Papiertiger"), (5) spezifische Wege in der ideologisch-politischen sowie in der Kultur-Arbeit.

In einem dritten Arbeitsgang wird sodann der "Kerngehalt der wahren Mao-Zedong-Ideen" herausoperiert, der aus "drei Grundaspekten" bestehe, nämlich der "Wahrheitssuche in den Tatsachen", der Massenlinie und der Unabhängigkeit Chinas. Letztlich wurden hier also die Mao-Zedong-Ideen mit der Grundphilosophie Deng Xiaopings gleichgesetzt.

Die "Modernisierung der Ideologie" lief im Endergebnis auf Befreiung von all jenen Dogmen hinaus, die der sozio-ökonomischen Modernisierung im Wege stehen könnten - mit Ausnahme des einen Dogmas, daß die KP nach wie vor die "Führung über alles" monopolisieren dürfe.

Diese "Wiederherstellung der Mao-Zedong-Ideen" endete mit einem Kompromiß, der ziemlich genau in der Mitte zwischen den Positionen Lu Dingyis und der "Zwei-Was-Auch-Immer-"Fraktion verlief.

An die Stelle der "Ausgewählten Werke" trat 1986 ein "neuer Mao", und zwar in Form von zwei Bänden, die 68 z.T. erstmals veröffentlichte Schriften aus den Jahren 1921-1965 enthielten, darunter einen Essay aus dem Jahr 1921 mit dem Titel "Warum ich der KPCh beigetreten bin". Es handelte sich hier nicht mehr um einen "linken" Mao, wie er noch in der Zitatensammlung Lin Biaos von 1967 hervorgetreten war, und auch nicht mehr um den ungestümen Sozialisierer des Bandes V der Ausgewählten Werke (1949-1956), sondern um einen Mao des Modernisierungszeitalters - so recht ad usum delphini zusammengestellt. Außerdem kamen noch mehrere Bände mit Gedichten Maos heraus, deren jeweilige Titelseiten von Deng Xiaoping kalligraphiert worden waren. "Dies ist unser Mao" hätte als Schlagzeile über diesem Editionsprozeß stehen können!

Während die Mao-Konjunktur zurückging, erschienen zu Beginn der achtziger Jahre nacheinander die Werke all jener Politiker, die wenige Jahre vorher noch auf dem Index gestanden hatten, nämlich Liu Shaoqis, Chen Yuns, des

Wirtschaftstheoretikers Sun Yefang und, natürlich, Deng
Xiaopings, in dessen "Ausgewählten Schriften" die Reform-
thematik filigranhaft herausgearbeitet ist.

Die neue - nachmaoistische - Grauzonenideologie
Die Reformer, die nicht das Odium auf sich nehmen wollten, Totengräber des Sozialismus zu sein, formulierten eine
Reihe von ideologischen Versatzstücken, mit denen sie in
aller Stille den Maoismus alten Stils vermauerten und, wie
sie sagten, den "Marxismus weiterentwickelten": Marx habe
nie eine Glühbirne, Engels nie ein Flugzeug gesehen und
beide seien nie in China gewesen. Diese Innovationen, die
seit 1979 Schicht um Schicht im Zweijahresrhythmus entstanden, lassen sich mit folgenden Stichworten umschreiben: "Lange andauerndes Anfangsstadium des Sozialismus",
"Sozialistische geistige Zivilisation", "Primat der Produktivkräfte", "Strukturreform nach innen, Öffnung nach außen",
"Vier Grundprinzipien", "Ein Land, zwei Systeme" (Hongkong und künftig Taiwan) sowie "Frieden und Entwicklung
als die zwei Hauptthemen der Außenpolitik".
Im einzelnen:
    Hatte sich China beim Großen Sprung von 1958 bereits
im *End*stadium des Sozialismus gewähnt, so wurde nun, 29
Jahre später (!), die "Theorie vom *Anfangs*stadium des Sozialismus" verkündet. Erst 2049, also genau 100 Jahre nach
Ausrufung der Volksrepublik, sei das Land wirtschaftlich
und gesellschaftlich reif genug, um ins vollsozialistische
Stadium hinübertreten zu können. Bis dahin sei eine Übergangsperiode zu durchlaufen, die unter dem Stichwort "sozialistische Warenwirtschaft" steht. Hatte Marx den Revolutionsfahrplan dreistufig angelegt (Kapitalismus, Sozialismus,
Kommunismus), so galt für China von jetzt an ein fünfstu-
figes Schema: Halbfeudalismus/Kapitalismus - Neue Demokratie - Sozialistische Warenwirtschaft - Vollsozialismus
- Kommunismus. In der Phase des Warensozialismus, die
zur Zeit im Gange sei, gelte es, pragmatisch zu handeln und
sich all jener Mittel zu bedienen, die das Gemeinwesen
sozioökonomisch voranbrächten. Kapitalistische Methoden
wurden von jetzt an mit kritischer Sympathie betrachtet -
und zum Teil bereitwillig übernommen.

In dieser neuen Machart wurde der "Sozialismus" für die nächsten sechs Jahrzehnte in eine Grauzone gerückt, nur mehr simuliert und zu einem mehr oder weniger unverbindlichen Prinzip Hoffnung erklärt.

Die Reformer wären keine Chinesen gewesen, hätten sie, bei aller Priorität, die dem Wirtschaftsaufbau galt, nicht stets auch den Überbau im Auge behalten. Schon seit Beginn der achtziger Jahre zeigten sich Tendenzen, den tabuisierten Begriff "Kulturrevolution" durch einen anderen Ausdruck zu ersetzen. Heraus kam dabei der Terminus "jingshen shehui", wörtlich "geistiger Sozialismus", der sich auf deutsch in der unglücklichen Übersetzung "sozialistische geistige Zivilisation" eingebürgert hat.

War in der Kulturrevolution noch klassenkämpferisches Bewußtsein gefragt gewesen, so ging es den Reformern nunmehr um die Belebung von "Modernisierungsbewußtsein". Der schwammige Begriff mußte einen längeren Klärungsprozeß durchlaufen. Im Februar 1981 wurde der Inhalt der "s.g.Z." mit den "Fünf Geboten" (wu jing: Anstand, Höflichkeit, Hygiene, Selbstdisziplin, Moral) und den sog. "Vier Schönen" (si mei: korrektes Denken, höfliche Sprache, gesittetes Verhalten und anständiges Äußere) identifiziert - fast so etwas wie ein Nachecho der Kampagne "Neues Leben" von 1934! 1982 ging der Begriff sogar in die Verfassung ein (Art. 24). Während des (ebenfalls neu eingeführten) "Sozialistischen Höflichkeitsmonats" 1983 (März) wurden die so verdächtig an Konfuzianismus erinnernden "Fünf Gebote und Vier Schönen" durch den ganz anders gearteten Akkord der "Drei Geliebten" (Vaterland, Sozialismus und KPCh) ergänzt. Der Gesichtspunkt des "Modernisierungsbewußtseins" wurde erst im ZK-Beschluß vom 28.9.1986 deutlicher herausgearbeitet.

Ideologische Entsorgung

Das neue Credo von der "sozialistischen geistigen Zivilisation" war noch nicht richtig erläutert, da traten schon die ersten Abweichungen in Form "falscher neuer Tendenzen", "geistiger Verschmutzung" und "bürgerlicher Liberalisierung" auf:

Als *"falsche neuartige Tendenzen"* (xinde buzhengzhi feng) wurden Amtsmißbrauch, unerlaubte Geschäftemacherei, Zwischenschaltung von Strohmännern, Schwarzmarktgeschäfte, üppige Gastgelage und sonstige Fehlhaltungen bezeichnet, wie sie sich in allzu legeren Sprüchen (wie z.B. "Ergreift die obere Ebene eine Maßnahme, trifft die untere Ebene eine Gegenmaßnahme") zu äußern pflegten. Besorgt stellte die Partei auch ein Neuerwachen des schon im traditionellen China notorischen Spieltriebs fest, der sich zumeist in Poker oder Majiang (Mahjong) austobte, und bei dem es fast immer um Geld ging.

Sorgen bereitete den Reformern auch die zunehmende *geistige Verschmutzung* (jingshen wuran). Waren die "falschen neuen Tendenzen" zumeist Wiederbelebungen traditioneller chinesischer Laster, so erwies sich die "geistige Verschmutzung" eher als Folge westlicher Gedankeninfiltration - wo immer Fenster aufgerissen werden, kommen leider auch die Fliegen mit herein! Der Ausdruck "jingshen wuran" war bezeichnenderweise analog zu "jingshen shehui" (sozialistische geistige Zivilisation) aufgebaut und als dessen negatives Spiegelbild gedacht.

Obwohl die reformerische KPCh den Vorsatz gefaßt hatte, keine Kampagnen mehr durchzuführen, geriet der im November 1983 aufgenommene Kampf gegen die "geistige Verschmutzung" unversehens zu einer Quasi-Kampagne, die sich, wie es hieß, "schwerpunktmäßig gegen rechtes Gedankengut" richtete. Den Linken, die auf Deng nicht gerade gut zu sprechen waren, kam eine solche Zielsetzung als Alibi gerade recht; konnten sie doch nun gleich auch all jene reformerischen Maßnahmen mitkritisieren, die aus ihrer Sicht ja ebenfalls allzuweit "rechts" lagen. Zusammen mit literarischen und ideologischen Neuerungen wie "Nihilismus, Ultraindividualismus, Existenzialismus und Anarchismus" wurde in einem Aufwasch auch gleich noch das Reformwerk Deng Xiaopings mit angegriffen.

Deng war offensichtlich nicht wenig verblüfft, als die auf seine Anregung ausgelöste Bewegung sich nun plötzlich gegen ihn selbst zu wenden begann. Hinter der reformfeindlichen Kritik standen einige der Hauptgegner Dengs, nämlich Chen Yun, dem die "Offene Tür"- und Markt-Politik

Dengs schon lange ein Dorn im Auge gewesen war, ferner der Chefideologe des Politbüros, Hu Qiaomu, und nicht zuletzt der Propagandachef des ZK, Deng Liqun, der seine Attacken gegen Korruption, Pornographie, Geldinflation und "exzessive ökonomische Reformen in den städtischen Gebieten" zu einem einzigen Paket verschnürte.

Dies war ein Affront, den sich der Hauptarchitekt der Regierungspolitik unmöglich gefallen lassen konnte. Er sorgte denn auch - 1984 - für die Entlassung Deng Liquns und gab der Verschmutzungskampagne eine Kehrtwendung. Sie sollte sich nun nicht mehr gegen Rechts, sondern wieder gegen Links richten.

1981 bereits hatte die Partei eine besorgniserregende *bürgerliche Liberalisierung* (zichanjieji ziyouhua) entdecken müssen, die, wie Zhao Ziyang es formulierte, das genaue Gegenteil der "Vier Grundprinzipien" sei. "Bürgerliche Liberalisierung" strebe nicht nur Systemveränderungen an, sondern sei auch das Einfallstor für gesellschaftlichen Pessimismus, nationalen Nihilismus, extremen Egoismus, Irrationalismus, dekadente Kunstrichtungen, Sexismus, elitäres Kunstverständnis und den Wunsch nach "vollständiger Verwestlichung" (quanban xihua). Hier wurde alles in einen Topf geworfen - etwa nach der Formel: "Bürgerliche Liberalisierung = Verwestlichung = Kapitalismus = Demokratie nach westlichem Vorbild = Verstoß gegen die chinesische Verfassung = Trivialliteratur = Pornographie = Sartre = Libertinismus" usw. Geschickt wußten die Reformer hierbei ihren eigenen Widerwillen gegen regimekritische Äußerungen mit einem Appell an den unterschwelligen chinesischen Narzißmus zu verbinden.

Als Hohes Lied auf die bürgerliche Liberalisierung war bereits im Frühjahr 1981 das Filmdrehbuch "Bittere Liebe" des Schriftstellers Bai Hua decouvriert worden. Als Ende 1986 in 22 chinesischen Städten regimekritische Studentendemonstrationen um sich griffen und weltweit Schlagzeilen machten, wußte die Partei augenblicklich den Schuldigen zu nennen - die "bürgerlichen Einflüsse"!

Im Januar 1987 wurde durch Staatsratsbeschluß eine neue Regierungsstelle, die Behörde für Presse- und Publikationswesen (xinwen chuban chu), eingerichtet, die das gesamte journalistische, literarische und wissenschaftliche Schaffen daraufhin überprüfen sollte, ob es den "Vier Prinzipien" entspreche oder aber "bürgerlich-liberal" eingefärbt sei. Die Behörde sollte das Recht haben, Chefredakteure und Verleger zu entlassen, Verlage und Zeitungen zu schließen, Veröffentlichungsverbote auszusprechen und Publikationen zu beschlagnahmen.

Die Kampagnen gegen "Verschmutzung" und "Liberalisierung" lösten überall im In- und Ausland Befremden aus. Viele Intellektuelle zogen sich sogleich wieder ins Schnekkenhaus zurück und legten erneut jedes Wort auf die Goldwaage, die 22 Millionen Regierungs- und Parteikader arbeiteten abermals strikt nach Vorschrift, die Bauern trafen insgeheim Vorsorgemaßnahmen gegen neuerliche Übergriffe, viele Städter zogen wieder ihre bunte Kleidung aus, steckten vorsichtig ihre vielleicht etwas allzu "freie" Lektüre weg und begaben sich in die gewohnte Hab-acht-Stellung. Ausländische Partner andererseits begannen sich zu fragen, ob der "Modernisierungskurs" wirklich so wörtlich zu nehmen sei, wie man es sich bisher hatte einreden lassen, und ob es am Ende ratsam sei, überhaupt noch in China zu investieren.

Aber auch die Reformer selbst begannen nachdenklich zu werden, da der Kampf gegen die "Verschmutzung" allerhand Widersprüche der Modernisierungspolitik aufwirbelte: Man wollte aus dem Westen zwar Kapital, Technologie und Organisationstechnik, nicht aber das nun einmal untrennbar damit verbundene kulturelle Beiwerk übernehmen; man schickte 27.000 Studenten (Stand 1988) ins Ausland, erwartete von diesen aber, daß sie von dort unbeeindruckt zurückkehrten; man baute gemeinsam mit Ausländern Hunderte von Gemeinschaftsbetrieben aus, glaubte aber, durch die Errichtung einer simplen Backsteinmauer deren "verschmutzenden" Einfluß abschirmen zu können, und man forderte die Literaten auf, Hundert Blumen blühen zu lassen, erwartete aber, daß sie insgeheim dem sozialistischen Realismus huldigten und den verführerischen Alternativen des Auslands die kalte Schulter zeigten. Als ob ein Ei, das einmal verrührt worden ist, sich wieder in seinen Legezustand zurückverwandeln ließe! 90 Jahre nach den Reformbemühungen am Qing-Hof tauchten hier also fast identische Fragestellungen und Forderungen wieder auf, die sich damals im Begriff Zhongti xiyong ("chinesisch in der Substanz, westlich in der Anwendung") verdichtet hatten.

Das Hin und Her zwischen Toleranz ("Hundert Blumen") und "Hühnerschlachten" zeigte sich besonders deutlich im Umgang mit den *Literaten*. Die Rolle der Literatur ist in China ja eine völlig andere als im Westen. Ginge es den Politikern nach, beschränkte sie sich ausschließlich auf regierungsaffirmatives Dienen und Laborieren, wobei die Intellektuellen allerdings ständig ihre Gesinnung zu wechseln hätten: von der Antiguomindang- über die Promoskau- und später die Antimoskau- bis hin zur kulturrevolutionären und schließlich antikulturrevolutionären Rolle! Der Schriftsteller als Chamäleon, das sich dem jeweiligen politischen Kurs anpaßt!

Sehr zum Kummer der Partei beugten sich allerdings nur wenige Literaten diesem Wunschbild. Sie zogen es statt dessen vor, nach all den "großen Jahren" nun das "kleine Glück" zu beschreiben oder aber mit ihrem Werk eine Lückenbüßer- und Vergangenheitsbewältigungs-Funktion zu übernehmen. Die Literatur sprang z.B. dort ein, wo die Parteipresse schwieg und ergänzte entweder die Lücken oder betrieb überhaupt Schatten-Geschichtsschreibung. Vor allem die der Vergangenheitsbewältigung dienende "Narben-Literatur", die 1979 einsetzte, brachte drei Arten gesellschaftskritischer Beschreibungen hervor, die der Parteiführung durchaus nicht immer willkommen waren, nämlich Autobiographien, mit deren Erscheinen allerdings die Aussagekraft des einzelnen "Bekenners" häufig schon wieder erschöpft war, zweitens Zeitspiegel, die anhand von Einzelschicksalen den gesamten Geschichtsverlauf nacherlebbar werden ließen und, drittens, Enthüllungsreportagen, die für ihre Verfasser, wie z.B. Liu Binyan, heikle Konsequenzen haben konnten.

Obwohl die Reformer immer wieder bestimmte Literaten oder literarische Richtungen aufs Korn nahmen, konnten sich im neuen Klima doch all jene künstlerischen Stilformen wieder entfalten, die während der Jiang Qing-Zeit durch "sozialistisch-romantische" Klischees verdrängt wor-

den waren: die Gesellschaftsreportage als eine Art modernen Sittengemäldes, die Darstellung historischer Figuren in
eher traditionellem Stil, der Rückzug in eine neue Inner-
lichkeit, und - damit zusammenhängend - der für die chinesische Literatur neuartige, nach 1979 vor allem von Wang
Meng und Zhang Jie kultivierte innere Monolog.

Besonders willkommen waren der Parteiführung all jene
Schriftsteller, die mit ihren Beiträgen den Reformkurs bedienten und Romane hervorbrachten, wie sie etwa unter
dem Titel "Chen Huansheng schließt einen Produktionsver-
trag" erschienen. Dargestellt wurde hier der reformerische
Wandel auf den Dörfern, der sich allerdings, im Gegensatz
zur üblichen Parteipropaganda, nicht auf den Vorgang als
solchen, sondern auf die Beschreibung konkreter Personen
und ihrer inneren Einstellungen sowie auf den Wandel in
den zwischenmenschlichen Beziehungen konzentrierte.

Auch im Reformzeitalter blieb der Schriftsteller auf
fatale Weise eingespannt in die Bewährungsprobe zwischen
Apologetik und Selbstbehauptung, zwischen sozialistischem
Realismus und Selbstvergewisserung, zwischen sozialem
Auftrag und esoterischer Kommunikation, zwischen Aufruf
und Anklage.

e) Die Metamorphose der "Stinkenden Nr.9": Reformen im
*   Wissenschafts- und Erziehungswesen*

Hatten Wissenschaftler und Intellektuelle bis 1976 (hinter
den acht anderen Kategorien von Klassenfeinden) als "Stin-
kende Nr.9" gegolten, so wurden sie nun im Zeichen des
Reformkurses zu Hätschelkindern der neuen Politik. Ausgangspunkt dieses Wandels war das "Einsteinjahr" 1978.
Nach all den kulturrevolutionären Irritationen galt es zunächst einmal klare politische Prioritäten zu setzen, vor
allem bei folgenden Fragen: (1) Hat die Wissenschaft Re-
produktions- oder Klassenkampfcharakter? (2) Soll die
Steuerung der Wissenschaftsbetriebe eigenständig oder
aber von außen her erfolgen? (3) Experten- oder Massen-
wissenschaft? (4) Bevorzugung der Grundlagen- oder der
angewandten Forschung? (5) Zusammenarbeit mit dem
Ausland oder Eigenregie? (6) Bevorzugung des Fachmanns
oder aber des engagierten Aktivisten?

Hatten die Maoisten bei all diesen Fragestellungen immer auf die zweite Alternative gepocht, so bezogen die Reformer spätestens seit der Wissenschaftsrede Deng Xiaopings von 1978 jeweils die erste Option. Vor allem aber betonten sie, daß der Wissenschaftler kein "bürgerlicher Intellektueller", sondern ein "Werktätiger im weißen Kittel" sei.

Die Wissenschaft sollte am Ende gar zum Zugpferd des gesamten Modernisierungsprozesses werden. Zu diesem Zweck erhielt sie bereits 1982 11,5 Mrd. Yuan, also nicht weniger als 10% der Gesamtausgaben des Haushalts zugewiesen. Drei große Wissenschaftskonferenzen (1978, 1985 und 1988) bestätigten diesen Kurs.

Forschung spielte sich von jetzt an in fünf Schwerpunktbereichen ab, nämlich bei den beiden Akademien für Natur- und Gesellschaftswissenschaften, sodann an Hochschulinstituten, in Forschungseinrichtungen der über das ganze Land verteilten "Wissenschaftsgesellschaften", in den Industrielabors und, fünftens, in den VBA-eigenen Forschungsstätten. Die Gesamtleitung wurde der Staatlichen Kommission für Wissenschaft und Technik übertragen, die 1978 von Kopf bis Fuß runderneuert wurde.

Seit Beginn der achtziger Jahre wurden auch Anstalten getroffen, um die sechs Hauptmängel im bisherigen Wissenschaftsbetrieb zu beseitigen:

(1) Der vielbeklagte Graben zwischen Forschung und Produktionspraxis sollte durch (honorierte) Auftragsforschung und durch Einrichtung von Beratungsdiensten überwunden werden, um so Labors und Werkbänke wieder enger miteinander zu verschränken. (2) Ferner wurden die bürokratischen "Mauern" zwischen den drei Bereichen Ausbildung, Forschung und Produktion niedergerissen, und zwar durch eine verbesserte Stellenvermittlung für Hochschulabsolventen sowie durch die Gründung von Technologiezentren; ganz in diesem Sinne entwickelten die Planer den Beijinger Außenbezirk Haidian (nahe dem Sommerpalast) zu einem "chinesischen Silicon-Valley" für elektronische Forschung. Manchmal kam es sogar zur Gründung eigener Forschungs-Stiftungen. (3) Der unzureichende Personalfluß zwischen Instituten und Produktionsbetrieben

sollte ferner durch eine erhöhte Mobilität der Wissenschaftler und Techniker überwunden werden. Reisemöglichkeiten und Personalaustausch im Wege des "Vertragssystems" leisteten hier nützliche Dienste. (4) Dem Motivationsmangel der Wissenschaft sollte durch ein verbessertes Gutachter-, Produktions-, Belohnungs- und Titelverleihungssystem entgegengesteuert werden. Am 13.2.1980 ergingen die Bestimmungen über akademische Grade. (5) Die lange Zeit vernachlässigte Grundlagenforschung sollte durch eine bessere materielle Ausstattung neubelebt werden. (6) Besonders aber galt es, dem Nachwuchsmangel abzuhelfen. Hauptmaßnahmen waren hier die Aufwertung der Berufsschulen, die stets mit Naserümpfen besucht worden waren, sowie die Einführung eines "Vierten Bildungswegs", z.B. in Form von "Rundfunkuniversitäten". Besonders populär wurde jetzt auch wieder das Auslandsstudium.

Die Erfolge der chinesischen Wissenschaft konnten sich schon bald wieder sehen lassen: Es gelang der Bau von Raketen aller drei Reichweiten, die Beherrschung der Kerntechnik sowohl im zivilen als auch im militärischen Bereich, der praktische Einsatz von radioaktiven Isotopen, die Insulin-Synthese und eine ganze Reihe von aufsehenerregenden Erkenntnissen im medizinischen Bereich (Akupunktur-Anästhesie, Annähen abgerissener Gliedmaßen) sowie auf den Gebieten der Anthropologie, der Paläontologie, der optischen Astronomie und der Mathematik. Besonders stolz waren die Chinesen auf den Bau des Großcomputers Yinhe ("Milchstraße") (1983) sowie auf ihre Leistungen im Bereich der Pflanzenzüchtung, vor allem der Baumwollsorte "Lumian Nr.1" sowie mehrerer Hybrid-Reissorten.

Wissenschaft und Technologie begannen, wie schon um 1919, schnell wieder eine Faszination eigener Art auf Führung und Bevölkerung auszuüben, die manchem westlichen Beobachter als technologischer Fetischismus erschien.

Nachdem die Volkszählung vom Juli 1982 die deprimierende Ziffer von 235 Millionen Halb- und Vollanalphabeten ans Tageslicht gebracht hatte, erließ das ZK im Mai 1985 einen Beschluß über die Reform des Bildungssystems, durch den die allgemeine neunjährige Schulpflicht schrittweise eingeführt, die Mittelschulerziehung verstärkt auf

Fachbildung umgestellt, das Arbeitsplatzzuweisungssystem für Hochschulabsolventen reformiert, den Hochschulen mehr Autonomie eingeräumt und die Zuständigkeit für die Entwicklung der Grundschulen den lokalen Regierungen überantwortet wurde. In einem Dreistufenprozeß sollten von der Schulpflicht zunächst allerdings nur die küstennahen Gebiete erfaßt werden. Ferner sollten mehr Lehrer ausgebildet und ihre Entlohnung sowie ihr sozialer Status verbessert werden - eine späte Wiedergutmachung nach all den kulturrevolutionären Verfolgungen und Mißachtungen, die der Lehrerstand über sich hatte ergehen lassen müssen.

4. Die Wirtschaft im Reformstrudel

Übergang vom extensiven zum intensiven Wachstum

Für die Reformer war die Wirtschaft von Anfang an das Herz aller Dinge. Da sie bereits 1978/79 schonungslos Bilanz gezogen hatten, brauchten sie sich keine Illusionen mehr zu machen und wußten genau, wo der Schuh drückte: (1) Energie, Verkehrswesen und Rohstoffbeschaffung hinkten weit hinterher. (2) Es waren in den vergangenen Jahren zuviele (teure) industrielle Neubauten errichtet und zuwenig alte Betriebe modernisiert worden - eine reine Verschwendung! (3) An Konsumgütern herrschte ein vor allem die Bevölkerung bedrückender Engpaß und (4) es bestand ein Nachholbedarf an technologischer Innovation sowie an verbesserter Ausbildung.

Diese vier Schwachpunkte gingen als Hauptüberlegungen in die Ausgestaltung des 6. (1981/85) und 7.Fünfjahresplans (1886/90) ein.

Um dem Energiemangel abzuhelfen, wurde bereits im Februar 1981 der erste von China selbst entwickelte und gebaute Hochfluß-Atomreaktor in Südwestchina fertiggestellt. Einen Monat vorher war die erste Bauetappe von Gezhouba (Provinz Hubei), dem ersten Großwasserbauprojekt am Yangzi, abgeschlossen worden - nach 10jähriger Bauzeit. Im Januar 1982 veröffentlichte der Staatsrat die "Bestimmungen über die Erschließung von Offshore-Ölvorkommen in Zusammenarbeit mit ausländischen Unterneh-

men". In Eigenregie hatte China bereits im Januar 1980 das
Gas- und Ölfeld Liaohe erschlossen. 1985 begann der Bau
am KKW Qinshan.

Die Transportpolitik konzentrierte sich, wie eh und je
seit Gründung der Volksrepublik, auf den Eisenbahnbau.
Zur besseren Trinkwasserversorgung der "trockenen" nordchinesischen Industriestadt Tianjin wurde ferner im September 1983 der Luanhe-Fluß über einen 234 km langen
Kanal angezapft.

Überall auch gingen die einzelnen Sektoren von der extensiven zur intensiven Produktionsweise über: In der
Landwirtschaft wollte man sich fortan nicht mehr bloß auf
Fortschreibung des alten Geräteparks oder auf Neuland-
gewinnung, in der Industrie nicht auf schlichte Quantifizie-
rung der bisherigen Fabrikationsanlagen und im Ausbildungsbereich nicht mehr nur auf altüberkommene oder aus
der UdSSR übernommene Methoden verlassen. Vielmehr
waren jetzt überall neue Wege mit Intensivierungseffekt
gefragt - also moderner Ackerbau, neuartige Maschinen
und "westliche" Ausbildung. Der "Große Sprung nach
Westen" wurde so zu einer Art Einbahnstraße.

Alles in allem konnten sich die mit den neuen Methoden
erzielten Wirtschaftserfolge sehen lassen, wie ein exemplarischer Vergleich zwischen 1982 und 1987 zeigt. Das Bruttosozialprodukt stieg hier beispielsweise von 505 Mrd.Yuan
auf 1.092 Mrd. Im weltweiten Vergleich kletterte China
beim BSP vom neunten auf den siebten Platz und bei der
Getreide-, Fleisch-, Baumwoll-, Rapssamen-, Baumwoll-
stoff- und Zementproduktion sowie bei der Kohleförderung
sogar auf den ersten Platz. Ferner machten die im Industrie-
und Dienstleistungsbereich beschäftigten Arbeitskräfte 1987
bereits ein Fünftel der ländlichen Gesamterwerbsbevölke-
rung aus. In der Industrieproduktion kam es zu einem Inno-
vationsschub, vor allem in bisherigen Schwächebereichen:
Von 1982 bis 1987 wurden beispielsweise im Vergleich zu
den vorangegangen fünf Jahren 29,38 Mio.kW mehr Strom
erzeugt, 70,49 Mio.t mehr Rohöl gefördert und die Um-
schlagkapazitäten in den Küstenhäfen um 132 Mio.t erhöht.
1987 erzielte der Bauer ein Pro-Kopf-Nettoeinkommen von
463 Yuan, ein Zuwachs, der preisbereinigt immerhin um

51,2% über dem Einkommen von 1982 lag. Die Stadtbewohner kamen demgegenüber nur auf 35,7%, lagen allerdings mit 916 Yuan (1987) auch jetzt noch weit vor der Landbevölkerung.

Trotz solcher Erfolge herrschte aber immer noch Wohnungsnot und ein beträchtlicher Mangel an Konsumgütern. Drei Übel traten besonders stark hervor, nämlich Preissteigerungen, die vor allem 1988 inflationäre Ausmaße (rund 20%) annahmen, ferner Verzerrungen im Einkommensgefüge ("Ein Chirurg verdient weniger als ein Friseur"), vor allem aber eine alles Bisherige in den Schatten stellende Korruption der (im regulären Verteilungskampf zu kurz gekommenen) Kader.

Schlimm war es auch um die Umwelt bestellt. Zwar konnte die Führung auf einige ökologische Erfolge verweisen, so z.B. auf die Begrünung der städtischen Alleen, wo manchmal zwischen sechs und acht Baumreihen gepflanzt wurden - besonders eindrucksvoll in den Straßen Nanjings. Beachtlich auch die Erfolge bei der biologischen Schädlingsbekämpfung sowie bei der Biogas-Erzeugung - also in Bereichen, wo China schon in den sechziger Jahren Weltruhm erlangt hatte.

Auf der anderen Seite gehörten diese drei von der Propaganda immer wieder liebevoll ausgemalten Errungenschaften zu den ganz wenigen Pluspunkten, die leicht darüber hinwegtäuschen konnten, daß es inzwischen zu schweren Schädigungen der großräumigen Ökosysteme gekommen war. Schon 1980 waren die chinesischen Flüsse in einer Gesamtlänge von ca. 50.000 km verseucht; nur noch 15% der untersuchten Strecken eigneten sich für Fischzucht und für die Trinkwasserentnahme.

Noch schlimmer war es in zahlreichen Großstädten um die Luftqualität bestellt - kein Wunder angesichts der Tatsache, daß China seine Energie nach wie vor zu 70% aus Kohle gewann.

Kopfzerbrechen bereitete auch die rasch abnehmende Bodenqualität: Bereits in den frühen fünfziger Jahren waren mehr als 1,5 Mio.qkm, also ein Sechstel des ganzen Landes, von Erosion bedroht. Bis Mitte der achtziger Jahre konnte davon erst ein Drittel gerettet werden. Die Schäden waren z.T. menschenverursacht, nämlich Folge großflächiger Abholzungen und Spätfolgen des 1958 geschürten "Volkskriegs gegen die Natur", in dessen Verlauf u.a. ganze Vogelarten ausgerottet worden waren, die später bei der Bekämpfung von Insekten und Baumschädlingen fehlten. Überall kamen Klagen auf, daß aus der Natur mehr herausgeholt als in sie hineingesteckt wurde und daß überdies die Bevölkerungsexplosion das ohnehin schon gravierende Übel noch zusätzlich verschlimmerte.

Zwar erließ die Volksrepublik 1979 ein Umweltschutzgesetz, dem zahlreiche einschlägige Spezialbestimmungen folgten. Des weiteren wurde 1978 mit dem Bau einer "Großen Grünen Mauer", d.h. eines 7.000 km langen Waldschutzstreifens vom nordwestlichen Xinjiang bis zum nordöstlichen Heilongjiang begonnen und der März zum Monat des jährlichen Baumpflanzens ausgerufen, doch erwiesen sich die Sand- und Steinwüsten des Nordwestens als schwer bepflanzbar. Auch ließen die von Jahr zu Jahr mit Stolz gemeldeten Holz-Rekordeinschlagzahlen den Verdacht aufkommen, daß Theorie und Praxis nicht so recht zusammenpaßten. Überdies vernichteten katastrophale Waldbrände in Nordostchina im Mai und Juni 1987 ein rund 5,2 Mio.ha großes Waldgebiet in der ohnehin so waldarmen Volksrepublik.

All diese Mißstände riefen nach Abhilfe. Die Reformer ließen sich jedoch nicht zu dirigistischen Eingriffen hinreissen, wollten andererseits freilich auch keine Laisser faire-Politik aufkommen lassen, sondern beschlossen einen Mittelkurs, indem sie die makro-wirtschaftlichen Zügel anzogen und vor allem versuchten, die Nachfrage zu dämpfen.

"Türöffnung" und Außenwirtschaft

Galt zu Beginn der achtziger Jahre noch die Parole von den "Vier Modernisierungen" als A und O aller Reformpolitik, so rückte seit Mitte der achtziger Jahre die Formel "Strukturänderung nach innen, Türöffnung nach außen" in den Vordergrund - eine keineswegs nur kosmetische Neuformulierung; war es doch zwischen 1970 und 1984 zu einer Verzehnfachung des Außenhandelsvolumens gekommen (1970: 4,5 Mrd.US $, 1984: 49,7 Mrd.). Das Rinnsal hatte sich zum

Strom ausgeweitet, dem das alte Bett nicht mehr reichte und der sich immer neue Bahnen freispülte.

"Vier Vermehrungen" waren es vor allem, die besonders spektakulär hervortraten:

Da ereignete sich einmal eine veritable Partner-Inflation. War die Außenwirtschaft bis 1976 durch das Nadelöhr von lediglich sieben zentralen "Außenhandelsgesellschaften" gesichert, so öffneten sich nach 1979 mächtige Schleusen in Form weiterer zentraler, aber auch provinzieller Außenhandels-, Dienstleistungs- und Treuhandgesellschaften - gar nicht zu reden von den staatlichen Betrieben, die sich im Zuge ihrer Autonomisierung nun ebenfalls in die Außenwirtschaft einschalteten.

Vermehrt haben sich zweitens auch die Interaktionsformen. Waren die Außenhandelskontrakte bis 1978/79 im wesentlichen noch auf Kaufverträge beschränkt geblieben, so entfalteten sich nun zahlreiche neue Geschäftsmuster wie Verarbeitungs-, Kompensations-, Lizenz-, Arbeits-, Werk-, Dienst- und Kreditverträge, vor allem aber Joint Venture-Abmachungen. Den Startschuß dafür hatte das Gesetz über chinesisch-ausländische Gemeinschaftsunternehmen vom Juli 1979 gegeben.

Drittens kam es zu einer Vervielfachung der Orte, an denen Außenwirtschaftsgeschäfte abgewickelt werden konnten. Hatte es bis zum Ende der Kulturrevolution nur die jährlich zweimalige Messe in Guangzhou gegeben, so entstanden nun überall Exportverarbeitungs-, Wirtschaftssonder- und Wirtschafts-Zonen, wurden 1984 14 Küstenstädte und - seit 1986 - ganze Flußdreiecke (besonders im Einzugsbereich des Yangzi und des südchinesischen Perlflusses) zu Außenwirtschafts- und Hochleistungs-Zonen entwickelt, in deren Bereich vor allem Provinzen wie Guangdong oder Städte wie Shanghai und Guangzhou ausländisches Kapital anzusaugen begannen. Als besonders erfolgreich erwiesen sich die (seit 1979) vor den Toren Hongkongs und Macaus angelegten "Wirtschaftssonderzonen" (jingji tequ), die zu mächtigen Industriekristallisationspunkten mit meist überseeischem Kapital ausgebaut wurden. Am 1.2.1986 gab die Regierung überdies eine Liste von 244 Orten heraus, die von Ausländern künftig ohne weitere polizeiliche Formalitäten besucht werden konnten.

1988 wurde die Halbinsel Shandong (nach dem Yangzi- und dem Zhujiang-Delta sowie dem Dreieck im Süden Fujians und der Halbinsel Liaoning) zur fünften geöffneten Wirtschaftszone erklärt. Von diesen Modernisierungsinseln her sollte später das ganze Land befruchtet werden.

Zu einer vierten "Vervielfachung" kam es nicht zuletzt auch im Bereich der Gesetzgebung. War der legislative Brunnen während der maoistischen Zeit nahezu versiegt, so begann er seit 1979 in verschwenderischer Fülle zu sprudeln und brachte Hunderte von Regelungen hervor.

Zwischen 1982 und 1987 verdoppelte sich das Außenhandelsvolumen der Volksrepublik von 39,5 auf 82,7 Mrd. US $. Im gleichen Zeitraum hatten ausländische Anleger in China 24 Mrd.US $ investiert. Zu einer besonders munteren Einkommensquelle entwickelte sich der internationale Tourismus. 1987 besuchten 26,9 Millionen ausländische Touristen die Volksrepublik und brachten 6,69 Mrd.US $ ins Land - 4,5% des Exportvolumens im gleichen Zeitraum.

5. Außenpolitik

Außenpolitische "Modernisierung"
Je markanter China sich modernisierte, um so mehr wurde Außenpolitik zum Randthema, während gleichzeitig Außenwirtschaft und Technologietransfer in den Mittelpunkt des reformerischen Interesses rückten. Dies war *ein* Aspekt der Erneuerung Chinas. Daneben gab es aber auch noch Verschiebungen bei den Zielen, bei den Strategien, bei der Instrumentierung und bei den Interessenschwerpunkten. Im Bereich der Ziele verlagerte sich der Akzent von der Revolution und vom "Hegemonismus" auf nationale und "Modernisierungs-Bestrebungen" - ein Trend, der vor allem den Wirtschaftsbeziehungen zu den hochentwickelten Industriestaaten zugute kam; bei den Strategien hatte die Linke immer mehr der Rechten Strategie Platz zu machen, bei der Instrumentierung traten Staat/Staat-Beziehungen und regionale oder kommunale Partnerschaften zunehmend an die Stelle der bis dahin so intensiv gepflegten Volk/

Volk- und KP/KP-Verbindungen; Adressaten waren nun wieder Regierungen, nicht mehr gesellschaftliche Klassen oder gar Guerilla-Bewegungen - sieht man von Ausnahmefällen wie Kambodscha, Laos und Vietnam ab. Bei den Interessenschwerpunkten schließlich zogen die Süd/Süd- sowie die Ost/Süd-Beziehungen tendenziell mit den ursprünglich ganz im Vordergrund stehenden Ost/West- und Nord/Süd-Beziehungen gleich. Zum eigentlichen Aktionsfeld wurden freilich die West/Süd-Beziehungen (z.B. EG/China)!

Was die früher so intensiv gepflegten Kontakte zu den verschiedenen kommunistischen Parteien und Aufstandsbewegungen anbelangte, so wurden sie den Reformern inzwischen schon nachgerade peinlich - als kämen arme Verwandte auf Besuch, die man leider nicht abweisen kann. Zum Gradmesser für den schnell abnehmenden "proletarischen Internationalismus" wurden darüber hinaus die immer weicher formulierten Kriterien für die Eröffnung von "Parteibeziehungen", die am Ende zu beinahe jeder Gruppierung aufgenommen wurden, die als halbwegs "links" gelten konnte, auch zur Sozialistenpartei Mitterrands und zur deutschen SPD.

"Vom Revolutionsexport zum Technologieimport", "Mandarinenkappe statt Ballonmütze", "Abschied von Yan'an", "Rückkehr zur Normalität" und "Öffnung der Tür" - dies waren Hauptelemente des neuen Kurses.

Als Pionier dieser Außenpolitik nach Mao trat Deng Xiaoping zunächst in eigener Person auf. Seine erste Reise führte ihn bereits Ende 1978 in vier südostasiatische Länder, die noch kurz vorher unter einer von den Kulturrevolutionären systematisch unterstützten Guerilla zu leiden gehabt hatten, nämlich nach Thailand, Malaysia, Singapur und Birma. Deng betonte bei dieser Visite, daß China die Aufständischen künftig nur mehr "moralisch-politisch" (z.B. durch Asylgewährung), nicht jedoch mehr wirtschaftlich oder gar militärisch unterstützen wolle. Die südostasiatischen KPs fielen hier also einem Beijinger Kurswechsel zum Opfer.

Dengs zweite Reise galt, im Januar 1979, den USA und im Februar desselben Jahres dem schwierigen Nachbarn

Japan. Mit dieser Abfolge waren auch bereits die Prioritäten der neuen Außenpolitik angedeutet. In den nachfolgenden Jahren unternahmen andere Spitzenpolitiker, vor allem Zhao Ziyang, flächendeckende Sternfahrten in alle Teile der Welt. Zumeist dienten diese Visiten eher dem Flaggezeigen als konkreten Ergebnissen. In Lateinamerika konnte die Volksrepublik zusätzlich diplomatische Bastionen ihres Konkurrenten Taiwan schleifen. Aus "antihegemonistischen" Motiven wurden gute Beziehungen zum Chile Pinochets weitergepflegt, die sich seit dem Sturz des moskaufreundlichen Allende angebahnt hatten.

1979 begann eine neue Form der Außenpolitik, die dem chinesischen Verlangen nach Personenbezogenheit Rechnung trug, nämlich die Anbahnung von Provinz- und Städteverbindungen. Bis auf Berlin schlossen in den achtziger Jahren bereits sämtliche deutsche Bundesländer solche "Provinzpartnerschaften" ab. Ferner gab es mehrere Städteverbindungen (z.B. Duisburg/Wuhan, Frankfurt/Guangzhou). Die Partner sollten zueinander "irgendwie passen". Shanghai nahm z.B. mit Rotterdam und Hamburg Beziehungen auf - beides Hafenstädte, Suzhou mit Venedig - beides "historische Wasserstädte".

Im Oktober 1985 fügte China mit seinen "Acht Maximen" den Schlußstein ins Gewölbe der neuen Außenpolitik: (1) Beziehungen zu allen Ländern der Welt auf der Basis der Fünf Prinzipien der friedlichen Koexistenz, (2) "Unabhängigkeit" (d.h. keine Anbindung an irgendeine Großmacht und keine strategische Allianz mit irgendeinem Block), (3) Antihegemonismus und Arbeit für den Weltfrieden, (4) "Politik der offenen Tür", (5) Süd/Süd-Kooperation, (6) keine eigenen Hegemoniebestrebungen, (7) keine Kompromisse in außenpolitischen Grundsatzfragen, (8) Freundschaft gegenüber anderen Ländern, allerdings niemals auf Kosten von Prinzipien.

Ob die Raketenlieferungen ("Seidenraupen") an den Iran oder aber die Kameraderie gegenüber dem Chile Pinochets mit den Prinzipien (3), (7) und (8) zu vereinbaren waren, konnte schon damals zweifelhaft sein!

Entkrampfung des Verhältnisses zu den Supermächten
Neben den oben zitierten "Acht Maximen" rückten in den achtziger Jahren zwei Denkkategorien in den Vordergrund, die aufs beste mit überkommenen Gleichgewichtsvorstellungen (im Sinne von Yinyang und Zhongyong) harmonieren, nämlich "Regionalisierung" und "Multipolarisierung", die, falls sie sich in der realen Politik durchsetzen sollten, in der Tat das Übergewicht der Supermächte dahinschmelzen ließen.

Bei seinen Regionalisierungsüberlegungen ging Beijing von der Prämisse aus, daß Länder und Regionen, die ihren eigenen Interessen entsprechend leben, automatisch anti-hegemonistische Abwehrmechanismen entwickeln. Was den Regionalismus fördert, schmälert den Hegemonismus - ein chinesisches Nullsummenspiel. Schon zu Beginn der siebziger Jahre saßen die besten Europäer daher nicht in Brüssel, sondern in Beijing, und die leidenschaftlichsten Plädoyers für das ASEAN-Bündnis, für die Südasiatische Gemeinschaft und für das ZOPFAN wurden nicht in Kuala Lumpur oder in Delhi, sondern in der chinesischen Hauptstadt gehalten; die Hauptverfechter des Andenpakts, Großarabiens, Großmaghrebs oder gar der OAU lebten nicht in Lima, Damaskus, Algier oder Dakar, sondern in Beijing.

Auch die "Multipolarisierung" wurde immer häufiger thematisiert. Die Vorstellung, daß verringerter Machteinfluß der beiden Supermächte heilsame Multipolarität fördere, begann sich wie ein roter Faden durch die außenpolitische Vorstellungswelt zu ziehen. Ein wirtschaftlich hochentwickeltes Land kann heutzutage außerdem ähnlich politisches Gewicht entwickeln wie eine hochgerüstete, aber wirtschaftlich anfällige Macht. Außerdem wird die Multipolarität durch den zunehmenden Entspannungsprozeß gefördert. Leider habe sich die Entspannung der Ost/West-Beziehungen nicht auf das Nord/Süd-Verhältnis fortgepflanzt; die meisten Entwicklungsländer litten heute zwar nicht mehr unter dem Neokolonialismus alter Prägung, unterlägen dafür aber neuen Abhängigkeiten in Form von Verschuldung und "technologischem Kolonialismus".

Die Reformer waren von Anfang an darauf aus, das Verhältnis Chinas zu den beiden Supermächten zu entkrampfen. Dieses Bemühen kam nicht nur den Beziehungen gegenüber Washington zugute (Einrichtung diplomatischer Beziehungen 1979, Aufrücken der USA zum Außenhandelspartner Nr. 3 sowie Aufnahme von Kooperationsverbindungen auf technologischem und sogar militärischem Gebiet), sondern führte überdies zu "Normalisierungsgesprächen" mit der UdSSR, die 1979 einsetzten, dann allerdings (wegen des sowjetischen Einmarsches in Afghanistan) bis März 1983 ruhten und sich schließlich auf einen Halbjahrestakt einpendelten. "Normalisierung" hatte den chinesischen Vorstellungen zufolge auf eine "Enthegemonisierung" hinauszulaufen, wie sie beispielsweise zwischen China und den USA bereits im Shanghai-Kommuniqué vom Februar 1972 vereinbart worden war. Allerdings sollte die UdSSR ihren Hegemonieverzicht nicht nur in Worten, sondern vor allem durch drei Taten beweisen, nämlich durch das Abrücken ihrer Truppen von der nordchinesischen Grenze, durch den Verzicht auf ihr bisheriges Indochina-Engagement und durch Rückzug aus Afghanistan. Die Reformpolitik Gorbatschows, die als Nachahmung des chinesischen Vorbilds empfunden wurde, tat ein übriges, um die Atmosphäre aufzulockern.

Das sino-sowjetische Tauwetter führte auch zur Aufhellung der lange Zeit so düsteren chinesisch-osteuropäischen Beziehungen. Im Juni 1987 besuchte Zhao Ziyang fünf RGW-Länder und entdeckte dort - nach zweieinhalb Jahrzehnten der Distanz - drei gemeinsame Anknüpfungspunkte, nämlich "Frieden, Reformen und gegenseitige Wirtschaftsinteressen". Der "Ostblock" erfuhr in der chinesischen Bewertung nunmehr eine Vierteilung: Da waren einmal die fünf von Zhao Ziyang en bloc besuchten COMECON-Staaten Polen, DDR, CSSR, Ungarn und Bulgarien, zweitens die "besonderen Freunde" Rumänien und Jugoslawien, drittens die Sowjetunion und viertens jenes Albanien, mit dem China so turbulente Erfahrungen hatte sammeln müssen.

Gegenüber den westeuropäischen Ländern hatte sich schon seit Mitte der siebziger Jahre fast so etwas wie Freundschaft eingestellt.

Die schwierigen asiatischen Nachbarn

Vier asiatische Staaten erwiesen sich auch nach 1978 als "schwierige" Nachbarn, nämlich Japan, Indien, Indonesien und Vietnam.

Das Verhältnis zur wirtschaftlichen Supermacht Japan war durch drei wunde Punkte (wirtschaftliche Unterlegenheit Chinas, Kriegstrauma und Wiederaufrüstungsbefürchtungen) belastet. Im Interesse der wirtschaftlichen Zusammenarbeit beschloß China jedoch, mehr auf die gemeinsame Zukunft als auf die traumatische Vergangenheit zu schauen. Deshalb wurde beim Japan-Besuch des (damaligen ZK-Generalsekretärs) Hu Yaobang im November 1983 die Gründung eines "Komitees für die chinesisch-japanische Freundschaft im 21. Jahrhundert" vereinbart, das nach "vier Gesichtspunkten" funktionieren sollte: (1) Gegenseitige Freundschaft, (2) "korrekte Haltung" gegenüber den Konflikten der Vergangenheit, (3) Neubelebung des chinesisch-japanischen Friedens- und Freundschaftsvertrags von 1978 und (4) Fortsetzung des Freundschaftsverhältnisses "von Generation zu Generation". Mit Punkt (2) unterwarf sich Japan einer heiklen Verpflichtung; denn seitdem nahm sich die VR China das Recht heraus, sogar an seinen Schulbüchern herumzukritisieren und Spitzenpolitiker zu zensurieren, die es etwa wagten, den Yasukuni-Schrein zu besuchen, in dem Generäle verehrt werden, die 1937 ff. in China Krieg geführt hatten.

Das Verhältnis zu Indonesien litt immer noch unter dem "Schock des kommunistischen September-Aufstands" von 1965, der aus dem Blickwinkel der Suharto-Regierung systematisch von China unterstützt worden war. Auch in den achtziger Jahren glaubte man, hier noch nicht zur Tagesordnung übergehen zu dürfen.

Weitaus schwieriger gestaltete sich das Verhältnis zur Republik Indien. 20 Jahre nach dem Grenzkrieg von 1961/62 nahmen beide Seiten 1981 wieder Gespräche auf, die sich allerdings quälend über die Jahre hinschleppten, ohne daß das Hauptproblem, nämlich die Grenzfrage, auch nur annähernd gelöst worden wäre. China schlug hier zwar eine Paketlösung vor (Indien möge doch bitte die umstrittenen Gebiete im Ostabschnitt übernehmen, während China das

Areal im Westabschnitt behalte), doch Indien lehnte ab, da das Parlament in Delhi einen solchen "Kuhhandel" für unvereinbar mit der nationalen Würde Indiens hielt. Nur die Zeit konnte hier Wunden heilen!

Dramatisch gestaltete sich das Verhältnis zum Nachbarn Vietnam, das während der beiden Indochina-Kriege von Beijing jahrelang unterstützt worden war, das aber seit 1978 schlagartig als Hauptfeind Chinas in Asien galt, nachdem es dem COMECON beigetreten (1978), mit der Sowjetunion einen umfassenden Freundschafts- und Kooperationsvertrag abgeschlossen (1978), der Sowjetflotte die Camranh-Basis überlassen und schließlich, 1979, einen zweiwöchigen Blitzkrieg nach Kambodscha hinein unternommen hatte, der mit der Okkupation des Nachbarlands und der Einsetzung einer vietnamfreundlichen VRK(Volksrepublik Kampuchea)-Regierung endete. China antwortete auf dieses als Herausforderung empfundene Unternehmen mit einem "Erziehungsfeldzug" (17.2.-16.3.1979), der allerdings, anders als seinerzeit in Indien, auf halbem Wege steckenblieb und Beijing Gesicht kostete. Die chinesische Streitmacht, die in dem schwierigen Grenzgelände 4.000 Tote zurücklassen mußte, betrieb eine Politik der verbrannten Erde und fuhr nach ihrem Rückzug damit fort, Widerstandsfronten in Vietnam und Kambodscha (Rote Khmer!) zu unterstützen. Außerdem versuchte Beijing, die SRV fortan außenpolitisch zu isolieren. Im Januar 1980 lebte überdies der alte Streit um die Paracel- und Spratly-Inseln im Südchinesischen Meer wieder auf, der u.a. im Januar 1988 in kurze Seegefechte ausartete.

Die damalige Situation ließ z.T. archaische Vorstellungen wieder lebendig werden: Beijing verübelte den Vietnamesen vor allem die Respektlosigkeit gegenüber dem "Oberhaupt" der ostasiatischen Völkerfamilie. Gleichzeitig machte Nordkorea, das ja zu China in einem ähnlich traditionsbehafteten Verhältnis wie Vietnam steht, deutlich, wie man sich - ganz im Gegensatz zur SRV - gegenüber China "korrekt" verhält: Kontrastbilder aus dem konfuzianischen Familienalbum!

Wiedervereinigungsfragen

Zehn Jahre Kulturrevolution hatten die Taiwan- und Hong-kong-Frage aufs Abstellgleis geschoben. Erst die Reformer sorgten hier wieder für eine Neubesinnung. Bereits am 1.1.1979 erließ der NVK eine "Botschaft an die Landsleute auf Taiwan", die Versöhnung anbot. Zweiter Meilenstein war der Beijinger Neun-Punkte-Vorschlag, der am Doppelzehnten des Jahres 1981, also exakt am 70. Jahrestag der Xinhai-Revolution verkündet wurde. Angeboten wurden Gespräche zwischen KPCh und GMD, Maßnahmen zur Förderung des Handels, der Postverbindungen, des Verkehrs usw. sowie eine Politik der "Drei Beibehaltungen": Taiwan könne auch nach der Wiedervereinigung sein sozio-ökonomisches, politisches und militärisches (!) System weiterführen. Die martialische "Befreiungs"-Formel (jiefang) wurde durch den Ausdruck "Wiedervereinigung" (tongyi) ersetzt.

Im März 1982 öffneten sich die Tore für sämtliche bis dahin im Gefängnis eingekerkerten 4.237 ehemaligen GMD-Funktionäre, die seit 1949 wegen ihrer "Verbrechen am Volk" inhaftiert gewesen waren - eine weitere Geste in Richtung Taibei.

Am 17.8.1982 unterzeichneten Washington und Beijing ein Kommuniqué, in dem die USA sich verpflichteten, ihre Waffenlieferungen an Taiwan schrittweise zu reduzieren und sie nach einigen Jahren völlig einzustellen. Neben dem Shanghaier Kommuniqué vom Februar 1972 und dem Kommuniqué anläßlich der Aufnahme beiderseitiger diplomatischer Beziehungen von 1979 wurde diese Erklärung zur dritten Plattform der amerikanisch-chinesischen Beziehungen.

Taibei ließ sich auf die volksrepublikanischen Vorstellungen zwar nicht direkt ein, doch drückte es, allen Berührungsängsten zum Trotz, gegenüber dem anschwellenden Festlandshandel via Hongkong sowie gegenüber den Besuchen taiwanesischer Touristen die Augen zu.

Auch die Hongkong- und Macau-Frage kam ins Rollen. Nach einer China-Visite der britischen Premierministerin Thatcher im September 1982 begannen chinesisch-britische Hongkong-Verhandlungen, die sich über zwei Verhandlungsphasen (von Oktober 1982 bis Juni 1983 und von Juli 1983 bis September 1984) hinzogen und am 26.9.1984 zur Unterzeichnung einer Gemeinsamen Erklärung führten. Darin verpflichtete sich die britische Regierung, am 1.7.1997 die Souveränität über Hongkong an China zurückzugeben. Beijing andererseits versprach, die einstige Kronkolonie zum "Sonderverwaltungsgebiet" auszugestalten, das zwar außenpolitisch und militärisch der Amtsgewalt der VR China unterstehen, im übrigen aber weitgehende Autonomie genießen solle. Außerdem gewährte China eine 50jährige "Schonfrist", die von 1997 an beginnen und deren Einzelheiten durch ein "Grundgesetz" der VR China geregelt werden sollten.

Eine ähnliche Regelung wurde am 26.3.1987 mit der portugiesischen Regierung über Macau vereinbart. Die Übergabe sollte 1999 erfolgen.

XI.
Änderung und Wiederkehr

Zehn Jahre Reformen (1978-1988) haben das Gesicht Chinas zumindest äußerlich stärker verändert als drei Jahrzehnte Maoismus und 38 Jahre "Republik". Im vorliegenden Zusammenhang seien zunächst die Veränderungen, dann aber auch die Kontinuitäts-Phänomene aufzuzeichnen. Erst beides zusammen liefert eine brauchbare Beurteilungsgrundlage für die fernere Zukunft.

Änderungen

Die Volksrepublik der achtziger Jahre scheint auf den ersten Blick mit dem China der vierziger und fünfziger Jahre kaum noch etwas gemeinsam zu haben, von den vorausgegangenen Jahrzehnten ganz zu schweigen.

Da zeigen sich zunächst einmal demographische Veränderungen:

Mit dem Stichtag 1.Juli fand 1982 die dritte landesweite Volkszählung (nach 1953 und 1965) statt. Danach hatte China Mitte 1982 eine Einwohnerschaft von 1.031 Milliarden Menschen, die sich zu 93,3% aus Han-Chinesen zusammensetzte, einen Männerüberschuß (51,5%) aufwies und durch eine (gemessen an den Regierungszielen) immer noch zu hohe Wachstumsrate gekennzeichnet war (2,1% p.a. seit 1964!). Gegenüber 1950 hatte sich die Bevölkerung insgesamt verdoppelt!

Hatten ferner 1964 nur 10 Minderheiten die Millionen-Grenze überschritten, so waren es 1982 bereits 15 Minoritäten, deren Wachstum zudem wesentlich höher lag als das der Han-Bevölkerung.

Beachtlich auch die durchschnittliche Lebenserwartung, die bei 67,88 Jahren lag - gegenüber nur 35 Jahren vor 1949.

Hatte der Anteil der Städter 1964 noch 18,4% betragen, so lag er jetzt bei 20,6% - ein Brems-Erfolg, auf den China stolz sein konnte, für den nicht zuletzt aber auch die aus vorkommunistischer Zeit überkommene Danwei-Struktur ursächlich war.

Ein gegenüber 1949 nur unwesentlich verbessertes Bild bot der Bildungsstand: Während auf der einen Seite nur 4,4 Millionen Personen einen Hochschulabschluß vorweisen konnten, stieß man andererseits auf 235 Millionen Voll- und Halbanalphabeten.

Als extrem ungünstig erwies sich nach wie vor auch die demographische Verteilung: Im Osten Chinas (mit nur 46% der Gesamtfläche) lebten 94,1% der gesamten Bevölkerung, wobei es in einzelnen Regionen zu beängstigenden Verdichtungen kam, z.B. am Unterlauf des Yangzi zu Einwohnerzahlen zwischen 200 und 400 Kopf pro qkm, in den Küstenzonen von Zhejiang, Fujian und Guangdong sogar zwischen 400 und 800, im Yangzi- und Perlfluß-Delta, auf der Taihe-Ebene und nicht zuletzt auch in der Hangzhou-Bucht sogar auf 600 bis 1.000. Shanghai gar erwies sich mit über 22.000 Personen pro qkm als das eigentliche Ballungszentrum Chinas.

Immerhin konnten die Bevölkerungszähler auch beruhigende Parameter vorzeigen, so z.B. eine Zunahme in Richtung Bevölkerungsstabilisierung. Der Mittelwert des Bevölkerungsalters lag 1982 bei 22,91, während er 1964 noch bei 20,20 Jahren gelegen hatte. Der Prozentsatz der Kinder war also etwas zurückgegangen, während der Anteil der Alten sich vergrößert hatte (0-14 Jahre: 33,6%, 15-49 Jahre: 51%, über 50 Jahre: 15,1%).

Gleichzeitig war auch der Belastungskoeffizient der Erwerbsbevölkerung gegenüber Kindern gesunken, nicht jedoch gegenüber Pensionären. Je 100 Menschen zwischen 15 und 64 Jahren hatten beispielsweise 1953 noch 61,2 Kinder (unter 14 Jahren) und 7,4 Alte (über 65) ernähren müssen; 1982 waren es zwar nur noch 54,6 Kinder, doch hatte sich die Zahl der unterstützungsbedürftigen Alten inzwischen auf 8 erhöht und nimmt, wie unten S. 377 f. auszuführen, in Zukunft rapide zu.

Durchaus "normal" geblieben waren die Ehestandsdaten: Nur 28,56% aller Chinesen über 15 Jahre waren ledig, 63,67% dagegen verheiratet, 7,18% verwitwet und nur

0,59% geschieden - ein Beweis für die fortdauernde Stabilität der chinesischen Familie. Mehr als die Hälfte aller Neuvermählten hatten sich allerdings bereits ohne Zwischenschaltung von Eltern oder Heiratsvermittlern kennengelernt. 91% aller befragten Frauen hielten die Familie und den Beruf für gleich wichtig. 79% der Jungverheirateten zogen es vor, getrennt von ihren Eltern zu leben: dies waren drei als beunruhigend empfundene Entwicklungstendenzen. Obwohl es noch zahlreiche "Zwei"- oder gar "Drei-Generationen-Haushalte" gab, zeigte sich doch bereits eine Tendenz zur Kleinfamilie unter vier Personen.

Die ermittelten Zahlen bestätigten auch, was die Volkszähler längst vermutet hatten, daß nämlich ein Zusammenhang zwischen Kinderreichtum und Bildungsstand der Eltern besteht. Hatten nur 1,23% der Eltern mit Hochschulabschluß mehr als ein Kind, so waren es unter dem Personenkreis mit bloßer Grundschulausbildung bereits 26,75% und bei den Analphabeten gar 40,19%! Das Postulat, die Bevölkerungsexplosion primär durch Erziehung zu lösen, wurde von da an zu einem festen Bestandteil der chinesischen Bevölkerungspolitik, deren Ziel es ist, das Wachstum bis zum Jahr 2000 auf 1,2 Milliarden Einwohner zu limitieren - ein wohl kaum erreichbares Vorhaben!

Was die Beschäftigungsstruktur anbelangt, so wurden 51,94% der Gesamtbevölkerung als berufstätig erfaßt - eine Zahl, die 90,92% der arbeitsfähigen Bevölkerung (15-59 Jahre bei Männern und 15-54 Jahren bei Frauen) ausmachte. Kopfzerbrechen bereitet, wie unten S. 377 näher auszuführen, die wachsende Arbeitslosigkeit, die sowohl durch die Bevölkerungsexplosion als auch durch das drei Jahrzehnte lang starr gehandhabte System des verbeamteten Arbeiters und der hoheitlichen Arbeitsplatzzuweisung verursacht worden ist.

Ein Blick auf die Beschäftigungsart läßt erkennen, daß sich gegenüber 1949 nicht allzuviel geändert hat: waren doch nach wie vor 94,4% der berufstätigen Bevölkerung in der materiellen Produktion beschäftigt (Landwirtschaft: 73,73%, Industrie: 11,84%, Handel, Gastronomie usw.: 2,96%, Bauwesen: 2,1%, Verkehrs- und Postwesen: 1,63%, Bergbau: 1,58% usw.). Von den Berufstätigen der "nichtproduktiven" (sic!) Sektoren entfielen 2,37% auf die Bereiche Bildung, Kultur und Kunst, 1,54% auf Regierung, Parteien- und Massenorganisationen, 0,78% auf Gesundheitswesen und Soziales, 0,24% auf wissenschaftliche Forschung usw.

Alles in allem trug dieses Beschäftigungsbild durchaus noch "altchinesisches" Gepräge. Neu war lediglich die hohe Beschäftigungsrate der Frauen, deren Anteil bei einer Reihe von Handwerkssektoren inzwischen bereits die 50%-Marke überstiegen hatte.

Die Wandlungen des Wirtschaftsgefüges

Und die wirtschaftliche Situation? Verglichen mit den vorangegangenen drei Jahrzehnten (1949/79) und ihrer z.T. düsteren Bilanz begannen sich in den achtziger Jahren neuartige - und freundlichere - Umrisse einer Entwicklung abzuzeichnen, die als Weichenstellungen zum nachmaoistischen Zeitalter deutbar sind:

Da ist erstens eine bemerkenswerte Kontinuität: Während China bis Ende der siebziger Jahre von Krise zu Krise getaumelt, und jeder Notfall mit der heißen Nadel genäht worden war, hat sich in den achtziger Jahren ein eher gleichmäßiges - und wohltuendes - Dahinfließen eingestellt.

Ferner war es gelungen, die alten "Disproportionen" zwischen Industrie und Landwirtschaft, Schwerindustrie und Leichtindustrie, "Akkumulation" und Konsumtion" sowie zwischen "produktiven" und "konsumtiven Investitionen" (z.B. Wohnungsbau, Soziales) zu entschärfen und die Gesamtbalance wenigstens notdürftig wiederherzustellen.

Darüber hinaus wurde die Tonnenideologie durch mehr Qualitätsbewußtsein und das lange Jahre hindurch fast monokulturell gehegte Staatseigentum durch ein Filigran von Staats-, Kollektiv- und Privatbetrieben abgelöst.

Fünftens gelang es, ein Erzübel der überkommenen Gesellschaft, nämlich das Riesengefälle zwischen städtischem und bäuerlichem Lebensstandard, zu reduzieren.

Im Außenbereich verwandelte sich die bis 1978 fast wasserdicht abgeschottete Wirtschaft zu einem verhältnismäßig offenen System, das nicht nur Joint Ventures, sondern sogar

Unternehmen mit hundertprozentigem ausländischem Alleineigentum zuläßt.

Nicht zuletzt aber wurde gewaltig in die Köpfe investiert - und damit eine modernisierungsträchtige Konsequenz aus der kulturrevolutionären Erziehungskatastrophe gezogen.

Lebensqualität und soziales Klima

Die stereotype Aussage, daß in China niemand mehr hungern müsse, hat sich zwar längst als Klischee erwiesen, doch sind es "nur" noch 15% der Bauernhaushalte - und dies ist für China eine geringe Zahl -, die (nach dem Stand von 1987) mit einem Einkommen von unter 200 Yuan zurechtkommen müssen - und damit als wirklich "arm" gelten. Ansonsten aber ist nur noch das Anstehen nach billigen Lebensmitteln und die Benutzung von Rationierungskarten beschwerlich und zeitraubend. Wer es sich leisten kann, kauft im übrigen beim Privathändler. Als ärgerlich werden in diesem Zusammenhang vor allem die Inflation, die Korruption und das wachsende Einkommensgefälle empfunden.

Wohnraum ist knapp. Ein Städter mußte 1987 mit 6,32 qm Durchschnittswohnfläche auskommen - und auch bis zum Jahr 2000 kann er nur mit 8 qm rechnen. Viele Wohnanlagen haben seit Jahren keinen Maurer, keinen Anstreicher und keinen Glaser mehr gesehen und wirken verslumt. Weitaus besser schneiden hier die Bauern ab, die ihre Häuser in Eigenregie zu errichten pflegen. Um den Staatshaushalt zu entlasten und den Wohnungsbau anzukurbeln, lassen die Reformer seit 1986 Wohnungseigentum auf Erbbaurecht an private Interessenten veräußern. Wohnraum soll, wie es heißt, zur Ware - und als solche "kommerzialisiert" - werden. Der inzwischen ausgelöste Bauboom läßt allerdings die Baupreise in die Höhe schießen und kostet außerdem wertvollen Boden.

Das Gesundheitssystem Chinas kann sich sehen lassen. Von Anfang an richtete es sich nach vier Prinzipien: "Medizin in die Fabriken und aufs Dorf", Vorbeugung an erster Stelle, Synthese von traditioneller und westlicher Medizin sowie Verbindung von Gesundheitspflege mit Massenbewegungen. Im Zuge der "Patriotischen Hygienebewegungen" von 1952 ff. und 1978 ff. wurden beispielsweise die

"Zwei Kontrollen" (über Trinkwasser und Jauche) und die "Fünf Verbesserungen" (Brunnen, Latrinen, Ställe, Herde und Umwelt) millionenfach in die Praxis umgesetzt. Außerdem gelang es, die "Vier Seuchen" (u.a. Schneckenfieber, Pocken, Flecktyphus, TBC etc.) im wesentlichen auszurotten. An ihre Stelle sind "modernere" Krankheiten wie Herzleiden oder bösartige Geschwulste getreten. Die Lebenserwartung stieg von 35 Jahren (1949) auf 69 (1989), womit China bereits weltweit zu den zehn Ländern mit der höchsten Lebenserwartung gehört.

Auch das Schulwesen hat sich nach den Rückschlägen der Kulturrevolution schnell erholt. Zwar bereiten die 235 Millionen Analphabeten, die bei der Volkszählung von 1982 festgestellt wurden, immer noch Kopfzerbrechen; doch hat sich auf der anderen Seite in wenigen Jahren bereits wieder ein breiter Fächer von Schulen entfalten können. Lehren und Lernen sind Bereiche, deren Fortentwicklung angesichts einer uralten·einheimischen Lerntradition die geringsten Sorgen verursachen.

Auch die Gleichberechtigung der Frau ist inzwischen so selbstverständlich, daß sie kaum noch thematisiert wird, wenngleich unheimliche Dunkelziffern ermordeter weiblicher Säuglinge einen Beweis dafür liefern, daß die patriarchalische Vergangenheit noch lange nicht ausgestorben ist.

Das Land wirkt wohlgeordnet, die Kriminalitätsrate liegt weit unter dem Weltdurchschnitt, und niemand muß, wie in vielen anderen Entwicklungsländern, Todesschwadronen oder die Überfälle von "Kriegsherren" befürchten.

Der soziale Fortschritt beschränkt sich im Neuen China außerdem nicht nur auf die Städte, sondern hat auch die Dörfer erfaßt - ein Hauptverdienst der KPCh-Führung, deren Revolution allerdings trotz solcher Pluspunkte inzwischen grau geworden ist.

Sorgen bereiten andererseits die Engpässe im Rohstoff-, Energie- und Transportbereich, die inneren Widersprüche (man fordert beispielsweise westliche Technologie, "Wahrheit in den Tatsachen" und Effizienz, verbietet aber "Verwestlichung", Kritik an der KP und "reine Gewinnorientierung") sowie die wachsenden Subventionslasten für die Versorgung der städtischen Bevölkerung, vor allem aber die steigende Arbeitslosigkeit, die Rentenlücke und die offensichtlich noch lange nicht gebremste Bevölkerungsexplosion.

Die Arbeitslosigkeit wurde lange Zeit in typisch chinesischer Weise verbal kaschiert, indem man von Personen sprach, die "auf Arbeit warten" (daiye). In den Städten sank die Rate zwar von 5,3% (1978) auf 2% (1987); doch gelten nach offiziellem Eingeständnis 15-20% aller Arbeiter als "überschüssig", da es ja bis vor kurzem üblich war, daß "Fünf die Arbeit von Drei" erledigten. 1986 wurden die gesetzlichen Grundlagen für einen landesweiten Personalabbau im Wege der Rationalisierung gelegt. Ferner wird inzwischen der auf Lebenszeit angestellte Arbeiter, der "aus dem eisernen Reisnapf ißt" sowie der Kader, der "im eisernen Lehnstuhl sitzt", durch den Vertragsarbeiter und z.T. sogar durch den Vertragskader abgelöst: ein epochaler Einschnitt in die Sozialpolitik des Neuen China!

Besonders hoch ist die verdeckte Arbeitslosigkeit auf den Dörfern. Hier sollen deshalb in den nächsten Jahren 200 Millionen Arbeitskräfte freigesetzt werden. Zum Teil möchte man sie auf tertiäre Berufe umschulen - einen Sektor also, den die Reformer erst in den achtziger Jahren "entdeckt" haben und der von den linken Kritikern als Einfallstor des Kapitalismus beargwöhnt wird.

Alle zwei Jahre kommt auf den Markt der VR China ein Arbeitskräfteschub zu, der zahlenmäßig genauso hoch ist wie das gesamte Arbeitskräftepotential der Bundesrepublik Deutschland. Man braucht kein Prophet zu sein, um vorauszusagen, daß der "Widerspruch" zwischen Angebot und Nachfrage wächst, und daß die hier entstehende Lücke auch nur dann wenigstens halbwegs gefüllt werden kann, wenn sich Wirtschaft und Gesellschaft Chinas noch weiter entbürokratisieren und diversifizieren. Eine Rückkehr zu den vorreformerischen Verhältnissen verbietet sich schon aus diesem Grund!

Neben der steigenden Arbeitslosigkeit bereitet der schnelle Alterungsprozeß Kopfzerbrechen: 1932 gab es im ganzen Land nur 78 Millionen Menschen mit einem Alter von über 60 Jahren (= 7,7%); bereits um die Jahrtausendwende aber muß mit 134 Millionen (= 10,7%) gerechnet werden und bis 2025 sogar mit 287 Millionen (= 20,3%). Damit gehört das ganze Land schon in den neunziger Jahren zu den "Aged-type-countries" im Sinne der UNO-Definition (= 10% der Bevölkerung über 60); in einigen Städten wie Beijing und Shanghai ist dieser Zustand sogar schon heute erreicht. Während die westlichen Industrieländer für eine Steigerung des Altenanteils von 5 auf 7% im Durchschnitt fast 100 Jahre brauchten, benötigt China dazu voraussichtlich nur 18 Jahre (1982-2000). Damit aber schwebt ein sozialer Atompilz in Form eines gewaltigen Belastungskoeffizienten über den nächsten Generationen. Da der Staat die hier anstehenden Lasten nie und nimmer tragen kann, müssen sie auf die Schultern der Familien und der Danweis verteilt werden. Die Familie freilich steht inzwischen auf schwachen Beinen (Ein-Kind-Familien!), die Danweis aber sind ungleich belastet: Alte Textilfabriken in Shanghai beispielsweise ächzen unter den Betriebsrentenzahlungen für ihre zahlreichen Pensionäre, während neugegründete Firmen wie das Shanghaier Baoshan-Stahlwerk vorerst überhaupt keine Pensionslasten zu tragen haben.

Die chinesische Gesellschaft wird aber nicht nur anfälliger für Arbeitslosigkeit und älter in ihrem Aufbau, sondern auch immer reicher an Zahl. Trotz der Ein-Kind-Politik scheint die Bevölkerungszunahme nach wie vor unkalkulierbar. Die Führung hofft zwar, daß das Wachstum bis zum Jahr 2000 bei 1,2 Milliarden zum Stillstand kommt, doch könnten es bis dahin gut und gern auch 1,28 Milliarden sein - ein "kleiner" Unterschied von 80 Millionen Neubürgern!

Trotz solcher dunkler Flecken, die auf Lebensqualität und soziales Klima abfärben, kann sich das Gesamtergebnis der bisherigen Entwicklung aber durchaus sehen lassen.

Die Reformer nannten für ihre Erfolge vier Hauptursachen, nämlich die systematische Förderung des Dorfs in Richtung Spezialisierung, Kommerzialisierung und Mechanisierung, zweitens die "richtige Behandlung" des Verhältnisses zwischen Akkumulation und Konsumtion, ferner die Doppelwohltat von Strukturreform und "Türöffnung nach außen" sowie, viertens, die Effizienzorientierung ihrer Politik.

*Die Rückkehr der "Normalität" im Zeichen des Metakonfu-
zianismus*

Weitaus durchschlagender freilich als eine in sich schlüssige
Wirtschaftspolitik hat sich hier die von den Reformern ge-
förderte Rückkehr von Werten und Verhaltensmaßstäben
ausgewirkt, die vom Durchschnittschinesen wieder als
"normal" empfunden wurden. China erschien jetzt nicht
mehr als sozialistische oder kapitalistische, sondern als
Übergangs-Gesellschaft auf dem Wege zu einem Wertesy-
stem, das sich als "Konfuzianismus des kleinen Mannes"
bezeichnen läßt. Einzelheiten dieses "Metakonfuzianismus"
hat der Autor an anderer Stelle beschrieben[*]; hier sollen
nur Stichpunkte genannt werden: "Gemeinschaftsbezogen-
heit", ständiges Lernen, strikte Hierarchie, Diesseitsfröm-
migkeit, "Gesichts"-bezogene Ordnungsvorstellungen, Dualismus zwischen Danwei- und Transdanweibereich, bürokratische Durchdringung der Gesellschaft und positive Wirt-
schaftsgesinnung (im Sinne von Leistungsanerkennung,
Gewinnstreben, Sparsamkeit und "Korporativität").

Hält man sich diese Einzelheiten, die übrigens auch
während der Mao-Jahre insgeheim den Maßstab für die
Beurteilung "normaler" und "anomaler" Politik abgegeben
hatten, vor Augen, so wird schnell deutlich, warum Mao
Zedong mit seinen revolutionären Visionen von vornherein
zum Scheitern verurteilt war: Seine Klassenkampfpriorität
widersprach den "Harmonie"- sowie den "Korporativitäts"-
Vorstellungen und mußte als "luan" (Chaos) empfunden
werden; seine Kritik- und Selbstkritikpostulate waren,
metakonfuzianisch gesehen, Aufforderungen zu systemati-
scher "Gesichtsverletzung", seine Visionen und zukunftsge-
richteten Forderungen prallten an der Nüchternheit
("Machbarkeit", Vergangenheitsorientierung) des Durchschnittschinesen ab. Sein Egalitarismus verstieß gegen ein-
gefahrene Hierarchiegewohnheiten, seine Betonung des
"Politischen" negierte das Leistungsprinzip und seine organisatorische Durchdringungspolitik (Auflösung des überkommenen Dorfs mit Hilfe der Volkskommune; "je größer,

---

[*] China: Zwischen Marx und Konfuzius, 3. Aufl., München 1988, S.290 ff.

desto sozialistischer" etc.) rüttelte am eingefahrenen Dualismus zwischen Danwei- und Transdanweibereich. Nicht
zuletzt aber verletzte der langjährige Extremismus das ein-
gewurzelte "Mitte"- und "Gleichgewichts"-Verlangen und
schlug als Bumerang auf den Maoismus zurück.

Das Verdienst der Reformer bestand darin, daß sie die
ewigen Zerreißproben beendet, die Mißklänge harmonisiert
und die "Verstiegenheiten" der maoistischen Politik wieder
abgebaut - und damit gleichzeitig den Weg zur "Re-Norma-
lisierung" geebnet haben. Japan, das von ähnlichen meta-
konfuzianischen Wertevorstellungen beherrscht ist, hat bewiesen, daß moderne Technologie und modernes Management mit überkommenen Traditionen keineswegs unvereinbar, sondern im Gegenteil höchst effizient kombinierbar
sind, wobei sich vor allem die so altmodisch anmutenden
personalistischen Rückkoppelungsschleifen bewähren.

Mit ihrer Politik der Betriebs-Autonomisierung trugen
die Reformer der Danwei-Struktur, mit ihrer Ächtung des
Klassenkampfes den Harmonie-, Ordnungs- und "Gesichts"-
Gewohnheiten Rechnung. Ihre Nüchternheit ließ die Zukunft wieder "machbar" erscheinen, und ihre Toleranz gegenüber neu entstandenen sozialen Gefällestufen bestätigte
alte Hierarchiegewohnheiten. Ihre Duldung von Guanxi-
Verbindungen belebte die korporativistische Tradition, und
ihr Leistungspostulat ließ überall zustimmendes Kopfnicken
aufkommen: hat sich doch das chinesische Volk seit unvor-
denklichen Zeiten daran gewöhnt, daß Leistung soziale Anerkennung verdient - man denke an die altehrwürdige Exa-
menstradition. Die Vergangenheit lebt!

Am Ende erweist sich die Geschichte Chinas im 20. Jh.
als kontinuierlicher Selbsterfahrungsprozeß, der im Wege
permanenten Experimentierens alle Höhen und Tiefen
durchmessen hat: Während in den jeweiligen Anlaufphasen
(1911 ff., 1927 ff., 1949 ff.) Fremdbestimmung herrschte, die
weit von den "Normalitäts"-Erfahrungen des chinesischen
Volkes hinwegführte, pflegte in den nachfolgenden Jahren
fast zwanghaft eine Rückbesinnung auf das eigene Wertesy-
stem einzusetzen, das bei aller Sättigung mit traditionellen
Elementen doch stets auch modernen Anforderungsprofilen
gerecht zu werden wußte.

Bibliographie

I. Literaturhinweise zu den einzelnen Kapiteln

Zu Kapitel I (1911-1918)

Chen Shaokwa: The System of Taxation in China (1644-1911), New York, Columbia University Press 1914 - Roswell, S.Britton: The Chinese Periodical Press (1800-1912), Shanghai 1933 - Chuzo Ichiko: The Railway Protection Movement in Szechuan in 1911, Tokyo 1955 - Li Chien-nung, The Political History of China (1840-1928), Stanford/ Cal. - Wright, Mary C.: The last Stand of Chinese Conservatism. The T'ung-chih Restauration (1862-1874), Stanford/ Cal.1957 - Linebarger, Richard, P.M.A.: The Political Doctrines of Sun Yat-sen, Taipeh 1957 - Beal, Edwin G.: The Origin of Likin, Cambridge/Mass. 1958 - Franke, Wolfgang: Das Jahrhundert der chinesischen Revolution, München 1958 - Huang Te-ua: Huang Hsing and the Chinese Revolution, Stanford University, Priscall 1961 - Wu Yu-cheng: The Revolution of 1911, Peking 1962 - Kindermann, Gottfried Karl: Konfuzianismus, Sunyatsenismus und chinesischer Kommunismus. Dokumente zur Begründung und Selbstdarstellung des chinesischen Nationalismus, Freiburg i.Br. 1963 - Skinner, William G.: Marketing and Social Structure in Rural China, Journal of Asian Studies, 24:1 (1964) und 24:2 (1965) - Hou Chi-ming: Foreign Investment and Economic Development in China (1840-1937), Cambridge/Mass. 1965 - Peeters, Florent: Die Lehren Sun Yat-sens, Hannover 1969 - Eine Textzusammenstellung ohne Autor: "Guofu yijiao" (Das Vermächtinis des Landesvaters), Taibei 1967 - Wright, Mary C.: China in Revolution. The First Phase 1900-1913, New Haven 1968 - Jean Chesneaux: Geschichte Ost- und Südostasiens im 19. und 20. Jahrhundert, Köln 1969 - Jack Gray (ed.): Modern China's Search for a Political Form, London 1969 - Gottfried Karl Kindermann: Pekings chinesische Gegenspieler. Theorie und Praxis nationalchinesischen Widerstands auf Taiwan, Düsseldorf 1977 - Ernest P.Young: The Presidency of Yuan Shih-k'ai. Liberalism and Dictatorship in Early Republican China, Ann Arbor, The University of Michigan 1977 - Weggel, Oskar: Chinesische Rechtsgeschichte, Leiden, Köln 1980 - The Cambridge History of China (eds. Denis Twichett and John K.Fairbank), vol.11, Late Ch'ing 1800-1911, part 2, Cambridge, London u.a. 1980 Jian Bozan u.a. in: Kurzer Abriß der chinesischen Geschichte, Beijing 1982, 2.Aufl. - Hu Sheng in: The 1911 Revolution. A

Retrospective after 70 Years, Beijing 1983 - Kwong, Luke S.K., A Mosaic of the Hundred Days. Personalities, Politics and Ideas of 1898, Cambridge/Mass., London 1984 - Fairbank, John King: The Great Chinese Revolution, 1800-1985, New York 1986.

Zu Kapitel II (1919-1927)

Russell, Bertrand: The Problem of China, London 1922 - Borg, Dorothy: American Policy and the Chinese Revolution, 1925-1928, New York 1947 - Epstein, Israel: Labour Problems in Nationalist China, New York 1949 - Liu F.F.: A Military History of Modern China, 1924-1949, Princeton 1956 - Franke, Wolfgang: Chinas kulturelle Revolution und die Bewegung vom 4. Mai 1919, München 1957 - Tschiang Kai-schek: Sowjetrußland in China, Bonn 1957 - Brandt, Conrad : Stalin's Failure in China, 1924-1927, Cambridge/ Mass. 1958 - Chow Tse-tung: The May 4th Movement. Intellectual Revolution in Modern China, Cambridge/Mass. 1960 - Jean Chesneaux: Le mouvement ouvrier chinois de 1919 à 1927, Paris, La Haye 1962 - North, Robert C.: Moscow and the Chinese Communists, Stanford/Cal. 1962 - Ders. zus. mit Eudin, Xenia J.: M.N. Roy's Mission to China. The Communist-Kuomintang Split of 1927, Berkeley, Los Angeles 1963 - Sheridan, James E.: The Career of Feng Yühsiang, Stanford/Cal. 1966 - Gillin, Donald G.: Warlord. Yen Hsi-shan in Shansi Province 1911-1949, Princeton, New Jersey 1967 - Meisner, Maurice: Li Ta-chao and the Origins of Chinese Marxism, Cambridge/Mass. 1967 - Schwartz, I.: Chinese Communism and the Rise of Mao, New York, Evanston, London 1967 - Isaacs, Harold: The Tragedy of Chinese Revolution, New York, 2.rev. ed. 1968 - Felber, Roland und Gruner, Fritz (Hrsg.): Li Dazhao im Kampf für ein sozialistisches China, Leipzig 1969 - Trotzki, Leo: Die permanente Revolution, Frankfurt/M. 1969 - Heinzig, Dieter: Die Anfänge der Kommunistischen Partei Chinas im Lichte der Memoiren Chang Kuo-t'aos, Bd.35 der Mitteilungen des Instituts für Asienkunde, Hamburg 1970 - Loh, Pichon P.Y.: The Early Chiang Kai-shek. A Study of his Personality and Politics. 1887-1924, New York (Columbia University) 1971 - Tuchmann, Barbara: Sand gegen den Wind. Amerika und China 1911-1945, Stuttgart 1973 - Deng Zhongxia: Kurze Geschichte der chinesischen Arbeiterbewegung (1919-1926), deutsch hrsg. von Werner Meißner und Günther Schulz, Reinbek b.Hamburg 1975 - Ch'i Hsi-sheng: Warlord Politics in China: 1916-1928, Stanford/Cal. 1976 - McCormack, Gavan: Chang Tso-lin in Northeast China 1911-1928, Stanford/Cal. 1977 - Holubnychy, Linda: Michael Borodin and the Chinese Revolution 1923-1925, Columbia University 1979 - Jacobs, Dan N.: Borodin, Stalin's Man in China, Cambridge/Mass. 1981 - Keiji Furuya und Chang Chun-ming: Chiang Kai-shek. His Life and Times, New York 1981 - Bartke, Wolfgang: Die großen Chinesen der Gegenwart, Frankfurt/M. 1985 - Graf Kielmansegg, J.A. und Weggel, Oskar: Unbesiegbar? China als Militärmacht, Stuttgart, Herford 1985 - How, Julie Lien-ying: Soviet Advisers with the Kuominchun, 1925-1926. A Documentary Survey, Armonk, N.Y. (Chinese Studies in History, vol.XIX, no.1-2, Winter 1985/86) - Mohr, Ernst Günther: Die unterschlagenen Jahre. China vor Mao Tse-tung, Esslingen, München 1985 - Seagrave, Sterling: Die Soong-Dynastie. Eine Familie beherrscht China, Frankfurt 1988.

Zu Kapitel III (1928-1937)

Amann, Gustav: Chiang Kai-shek und die Regierung der Kuomintang in China, Heidelberg, Berlin 1936 - Burton, Wilbur: Chiang's Secret Blood-Brothers, Asia, May 1936 - Wright, S.F.: China's Struggle for Tariff Autonomy 1843-1938, Shanghai 1938 - The China Annual 1943, Tokyo, Shanghai 1943, - Isaacs, Harold R.: The Tragedy of the Chinese Revolution, Stanford/Cal, rev. ed. 1951 - Mjao Tschu Hwang: Kurze Geschichte der Kommunistischen Partei Chinas, Peking 1956 - Brandt, Conrad: Stalin's Failure in China, Cambridge/Mass. 1958 - Schwartz, Benjamin I.: Chinese Communism and the Rise of Mao, 4th ed., Cambridge/Mass. 1961 - Luo Ruiqing u.a.: A Turning-point in Chinese History. Zhou Enlai and the Xi'an Incident, Beijing 1963 - Shun-hsin Chou: The Chinese Inflation 1937-1949, New York 1963 - Buck, John Lossing: Land-Utilization in China. 1929-1933, New York 1964 (Nachdruck) - Ch'en Jerome: Mao and the Chinese Revolution, London, New York, Kuala Lumpur 1965 Fairbank, John K. in: Fairbank, Reischauer, Craig: East Asia. The Modern Transformation, Boston, Tokyo 1967, 2nd printing - Mao Tse-tung, Ausgewählte Werke, Bd.I, Peking 1968 - Boorman, Howard L. und Howard, Richard C., eds.: Bibliographical Dictionary of Republican China, New York, London 1968 - Domes, Jürgen: Vertagte Revolution. Politik der Kuomintang in China 1923-1937, Berlin 1969 - Schenke, Wolf: Mit China allein. Entscheidende Jahre 1939-1947, Hamburg 1971 - Hudelot, Claude: Der Lange Marsch, Frankfurt/M. 1972 - Otto Braun: Chinesische Aufzeichnungen 1932-1939, Berlin-Ost 1973 - Manfred Hinz (Hrsg.): Räte-China. Dokumente der chinesischen Revolution (1927-31), Frankfurt, Berlin, Wien 1973 - Eastman, Lloyd E.: The Abortative Revolution. China under Nationalist Rule 1927-1937, Cambridge/Mass. 1974 - Crozier, Brian: The Man, who lost China, New York 1976 - Menzel, Ulrich: Wirtschaft und Politik im modernen China, Opladen 1978 - Boorman, Howard L. (ed.): Biographical Dictionary of Republican China, New York und London 1979 - Zhou Enlai: Ausgewählte Schriften, Bd.I, Beijing 1981 - Meyer, Hektor: Die Entwicklung der kommunistischen Streitkräfte in China von 1927 bis 1949. Dokumente und Kommentar, Berlin, New York 1982 - Weggel, Oskar: Xinjiang. Das zentralasiatische China. Eine Landeskunde, Bd.130 der Mitteilungen des Instituts für Asienkunde, Hamburg 1984 - Epstein, Israel: Vom Opiumkrieg bis zur Befreiung, Beijing 1985 - Mohr, Ernst Günther: Die unterschlagenen Jahre. China

vor Mao Tse-tung, Esslingen und München 1985 - Salisbury, Harrison E.:
Der Lange Marsch, Frankfurt/M. 1985 - May, Ernest R. und Fairbank,
John K.: America's China-Trade in Historical Perspective: The Chinese
and American Performance, Cambridge/Mass. 1986 - Hao Yen-p'ing:
The Commercial Revolution in 19th Century China: The Rise of Sino-
Western Mercantile Capitalism, Berkeley and Los Angeles 1986 - Raten-
hof, Udo: Die Chinapolitik des Deutschen Reiches 1871-1945. Wirtschaft
- Rüstung - Militär, Boppard/Rh. 1987 - Seagrave, Sterling: Die Soong-
Dynastie. Eine Familie beherrscht China, Frankfurt 1988 - Shanghai.
Chinas Tor zur Welt, erschienen in der Publikationsreihe der Landeszen-
trale für Politische Bildung Hamburg, Hamburg 1989.

Zu Kapitel IV (1937-1945)

White/Jacoby: Donner aus China, Stuttgart u.a. 1949 - Tschiang Kai-
schek: Sowjetrußland in China, Bonn 1957 - Yoshihashi Takehiko: Con-
spirancy at Mukden: The Rise of the Japanese Military, New Haven 1963
- Ogata Sadako N.: Defiance in Manchuria. The Making of Japanese
Foreign Policy 1931-1932, Berkeley 1964 - Young, John: The Research
Activities of the South Manchurian Railway Company, 1907-1945, The
East Asian Institute, Columbia University, New York 1966 - Nieh Yu-hsi:
Die Entwicklung des chinesisch-japanischen Konflikts in Nordchina und
die deutschen Vermittlungsbemühungen 1937-1938, Hamburg 1970 - Hsu
Long-hsuen und Chang Ming-kai: History of the Sino-Japanese War
(1937-1945), Taipei 1971 - Weggel, Oskar: Miliz, Wehrverfassung und
Volkskriegsdenken in der VR China, Boppard 1977 - Neueste Geschichte
Chinas, hg. von einem sowjetischen "Autorenkollektiv" Berlin-Ost 1979 -
Kielmansegg, Johann Adolf Graf/Weggel, Oskar: Unbesiegbar? China
als Militärmacht, Stuttgart/Herford 1985 - Fairbank, John K.: The Great
Chinese Revolution 1800-1985, New York 1986 - Weggel, Oskar: Welt-
geltung der VR China, München 1986.

Zu Kapitel V (1945-1949)

Department of State: United States Relations with China, with Special
Reference to the Period 1944-1949, Washington D.C. 1949 - The Huaihai
Battle, geschrieben von einem "Militärkorrespondenten" in People's
China, 1.8.1950 - Feis, Herbert: The China Tangle: The American Effort
in China from Pearl Harbor to the Marshall Mission, Princeton 1953 -
Clubb, C.E.: Chiang Kai-sheks Waterloo: The Battles of Hwai-hai, Pacific
Historical Review, XXV-4, Nov.1956 - Liu F.F.: A Military History of
Modern China, Princeton 1956 - Mjau Tschu Hwang: Kurze Geschichte
der Kommunistischen Partei Chinas, Peking 1956 - Tschiang Kai-schek:
Sowjetrußland in China, Bonn 1957 - Chow Ching-wen: Ten Years of
Storm. The True Story of the Communist Regime in China, New York

1960 - Tang Tsou: America's Failure in China, 1941-1950, Chicago 1963 - Loh, Pichon, Peter Y.: The Kuomintang Debacle of 1949: Conquest or Collapse?, Boston 1965 - Kerr, Alfred: Formosa Betrayed, London 1966 - Bianco, Lucien: Der Weg zu Mao. Die Ursprünge der Chinesischen Revolution, Berlin, Frankurt, Wien 1969 - Beal, John Robinson: Marshall in China, Toronto 1970 - Kubek, Anthony (ed.): Amerasia Papers: A Clue to the Catastrophe of China, US-Government Printing Office, Washington D.C. 1970 - Malraux, André: Antimemoiren, Frankfurt, Hamburg 1971 - Hinton, William: Fanshen. Dokumentation über die Revolution in einem chinesischen Dorf, Band 1 und 2, Frankfurt 1972 - Tuchmann, Barbara: Sand gegen den Wind. Amerika und China 1911-1945, Stuttgart 1973 - Morwood, William: Duel for the Middle-Kingdom. The Struggle between Chiang Kai-shek and Mao Tse-tung for Control of China, New York 1980 - Keiji Furuya und Chang Chun-ming: Chiang Kai-shek. His Life and Times, New York 1981 - Fairbank, J.K.: The Great Chinese Revolution: 1800-1985, New York 1986.

Zu Kapitel VI (1949-1952)

Liao Lu-yen: Rural Class Status and Land Reform in: Supplement to PC, Peoples' China, 16.10.50 - Walker, Richard L.: China unter dem Kommunismus - Die ersten fünf Jahre, Stuttgart 1956 - Chen, Theodore H.E.: Thought Reform of Chinese Intellectuals, Hongkong 1960 - Chen Cheng: Land Reform in Taiwan, Taipei 1961 - Coillie, Dries van: Der begeisterte Selbstmord. Im Gefängnis unter Mao Tse-tung, Freiburg 1967 - Tang, Peter S.H. und Maloney, Joan M.: Communist China: The Domestic Scene 1949-1967, New Jersey 1967 - Walker, Richard W.: Die Menschen-opfer des Kommunismus in China, Wien 1974 - Weggel, Oskar: Das Ehe- und Familienrecht der VR China, C.a., September 1976 - Weggel, Oskar: Die Kampagne ist tot, es lebe die Strukturreform. Eine weitere Kehrt-wendung im nachmaoistischen China, C.a., Januar 1984 - Weggel, Oskar: Weltgeltung der Volksrepublik China. Zwischen Verweigerung und Impansionismus, München 1986 - Wu Xiuquan: Acht Jahre im Außen-ministerium, Beijing 1987.

Zu Kapitel VII (1953-1957)

Einzelheiten Li Fu-ch'un: First Five-Year-Plan for Development of the National Economy of the People's Republic of China in 1953-1957, adopted on July 30, 1955 by the First National People's Congress of the People's Republic of China at its Second Session, Beijing 1956 - Chao Kuo-chün: Agrarian Policies of Mainland China: A Documentary Study, 1949-1956, Cambridge/Mass. 1957 - Whiting, Allen S.: Soviet Policies in China, New York 1957 - Eskelund, Karl: The Red Mandarins, London 1959 - Chow Ching-wen: Ten Years of Storm. The True Story of the

Communist Regime in China, New York 1960 - Grossmann, Bernhard: Die wirtschaftliche Entwicklung der Volksrepublik China, Stuttgart 1960 - Communist China 1955-1959. Policy Documents with Analysis, Harvard University Press, Cambridge/ Mass. 1962 - The Rectification Campaign at Peking University: May/June 1957 in: CQ, Nr.12, 1962 - Ishikawa Shigeru: Choice of Technics in Mainland China, in: The Developing Economies, Preliminary Issue no.2, Tokyo, September, Dezember 1962 - Lewis, John W.: Chinese Communist Party Leadership and the Succession to Mao Tse-tung: An Appraisal of Tensions, U.S. Department of State Policy Research Study, January 1964 - North, Robert C.: Soviet Russia and the East, 2nd ed., Stanford/Cal. 1964 - Rensselaer, W.L.: The Hsia Fang System: Marxism and Modernization, in: C.Q., no.28, 1966 - Wilbur, C.Martin: The Communist Movement in China, New York 1966 - Albrecht, Dietmar: Partei, Bourgeoisie und Intelligenz im Übergang zum Sozialismus. Eine Untersuchung zur Berichtigungsbewegung der Jahre 1956/57 in der VR China, Bd.85 der Mitteilungen des Instituts für Asienkunde, Hamburg 1977 - Mineo Nakajima: The Kao Kang Affair and Sino-Soviet Relations, Review (Japan Institute of International Affairs), March 1977 - Kraus, Willi: Economic Development and Social Change in the People's Republic of China, New York, Heidelberg, Berlin 1979 - Teiwes, Frederick C.: Politics and Purges in China. Rectification and the Decline of Party Norms 1950-1965, New York, Folkestone/Kent, England 1979 - Neueste Geschichte Chinas: Von 1917 bis zur Gegenwart, von einem "Autorenkollektiv", Berlin-Ost 1979 - Weggel, Oskar: Schuld und Sühne. Danwei-, Anstalts-, Laojiao-, Laogai- und Gefängniserziehung in China, C.a., Oktober 1981 - Yue Daiyun: Als hundert Blumen blühen sollten, Bern, München 1986.

Zu Kapitel VIII (1958-1965)

Eighth National Congress of the Communist Party of China, Peking 1956, vol.I - Die Dokumente der 2.Plenartagung des VIII. Parteitags der KPCh, Peking 1958 - Lin Biao: Lange lebe der Sieg im Volkskrieg, Beijing 1965 - Liu Shaoqi: Wie man ein guter Kommunist wird, Peking 1965 - Die Polemik über die Generallinie der Internationalen Kommunistischen Bewegung, Beijing 1965 - Donnithorne, Audrey: China's Economic System, London 1967 - Baum, Richard und Teiwes, Frederick C.: Szu Ch'ing: The Socialist Education Movement of 1962-1966, Berkeley/Cal. 1968 - Schurmann, Franz: Ideology and Organization in Communist China, Berkeley/Cal. 1968 - Rural People's Communes in Lian-Chiang, edited by Chen-Ridley, Hoover Institution Publications, No.93, Stanford/Cal. 1969 - Maxwell, Neville: India's China War, London 1970 - Machetzki, Rüdiger: Chronologie des innerparteilichen Linienkampfes in der KP Chinas, 1954-1965, Bd.57 der Mitteilungen des Instituts für Asienkunde, Hamburg 1973 - Weggel, Oskar: Die Alternative China. Politik,

Gesellschaft, Wirtschaft der VR China, Hamburg 1973 - Weggel, Oskar: Wie eine Volkskommune funktioniert, in: C.a., März 1974 - Luther, Jörg-Michael: Liu Shaoqis umstrittenes Konzept zur Erziehung von Partei-mitgliedern, Bd.100 der Mitteilungen des Instituts für Asienkunde, Hamburg 1978 - Garms, Eckard: Wirtschaftsreform in China. Chinesische Beiträge zur Theoriediskussion von Sun Yefang u.a., Nr.113 der Mitteilungen des Instituts für Asienkunde, Hamburg 1980 - Weggel, Oskar: China und Tibet. Wie Feuer und Holz, C.a., Dezember 1983 - Memoirs of Peng Dehuai: Memoirs of a Chinese Marshal, The Autobiographical Notes of Peng Dehuai (1898-1974), Beijing 1984 - Yue Daiyun: Als Hundert Blumen blühen sollten, Bern und München 1986 - Dai Houying: Die Große Mauer, München/Wien 1987.

Zu Kapitel IX (1966-1976)

Chen, Chester: The Politics of the Chinese Red Army, Stanford/Cal. 1966 - CCP Documents of the Great Proletarian Cultural Revolution 1966-1967, Hongkong 1968 - Kuo Heng-yü: Maos Kulturrevolution, Pfullingen 1968 - Glaubitz, Joachim: Opposition gegen Mao, Olten 1969 - Mehnert, Klaus: Peking und die Neue Linke, Stuttgart 1969 - Weggel, Oskar: Massenkommunikation in der VR China, Bd.38 der Mitteilungen des Instituts für Asienkunde, Hamburg 1970 - Weggel, Oskar: Die Partei als Widersacher des Revolutionskampfes, Bd.34 der Mitteilungen des Instituts für Asienkunde, Hamburg 1970 - Ken Ling: Maos kleiner General. Die Geschichte des Rotgardisten Ken Ling, München 1974 - Ausgewählte Artikel: Kritik an Lin Biao und Konfuzius, Verlag für Fremdsprachige Literatur, Peking 1975 - Dokumente der Ersten Tagung des IV. NVK der VR China, Verlag für Fremdsprachige Literatur, Peking 1975 - Bartke, Wolfgang: Der Machtwechsel, C.a., November 1976 - Opletal, Helmut und Schier, Peter: China: Wer gegen wen?, Berlin 1977 - Weggel, Oskar: Formen der innerparteilichen Auseinandersetzung, C.a. Mai 1977 - Witke, Roxane: Genossin Jiang Qing, Gütersloh 1977 - Hoffmann, Rainer: Kampf zweier Linien. Zur politischen Geschichte der chinesischen Volksrepublik 1949-1977, Stuttgart 1978 - Scharping, Thomas: Umsiedlungsprogramm für Chinas Jugend 1955-1980, Nr.120 der Mitteilungen des Instituts für Asienkunde, Hamburg 1981 - Yao Ming-le: Die Verschwörung. Staatsstreich und Ermordung des Lin Piao, München 1983 - Draguhn, Werner (Hrsg.): Umstrittene Seegebiete in Ost- und Südostasien, Bd.85 der Mitteilungen des Instituts für Asienkunde, Hamburg 1985 - Tang Tsou: The Cultural Revolution and Post-Mao Reforms: A Historical Perspective, Chicago 1986 - Bergère, Marie-Claire: La république populaire de Chine de 1949 à nos jours, Paris 1987 - Nien Cheng: Leben und Tod in Shanghai, Frankfurt, Berlin 1988

II. Weiterführendes Literaturverzeichnis

Die nachfolgende Zusammenstellung ist von zwei Gesichtspunkten bestimmt. Es werden nur Bücher, keine Aufsätze angeführt; ferner sind nur deutschsprachige Publikationen aufgenommen. Wer sich für die chinesisch-, englisch- und französischsprachigen Quellen interessiert, die für das vorliegende Werk herangezogen wurden, sei verwiesen auf die Literaturangaben der Langfassung (CHINA aktuell, Dezember 1987, S.958, Januar 1988, S.58 f., Februar 1988, S.140 f., März 1988, S.229, April 1988, S.314 f., Mai 1988, S.405 ff., Juli 1988, S.567 ff., August 1988, S.649 f., September 1988, S.719 f., Oktober 1988, S.804). Die vorliegende Bibliographie hat den Charakter eines weiterführenden Literaturverzeichnisses.

Die Umschrift chinesischer Namen und Bezeichnungen wird unverändert übernommen, auch wenn die da und dort verwendete Transskription unüblich oder falsch ist.

Albrecht, Dietmar, *Partei, Bourgeoisie und Intelligenz im Übergang zum Sozialismus. Eine Untersuchung zur Berichtigungsbewegung der Jahre 1956/57 in der VR China*, Hamburg 1977.

Amann, Gustav, *Chiang Kaishek und die Regierung der Kuomintang in China*, Heidelberg, Berlin 1936. Positives Jiang-Bild.

Ballard, J.G., *Das Reich der Sonne*, München, Zürich 1985. Autobiographische Wiedergabe der Erlebnisse des 1930 geborenen Autors, der nach der Eroberung Shanghais durch die Japaner zwischen 1942 und 1945 in einem japanischen Internierungslager eingesperrt worden war. Dichte Schilderung; unter der Regie Steven Spielbergs verfilmt.

Bao Ruo-wang, *Gefangener bei Mao*, (hg. von Rudolph Chelminski), Frankfurt 1977. Zwischen 1957 und 1964 war der Autor als "Konterrevolutionär" in einem chinesischen Gefängnis ("Gelben Archipel") eingekerkert.

Bartke, Wolfgang, *Die großen Chinesen der Gegenwart*, Frankfurt 1985. Ein Lexikon 100 bedeutender Persönlichkeiten (Politiker, Künstler, Philosophen) aus dem 20. Jh.

Bianco, Lucien, (Hrsg.), *Das moderne Asien*, Frankfurt 1979.

Ders., *Der Weg zu Mao. Die Ursprünge der chinesischen Revolution*, Frankfurt, Berlin 1969. Dichte Beschreibung der Prämissen für Maos Sieg.

Bodard, Lucien, *Der Konsul* (Roman), München 1975. Schilderungen aus den zwanziger Jahren, die klarmachen, warum eine grundlegende Veränderung der Gesellschaftsverhältnisse in China unumgänglich war. Spannend geschrieben!

Brandt, Max v., *33 Jahre in Ostasien. Erinnerungen eines deutschen Diplomaten*, 3 Bde., Leipzig 1901. Aus "imperialistischer" Perspektive.

Braun, Otto, *Chinesische Aufzeichnungen 1932-1939*, Berlin-Ost 1973. Das Komintern-Mitglied Braun machte als einziger Ausländer den gesamten Langen Marsch mit.

Briessen, Fritz van, *Grundzüge der deutsch-chinesischen Beziehungen*, Darmstadt 1977. Kurz und prägnant.

Broyelle, Claudie und Jacques, *Mao ohne Maske, China nach dem Tod des großen Vorsitzenden*, Wien 1980. Extrem kritische Darstellung der maoistischen Politik aus der Sicht ehemaliger "Maoisten".

Ce Shaozhen, *Flaneur im alten Peking* (hg. von Margit Miosga), Köln 1987, Der Untertitel "Ein Leben zwischen Kaiserreich und Revolution" zeigt an, daß es sich um ein sehr persönliches Buch eines (aus mongolischem Adel stammenden und - zumindest bis 1949 - bestens informierten) Zeitgenossen handelt. Lebensvolle Stimmungsbilder.

Chen Jo-hsi, *Die Exekution des Landrats Yin und andere Stories aus der Kulturrevolution*, Hamburg 1979. Acht Erzählungen aus kritischer Sicht. Exzellente Einblicke in die Stimmungslage der Bevölkerung während der Kulturrevolution.

Cheng Nien, *Leben und Tod in Shanghai*, Frankfurt, Berlin 1988. Das wohl beste und spannendste Werk der (autobiographischen) "Narbenliteratur".

CHINA aktuell, Monatszeitschrift, seit 1972 hg. vom Institut für Asienkunde, Hamburg. Laufende Berichterstattung und Analysen über politische, wirtschaftliche und kulturelle Ereignisse in der VR China, Taiwan und Hongkong/ Macau.

Christiansen, Flemming, Postborg, Susanne und Wedell-Wedellsborg, Anna, *Die demokratische Bewegung in China - Revolution im Sozialismus?*, München 1981. Drei dänische Sinologen erleben bei ihrem Studium zwischen 1977 und 1979 in Nanjing und Beijing die später mundtot gemachte Demokratiebewegung.

Coillie, Dries van, *Der begeisterte Selbstmord. Im Gefängnis unter Mao Tse-tung*, Freiburg 1967. Standardwerk zur "Hirnwäsche".

Dai Houying, *Die Große Mauer*, München, Wien 1987. Reuevoller Bericht einer ehemaligen kulturrevolutionären Aktivistin.

Deng Xiaoping, *Ausgewählte Werke (1975-1982)*, Beijing 1985. 47 Aufrufe und Redetexte der Grauen Eminenz im nachmaoistischen Jahrzehnt. Unverzichtbare Lektüre.

Ders., *Die Reform der Revolution*, hg. von Helmut Martin, Einleitung Helmut Schmidt, 26 Beiträge Dengs, von denen fünf bereits in den "Ausgewählten Schriften" enthalten sind.

Deng Chongxia, *Kurze Geschichte der chinesischen Arbeiterbewegung (1919-1926)*, dt. hg. von Werner Meißner und Günther Schulz, Reinbek 1975. Standardwerk des ehemaligen, später von der GMD hingerichteten Gewerkschaftsführers.

Domes, Jürgen, *Vertagte Revolution. Politik der Kuomintang in China 1923-1937*, Berlin 1969. Ausführlichstes Werk zum Thema in deutscher Sprache. Gründliche Analysen vor allem der Personalkonstellation.

Ders., *Die Ära Mao Tse-tung*, Stuttgart u.a. 1971. Analytische und wohl-gegliederte Darstellung des Zeitraums 1949/1970.

Ders., *China nach der Kulturrevolution, Politik zwischen den Parteitagen*, München 1975. Die Jahre zwischen dem IX. (1969) und dem X. Parteitag (1973).

Drechsler, Karl, *Deutschland-China-Japan 1933-1939. Das Dilemma der deutschen Fernostpolitik*, Berlin-Ost 1964.

Eberhard, Wolfram, *Geschichte Chinas. Von den Anfängen bis zur Gegenwart*, 3.erw. Aufl., Stuttgart 1980. Wirtschaftlich-sozial orientierte Darstellung der chinesischen Geschichte. Standardwerk.

Epstein, Israel, *Vom Opiumkrieg bis zur Befreiung*, Beijing 1985. Streng regierungsoffizielle Darstellung.

Felber, Roland und Gruner, Fritz, *Li Dazhao im Kampf um ein sozialistisches China*, Leipzig 1969. Der Mitbegründer der KPCh. DDR-Sicht.

Franke, Herbert und Trauzettel, Rolf, *Das Chinesische Kaiserreich*, Frankfurt 1968. Faktenreiche, wirtschaftlich und politisch orientierte Darstellung des traditionellen Chinas bis 1911.

Franke, Otto, *Geschichte des chinesischen Reichs* (5 Bde., die bis zum Jahr 1368 reichen), Berlin 1930-1952. Standardwerk.

Franke, Wolfgang, *Das Jahrhundert der chinesischen Revolution, 1851-1949*, München 1958. Schildert den stufenweisen Verlauf der verschiedenen Revolutionen auf anschauliche Weise und in klarer Gliederung.

Ders. und Staiger, Brunhild (Hrsg.), *China Handbuch*, Düsseldorf 1974. Bisher umfangreichstes, nach Stichworten geordnetes Nachschlagewerk über das traditionelle und moderne China. 1768 Spalten.

Ders., *Chinas kulturelle Revolution und die Bewegung vom 4. Mai 1919*, München 1957. Kurz und prägnant.

Franz, Uli, *Deng Xiaoping. Chinas Erneuerer. Eine Biographie*, Stuttgart 1987.

Fucks, Wilhelm, *Formeln zur Macht. Prognosen über Völker, Wirtschaft, Potentiale*, Reinbek 1967. Seinerzeit berühmtes Buch eines deutschen Mathematikprofessors, der aufgrund "exakter statistischer Berechnungen" voraussagt, daß China in den siebziger Jahren (des 20. Jh.s!) das Potential der UdSSR und um 2000 das der "USA, der UdSSR und der Verbündeten beider Großmächte überrunden" könne. Klassischer Fall einer Fehlprognose!

Generallinie: *Die Polemik über die Generallinie der Internationalen Kommunistischen Bewegung*, Peking 1965. Enthält die "Neun Kommentare zum Offenen Brief des ZK der KPdSU", in denen die damalige Ideologie Moskaus in allen Punkten angegriffen und "widerlegt" wird.

Gernet, Jacques, *Die chinesische Welt*, Frankfurt 1979. Universalgeschichte Chinas von den Anfängen der Zivilisation bis in die Zeit der Kulturrevolution. Geschichte Chinas als integraler Teil der Weltgeschichte.

Glaubitz, Joachim, *Opposition gegen Mao*, Olten 1969. Auswahl einiger gegen Mao gerichteter Polemiken durch Beijinger Literaten aus der "Seilschaft" Liu Shaoqis. Mit der Auseinandersetzung um diese Werke begann die Kulurrevolution.

Harrison, James, B., *Der Lange Marsch zur Macht. Die Geschichte der KPCh von der Gründung bis zum Tode Mao Tse-tungs*, Stuttgart, Zürich 1978.

Heinzig, Dieter, *Die Anfänge der KPCh im Lichte der Memoiren Chang Kuo-t'aos*, Hamburg 1970. Zhang war einer der Hauptgegner Maos.

Ders., *Sowjetische Militärberater bei der Kuomintang 1923-1927*, Baden-Baden 1978.

Hinton, William, *Fanshen. Dokumentation über die Revolution in einem chinesischen Dorf*, Band I und II, Frankfurt 1972. Bodenreform in einem nordchinesischen Dorf, das als Mikrokosmos für Gesamtchina genommen wird. Autobiographisch. Leidenschaftliche Stellungnahme für die KPCh-Politik.

Hinz, Manfred (Hrsg.), *Räte-China. Dokumente der chinesischen Revolution (1927/31)*, Frankfurt, Berlin, Wien 1973. Als Dokumentation ein Standardwerk.

Hoffmann, *Maos Rebellen. Sozialgeschichte der chinesischen Kulturrevolution*, Hamburg 1977.

Ders., *Der Kampf der Zwei Linien*, Stuttgart 1978. Geschichte von 1949 bis 1977.

Hudelot, Claude, *Der Lange Marsch*, Frankfurt 1972.

Hwang, Mjao tschu, *Kurze Geschichte der Kommunistischen Partei Chinas*, Peking 1956. Materialreiche offizielle Darstellung.

Jaenicke, Wolfgang, *Das Ringen um die Macht im Fernen Osten. Vorgeschichte des Chinesisch-Japanischen Kriegs 1937 auf politischem und wirtschaftlichem Gebiet und Auswirkung auf die Gegenwart*, Würzburg 1963.

Jian Bozan u.a., *Kurzer Abriß der chinesischen Geschichte*, Beijing 1982, 2.Aufl. Halboffizielle Darstellung durch führende zeitgenössische Historiker der VR China, die 1956 als Handreichung für ein breites chinesisches Publikum erarbeitet wurde.

Kaim, Julius, *Damals in Shanghai*, München 1963. Die Yangzi-Metropole von ihrer Gründung bis zum "Ende": sehr persönlich gezeichnetes Portrait einer außergewöhnlichen Stadt.

K'ang Yu-wei, *Ta T'ung Shu: Das Buch von der Großen Gemeinschaft*, Düsseldorf, Köln 1974. Kang (1858-1927) war einer der großen Repräsentanten der Reformbewegung am Ende des 19. Jh.s. Das "Buch von der Großen Gemeinschaft" ist der Versuch, konfuzianische und westliche Vorstellungen in Einklang zu bringen.

Ken Ling, *Maos kleiner General. Die Geschichte des Rotgardisten Ken Ling*, München 1974. Autobiographischer Bericht eines kulturrevolutionären Aktivisten.

Kielmansegg, Johann Adolf Graf und Weggel, Oskar, *Unbesiegbar: China als Militärmacht*, Stuttgart, Herford 1985. Geschichte, Organisation, gesellschaftliche Stellung, strategisches Denken und Modernisierung der Volksbefreiungsarmee.

Kindermann, Gottfried-Karl, *Der Ferne Osten*, München 1970. Die moderne Geschichte Chinas als Teil der Weltgeschichte.

Ders., *Konfuzianismus, Sunyatsenismus und chinesischer Kommunismus*, Freiburg i.B. 1963.

Ders. (Hrsg.), *Chinas unbeendeter Bürgerkrieg. Im Spannungsfeld Peking-Taiwan-USA 1949-1980*, Wien 1980.

Kraus, Willy, *Wirtschaftliche Entwicklungen und sozialer Wandel in China*, Berlin 1980. Die Wirtschafts- und Entwicklungspolitik der VR China seit 1949. Sehr systematisch.

Kuo Heng-yü, *China und die Barbaren*, Pfullingen 1967. Selbststärkungsbewegung, 100 Tage-Reform, Revolution von 1911, Errichtung der kommunistischen Herrschaft, China-Politik der USA 1943-1965.

Ders., *Die Komintern und die chinesische Revolution. Eine Einheitsfront zwischen der KP Chinas und der Kuomintang 1924-1927*, Paderborn 1979.

Kubek, Anthony, *Die Amerasia-Affäre. Gründe für den Zusammenbruch der Republik China auf dem Festland*, Boppard 1972. Kubek führt die Niederlage der GMD auf die Hetzkampagnen einiger Wissenschaftler, Diplomaten und Journalisten gegen die Republik China zurück. Absurd, aber interessant.

Latourette, Kenneth, *Geschichte des Fernen Ostens in den letzten hundert Jahren*, Frankfurt 1959. Vom Opiumkrieg (1841/42) bis 1955. China als Teil des gesamtpazifischen Spektrums.

Lin Biao, *Lange lebe der Sieg im Volkskrieg*, Peking 1968. "Einkreisung der Weltstädte durch die Weltdörfer".

Liu Shao-ch'i, *Wie man ein guter Kommunist wird*, Peking 1965. Versteckte Angriffe des ehemaligen Staatspräsidenten gegen Mao.

Liu Suinian und Wu Qungan, *Chinas sozialistische Wirtschaft. Ein Abriß der Geschichte (1949-1984)*, Beijing 1988. Halboffizielles Standardwerk.

Lorenz, Richard (Hrsg.), *Umwälzung einer Gesellschaft. Zur Sozialgeschichte der chinesischen Revolution (1911-1949)*, Frankfurt 1977. Sechs Autoren bringen Beiträge zur traditionellen Gesellschaft, zur Krise der Agro-Ökonomie, zur Arbeiterbewegung, zur Weltmarktabhängigkeit sowie zum Charakter der chinesischen Revolution.

Lu Hsün, *Die Reise ist lang*, Düsseldorf 1955. Erzählungen und Essays des bekanntesten Schriftstellers der chinesischen Moderne, Lu Xun.

Luther, Jörg-Michael, *Liu Shaoqis umstrittenes Konzept zur Erziehung von Parteimitgliedern*, Hamburg 1978. Einblick in ideologische Auseinandersetzungen während der Kulturrevolution.

Machetzki, Rüdiger, *Chronologie des innerparteilichen Linienkampfes in der KPCh (1954-1965)*, Hamburg 1973.

Ders. (Hrsg.), *Die deutsch-chinesischen Beziehungen. Ein Handbuch*, Hamburg 1982. .

Malraux, André, *Anti-Memoiren*, Frankfurt und Hamburg 1971. Autobiographische Schilderung des nachmaligen französischen Kulturministers aus dem China der späten zwanziger und der fünfziger Jahre.

Mao Tse-tung, *Ausgewählte Werke I-V*, Peking, (umfaßt die Schriften von 1926-1957). Es handelt sich hier durchweg um Texte, die erst Jahrzehnte nach ihrer Abfassung neu überarbeitet und herausgegeben wurden. Dabei blieb fast kein Satz unverändert.

Mao Zedong, *Texte 1949-1976. Schriften, Dokumente, Reden und Gespräche*. Deutsche Bearbeitung und chinesische Originalfassung, hg. von Helmut Martin, 7 Bde., München 1979-1982. Eine Sammlung aller bekannten internen sowie offiziellen Mao-Texte, die umfangreicher ist als die Beijinger Mao-Ausgabe, und die in einer Fassung erscheinen, welche von der redigierten Beijinger Version weit abweicht. Umfangreicher Index.

Mehnert, Klaus, *Peking und die Neue Linke*, Stuttgart 1969. Ausführliche Dokumentation linker innerchinesischer Kritik am herrschenden System.

Menzel, Ulrich, *Wirtschaft und Politik im modernen China. Eine Sozial- und Wirtschaftsgeschichte von 1842 bis nach Maos Tod*, Opladen 1978. Entwicklungsmodelle, mit denen die VR China bisher experimentiert hat.

Meyer, Fritjof, *China: Aufstieg und Fall der Viererbande*, Reinbek 1981. Neun Berichte des Spiegel-Redakteurs aus der Zeit zwischen 1966 und 1980.

Meyer, Hektor, *Die Entwicklung der kommunistischen Streitkräfte in China von 1927-1949. Dokumente und Kommentare*, Berlin, New York 1982. Hervorragende Originaldokumentation.

Mnouchkine, Ariane und Berger, Hans, *Der Prozeß gegen den Schriftsteller Wei Jingsheng. Dokumentation und Nachdichtung des Prozeßverlaufs*, Reinbek 1986. Der bekannteste Bürgerrechtlerprozeß im reformerischen China.

Mohr, Ernst-Günther, *Die unterschlagenen Jahre. China vor Mao Tse-tung*, Esslingen und München 1985. Ein Beamter des Auswärtigen Amts, der in den dreißiger Jahren auf Posten in Shanghai, Beijing und Nanjing war, stellt die damalige GMD-Herrschaft in günstiges Licht.

Myrdal, Jan, *Bericht aus einem chinesischen Dorf*, München 1969.

Ders., *China - Die Revolution geht weiter*, München 1974. Beide Bücher sind Fallstudien aus dem Dorf Liu Ling (Provinz Shaanxi). Schwärmerisch-promaoistisch.

Neueste Geschichte Chinas, hg. von einem sowjetischen Autorenkollektiv, Berlin-Ost 1979. Materialreiche Darstellung aus Komintern-Sicht.

Nieh, Yu-hsi, *Die Entwicklung des chinesisch-japanischen Konflikts in Nordchina und die deutschen Vermittlungsbemühungen 1937/38*, Hamburg 1970.

Opitz, Peter (Hrsg.), *Die Söhne des Drachen. Chinas Weg vom Konfuzianismus zum Kommunismus*, München 1974. Dreizehn bekannte chinesische Autoren gesellschaftsphilosophischer Entwürfe (von der Taiping-Revolution bis Mao) werden in Einzelportraits vorgestellt.

Opletal, Helmut und Schier, Peter, *China: Wer gegen wen?*, Berlin 1977. Gute Dokumentation der linken Kritik am herrschenden System der VR China.

Ostasiatische Rundschau. Zweiwochenzeitschrift "für die gesamten Interessen, Politik, Wirtschaft und Kultur Ost- und Südostasiens", die zwischen 1920 und 1941 vom "Wirtschaftsdienst GmbH Hamburg" in jeweils rund 30 DIN A-4-Seiten herausgegeben wurde. Sehr informativ; der heutige Leser erlebt die Situation aus der Sicht des unmittelbaren Zeitbeobachters mit allen ihren Unsicherheiten - und Möglichkeiten.

Peeters, Florent, *Die Lehren Sun Yatsens*, Hannover 1969. Pädagogisch gute Darstellung.

Peter, Elmar, *Die Bedeutung Chinas in der deutschen Ostasienpolitik 1911-1917*, Hamburg 1965.

Pfennig, Werner, *Chinas außenpolitischer Sprung nach vorn. Die Außen- und Sicherheitspolitik der VR China vom Ende der Kulturrevolution bis zum Vorabend der China-Reise Nixons (1969-1971)*, Paderborn 1980.

Ploetz (Hrsg.), *China. Geschichte - Probleme - Perspektiven*, Freiburg i.B., Würzburg 1981. Kurzdarstellung verschiedener Sachgebiete, Zeittafeln.

Ratenhof, Udo, *Die China-Politik des Deutschen Reiches 1971 bis 1945. Wirtschaft - Rüstung - Militär*, Boppard 1987. Die deutsch-chinesischen Beziehungen unter militärischen Gesichtspunkten.

Richthofen, Ferdinand, Frhr. v., *Tagebücher aus China*, 2 Bde., hg. von Tiessen, Berlin 1907. Kein anderer westlicher Geograph hat China so gründlich erforscht wie F. v. R.

Rodzinski, Witold, *Das Reich der Mitte und seine Geschichte*, Stuttgart, Herford 1987. Kurzfassung eines Vorlesungsmanuskripts des ehemaligen polnischen Botschafters in China (1966-69). Die Geschichte seit 1911 macht fast die Hälfte des Bandes aus.

Rowe, David, *Kleine Geschichte des modernen China*, Gütersloh, o.J.

Ruland, Bernd, *Deutsche Botschaft Peking. Das Jahrhundert deutsch-chinesischen Schicksals*, Bayreuth 1973.

Salisbury, Harrison, E., *Der Lange Marsch*, Frankfurt 1985. Bisher ausführlichste Beschreibung aufgrund persönlicher Recherchen des Autors.

Scharping, Thomas, *Mao-Chronik. Daten zu Leben und Werk*, München 1976.

Ders., *Umsiedlungsprogramme für Chinas Jugend 1955-1980*, Hamburg 1981. Ursachen, Ziele, Methoden und Ergebnisse der staatlich organisierten Landverschickung.

Schenke, Wolf, *Mit China allein. Entscheidende Jahre 1939-47*, Hamburg 1971. Autobiographischer Hintergrundsbericht des Hamburger Journalisten (vor allem aus dem belagerten Chongqing).

Ders., *Kampfplatz Ostasien. Politik und Soldaten an den Ufern des Gelben Meeres*, Berlin 1937.

Schickel, Joachim (Hrsg.), *Konfuzius. Materialien zu einer Jahrhundertdebatte*, Frankfurt 1976.

Seagrave, Sterling, *Die Soong-Dynastie. Eine Familie beherrscht China*, Frankfurt 1988. Hauptsächlich aus trotzkistischem Quellenmaterial schöpfend; spannend geschrieben.

Snow, Edgar, *Roter Stern über China*, Frankfurt 1971. Das Standardwerk über die frühen Jahre der sinokommunistischen Bewegung, geschildert von einem amerikanischen Augenzeugen. Kultbuch.

Spence, Jonathan, *Das Tor des Himmlischen Friedens. Die Chinesen und ihre Revolution 1895 bis 1980*, München 1985. Geschildert wird die Geschichte der chinesischen Revolution anhand der Lebensläufe von zehn Intellektuellen.

Staiger, Brunhild (Hrsg.), *China. Natur, Geschichte, Gesellschaft*, Tübingen und Basel 1980. Mehrere deutsche und chinesische Wissenschaftler schreiben u.a. über geschichtliche Aspekte.

Stoecker, Helmuth, *Deutschland und China im 19. Jahrhundert. Das Eindringen des deutschen Kapitalismus*, Berlin-Ost 1958. Eine nach der Methode der Imperialismus-Kritik verfaßte, ungemein materialreiche Darstellung der deutsch-chinesischen Beziehungen zwischen 1860 und 1894.

Trotzki, Leo, *Die permanente Revolution*, Frankfurt 1969. Enthält u.a. die Trotzki/Stalin-Kontroverse um die chinesische Revolution.

Tschiang Kai-schek, *Sowjetrußland in China*, Bonn 1957. Vier Jahrzehnte durch die Brille des einstigen GMD-Führers gesehen.

Tuchmann, Barbara, *Sand gegen den Wind. Amerika und China 1914-1945*, Stuttgart 1973. Anhand der Stillwell-Papers erarbeitetes Standardwerk.

Verträge der VR China mit anderen Staaten, bearbeitet im Institut für Asienkunde, Hamburg, 5 Bde., erschienen zwischen 1962 und 1971. Der Wortlaut der wichtigsten außenpolitischen Vertragstexte.

Vetter, Horst, *Chinas neue Wirklichkeit. Gesellschaft, Politik und Wirtschaft nach Mao*, Frankfurt, New York 1983. Das China nach Mao in düsteren Farben.

Vierheller, Ernstjoachim, *Die kommunistische Bewegung in China 1921-1949*, Hannover 1972. Pädagogisch gute Darstellung: Aus der Reihe der Niedersächsischen Landeszentrale für politische Bildung.

Vierteljahrhundert, *Das Erste Vierteljahrhundert des Neuen China*, Peking 1975. In dem für kulturrevolutionäre Publikationen typischen überschwenglichen Stil werden einzelne Kapitel der bisherigen Leistungen (Getreideanbau, Kleinindustrien, Ölförderung, medizinische Betreuung etc.) aufgeblättert.

Walker, Richard, *China unter dem Kommunismus. Die ersten fünf Jahre*, Stuttgart 1956.

Ders., *Die Menschenopfer des Kommunismus in China*, Wien 1974. Extrem kritische Sicht der jungen Volksrepublik.

Weggel, Oskar, *Miliz, Wehrverfassung und Volkskriegsdenken in der VR China*, Boppard 1977.

Ders., *Chinesische Rechtsgeschichte*, Leiden, Köln 1980. Darstellung der Rechtsentwicklung von den Anfängen bis in die Gegenwart und Skizzierung des Systems des chinesischen Rechts in Vergangenheit und Gegenwart.

Ders., *Weltgeltung der VR China. Zwischen Verweigerung und Impansionismus*, München 1986. Theorie und Praxis in den einzelnen Entwicklungsstadien der chinesischen Außenpolitik.

White, Jacobi, *Donner aus China*, Stuttgart 1949. Eine leidenschaftliche Darstellung zweier "linksorientierter" amerikanischer Zeitzeugen; mit Herzblut geschrieben.

Wickert, Erwin, *China von innen gesehen*, Stuttgart 1982. Erlebnisse und Reflexionen des ehemaligen Botschafters in der VR China (1976-1980).

Wiethoff, Bodo, *Grundzüge der neueren chinesischen Geschichte*, Darmstadt 1977.

Witke, Roxane, *Genossin Jiang Qing*, Gütersloh 1977. Frau Witke war von der Gattin Maos eingeladen worden, Material für ihre Biographie zu sammeln. Interessante Einzelheiten, in langatmige Passagen verpackt.

Wittfogel, Karl-August, *Wirtschaft und Gesellschaft Chinas. Versuch der wissenschaftlichen Analyse einer großen asiatischen Agrargesellschaft*, Leipzig 1931.

Ders., *Die Orientalische Despotie. Eine vergleichende Untersuchung totaler Macht*, Köln, Berlin 1962. Wittfogel ist der Begründer der "hydraulischen Theorie", die zu Beginn der sechziger Jahre einer der Hauptansätze zur "Entzifferung des chinesischen Rätsels" war.

Wladimirow, P.P., *Das Sondergebiet Chinas 1942-1945*, Berlin-Ost 1976. Augenzeugenbericht eines Komintern-Beraters aus Yan'an. Sehr kritisch gegenüber Mao. Unverzichtbares Zeitdokument.

Wu Xiuquan, *Acht Jahre im Außenministerium, Januar 1950 - Oktober 1958*, Beijing 1987. Die ersten außenpolitischen Gehversuche der jungen Volksrepublik.

Yao Ming-le, *Die Verschwörung. Staatsstreich und Ermordung des Lin Biao*, München 1983. Apokryphe Darstellung der Vorgänge um den Tod Lin Biaos. Sehr spannend und facettenreich.

Yue Daiyun, *Als hundert Blumen blühen sollten. Die Lebensodyssee einer modernen Chinesin im Strudel der revolutionären Umbrüche vom Langen Marsch bis heute*, Bern, München, Wien 1986. Autobiographischer "Narben"-Bericht einer ehemaligen "Rechtsabweichlerin".

Zhang Jie, *Schwere Flügel* (Roman), Wien 1985. Dichte atmosphärische Schilderung der Stimmungslage einiger Intellektueller zwischen Pflichterfüllung und Zweifel am System. Die häufig wiederkehrenden inneren Monologe sind neuartig in der chinesischen Literatur.

Zhou Enlai, *Ausgewählte Schriften, Bd. I*, Beijing 1981.

Die "Zwei Linien"

"Maoistische Linie"

1. Das Ausgangsproblem: Wie kann in einer unterentwickelten Gesellschaft der "Sozialismus aufgebaut" werden?

Der Hauptwiderspruch in der gegenwärtigen Übergangsgesellschaft liegt in der Spannung zwischen Proletariat und Bourgeoisie sowie zwischen sozialistischem und kapitalistischem Weg.

Also: "Primat der Produktionsverhältnisse" und permanenter Klassenkampf; wenn nicht ständig das Alte bekämpft wird, "ändert sich wieder die Farbe".

Ohne Vergenossenschaftlichung/Verstaatlichung kann es keine "Befreiung der Produktivkräfte" und keine wesentliche Produktionssteigerung geben.

Also:
- "Politik" hat in allem die Führung; Klassenkampfpriorität: Wenn das Alte, Feindliche nicht ständig vernichtet wird, kann es keinen Fortschritt geben; "Politik ist die Seele".
- "Rot vor fachmännisch".
- Revolution ist die Triebkraft der Entwicklung. Vom Enthusiasmus und von der Spontaneität der Massen ist systematisch Gebrauch zu machen. (Wie einst in Yan'an)
- Generallinie: Voran-Springen: "Immer mehr, schneller, besser und sparsamer den Sozialismus aufbauen". - Hauptmotivation: "Für die Revolution arbeiten".

- An Produktionsmitteln darf es nur sozialistisches Eigentum (= kollektives oder Staatseigentum) geben. Nur Konsumtionsmittel dürfen auch in Privateigentum stehen.
- Die Entwicklung erfolgt im Nacheinander: vom privaten zum kollektiven, vom kollektiven zum staatlichen Eigentum und von dort schließlich zur Aufhebung jeglichen Eigentums im Zeichen des Kommunismus.

2. Die Globalsteuerung der Wirtschaft

Plansteuerung: Nichts darf den Marktgesetzen überlassen werden; entscheidend ist vielmehr der Wille der Massen.

Gebrauchswertorientierung.

im Bereich der Wirtschaftspolitik

"Liuistische Linie"

. Das Ausgangsproblem: Wie kann in einer unterentwickelten Gesellschaft der "Sozialismus aufgebaut" werden?

Der Hauptwiderspruch in der gegenwärtigen Übergangsgesellschaft liegt in der Spannung zwischen den gestiegenen sozioökonomischen Bedürfnissen und der wirtschaftlich technischen Rückständigkeit.

Also: Primat der Produktivkräfte; der Klassenkampf spielt nur noch eine Nebenrolle ("Theorie vom Absterben des Klassenkampfes")

Ohne genügend Kapital, Technik und Fachschulung kann es keine echte Vergenossenschaftlichung/Verstaatlichung geben (weil z.B. eine Volkskommune ohne Traktoren, Telefone, Buchhalter und Agronomen sogleich wieder in ihre ursprünglichen Bestandteile zerfiele).

Also:
- Produktivität und Effizienz sind Hauptkriterien für alle Wirtschaftspolitik.

- Ohne Fachleute läuft nichts!

- Arbeit, Bodenkapital und Technologie sind die eigentlichen Triebkräfte.

- Generallinie: Voran-Schreiten; nichts überhasten. - Hauptmotivation: Materielle Anreize (Gewinne für die Betriebe, Prämien für die Arbeiter und vertragliche Garantien für die Bauern).
- Eigentumspluralismus: An Produktionseigentum ist sowohl staatliches und kollektives als auch privates und gemischt-privat/sozialistisches Eigentum zulässig.

- Die Entwicklung erfolgt im Nebeneinander der Eigentumsformen. Wachsende Produktivität ist die Hauptsache, die Mischung der verschiedenen Eigentumsformen dagegen eine Nebenfrage von instrumentalem Charakter.

2. Die Globalsteuerung der Wirtschaft

Marktsteuerung: Nur die "strategischen" Schlüsselsektoren sind streng (imperativ) zu planen, während der Rest möglichst dem Markt zu überlassen ist, wobei (indikative) Planrahmen vorgegeben werden sollen, z.B. 30% direkte Plansteuerung, 70% (indirekte) Steuerung mit Hilfe von "Hebeln" (Preise, Zinsen, Steuern u.ä. Globalinstrumente).

Tauschwertorientierung.

Pläne sind dazu da, übererfüllt (von "Massenspontaneität" gleichsam überrollt) werden.

Kampf gegen eine "Disproportionierung" von Revolution und Produktion.

3. Das Verhältnis zwischen Einzelbetrieb und Gesamtwirtschaft

Gesamtverantwortung, d.h. Solidarität aller "volkseigenen und genossenschaftlichen Betriebe untereinander durch Subventionierung der schwächeren Glieder auf Kosten der stärkeren.

Folgen:
- Betriebssolidarität.

- Ablieferungssystem.

- Kooperation im Geiste der gemeinsamen "Selbstbefreiung der Produktivkräfte".

- Abführung sämtlicher Gewinne nach oben.

- Bei Verlust erfolgt Ausgleich durch Subventionierung: Im Interesse des gemeinsamen Fortschritts unterstützen die leistungsfähigen Betriebe die schwachen Einheiten.

- Gefälle zwischen den einzelnen Betrieben werden verhindert.

In der Landwirtschaft gilt das Dazhai-Modell: Autarkie und Klassenkampf.

In der Industrie gilt das Daqingmodell.

4. Verhältnis zum Ausland

"Auf eigenen Beinen". Arbeiter und Bauern müssen instand gesetzt werden, Kapital selbst zu erwirtschaften und Technologie selbst zu erfinden: Eigenständigkeit im Lernprozeß.

5. Das Verhältnis zwischen den Betrieben und zwischen den einzelnen Wirtschaftssektoren

Umfassende Betriebe.
(Klassischer Fall: Die Volkskommune mit ihrer Verschmelzungs- und Sanhua-Funktion, durch die Industrie, Landwirtschaft, Administration, Erziehung, Miliz und

ne sind dazu da, streng erfüllt zu werden. Überplan- und Außerplanprodukte nnen von den Produzenten frei verwertet werden.

mpf gegen eine "Disproportionierung" der einzelnen Wirtschaftssektoren (z.B. gen eine Überbetonung der Schwer- auf Kosten der Leichtindustrie).

Das Verhältnis zwischen Einzelbetrieb und Gesamtwirtschaft

genverantwortung der einzelnen Betriebe für Gewinn und Verlust.

olgen:
Betriebsautonomie.

Vertragssystem (Verträge mit anderen Betrieben, mit Behörden usw., in denen Rechte und Pflichten genau festgelegt sind. Zu den "Drei Garantien und einer Belohnung" in der Landwirtschaft vgl. die Ausführungen im Text).

Wettbewerb, Werbung, Ausschreibung; u.U. auch Zusammenschluß mit anderen Betrieben zu Joint Ventures und Trusts; stets aber Betonung der betrieblichen Eigenständigkeit!

Gewinneinbehaltung, d.h. Gewinnversteuerung statt Gewinnabführung.

Bei Verlust Betriebsschließung und u.U. Konkurs.

Gefälle werden angesichts der unterschiedlichen Leistungsfähigkeit geduldet: Es gibt Spitzen- und Verlustbetriebe.

n der Landwirtschaft gilt das Taoyuan-Modell: Mechanisierung und Modernisie-ung. (Näheres im Text)

Kein besonderes Modell.

4. Verhältnis zum Ausland

"Öffnen der Tür", Kapital und Technologie sollen bis zu einem (sorgfältig zu kon-trollierenden) Ausmaß importiert werden, damit die Monisierung schneller vor sich geht.

5. Das Verhältnis zwischen den Betrieben und zwischen den einzelnen Wirtschaftssektoren

Arbeitsteilige Betriebe, d.h.
a) Einerseits Spezialisierung (bei Genossenschaften beispielsweise Einteilung in Produktions-, Konsum- und Kreditgenossenschaften),

Kultur unter einheitliche Leitung gebracht werden (Hintergrund sind die Yan'a Erfahrungen mit dem Kriegskommunismus).

Allzweckmensch - Allzweckbetrieb.

Landwirtschaft: Forderung nach Einrichtung eines Ministeriums für landw schaftliche Mechanisierung.

Lokale (mit den jeweiligen Volkskommunen verschmolzene) Maschinenparks.

Schlüsselindustriesteuerung:
Möglichst viele ("generalistische") Superministerien.

6. Verhältnis zwischen den Wirtschaftssektoren

Simultaneität ("auf zwei Beinen gehen").

Gleichzeitigkeit von:
- Industrie und Landwirtschaft
- Schwerindustrie und Leichtindustrie
- Großen und kleinen Betrieben
- Modernen und traditionellen Techniken
- Zentraler und Dezentraler Leitung

Dies ist allerdings Theorie geblieben; in der Praxis führte die Wirtschaftspolit zwischen 1958 und 1978 zu gefährlichen "Disproportionen".

7. Fabrikmanagement

Grundmodell ist die Verfassung des Eisenhüttenwerks von Anshan vom 22.3.196 (kurz: "Angang").

Die fünf Prinzipien der Angang:
- "Politik an erster Stelle"
- Die Arbeiterklasse (bzw. deren Organisation: der KP-Ausschuß) führt
- Bevorzugung von Massenbewegungen; Verzicht auf materielle Anreize
- Besondere Ordnungsformen: "Eine Reform" (Gleichheitsordnung)...
- ...Zwei Teilnahmeformen (d.h. Funktionäre nehmen an der Produktionsarbeit und Arbeiter umgekehrt am Management teil)...
- ..."drei Verbindungen (d.h. Arbeiter, Funktionäre und Techniker arbeiten zusammen)
- Schwergewicht auf Eigenererfindungen ("schöpferische Spontaneität der Massen.

Andererseits Kooporation: hauptsächlich durch Zusammenarbeitsverträge, durch Joint Ventures und durch Trusts (1964 gab es beispielsweise 12 nationale, d.h. von Zentralministerien geleitete, und 2 lokale, von Provinzen geleitete, Trusts), z.B. für Baumwolle, Seide, Chemie etc.

ezialist/Fachmann - Spezialbetrieb.

ndwirtschaft: Die drei vorhandenen Minsterien reichen für die landwirtschaft-
he Mechanisierung aus, nämlich das Industrieministerium (Herstellung der Ma-
inen), das Landwirtschaftsministerium (Einsatz der Maschinen) und das Han-
sministerium (Nachschub und Ersatzteile).

aatliche Traktorenstationen, landwirtschaftliche Forschungsstellen etc.

hlüsselindustriesteuerung:
achministerien mit möglichst präzisen Zuständigkeiten. 1964 entstanden bei-
pielsweise zusätzliche Ministerien für Materialwirtschaft, Baustoffe, Luftfahrttech-
ik, Gerätebau, Elektromaschinenbau, Schiffbau und Armeebedarf.

. Verhältnis zwischen den Wirtschaftssektoren

rioritätensetzung:
  1953 ff: Schwerindustrie an erster Stelle
  1961 ff: Landwirtschaft an erster Stelle

evorzugung von Schlüsselprojekten, die möglichst effizient sind, und die als Vor-
ilder für andere Betriebseinheiten dienen können.

7. Fabrikmanagement

Grundmodell ist die aus der UdSSR übernommene Industrieverfassung von Magni-
togorsk (kurz "Magang").

Die Prinzipien der Magang:
- Produktion an ersten Stelle
- Das Fabrikdirektorat führt (sogenanntes "Ein-Mann-Management")
- Bevorzugung von Fachschulung und Expertentum; materielle Anreize.
- Hierarchische Ordnung.
- Kein Partizipations-, sondern hierarchisch gestaffeltes Kommandosystem.
- Techniker geben technische und Funktionäre administrative Anweisungen, die Arbeiter führen aus.
- Hohe Verbindlichkeit ausländischer Methoden.

Karte 1: Die Provinzen der Republik China
(1927–1949)

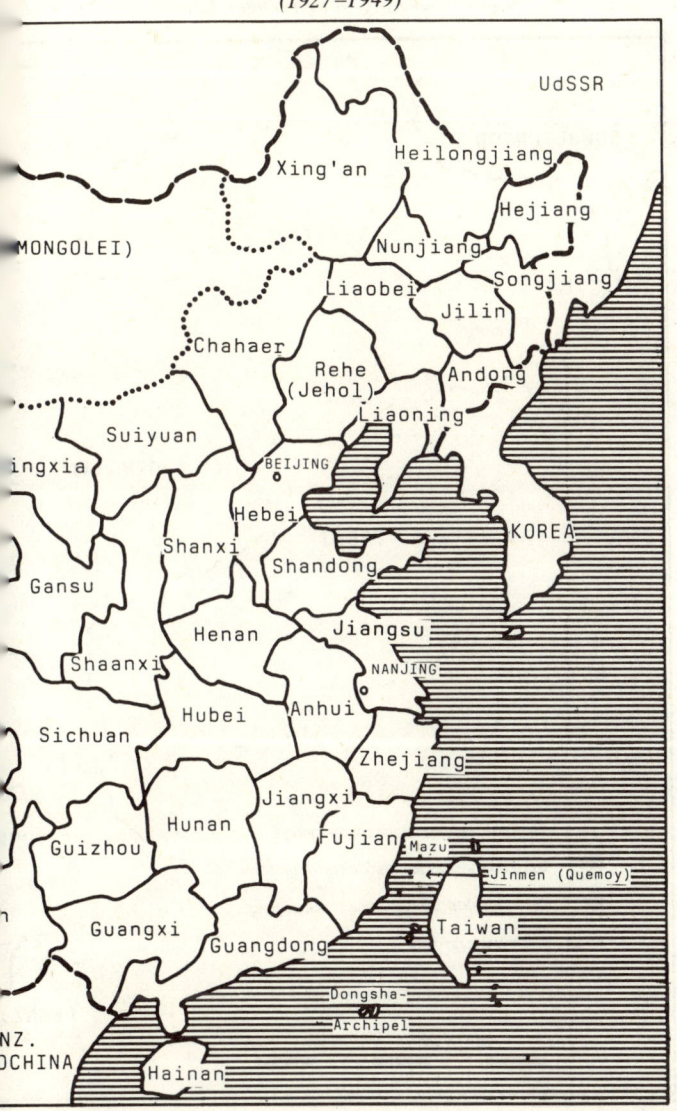

UdSSR

Xing'an Heilongjiang

Hejiang

(MONGOLEI) Nunjiang

Liaobei Songjiang

Jilin

Chahaer Rehe
(Jehol) Andong

Liaoning

Suiyuan

ingxia BEIJING KOREA

Hebei

Shanxi

Gansu Shandong

Henan Jiangsu

Shaanxi NANJING

Sichuan Hubei Anhui

Zhejiang

Jiangxi

Hunan Fujian Mazu

Jinmen (Quemoy)

Guizhou

Taiwan

Guangxi Guangdong

Dongsha-
Archipel

NZ.
OCHINA Hainan

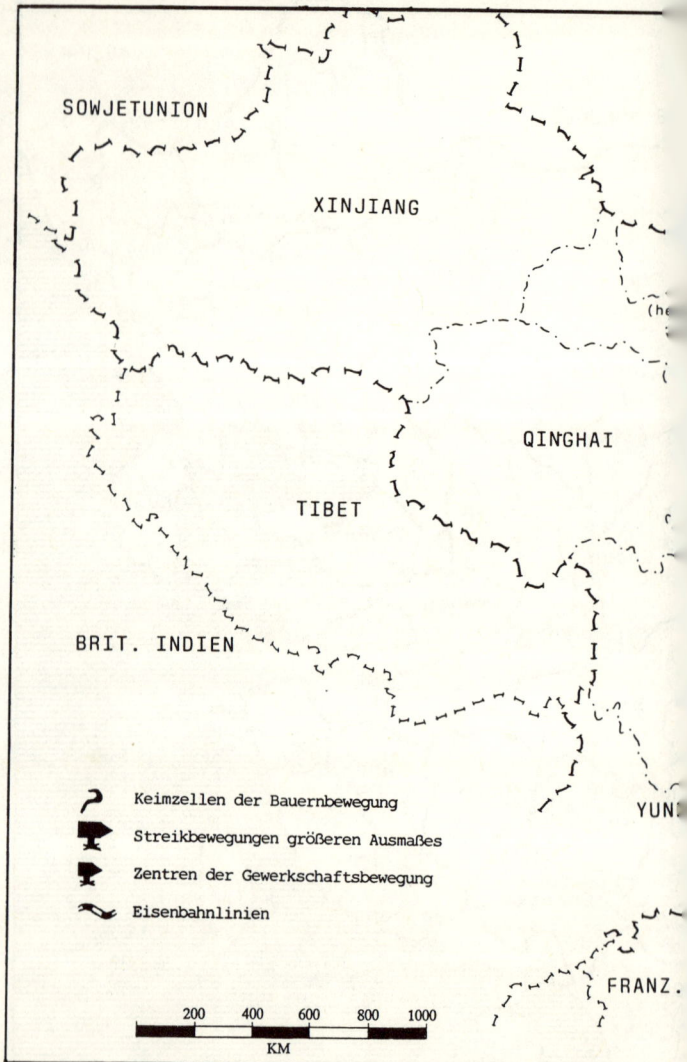

SOWJETUNION

XINJIANG

(he

QINGHAI

TIBET

BRIT. INDIEN

YUN

Keimzellen der Bauernbewegung

Streikbewegungen größeren Ausmaßes

Zentren der Gewerkschaftsbewegung

Eisenbahnlinien

200   400   600   800   1000

KM

FRANZ.

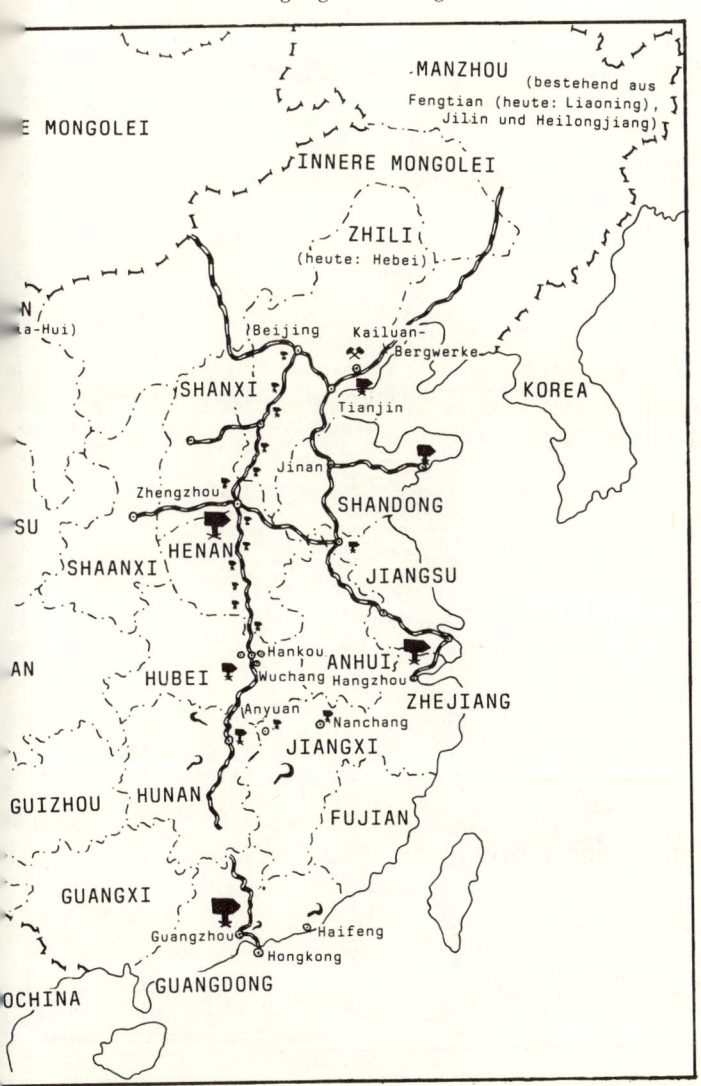

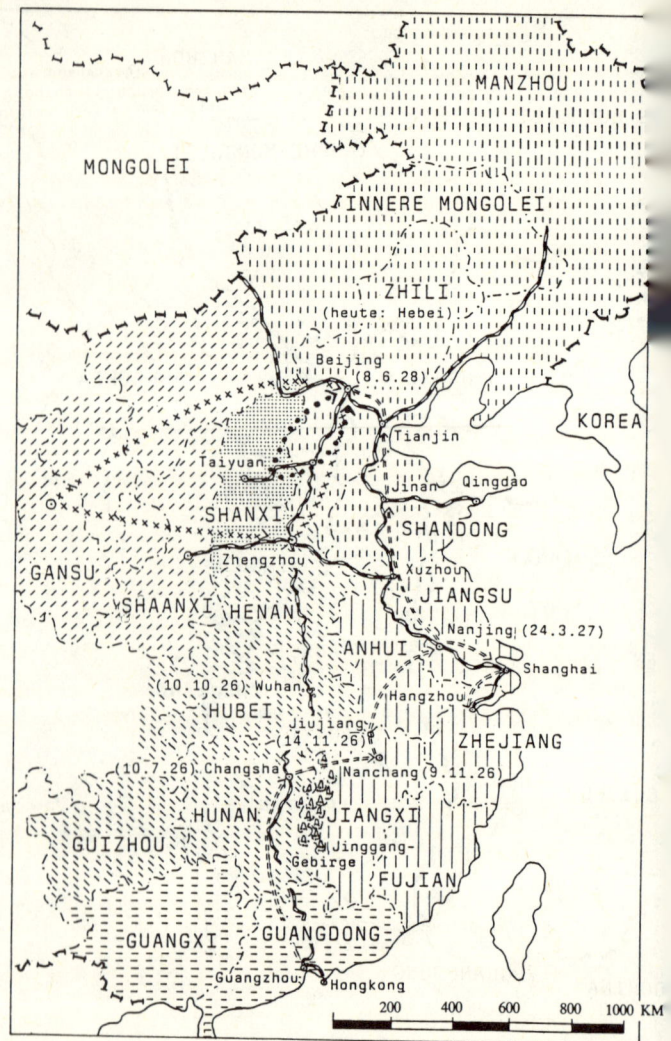

19.2.1927 = erobert am 19.2.1927

 Jinggang–Gebirge (Rückzugsgebiet der Kommunisten im Jahr 1927)

Eisenbahnlinien

= = = = =⟩ Vorstöße der NRA

xxxxxxx⟩ Vorstoß der Truppen Feng Yuxiangs (mit der NRA verbündet)

•••••••⟩ Vorstoß der Truppen Yan Xishans (mit der NRA verbündet)

= = = = ursprüngliches Stützpunktgebiet der NRA

⋀⋁⋀⋁⋀ Herrschaftsgebiet Wu Peifus

| | | | | | Herrschaftsgebiet Sun Chuanfangs

∷∷∷∷∷∷ Herrschaftsgebiet Zhang Zuolins

//////// Herrschaftsgebiet Feng Yuxiangs

∷∷∷∷∷∷∷ Herrschaftsgebiet Yan Xishans

Karte 4: Langer Marsch der Roten Arbeiter-
und Bauernarmee Chinas
(August 1934 bis Oktober 1936)

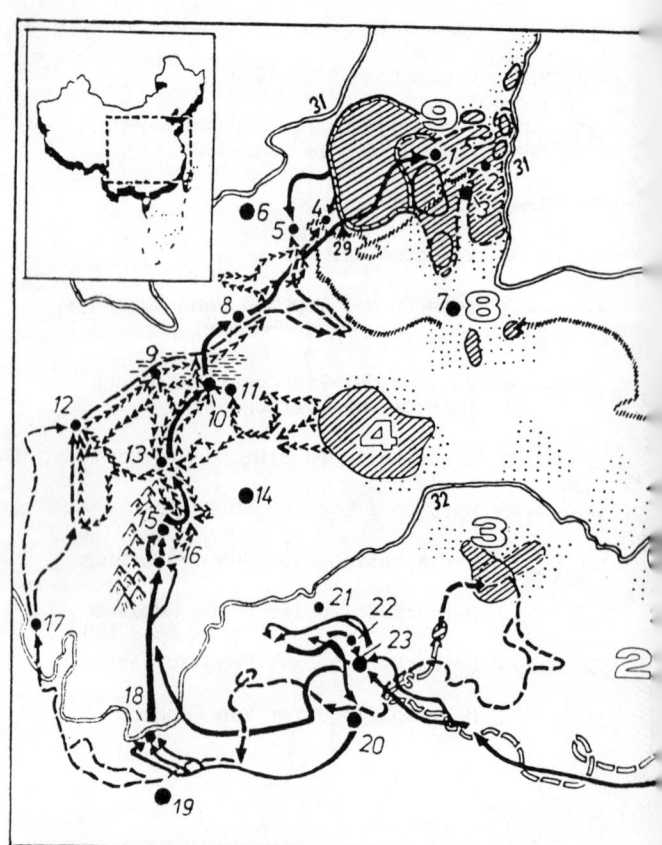

1. Wuqizhen, 2. Yongpingzhen, 3. Yan'an,
4. Jiangtaipu, 5. Huining, 6. Lanzhou,
7. Xi'an, 8. Lazikou, 9. Aba, 10. Maoergai,
11. Songpan, 12. Ganzi, 13. Maogong,
14. Chengdu, 15. Luding, 16. Anshunchang,
17. Zhongdian, 18. Jiaochedu

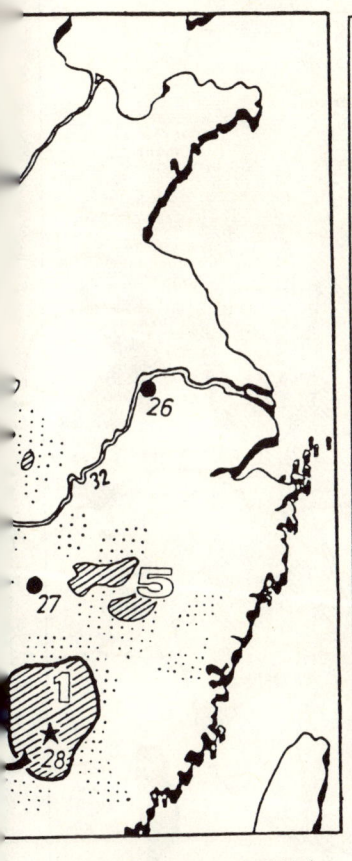

Die revolutionären Stützpunktgebiete

⊘	1934
⊘	1935
⊘	1936
⋮⋮	Partisanengebiet

1	Zentrales Stützpunktgebiet
2	Hunan–Jiangxi
3	Hunan–Hubei–Sichuan–Guizhou
4	Sichuan–Shaanxi
5	Fujian–Zhejiang–Jiangxi
6	Hunan–Hubei–Jiangxi
7	Hubei–Henan–Anhui
8	Hubei–Henan–Shaanxi
9	Shaanxi–Gansu–Ningxia

Routen des Langen Marsches

←	1. Frontarmee
←--	2. Frontarmee
<<<<	4. Frontarmee
⇐=	6. Armeekorps
←mmm	25. Armee

19. Kunming, 20. Guiyang, 21. Chishui,
22. Loushanguan, 23. Zunyi, 24. Hankou,
25. Wuchang, 26. Nanjing, 27. Nanchang,
28. Ruijin, 29. Liupanshan, 30. Jinggang-
Gebirge, 31. Huanghe, 32. Changjiang

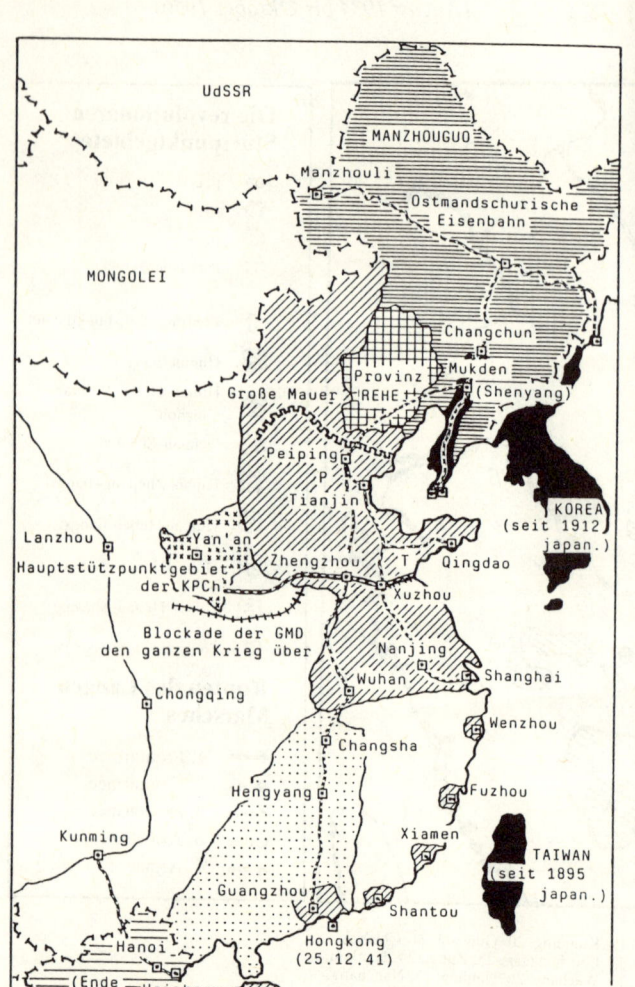

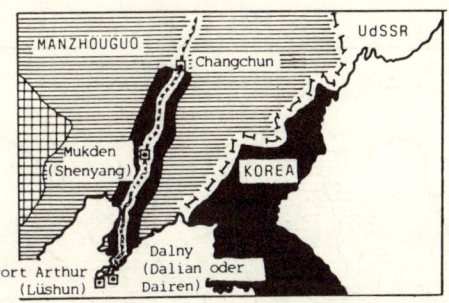

Guandong / Liaoning:

die Keimzelle der japanischen
Eroberungen auf dem Festland

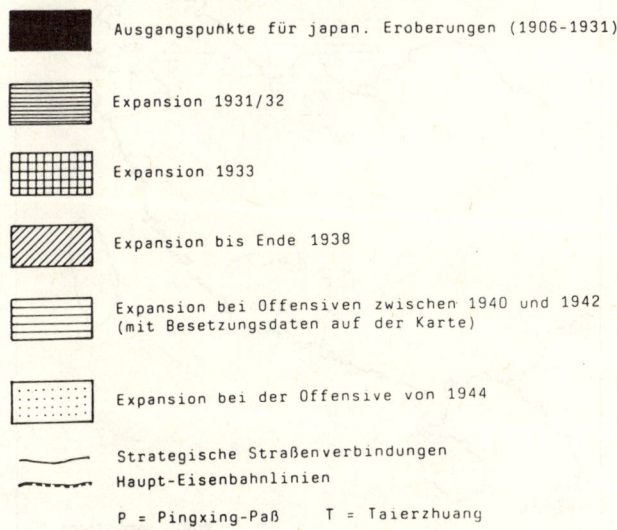

Ausgangspunkte für japan. Eroberungen (1906-1931)

Expansion 1931/32

Expansion 1933

Expansion bis Ende 1938

Expansion bei Offensiven zwischen 1940 und 1942
(mit Besetzungsdaten auf der Karte)

Expansion bei der Offensive von 1944

Strategische Straßenverbindungen
Haupt-Eisenbahnlinien

P = Pingxing-Paß   T = Taierzhuang

*Karte 6: Die 19 Stützpunkt- und
Partisanengebiete der Kommunisten
(Ende 1944/Anfang 1945)*

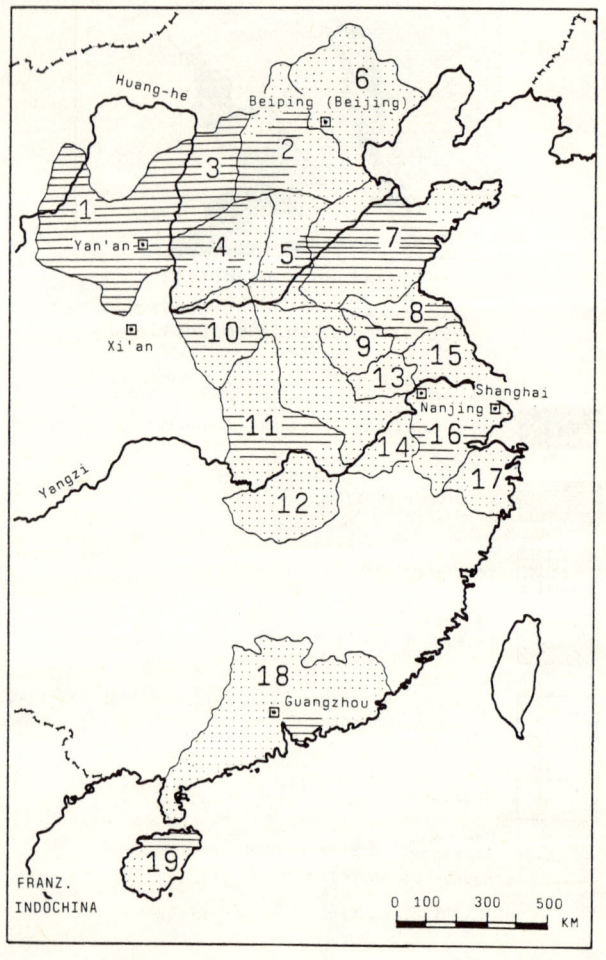

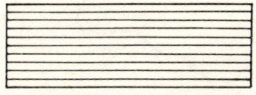

Stützpunktgebiet (weitgehend gesichert)

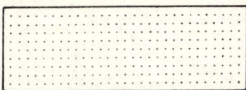

Partisanengebiet (weitgehend ungesichert)

```
 1   "Grenzgebiet" Shaanxi-Gansu-Ningxia
 2   "Grenzgebiet" Shanxi-Chahaer-Hebei
 3   "Grenzgebiet" Shanxi-Suiyuan
 4   "Stützpunktgebiet" Shanxi-Hebei-Henan
 5   "Stützpunktgebiet" Hebei-Shandong-Henan
 6   "Stützpunktgebiet" Hebei-Rehe ("Jehol")-Liaoning
 7   "Stützpunktgebiet" Shandong
 8   "Stützpunktgebiet" Nordjiangsu
 9   "Stützpunktgebiet" Nordanhui
10   "Stützpunktgebiet" Henan
11   "Stützpunktgebiet" Hubei-Henan-Anhui
12   "Stützpunktgebiet" Hunan-Hubei-Jiangxi
13   "Stützpunktgebiet" Südanhui
14   "Stützpunktgebiet" Zentralanhui
15   "Stützpunktgebiet" Zentraljiangsu
16   "Stützpunktgebiet" Südjiangsu
17   "Stützpunktgebiet" Ostzhejiang
18   "Stützpunktgebiet" Dongjiang
19   "Stützpunktgebiet" Qiongya
```

Karte 7: Ausgangslage 1945
Das Wettrennen um vorteilhafte Ausgangs-
positionen in Nord- und Nordostchina zur Zeit
der japanischen Kapitulation (August 1945)

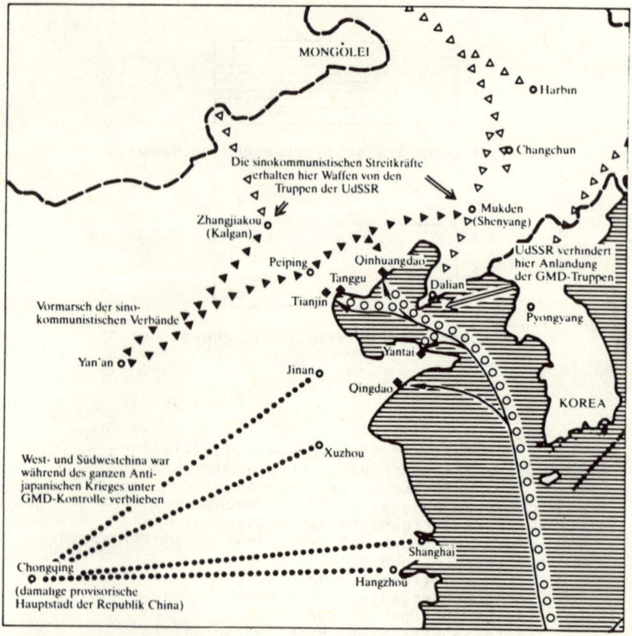

MONGOLEI

Harbin

Changchun

Die sinokommunistischen Streitkräfte
erhalten hier Waffen von den
Truppen der UdSSR

Mukden
(Shenyang)

Zhangjiakou
(Kalgan)

UdSSR verhindert
hier Anlandung
der GMD-Truppen

Peiping
Qinhuangdao
Tanggu
Dalian

Tianjin

Vormarsch der sino-
kommunistischen Verbände

Pyongyang

Yantai

Yan'an

Jinan

Qingdao

KOREA

West- und Südwestchina war
während des ganzen Anti-
japanischen Krieges unter
GMD-Kontrolle verblieben

Xuzhou

Chongqing
(damalige provisorische
Hauptstadt der Republik China)

Shanghai

Hangzhou

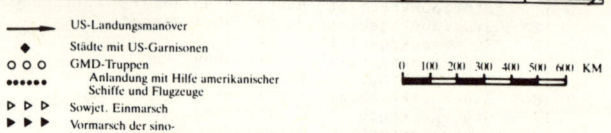

——— US-Landungsmanöver

♦ Städte mit US-Garnisonen

○ ○ ○ GMD-Truppen
●●●●●● Anlandung mit Hilfe amerikanischer
Schiffe und Flugzeuge

▷ ▷ ▷ Sowjet. Einmarsch

▶ ▶ ▶ Vormarsch der sinokommunistischen Verbände

0   100 200 300 400 500 600 KM

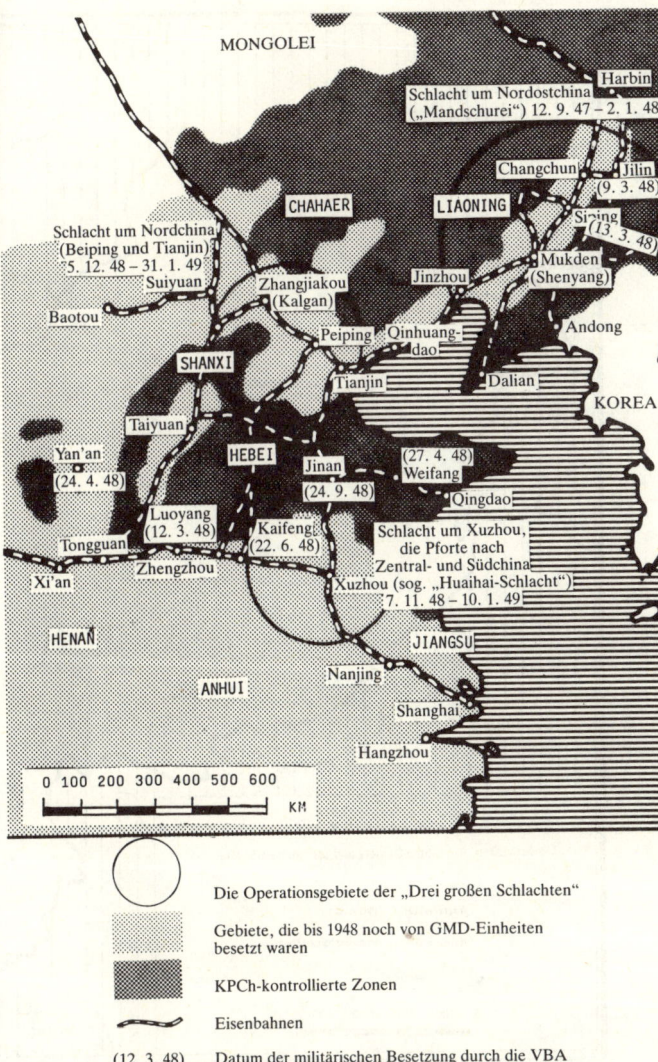

MONGOLEI

Harbin

Schlacht um Nordostchina
(„Mandschurei") 12. 9. 47 – 2. 1. 48

Changchun   Jilin
(9. 3. 48)

CHAHAER   LIAONING

Schlacht um Nordchina
(Beiping und Tianjin)
5. 12. 48 – 31. 1. 49

Siping
(13. 3. 48)

Suiyuan   Zhangjiakou   Jinzhou   Mukden
(Kalgan)   (Shenyang)

Baotou   Andong

Peiping   Qinhuang-
dao   Dalian

SHANXI   Tianjin   KOREA

Taiyuan

Yan'an
(24. 4. 48)   HEBEI   Jinan   (27. 4. 48)
(24. 9. 48)   Weifang

Luoyang
(12. 3. 48)   Kaifeng   Qingdao
(22. 6. 48)

Tongguan   Zhengzhou   Schlacht um Xuzhou,
die Pforte nach
Xi'an   Zentral- und Südchina
Xuzhou (sog. „Huaihai-Schlacht")
7. 11. 48 – 10. 1. 49

HENAN

JIANGSU

ANHUI   Nanjing

Shanghai

Hangzhou

0 100 200 300 400 500 600
KM

Die Operationsgebiete der „Drei großen Schlachten"

Gebiete, die bis 1948 noch von GMD-Einheiten
besetzt waren

KPCh-kontrollierte Zonen

Eisenbahnen

(12. 3. 48)   Datum der militärischen Besetzung durch die VBA

Karte 9: Volksrepublik China
Provinzen, Autonome Gebiete und provinzfreie
Städte

SOWJETUNION

AFGHANISTAN

Ürümqi

PAKISTAN

XINJIANG

GANSU

QINGHAI

TIBET

NEPAL

Lhasa

INDIEN

BHUTAN

SICH

VOLKSREPUBLIK CHINA
Provinzen, Autonome Gebiete und provinzfreie Städte

YUNNAN   Provinz

Kunming   Provinzhauptstadt

0   200   400   600   800   1000
                              km

Kunmi

BIRMA

YUNN

THAILAND

LA

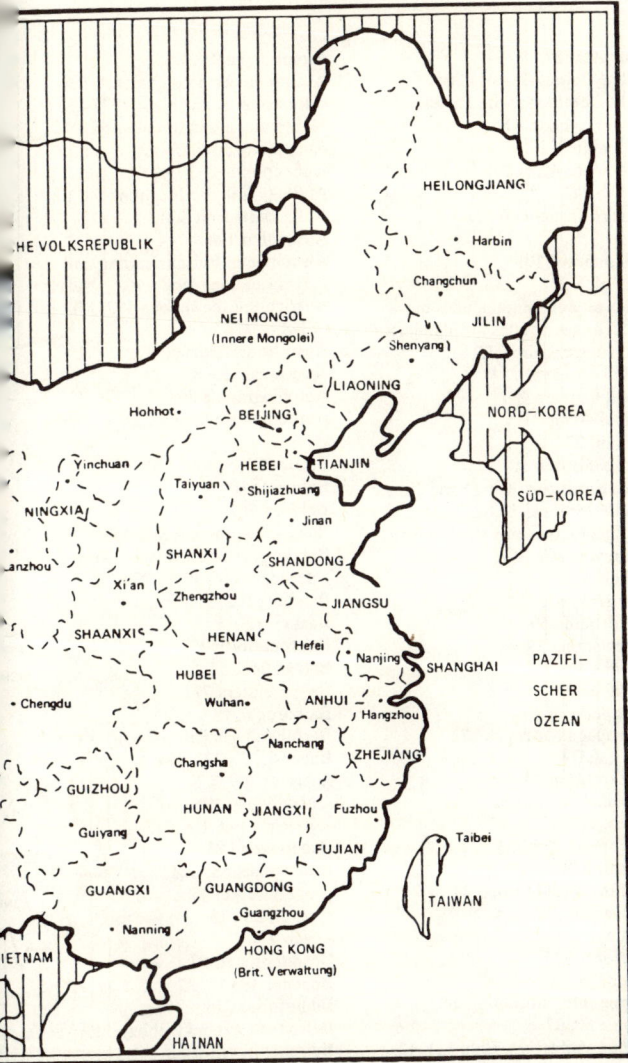

Personen- und Sachregister